U0543284

坛经

注解

上册

释惟护法师 ◎ 著
Dharma Master Shi Weihu

An Annotation on the Altar Sutra

上海社会科学院出版社
SHANGHAI ACADEMY OF SOCIAL SCIENCES PRESS

目录

引 言 ·· ◎一
自 序 / 释惟护 ··· ◎一九

上 册

〈悟法传衣行由品〉第一 ·· 一
〈福德功德净土品〉第二 ·· 一一七
〈定慧一体智慧品〉第三 ·· 一五一
〈坐禅禅定妙行品〉第四 ·· 一六六
〈忏悔发愿皈依品〉第五 ·· 一七二

下 册

〈参问请法机缘品〉第六 ·· 一
〈南顿北渐品〉第七 ··· 一二五
〈征绍辞谢韶奖品〉第八 ·· 一四四
〈教授法门对示品〉第九 ·· 一五七
〈说偈付嘱流通品〉第十 ·· 一六七
跋 / 释惟护 ··· 一九二

引 言

　　所谓佛法，乃成佛之法道，教导的是宇宙万物的根源与生命变化的学问，其核心精神则体现在般若智慧。

　　般若二字从梵文来，意谓度到彼岸的解脱智慧，彼岸那一边是没有生死轮回痛苦的地方。佛法教导的内容，简单来说，就是经、律、论三藏经典。然而因为生命与物质现象范围非常广大而难以穷尽，佛法的内容也就显得深奥难解。面对浩瀚庞大又难以理解的佛教三藏经典，望洋兴叹的心情往往油然而生，这是学人极为普遍的真实感受。

　　《六祖坛经》这一部著作，它的特点之一，就是将佛法三藏经律论理的核心含义，用易晓的、平民的语言，将难以理解的般若意义，深刻地传递给中国大地上的有缘人。这是《六祖坛

经》之所以历代受到广大群众喜爱的重要原因之一。

这篇引言,将从几个方面来探讨《坛经》这部内容丰富的著作:包括《坛经》出现的时代背景意义、《坛经》所展现的两个主要禅宗法门的独特特点、《坛经》所具有的独特意义,也会说明在六祖得法开悟与弘法过程中几个事件所显示的重要含义,最后就是对《坛经》的内容编排顺序所显示的意义作一简短的说明。

一、时代背景及意义

《坛经》最初记录的原名,是《摩诃般若波罗蜜经六祖惠能大师于韶州大梵寺施法一卷》,尔后随着六祖弘法教授的展开,此书内容也陆续随之增补。后来六祖的弟子最初向外传抄时,将书名改为《六祖法宝记》。在六祖往生之后,又改名为《南宗顿教最上乘大乘摩诃般若波罗蜜经六祖惠能大师于韶州大梵寺施法一卷》[①];在这个版本中,编著者法海在文本中即将此书简称为《坛经》。这个书名,从此被广大的佛弟子们所接受,这个意义标示着《坛经》注定是一部佛教弘传史上的重要著作,对佛弟子将有着广大而深远的影响。

随着《坛经》一名的普及,这部著作也渐渐成为佛教弘传史上的重要著作。历史的发展,也证明是如此。从这部作品的最初版本在六祖还在世的时候问世以来,就受到广大佛弟子的欢迎,以致后代的佛弟子对这部作品都极为重视,一再地扩编与增补它的内容,使得"六祖"对佛法宗门教义的开示越来越趋向完善完整的内容。

自《坛经》面世以来,它的丰富内容一直被历代禅宗祖师与诸

---

① 林崇安:《六祖坛经的祖本及其演变略探》,《法光》2004年,http://buddhism.lib.ntu.edu.tw/FULLTEXT/JR-BJ013/bj115265.html。

多佛弟子学习引用，并且吸引各界人士著书立论阐述它的深刻意涵。能够有此地位，除了它自身的特点之外，其实还有一个不可忽视的原因。《坛经》在唐代面世之前，玄奘菩萨早已翻译出600卷《大般若波罗蜜经》与100卷的《瑜伽师地论》等诸部唯识佛典，彰显佛法修证教理与次第，将整个佛教教义的完整体系在中国传译与建立起来。玄奘菩萨所翻译的这些胜妙经典正是支撑起《坛经》在前场发光发热的基石。在六祖出山建立法幢开始弘法之前，这些经教已经将无生无住无念的般若思想在唐朝佛教各宗各派之间发扬广大，只是因为般若甚深难解，所以悟入者极少。因此，当玄奘大师往生约20年后，一部没有晦涩难懂的佛教经句、纯粹以平民百姓语言写出的经典，就犹如久旱逢甘露一样，一时洛阳纸贵，广受瞩目。

二、《坛经》显示了佛法禅宗法门的两个特色

佛教的宗门旨意自从释迦牟尼佛传法迦叶尊者以来，一直呈现两个显著的特色：参禅棒喝与拈提诸方。

参禅棒喝向来是禅宗教门的独特教化方法。最初禅宗传法时并没有要求学人参究公案，只是要学人证悟自家真心；参禅棒喝的含意，正是开示佛法宗门正见的意思。而参究公案的方法，是到宋代之后才开始采用的一种帮助学人悟入宗门的方法。佛法有八万四千法门，门门都能引领佛子进入解脱境界。大乘佛法的解脱法门广大深妙，远胜于小乘佛法的解脱法门无量倍，因此诸佛菩萨都说大乘佛法甚深微妙不可思议。而参禅正是进入大乘不思议法教的一个家喻户晓的绝妙方法。唐代早期的宗门传法，佛弟子的禅定功夫与佛法知见都还不错，所以学人往往是在禅师的一言半句开示之下，就蓦然还得本心，不需

要另假许多的方便方法。佛陀当年捻花，迦叶证知而当场微笑时，就将宗门密意交付迦叶尊者了，这即是自然、现成、最早的公案。待到南宋时佛教传法进入末法时代，学人根器普遍粗糙，对五蕴皆空的基础佛法知见都严重欠缺，因此错说乱说佛法的情形极为常见。于是，祖师迫不得已，想方设法，让学人通过参究公案的方式实证本有真心。这就是禅门祖师后来主要使用参究公案传法的缘由。另外，一直以来，佛法的般若无生离言法教，禅师一向是使用罚棒喝斥与赏棒赞喝来教导学人，这个方法大家更是耳熟能详。然而，一个往往被忽略的要点是，徒有方法并不足以悟入宗门。佛法乃是智慧的证得，岂有禅师不教导弟子佛法正知见的道理。能够亲证本有真心的学人必定是已经透过观行，思维整理过禅师所教导的正确佛法知见者。因为必须要具备正知见，佛弟子才有机会能够在棒喝之下实证真心，如果学人跟随的师父本身不懂佛法或错解佛法，那结果当然就是永不证得。所以说，真实禅师表面上的参禅棒喝，实际上是有着传授学人正确知见的背后含意。

至于拈提诸方，我们先来看释迦牟尼佛当年曾经有哪些示现作法。佛陀在证得无上正等正觉之后，大梵天请转法轮，佛陀说：

佛告诸比丘：尔时如来为令世间尊重法故，为令甚深妙法得开显故，入深禅定观察世间，作是念言："我证甚深微妙之法，最极寂静难见难悟，非分别思量之所能解，惟有诸佛乃能知之。所谓超过五蕴入第一义，无处无行体性清净，不取不舍不可了知，非所显示，无为无作，远离六境，非心所计，非言能说不可听闻，非可观见，无所罣碍，离诸攀缘至究竟处，空无所得寂静涅槃。若以此法为人演说，彼等皆悉不能了知，唐捐其功无所利益，是故我应默然而住①。"

在上面这段经文里面，佛陀是在拈提警示世人，显示天下虽大，但是无有一人拥有正见，普天之下莫非无明众生的真实现象。佛陀借由此语来警示天下人，目的是要让一切众生能够深刻地体会到佛法实证的难能可贵，犹如千年一开的优昙钵花那样的难遇难得。这是因为佛法是教导宇宙万物与生命奥秘的学问、是真实能够让学人亲证的学问，更因为佛陀极稀有才会出现在人间传授佛法，能够亲自遇见佛陀的人真是少之又少。此后佛陀拈提诸方，其中一次就度了超过1000人皈依佛门，而这1000多人随后全都成为阿罗汉。这些人就是有名的迦叶三兄弟跟他们的徒弟们。当时，佛陀是当面直接拈提大迦叶，说："你现在不是阿罗汉，你也不知解脱的真实义，何需为了虚妄的阿罗汉名称，自认为是尊贵的修道人呢？"大迦叶听到佛陀的话，全身惊恐汗毛直竖，当下被佛陀的警示吓醒，立即请求佛陀收为弟子，跟随佛陀学法②。由此拈提因缘，佛陀就度了1000多人成阿罗汉。除此之外，佛陀还经常到各大城市去跟外道直接辩论，广救众生免被错误知见误导而下堕三涂。佛陀示现的这些大慈大悲救护众生的大行，可以说正是由拈提诸方而得成就。

佛陀示现灭度之后，约公元1世纪末时，印度教兴盛，当时的龙树菩萨与弟子提婆（胜天）菩萨专门跟外道辩论，在如今的中印度与南印度之间拈提诸方，广弘正法；提婆菩萨更因为专以如来藏唯识妙义极力破斥诸方，使声闻部派佛教僧人无法回应而雇人刺杀提婆。待到7世纪初，玄奘菩萨到印度取经学法时，亦在印度召开佛教无遮大法

---

① 《方广大庄严经》卷十，T03, 0187, [0603c11]。
② 《太子瑞应本起经》卷下，T03, 0185, [0480c14] 起至 [0482c17]。

会，辩论法义拈提诸方；回到中土再召开无遮大法会，拈提中国天下诸方道人，以救护学人，弘扬正法。待玄奘菩萨往生之时，六祖惠能菩萨还没有到五祖座下学法，要到大约10年之后，惠能行者才得五祖传予禅法与衣钵。六祖为救护学人，也效法祖师，拈提了当代有名的卧轮法师。六祖后世禅门子孙，莫不遵守这个拈提诸方的法教，以示天下佛陀正教，实践救护众生的大悲愿行。譬如南泉普愿拈提鲁祖禅师[①]、凌行婆拈提浮杯与澄一法师[②]、齐安禅师拈提马祖禅师与大梅法常[③]、普化禅师拈提临济禅师等行。由此可见，禅门素有拈提诸方的传统，目的当然是在揪出笼罩天下的野狐，以维护宗门正法的清净无讹，让学人不致误入歧途，深妙的佛教文化能够得以永续，不至于在人间消失。拈提诸方的传统，体现了玄奘菩萨所倡导的"若不摧邪，难以显正"的精神，展现为文化续存与众生福祉承担责任的高贵情操和无私善举。

三、《坛经》的独特意涵

《坛经》是一部最受历代行人所瞩目的禅宗佛典。几乎可以说，《坛经》自从面世以来，就受到热烈欢迎，并且历久不衰，其受欢迎的程度，由它屡次地被佛弟子增补增修改版的事实，就可见一斑了。

[①] 《景德传灯录》卷七，T51，2076，[0251c21]。详细解说请见萧平实：《宗门道眼》，台北：正智出版社，1999年版，第65页。
[②] 《指月录》卷九，X83，1578，[0501b03]。详细解说请见萧平实：《宗门道眼》，台北：正智出版社，1999年版，第70页。
[③] 《指月录》卷九，X83，1578，[0491b15]。详细解说请见萧平实：《宗门道眼》，台北：正智出版社，1999年版，第78页。

总的来说，《坛经》具有几个独有的特色：（一）它是使用通俗易懂的平民语言所写成；（二）它是经过历次的增补编辑而成；（三）它是直指人心的禅宗历史中最初也是最受瞩目的作品；（四）它的内容包含宗门顿悟的完整修学次第，包括开示正见、正修行、避开邪见妄想、拈提诸方与嘱咐流通等部分。

在《坛经》正式面世之前，佛教大藏经的传译工作，大致上经由鸠摩罗什菩萨与玄奘菩萨的翻译建树，已经完成。然而佛教典籍向以博大精深、深奥难解而著称。在玄奘菩萨之前，关于般若的释义，就有六家七宗的分别，后来又有性空思想与如来藏佛性思想的辩论出现。譬如吉藏就曾经将佛性分为四类，认为一般学人都落在"世俗"佛性之中，皆应破斥[①]，而吉藏的说法，显然与宗门中佛性乃常住第一义谛的说法相矛盾。这种种的不同说法，后来玄奘菩萨以他胜妙的般若与道种智的智慧，予以一一澄清，奈何后世学人不能读懂菩萨所传的甚深教理，大多还是走上错修佛法一途而不能回返正道。于是，以俗语写成的《坛经》的出现，适时地填补了这个部分。但是，因为缺乏真善知识的教导与带领，大多数佛弟子只能以未悟凡夫的思想来理解《坛经》，于是又将浅白易懂的经典，给罩上一层迷雾，渺渺茫茫地看不清楚它的原貌了。尽管看不懂，学人和大众还是喜爱读诵《坛经》，因为它的语句亲切、意境深远、蕴含丰富内容，每个人都可以从它身上，似有若无地获得那么一点体会。如此，禅宗玄远高妙的思想，就传遍了各地。

《坛经》正式面世之后，经过历代祖师的传诵与重编，可谓流传极广，然而经过各朝战乱与有意无意的增补之下，错讹脱落、年份不考、释义过当等种种问题，难免出现在各种传抄本中流传后世。《坛

---

① 《大乘玄论》卷三，T45, 1853, [0035b20]。

经》也是在历代各种的佛教经本中，一再被重新增补与编辑重印的佛书之一，就连书名也一再改变，最后还被冠称为"经"，变成唯一一本非佛亲说而称"经"的著作。观此《坛经》的内涵，历代学人一再对其用心编修，即可了知《坛经》自有其不凡的魅力，何以故？直指人心，示人以佛法宗门大意，并能帮助学人悟入第一义谛的缘故。

为何说《坛经》直指人心，示人以佛法宗门大意，并能帮助学人悟入第一义谛呢？五祖说："以心传心，皆令自悟自解。自古，佛佛惟传本体，师师密付本心。"六祖自说："我于忍和尚处一闻，言下便悟，顿见真如本性。是以将此教法流行，令学道者顿悟菩提，各自观心，自见本性。若自不悟，须觅大善知识解最上乘法者，直示正路。是善知识有大因缘，所谓化导令得见性，一切善法因善知识能发起故。"一闻便悟的含意，正是直指人心的最佳诠释。至于如果不能言下得悟，那就一定要依靠真善知识的教导，依教奉行，将来即能自证自悟；于此道理，六祖有说："善知识！菩提般若之智，世人本自有之，只缘心迷不能自悟，须假大善知识示导见性。"

至于如何依教奉行而得证悟呢？六祖有说："恩则孝养父母、义则上下相怜、让则尊卑和睦、忍则重恶无喧"、"改过必生智慧、护短心内非贤"、"众生无边誓愿度，怎么道，且不是惠能度。善知识！心中众生，所谓邪迷心、诳妄心、不善心、嫉妒心、恶毒心，如是等心尽是众生，各须自性自度，是名真度。何名自性自度？即自心中邪见烦恼愚痴众生，将正见度；既有正见，使般若智打破愚痴迷妄众生，各各自度"、"烦恼无尽誓愿断，将自性般若智除却虚妄思想心是也。又法门无量誓愿学，须自见性，常行正法，是名真学。又无上佛道誓愿成，既常能下心行于真正，离迷离觉，常生般若除真除妄"。六祖所说，恩、义、让、忍、改过、不护短等，自古以来即是中国文化的固有传统，亦是世人获得身财善报的根本；在大乘佛法中，约与布施、爱语、利他、同事四摄法相当，亦等同于菩萨外门六度中的布施、持戒、忍辱等诸善行法门。身为佛弟子，除了必须善修这些世间法之外，更重要的是亲证究竟解脱的大乘佛菩提智慧，发起成佛的大菩提心愿，而不是只满足于证得小乘佛法的个人狭小解脱智慧就好。想要获得大乘佛法的菩提智慧，那就要修学完整的菩萨六度万行，除了布施、持戒、忍辱外，还要有精进、禅定与般若智慧的熏习。然而关键点是，如果不能自参自悟，就要"假大善知识示导见性"，千万不要自以为是，盲修瞎炼，最终还是一事无成。因为世间多的是自己没有开悟，却高坐法座误导他人的法师大师。对于这一点，六祖其实是大加挞伐的，譬如六祖在《坛经》里一再说明：

"又有迷人空心静坐，百无所思，自称为大。此一辈人，不可与语，为邪见故"、"若百物不思，当令念绝，即是法缚，即名边见"、"迷人着法相、执一行三昧，直言：'常坐不动，妄不起心，即是一行三昧。'作此解者，即同无情，却是障道因缘"、"若言常坐不动是，只如舍利弗宴坐林中，却被维摩诘诃。善知识！又有人教坐，看心观静，不动不起，从此置功。迷人不会，便执成颠。如此者众，如是相教，故知大错"、"若只百物不思，念尽除却，一念绝即死，别处受生，是为大错。学道者思之。若不识法意，自错犹可，更误他人；自迷不见，又谤佛经"、"'汝自性且不见，敢尔弄人？'神会礼拜悔谢。师又曰：'汝若心迷不见，问善知识觅路；汝若心悟，即自见性，依法修行。汝自迷，不见自心，却来问吾见与不见。吾见自知，岂代汝迷？汝若自见，亦不代吾迷。何不自知自见，乃问吾见与不见？'神会再礼百余拜，求谢过愆，服勤给侍，不离左右"、"汝等慎勿观静，及空其心；此心本净，无可取舍。各自努力，随缘好去"。

其实宁当恶人拈提诸方的传统，乃是菩萨救护众生的慈悲与智慧的展现。因为拈提诸方的错误，才能彰显出正确的道理，尚未发起正见的学人也才能知所趋吉避凶，免除错修佛法的结果，而能获得亲证实义佛法的益处。其中显示的道理，就是玄奘菩萨所说"若不摧邪，难以显正"的大乘佛法菩萨道救护众生的大慈大悲精神。

至于嘱咐流通的部分，六祖则说："然须传授：从上来默传分付，不得匿其正法；若不同见同行，在别法中，不得传付，损彼前人究竟无益；恐愚人不解谤此法门，百劫千生断佛种性"、"汝等慎勿观静及空其心，此心本净，无可取舍。各自努力，随缘好去"、"问曰：'正法眼藏，传付何人？'师曰：'有道者得，无心者通'"。六祖除了耳提面命传法之人勿传非人之外，还慈悲地提醒大家千万不要错修佛法，千万不能将意识观静与空心等当成是在修行佛法；这个真心法门虽然甚深难入，唯证乃知，唯有具有般若智慧明了无心密意的人，能够得此正法眼藏；然而只要我们确实依照真善知识的教导，依教奉行，久后必定能够亲证真心，发起般若智慧的，这是毋庸置疑的。

六祖在整部《坛经》中，一再地拈提破斥"看静、观空、观静、空心、念绝、百物不思、念尽除却、断百思想、却立净相言是功夫、见即是主、将灭止生、执空"等意识一念不生的邪见修法，次数达12次之多；对于六祖救护众生，如此爱护学人，不忍众生苦的菩萨慈悲心行，我们更应该要特别留意才是，如此才不辜负历代祖师对我们的深切护念与广大恩德。

四、六祖得法与弘法过程中呈现的道理

从六祖在《坛经》里，自述学法过程与宗门法义的开示里，我们可以归纳出六祖在得法与弘法中的几个独特含义：

（一）以在家居士身分得法

六祖提出"下下人有上上智"，这个见地是非常不容易的。一般佛弟子都会认为年高德劭而能说法的出家人一定是有智慧的，但六祖的得法经历告诉我们，事实不一定必然如此。也就是说，学佛不可轻视于他人，或老或少或男或女，或出家或在家，都不应该由外表来判断其修证功德，而是要看对方的实质。在佛法修行上，实质指的是智慧与功德。有智慧的人，所说的佛法意涵，是与经教相应的，不会有违反经教所说法义的现象；有功德的人，在身口意三行上，不会有贪爱执着于财、色、名、食、睡等世间法的现象。六祖得法开悟，隐居猎人队中约15年，后来印宗法师拜以为师。到印宗为六祖剃度之前，六祖都是居士身份，并不是出家僧人。因此如果坚持不是出家人就不可能得法，或者不是出家人就不能弘法，或者"不是出家人，我们就不跟他学法"的观念，那其实是在妨碍我们自己学佛得菩提的道业。坚持这种看法的人，其实不懂佛法。

（二）不轻于人，重视真修实证心行

真懂佛法的人就知道，观世音菩萨、文殊菩萨、弥勒菩萨、普贤菩萨、维摩诘菩萨、大势至菩萨等都是示现在家人的身相，难道他们都没有开悟？难道我们因为这些大菩萨不是示现出家身相就不跟他们学法？当然不会。有智之人，必定懂得以貌取人者必失于人的道理。而且这跟学历也没有关系，真善知识不会因为我们有没有显赫的背景

与学历等因素，就不教正法给我们；反而是只要我们真心肯在学佛上用功，努力修行六度，护持正法为众生做事，真善知识就一定会帮助我们早日明心见性，进而帮助我们在佛菩提道上的一切修证成就。五祖一点也不轻视出身于边地南方的六祖，而将宗门衣钵传承给他，就是明证。

（三）直指人心，大兴佛法宗门本来无念意旨

佛法的宗门大意，自从佛陀示现涅槃之后，在印度弘传以至后来达摩祖师传入中国，到六祖弘法之前，每一代证悟宗门密意的佛弟子其实并不多见，往往只有寥寥几位，甚至有很多代都是孤传的现象。到了六祖的时代，从玄奘菩萨传译佛法开始，将佛教经论中译备齐之后，因缘成熟，才终于能够广传宗门密意。其实直指真心的法教，早于南北朝时已零星传入中国，然而因为当时三乘法教尚未全部传到中国，般若智慧人人本具的观念尚未深植人心，所以无法弘传开来。等到玄奘菩萨所译的《大般若经》全卷传布天下，将人人心中自有般若的思想流传之后，六祖才能够将佛法宗门的"无念"意旨广弘出来。无念的含意，是指真心的体性是从本以来就对色声香味触法六尘无念，本来便已不见闻觉知分别于六尘法相的意思。念，是指分别和忆念的意思，佛陀曾教佛弟子说："彼云何念？云何不念？尔时，当念苦谛，当念习谛，当念尽谛，当念道谛。莫念邪谛：有常见、无常见；有边见、无边见；彼命、彼身，非命、非身；如来命终、如来不命终；有终、有不终，亦不有终、亦不无终；莫作是念[1]"。佛又曾言："云何念菩提分？谓念所悟法，观察分别条析拣择及与开解。又应念彼法自体相，随顺觉悟，如诸法空随念了知。此说是名念菩提

---

[1] 《增壹阿含经》卷十五，T02, 0125, [0622b18]。

分①。"所以，依照佛说，一切佛弟子学佛不应修意识一念不生无念行，而是要修念菩提分法。对照起来，我们就能了解大乘佛法中说的无念，一定不是指意识无念的状态。佛言：

云何名一庄严三昧？所言一者即是无生，无生者即是法空。又一者名遍一切处，譬如油麻，油遍麻中。无生法者亦复如是，体遍一切，是名一庄严三昧。此一庄严亦名一增长三昧，一者即娴，娴即法界，所谓契经，令法界现前；法界现前已，所有诸法、神通增长，明了现前，是故名为一增长三昧。此一增长亦名一法界三昧，所言一者即是法界。法界亦空，以定力故其空现前，是名一法界庄严三昧②。

《大般涅槃经》中又说：

云何一名，说无量名？犹如涅槃，亦名涅槃，亦名无生，亦名无出，亦名无作，亦名无为，亦名皈依，亦名窟宅，亦名解脱，亦名光明，亦名灯明，亦名彼岸，亦名无畏，亦名无退，亦名安处，亦名寂静，亦名无相，亦名无二，亦名一行，亦名清凉，亦名无暗，亦名无碍，亦名无诤③。

《宗镜录》永明禅师说：

《胜鬘经》中，遮余虚妄，名一实谛。显法根本，亦名一依。

---

① 《增壹阿含经》卷三十七，T11, 0316, [0877a21]。
② 《大乘理趣六波罗蜜经》卷九，T08, 0261, [0906b21]。
③ 《大般涅槃经》卷三十一，T12, 0375, [0810a19]。

由空而证，又是空性，亦名为空。彰异出缠，显摄佛德；佛从中出，名如来藏。明体不染，贞实法性，名自性清净心。功德自体，亦名法身。能出四乘，能入二乘，亦名一乘，与法华一乘别。《无垢称经》遮理有差别，名不二法门。《大慧经》中，表无起尽，亦名不生不灭。《涅槃经》中彰法身因，多名佛性；离缚解脱，亦名涅槃[①]。

由以上佛菩萨的开示引证，我们即能得知，所谓真心，即是如来藏，即是法身，即是无生，即是无相，即是无作，即是无净，即是涅槃，即是不二法门，即是彼岸；如是无量诸名，名称虽有不同，所指都是众生本具的真心自性。因此，《坛经》中六祖所说的无念，意思就是指真心如来藏。所谓参禅开悟，就是要实证人人本具的这个真心。

（四）展示佛法不离世间觉的大乘慈悲救护众生精神

《坛经》中六祖说："善知识！本来正教，无有顿渐，人性自有利钝。迷人渐修，悟人顿契。自识本心，自见本性，即无差别，所以立顿渐之假名""自心皈依自性，是皈依真佛。自皈依者，除却自性中不善心、嫉妒心、谄曲心、吾我心、诳妄心、轻人心、慢他心、邪见心、贡高心，及一切时中不善之行，常自见己过，不说他人好恶，是自皈依。常须下心，普行恭敬，即是见性通达，更无滞碍，是自皈依""修道之人，倘不以智慧照破烦恼，无始生死凭何出离""善知识！本来正教，无有顿渐，人性自有利钝。迷人渐修，悟人顿契。自识本心，自见本性，即无差别，所以立顿渐之假名""自心皈依自性，是皈依真佛。自皈依者，除却自性中不善心、嫉妒心、谄曲心、吾我心、诳妄心、轻人心、慢他心、邪见心、贡高心，及一切时中不

---

① 《宗镜录》卷二十九，T48，2016，[0582c05]。

善之行，常自见己过，不说他人好恶，是自皈依。常须下心，普行恭敬，即是见性通达，更无滞碍，是自皈依""但自却非心，打除烦恼破；憎爱不关心，长伸两脚卧。欲拟化他人，自须有方便；勿令彼有疑，即是自性现。佛法在世间，不离世间觉；离世觅菩提，恰如求兔角。正见名出世，邪见名世间；邪正尽打却，菩提性宛然""修道之人，倘不以智慧照破烦恼，无始生死凭何出离""然须传授：从上来默传分付，不得匿其正法；若不同见同行，在别法中，不得传付，损彼前人究竟无益，恐愚人不解谤此法门，百劫千生断佛种性"。六祖所说，都着眼在帮助有缘众生离开生死轮回烦恼痛苦，实证佛法大意，发起解脱智慧的功德。六祖所说亦符合大乘菩萨道行六度法门救济众生的智慧行与慈悲行的精神。佛弟子如果单单以慈悲心在世间广行善行而无般若实证，其实这只是在累积福德，这样做的结果只是来世得以享受广大福报而已。然而因为不知道如何解脱于生死轮回烦恼痛苦的方法，缺乏这方面的智慧，因此福报享尽之后，还是继续在六道轮回之中。只有等到哪一天终于开始修学实义佛法，才懂得要在求证般若上用心，一方面帮助众生来修集福德，一方面跟随真善知识熏修正见，在菩萨六度行门上努力；这样渐渐修行，福德与智慧并重，待到因缘成熟时机到来，自然进入禅门顿教之中，实证真心、顿悟无生意旨，出离生死，获得般若智慧。此后在世间中利他自利，广行菩萨六度，进而得入修证无生法忍道种智，地地转进以迄佛地，永无尽期地救护利乐有情众生。大乘佛法菩萨道的修证，自始至终都不离于五蕴与诸世间，可以说佛道是在救度众生利乐有情中方能成就的。因此，如果有人教说，要离开世间三界烦恼才能成就佛道，我们就能了知这样说的人是不懂佛法的人，同时也是不懂大乘佛法是大慈大悲救护众生的道理；更不知道离开世间而想证悟真心，纯属妄想，想要离开六道生死轮回诸苦，是不可能成就的。《坛经》中六祖的开示、教法理论与实践行门，都包含了这些道理在里面，因此说《坛经》所展示的，正是大乘菩萨道"不离世间觉"、智慧与慈悲并行的无我救护众生的精神。

（五）《坛经》内容编排顺序的含义

契嵩本《坛经》的大纲大抵如下：

1. 大梵寺法会。于中述说法会缘起、六祖自己的得法缘由、正式说法开示般若波罗蜜法（包括修行如何证悟的正见内容、悟后观行体会于种种真心自性、拈提破斥念静看空等邪见与提醒嘱咐学人应注意事项），最后以长无相颂作结。

2. 大梵寺法会第二天。于中开示世间福德与自性功德的不同，以及净土念佛与禅门宗义的会通。结束法会时勉励大家要精进修行，有疑就到曹溪来问，以短无相颂作结。

3. 以下都是在曹溪山的开示。教导定慧为本、无念为宗、无相为体、无住为本的道理。

4. 开示真心本性自净自定之理。

5. 传授自性五分法身香、无相忏悔、自性四弘誓愿、皈依自性三宝、三身自性佛，最后以中无相颂作结。

6. 回答诸方请法。

7. 记述南能北秀传法之争。

8. 记述武则天征诏一事。

9. 开示三十六对法门。

10. 付嘱流通。

这样的叙述编排，不仅完整地演绎了般若总相智，也记录了当时佛教界妄说佛法的现象，并且针对未悟的学人与证悟般若后的菩萨，分别嘱咐与提醒了各自在修行上应该注意避免过失的事项。除此之外，《坛经》还呈现了佛教发展的历史轨迹，提供了后人了解、学习与省思的材料。这样的一部充满着智慧与文化光芒的作品，自古以来已经启发了许多人寻找到生命的智慧与宁静，在未来也必定能继续点燃更多人的智慧之光。

六祖惠能的出身是一般平民，但是经过自身的努力和五祖的教授，以居士身分证悟了自己的真心自性，并且将自己的智慧贡献出来，引导更多的人获得生命的智慧与解脱于世间的尘劳。这样的学习与奉献的菩萨精神，正是我们应该学习与效法的对象。

《坛经》的思想是丰富深邃的，《坛经》的语言是超越世俗但不离世间的，《坛经》的聚焦是真理与解脱的法门，《坛经》的内涵展现的是佛法的智慧与慈悲，《坛经》的精神是强调慈悲摄受爱护一切众生；除此之外，《坛经》更是中国传统佛教文化的骄傲。佛教文化早已在其发源地印度消失，而由中国所吸收与传承，更将之发扬光大，这无疑是一种奇特的世界文化现象；之所以能够如此，应该就是如同古代圣人所说的，因为"中国具有大乘气象"，是拥有着超越世间凡愚的大气与智慧的特质。如今我门能够再将这种不可思议、智慧与慈悲并行而无私无我救护众生的大乘精神发扬起来，使全世界都能感受到中国文化里所具有的悲天悯人、无我慈悲、救护众生的精神，相信不仅能为中国社会带来利乐涅槃的启发，未来更能为这个功利主义横行的世界提供一种值得深入省思的智慧以为解决问题的参考。

玄奘大师传译佛经之前，中国的佛法经论是不齐全的，经由他的辛劳，三乘佛法在经教理论修证次第上得以具足美备于中国。而六祖惠能在这个基础上将博大精深的佛法，用蕴含深厚宗义的直指人心禅法度人开悟发起般若智慧，使得般若总相智的佛法不仅仅在上层社会中流通，更遍及于一般的平民社会之中，让佛法自然地深植入中国文化之中，进而使中国唐宋的文化在世界文化史上表现得特别亮眼、突出。中国能得这两位人物，幸甚幸甚。

此书的成果，是笔者根据契嵩本《坛经》为主，参照敦煌二本（敦煌本与敦博本），根据玄奘菩萨所传慈恩宗教理，对《坛经》的内容含义进行注释、校订与释义。根据佛教的传统，只有诸佛所说的道理才可以称为"经"，这是为了彰显与敬仰诸佛无上的智慧、功德与大慈大悲普度众生永无尽期大愿的缘故。六祖的著作按此传统其实不能称为"经"，因此最后，笔者提出一个个人对六祖这部伟大著作的别名以供诸方见评，即是《六祖谈经》。

自 序

《六祖大师法宝坛经》简称《坛经》或《六祖坛经》，是中国广大社会民众喜欢接受的一本中国和尚写的经。在我中华流通极广，已是中华民族文化中的一部分；它脱离了佛经的艰涩，难懂的文字意涵，以老百姓的语言叙述了六祖以居士身求法，先得道后出家再弘法的过程。向人们展示了大乘佛法众生平等人人具足的真如自性。只要能够找着人人本自具足的真如自性，就能成佛（自性佛）。达摩大师云："**若见自心是佛，不在剃除须发，白衣亦是佛；若不见性，剃除须发，亦是外道。**"六祖也一样，只言见性，不论白衣黑衣，若能见自本性，白衣仍是佛！若不见性，即使你剃头染衣，仍是外道！达摩大师的法语，六祖以身实践得到了证实。揭示了真如自性人人具足（何期自性本自具足）。并非某个特定

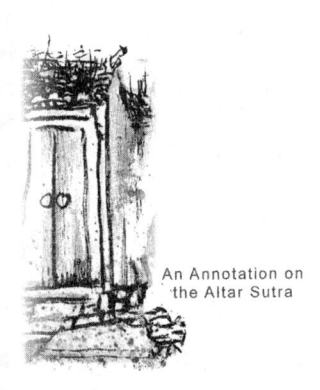

的团体或某种特定的身份者的专利。给广大的社会各阶层的学佛信众充满了信心,看到了自己也能成佛作祖的希望。把佛法一切众生皆能成佛的宗旨,让广大社会得到认可和肯定。因此,《六祖坛经》是一部深受社会各阶层人士关心和喜爱的一部中国人自己的佛经,对我中华文化的影响极大。然而六祖辞世已1300年,禅宗正法亦失传久之,本经竟遭诸方错解乱注四方流通,把禅宗的精髓浅化、世俗化,中华宝贵文化受到了空前的曲解和贬低!因之而有注解之必要来影响我国人,复兴禅宗文化。既然决定注解,应当略述本经中所载六祖之作与内涵,使读者易于把握重点,乃叙述如下:

六祖惠能既得五祖大师传法并授予法衣,正式成为中土第六代祖,势必绍继如来摧邪显正作为,是故摧破神秀渐悟谬理而说顿渐:"复语诚曰:'汝师戒定慧,劝小根智人;吾戒定慧,劝大根智人。"此为其一。又斥卧伦禅师离念灵知境界而说:"惠能没伎俩,不断百思想,对境心数起,菩提作么长"。以此摧破卧伦样师的"卧伦有伎俩,能断百思想,对境心不起,菩提日日长"。三如六祖当众破斥说:"又有人教坐,看心观静,不动不起,从此置功。迷人不会,便执成颠。如此者众,如是相教,故知大错。"以此三者为代表之外,其余破斥所在多有,总因正法容易被相似法所混淆,以致六祖不得不如此,六祖也因此自云"出世破邪宗",这是继承了如来摧破邪说以显正理的宗风,自此以后禅宗历代祖师莫不如是大力破邪以显正法。

在《坛经》中六祖开示学人,不应轻于新学或分贵贱,一切学人皆应引为大鉴。如六祖云:"若修功德之人,心即不轻,常行普敬。心常轻人,吾我不断,即自无功;自性虚妄不实,即自无德。为吾我自大，常轻一切故。"六祖又主张学禅之人应具正见，所谓在家出家平等，故云："若欲修行，在家亦得，不由在寺。"因为禅悟实质在于心，非在于身。

六祖于《坛经》中特地自述五祖对他磨炼心性之事，表明学禅之人悟前须经磨炼心志；善知识也必须如此为之，观察确定学人真属菩萨心性始可得悟。以是缘故，五祖特叫惠能去槽厂破柴踏碓8个月，其间都不曾去看望或慰勉。后时出世弘法，武则天虽屡次派人来请，但六祖鉴于武则天心性不佳，是故宁死亦未传法与之，连见面都拒绝。并指示学人，于真悟之后必须转依成功，身口意行始终契合真如心的自性，始认其为真悟，例如六祖大师开示说："心量大事，不行小道；口莫终日说空，心中不修此行，恰似凡人自称国王，终不可得，非吾弟子。"若是悟后身口意行仍如凡夫无异，不曾丝毫转依真如心自性，依旧贪嗔不绝，终究只是一个知解宗徒，不是真悟者，六祖拒绝如是之人为其弟子。此是当代真学禅者应须留心之处，否则空言证悟而无自受用及他受用之功德，悟之实质本自无之，求如是之悟，复有何用？

又，求悟者皆须先行忏悔灭罪，故有〈忏悔品〉之建立。六祖亦开示学人言，求悟亦当有机缘，显示并非心性刚强自私者可得悟入。六祖又为学人殷殷警示：悟者必有般若在胸，能为人如实解说；若说不得法、解不得经，而轻视天下善知识，动辄诽谤，哗众取宠，即有大罪。

六祖又示现宗教互通之身教，表明教为宗门之指，宗为教门所悟；教为悟后进修，宗为教门入处。是故要求大众悟前应须持诵般若经，领受般若经中的意旨："若欲入甚深法界及般若三昧者，须修般若行，持诵《金刚般若经》，即得见性。当知此经功德无量无边，经中分明赞叹，莫能具说。"又言："能修此行，与般若经本无差别。"是从来都不曾离于教门的。六祖证悟10余年后出世说法时尚且如是开示，后时并援引甚多经中圣教，用以教示已悟弟子永为依止。并于开示后重说偈曰："说通及心通，如日处虚空，唯传见性法，出世破邪宗。"比对现代禅门野狐动辄倡言"宗门与教下无关"，执宗门而排斥教门者，六祖真可谓慈悲遗于后人也。

又，证悟之标的即是真如，乃第八识如来藏也，谓之本心，又名阿赖耶识、异熟识。然末法之际诸方大师竟未之知，直到晚近，10余年来方为佛教界所广知。殊不知六祖大师早已言之："人性本净，由妄念故，盖覆真如。""菩提自性，本来清净，但用此心，直了成佛。"研读《坛经》者众，竟未之知，必待善知识出世广说，初始竟犹抵制抗拒，久后方才渐渐接受，亦是可怪之事。以此缘故，本经实有重加注解弘扬之必要。

又，六祖教言，悟得本心者，即见本心真如之自性："'何期自性，本自清净；何期自性，本不生灭；何期自性，本自具足；何期自性，本无动摇；何期自性，能生万法。'祖知悟本性，谓惠能曰：'不识本心，学法无益；若识自本心，见自本性，即名丈夫、天人师、佛。'"六祖所说如是"本自清净、本不生灭、本自具足、本无动摇、能生万法（能生五阴…等万法）"之内涵，亦是一切自称证悟禅宗、证悟佛法者之试金石；例如以证得离念灵知为悟之人，其离念灵知能生万法否？本自清净否？本不生灭否……？于六祖以上所说，一一皆应援引检验，以免大妄语业。修善法而求得来世长劫不可爱极苦果报，岂非天下最大之冤枉？普愿一切禅者慎自检验，皆得善果。

六祖又言："念者念真如本性。真如即是念之体，念即是真如之用。真如自性起念，非眼耳鼻舌能念。真如有性，所以起念；真如若无，眼耳色声当时即坏。善知识！真如自性起念，六根虽有见闻觉知，不染万境，而真性常自在，故经云：'能善分别诸法相，于第一义而不动'。"故知禅宗之所悟即是真如，悟得真如之后，即生般若智，能通般若亦能为人解说，方名真悟。不唯如此，六祖更举五祖大师的开示说："不识本心，学法无益；若识自本心，见自本性，即名丈夫、天人师、佛。"如是揭示吾人必须证得第八识本心真如，亲见真如心的各种本有自性，方能通于般若而名为悟；研读《坛经》者，于此皆应知之，方能体会六祖之老婆心切也。

又，记悟般若之判断并非自由心证，而是有一定内涵，是故六祖演说般若真旨时说："用自真如性，以智慧观照，于一切法不取不舍，即是见性成佛道。"此时亲见真如心如来藏具有令人成佛之自性，永远真实而且如如，名为"见性成佛"。

但这个"成佛"，成的是相似即佛位的佛，不是究竟即佛位的佛，六祖却必须说为"成佛"，以此方便说来以广招信众。此因六祖之前的禅宗一向单传，法脉不盛，因为广传之时尚未到来。直到北方玄奘大师译出很多经典，处处都可以支持禅宗所悟之旨，方得广传；但也证实禅宗之悟并非即是究竟佛位，以此缘故，六祖开始大力推广禅宗正法时，虽然必须高调唱言"一悟即至佛地"，却是处处援引经教说明悟后修道之事。此亦证实"一悟即至佛地"是六祖方便权宜，诱引大众发起求悟之心，并作为接引大众之方便。若有人将六祖之权宜方便当作究竟，认定六祖自认成佛，即是脏污六祖大妄语，实属不善；今于此注解中，特地引之为证，欲免今世作世学人继续污谤六祖之罪。

以上略述《六祖大师法宝坛经》大意，今以此一注解即将梓行天下，而我真如曾无一言以说，却无妨五蕴继续运行略述《坛经》大意，乃以六祖真意简述以代序文，普愿天下有缘佛子皆得六祖真旨。

       佛弟子　释惟护　敬序
       公元2016年7月

《坛经》注解　上册

〈悟法传衣行由品〉第一

【经】

　　时¹，大师至宝林²，韶州韦刺史名璩，与官僚入山³。请师于大梵寺讲堂⁴，为众开缘说摩诃般若波罗蜜法⁵。师升座次⁶，刺史官僚三十余人、儒宗学士二十余人、僧尼道俗一千余人，同时作礼，愿闻法要⁷。

【注】

　　1. "时"，或写作"一时"：依事相上来说，六祖惠能在大梵寺讲法，时间大约是在公元681年的春天。依佛法佛经禅门宗意来说，"一时"是指无住时、真如时。

　　2. "宝林"：即是今之广东韶关南华寺，当年是为韶州曲江县曹溪宝林寺。六祖居此弘法，今真身尚存。建于南北朝梁武帝天监三年（公元505年），梁武

帝赐名"宝林寺"，隋末时寺遭兵火，遂至荒废。唐高宗仪凤二年（公元677年），惠能大师驻锡曹溪，得地主陈亚仙施地，宝林寺得以中兴。宋初，南汉残兵为患，寺毁于火灾。宋太祖（公元968年）令修复全寺，赐名"南华禅寺"。元末毁于兵火，明中业恢复，明末又复荒废。清康熙初年修复。1981年，南华寺六祖殿重建一新，举行了六祖真身像隆重安座典礼。有降龙塔、伏虎亭、雪涛泉、卓锡泉、曹溪香水等胜景。

3. "山"：此山为南华山，在曲江县南60里，宝林寺即在此山中。

4. "大梵寺讲堂"：大梵寺，即今之大鉴寺。大梵寺最初建于唐开元二年，原名为开元寺，更名大梵寺，即是刺史韦璩恭请六祖说法处。宋致合中改名天宁寺，绍兴三年赐匾更名为报恩光孝寺，详细请见《广东通志》。讲堂，即是讲说佛法的处所。

5. "为众开缘说摩诃般若波罗蜜法"：佛法中说："法不孤起，必仗因缘。"六祖在大梵寺说法的因缘，是由韦璩祈请而有。《大方等大集经》中佛告波旬："说法因缘断诸生死度于四流，令诸众生获得正道、得虚空相。如是等事皆因于汝，汝当请我，我当说法。""摩诃般若波罗蜜法"，"摩诃"意义是"大"，"般若"意义是"菩提解脱智慧"，"波罗蜜"是"救度到彼岸"的意思，"法"是指"佛法所教的法义"。因此，"摩诃般若波罗蜜法"这一句话，是指佛法中"救度到解脱那一边的大智慧法门"的意思。在《阿含佛经》中佛陀说："我所说的佛法，只有两个修行法门，就是二乘解脱道与大乘菩萨佛菩提道，二乘解脱道主修四圣谛与八正道，大乘佛菩提道修法菩萨一定要证得每一个众生都有的如来藏。佛陀我就是因为这样修的缘故，逐渐次第地断除了烦恼、证得了真如佛性，对这样的见解要心不动摇，不被外道邪说影响，才能获得修证佛法的可爱结果；如果想修佛法得解脱的人不断除烦恼以及不断除外道的妄想邪见，就会永沉烦恼苦海之中，不能解脱。"因此，简单地说，"摩诃般若波罗蜜法"，指的就是如何证悟大乘佛法的根本——也就是每个人本来就有的无念真心，又名第八识如来藏。

6."座次"：佛戒教说，法师说佛法时，座位要高于听众与信众，法师不可立地说法，亦不可坐高广大椅。

7."法要"：指佛法大意。禅门学人最常请示禅师：何为祖师西来意？即是问什么是佛法大意的意思。这里是指，"摩诃般若波罗蜜法的意义是什么？"等同于想要了知"如何是佛法大意？"的意思。

【语译】

约公元677年时，六祖惠能大师来到宝林寺，当时的韶州刺史韦璩与官僚入南华山。请六祖出于城中到大梵寺讲堂，为大众开启因缘，讲说真心如来藏摩诃般若波罗蜜大乘佛法。等到六祖坐定法座，下座听讲佛法的人有刺史与官僚30余人、儒家学者20余人、僧众、尼众、道人、俗人1000余人，大众同时礼拜三宝，意乐听闻六祖解说佛法摩诃般若波罗蜜的要旨大意。

【解】

六祖惠能大师在大梵寺的公开说法，实为佛法弘传历史的一大事因缘。

此时玄奘三藏大师已约于公元660年时往生，法相唯识宗所弘传的佛法宗门意旨，因为门人窥基法师证量距玄奘仍遥，第三代慧沼法师智慧距窥基亦遥，实际上已难再弘传开来，不久也就沉寂了。因此如果不是六祖以禅宗密意，广为弘传如来佛法宗门意旨，真实义佛法恐怕不免消沉于大唐国内，更不能有后来一花开五叶、结果自然成的光景。

因此说，六祖弘禅、韦璩请法，乃是禅宗弘法大事因缘，广开佛意再兴佛法。也就是这个缘故，佛日契嵩禅师赞叹："《坛经》伟哉！"圆悟克勤祖师赞说："稽首曹溪真古佛，八十生为善知识；示现不识世文书，信口成章彻法窟；叶落归根数百秋，坚固之身镇韶石；皎如赫日照长空，焕若骊珠光太极。定慧圆明扩等慈，所求响应犹空谷；河沙可数德莫量，并出渠侬悲愿力。"大慧宗杲祖师赞说："担柴卖火村里汉，舌本澜翻不奈何。自道来时元没口，却能平地起风波。"

从一个佛弟子的角度来说，世间见有诸多身心痛苦，因此学佛最切身的现实是要远离烦恼、离苦得乐。然而想要有这样的结果，是否遇上传授真实义佛法的善知识就是重点了。比如说，为人父母者一定会给家里的孩子找一个好老师，不会想把孩子交给一个品德与学识不当的老师教导。学佛也是这个道理，只会教念诵仪式的相似佛法或是表相佛法的老师，跟他修学的学生想要解脱是没结果的。可见韦刺史不简单，能够祈请六祖为大众说法，这个功德大矣。一般学佛人分不清什么是假佛法、什么是真正佛法，在那个时代，六祖惠能的师兄神秀，在北方弘法，有着两京法王、三世国师的头衔，名声可是远大于六祖的。然而善知识与正法的功德力是广大的，就在六祖这最初的几次弘法之后，禅门所证如来藏真实义佛法终于在中国这片土地上弘传开来。

因此，在义理上，佛弟子要建立起正见；法有假有真，学佛是要在生活上能实际应用，要在三乘经论的法义中能够现观而让自己不被世俗现象所迷惑与徬徨，要能够运用佛法智慧来离开烦恼与痛苦，所以一定要跟对老师学，才会成功。在修证上，就要了解，佛法的修证绝对是离不开布施、持戒、忍辱、精进、禅定、般若这6种修行方法的，这6种佛法称为菩萨修行的六度般若波罗蜜法门。另外，还要能把握机会，祈请善知识说法，学习韦刺史把握机会请到了真正的善知识来为大众说法，这样来修六度就会很快成熟，因为福德累积很快的缘故，就能够开悟证得般若。

【经】

大师告曰："善知识[1]！总净心念摩诃般若波罗蜜法[2]。"大师不语良久[3]，复告众曰："善知识！菩提自性，本来清净[4]，但用此心，直了成佛[5]。"

【注】

1. "善知识"：在这里有两种意思：

一、是指能够鉴别佛法正见与妄想，不被假法欺瞒的人；也就是说，六祖在这里称赞与会大众能善了知正法，懂得要修学正法，有这个福德能够参与这个法会。

二、是专指参禅开悟明心，找到自己真心如来藏，善能了知自心第八识等功德，能对众弘法的佛弟子。《大方广佛华严经》卷三十三，佛云："善知识者，住真实道，一切二乘不能知故；善知识者，得无尽辩，能说如实知见体故；善知识者，善离忧恼，知生死苦本无我故；善知识者，非文字境，知语言道不可得故；善知识者，住无生法，谓知识性不可得故；善知识者，是能寂静，谓能除灭诸烦恼故；善知识者，能灭邪见，谓能安住正见中故①"。

2. "总净心念摩诃般若波罗蜜法"：这是指参禅证悟后的佛弟子，转依本来自性清净的如来藏，靠着已发起的般若总相智慧，用意识心等来修行

---

① 《大方广佛华严经》卷三十三，T10, 0293, [0811c27]。

让自己的身、口、意行清净，远离贪、瞋、痴等烦恼，并且行于菩萨六度般若波罗蜜法门，作种种利他自利，救度其他有缘人的意思。龙树菩萨教说："求佛道者，从初发心作愿：'愿我作佛度脱众生，得一切佛法，行六波罗蜜，破魔军众及诸烦恼，得一切智，成佛道，乃至入无余涅槃。'随本愿行，从是中间所有智慧，总相、别相一切尽知，是名佛道智慧①。"

3．"不语良久"：这是佛法中度上上根人了解佛法大意的行门。最有名的例子就是《维摩诘经》中维摩诘大士正是用此默然良久的方式，来回答文殊师利菩萨问于"何等是菩萨入不二法门？②"的答案，获得文殊师利菩萨的赞叹。另一个有名的例子，是有一外道问佛说："您说的法，既然是不在经教文字意义上，也不在一念不生境界里，请问在哪里？"佛陀听完之后，只是沉默地坐着看他。不久这个外道竟然说："感谢佛陀大慈大悲，解开我的迷惑乌云，让我得悟，了解佛法大意。③"

4．"菩提自性，本来清净"："菩提"指的是"证悟解脱烦恼的智慧"，在佛法中说有两种，就是二乘解脱道与大乘菩萨佛菩提道的不可思议解脱智慧，简称为二乘解脱道菩提与大乘般若佛菩提。这两种智慧当然不可能无中生有，所以他们一定是存在于某个地方，等待有缘人来学佛，然后证得他们。佛陀告诉我门，一切众生皆有妙明真心，智慧德性本自具足，能够出生世间一切法；可见这两种菩提智慧都是存在于真心如来藏中，等待我们通过修学佛法去实证祂的存在。实证祂之后，我们就能了知原来一切智慧功德和一切法，都是由真心所生，都是祂的自性，而且真心的体性是本来就清净无垢的，虽然我们有贪瞋痴烦恼等染污，但祂是自始至终从来都是清净无染的。虽然真心祂自己是清净无染的体性，可是却含藏众生无始来的贪瞋痴

---

① 《大智度论》卷十八，T25，1509，[0191b18]。
② 《维摩诘所说经》卷中，T14，0475，[0551c20]。
③ 无门慧开：《无门关》，T48，2005，[0297a22]。

种种染污种子存在，令七转识现行时产生不净的行为，同时具有两种现象；这个境界，是唯证乃知的，所以佛才说："如是如是，自性清净心而有染污难可了知。有二法难可了知：谓自性清净心难可了知、彼心为烦恼所染亦难了知。如此二法，汝及成就大法菩萨摩诃萨乃能听受，诸余声闻唯信佛语①。"

5. "但用此心，直了成佛"："此心"，已如上说，指真心如来藏。要能够运用此心，当然要先找到祂才行，不然就只是说食数宝而已，学佛解脱就不可能成功。证悟此心之后，还要依靠祂来修道，等到52个次第的福德与智慧都修行圆满之后，就成为大觉佛陀。佛陀说："过去如来入寂定，现大神通转法轮；今佛世尊亦复然，入定放光同彼佛。是故惟忖释师子，决定欲说心地门；若欲远离生死因，必获三世真常果。诸人合掌一心待，当入如来安乐宫。②"沩山禅师说："初心从缘顿悟自理，犹有无始旷劫习气未能顿净，须教渠净除现业流识，即修也。不可别有法，教渠修行趣向③。"永明延寿禅师在《宗镜录》卷二里教说："问：'诸佛方便教门，皆依众生根起，根性不等、法乃尘沙；三十七品助道之门、五十二位修行之路；云何唯立一心以为宗镜？'答：此一心法，理事圆备，是大悲父、般若母、法宝藏、万行原。以一切法界、十方诸佛、诸大菩萨、缘觉声闻、一切众生皆同此心。诸佛已觉，众生不知。今为未知者，方便直指，以本具故不虚，以应得故非谬④。"又在《万善同归集》卷中说："三十七品，菩萨履践之门；五十二位，古佛修行之路。从初念处一念圆修，迄至十八不共，练磨三业，究竟清净⑤。"

---

① 《胜鬘师子吼一乘大方便方广经》T12, 0353, [0222c02]。
② 《大乘本生心地观经》卷一，T03, 0159, [0294c17]。
③ 《西方合论》，T47, 1976, [0385c17]。
④ 永明延寿：《宗镜录》卷二，T48, 2016, [0424c05][0424c08]。
⑤ 永明延寿：《万善同归集》卷中，T48, 2017, [0973c27]。

【语译】

六祖对大众说:"各位有智慧的大众!大家要总净心念于摩诃般若波罗蜜法。"然后六祖有好一会儿默然不语,接着又告诉大众说:"善知识!大家的菩提自性,本来就是清净体性,找到祂以后只要善用此心修行,就能够直接修行到圆满成佛。"

【解】

六祖一上堂说法,展现的是禅师宗通的本色。想要在惠能祖师一句话之下,就能了悟自心,那一定是要有来历的久学再来菩萨才有可能悟入。

六祖见大众对于如何"总净心念摩诃般若波罗蜜法",没有人了解,于是接着告诉大家:就是要大家能够亲证"各自的菩提自性,本来就是清净体性,找到祂以后但只要善用此心修行,就能够直接修行到圆满成佛"。这就是菩萨"总净心念摩诃般若波罗蜜法"。

这个本来自性清净的菩提自性,自古以来就难证;尤其在佛陀示现涅槃之后,很长一段时间里要找一位真正实证般若的大善知识,实难得遇。在这种情况下,就出现了声闻弟子将佛陀当年"一音演说"的真实义佛法,分裂成18部派,对佛意进行各自解读的情形。试想,就是因为大家说的都不同,所以才分有18种派别,如果大家解释佛意都一样,那就只会有一个宗派,因为大家都一样嘛!怎么会有18个宗派呢!话又说回来,对的答案只有一种,错的答案才会有许多种,因此,声闻法中的18个部派对佛意的解释,大多数都是靠不住的,更有可能是没有一个解释是对的。这应该就是当时18部派对佛意解释的真相了。所以才会有马鸣菩萨(约公元1世纪晚期出现)发大愿心,写作了《大乘起信论》来教导佛弟子如何是"总净心念摩诃般若波罗蜜法"。可惜多数佛弟子依旧是雾里看花，越看越糊涂，大家继续争吵；不仅跟自家人争论，还跟菩萨争，说"马鸣菩萨说的不对，把佛法说成外道法了。"佛陀早就有说过："世间与我诤，我不与世间诤。何等为世间？所谓贪着五受阴者，为世间所摄。是人贪归五阴，为五阴所缚，不知五阴性、不知五阴空相，而与我诤，是人违逆佛语。[1]"也就是说，声闻18部派的见解大多落在五阴之中，说法时已经偏离了佛意而不自知。

什么是五阴？就是指色阴、受阴、想阴、行阴与识阴。五阴的内涵意义很庞大又很细致，最好还是跟随真善知识学习，因为这里面牵扯到观行亲证的修炼部分，不然弄不懂弄错是很平常的事；而弄错的话，学佛想要离苦得智慧，就变成浪费时间与精力，盲修瞎炼，最后是一事无成。

认真学了几年佛的人，比较不会认为色身能够永恒地存在，但是却有很多的人，包括一些浅学的佛弟子，却会相信某种的"神灵"能够永恒地存在，来给他们加持灌顶、保佑发财等的事情。其实不论是哪一等级的神灵，他们也只是三界众生之一类而已，所以也都有各自的真心如来藏。只有如来藏能够不生不灭地永恒存在，神灵与其他众生一样都会死的，寿命终了时就要死的。除非修行于真实义佛法，对生命的一切现象能够了知，之后才能够谈到操作安排自己的生命状态；等到修证到大菩萨位阶时，就能够解脱于生死，于生死得到大自在。最后圆满成佛时，就能跟如来藏一样，永恒地存在十方宇宙中，救度有缘的众生像自己一样永远解脱于一切生死烦恼，成为最圆满的存在。黄檗禅师即说："十方诸佛出世，只共说一心法，所以佛密付

---

[1] 《持世经》卷二，T14, 0482, [0650a18]。

与摩诃大迦叶此一心法体①。"大慧祖师亦说:"如今学道人多不信自心、不悟自心,不得自心明妙受用、不得自心安乐解脱,心外妄有禅道、妄立奇特、妄生取舍②。"佛陀法教说:"寂灭者名为一心,一心者名为如来藏,入自内身智慧境界,得无生法忍三昧③。"因此,一切佛弟子皈依三宝学佛之后,最要紧的一件事,就是要学习如何才能实证自己的真心如来藏,进入真实义佛法中修行。

【经】

"善知识!且听惠能行由、得法事意。惠能严父,本贯范阳[1],左降[2]流于岭南,作新州[3]百姓。此身不幸,父又早亡,老母孤遗,移来南海,艰辛贫乏,于市卖柴。时有一客买柴,使令送至客店。客收去,惠能得钱,却出[4]门外,见一客诵经。惠能一闻经云'应无所住而生其心'[5],悚然有省[6],遂问客诵何经?"客曰:"金刚经。"

复问:"从何所来,持此经典?"客云:"我从蕲州[7]黄梅县东禅寺来。其寺是五祖忍大师在彼主化,门人一千有余。我到彼中礼拜,听受此经。大师常劝僧俗:但持金刚经,即自见性[8],直了成佛。"

能闻说,宿昔有缘[9],乃蒙此客取银十两与惠能,令充老母衣粮,教便往黄梅参礼[10]五祖。惠能安置母毕,即便辞亲[11],不经三十余日,便至黄梅礼拜五祖。

---

① 《指月录》卷十,X83, 1578, [0511a22]。
② 《正法眼藏》卷二,X67, 1309, [0600a08]。
③ 《入楞伽经》卷一,T16, 0671, [0518c20]。

悟法传衣
第一品

【注】

1. "范阳"：约为今之北京大兴、宛平、昌平、房山等行政区。

2. "左降"：降职的意思。

3. "新州"：今广东新兴县。

4. "却出"：退出的意思。

5. "应无所住而生其心"：此为《金刚经》的名句，也是禅门宗义的名句，简说为：无住生心。世间一切境界里，没有任何一现象能够处于"无住"的情况；东西物品会腐朽坏掉，生命会衰老死亡，因此没有一件世间物能够不住在变坏的过程里。然而确实是有不可思议的无住现象存在，那就是每一个人都本具有的真心如来藏；祂本身是不住在任何境界里的，却又能够出生世间生命现象的一切法相，因此诸佛菩萨都共说此心实在不可思议。真心如来藏祂本身不住在任何境界里，却又出生世间生命现象的一切法相，佛弟子参禅证悟找到祂之后，亲自体验祂的境界并且学习与依止祂的这个体性来除断贪瞋痴等一切无明烦恼，这就是菩萨悟后"应无所住而生其心"的修道含义，亦即是"但用此心，直了成佛"的修道含义。这也是菩萨所说：悟前被《法华经》转，悟后却能转《法华经》的含意。

6. 曹溪本记为"心即开悟"：此时六祖实际上还没有证悟真心，所以应与禅门开悟明心有所区别，此或是神会门下传抄过程中过当所致，因此今依《禅苑蒙求》卷中，校改为"悚然有省①"，较符合于事实与文理轨迹。

7. "蕲州"：今湖北省。

8. "见性"：完整的禅宗修证，包括三关、三个层次位阶：就是开悟明心（证得第八识如来藏）、见性（看见真心的各种自性）、过牢关同时证得二乘解脱果。此后还要经过约二大阿僧祇劫长远时光的修证于佛菩提道，最

---

① 《禅苑蒙求》，X87，1614，[0064a22]。

终才能证得无上解脱，圆成佛果。因此，我们应该了解六祖这部著作里所提到的"见性"，指的是明心后，现观真心所具有的各种自性——能够使人依之修道的成佛之性。

9. "宿昔有缘"：有着过去生以来世世修学佛法的因缘。

10. "充老母衣粮，教便往黄梅参礼"：有能力能够赞助佛弟子学佛，那是很大的修福报的机会，如果幸运布施到了一位真修行的人，那将来得的福报，将是无量倍；如此一来，能修这样的福德，很快就能累积到有参禅证悟的因缘机会。这位客人必定是与六祖有过去世以来的宿缘，在跟六祖攀谈之后，就愿意帮助护持六祖的道业修行，实在是不容易。参访指参访礼拜，禅门中弟子寻访真善知识是为参访。如果对方确实是证悟的禅师，那才有礼拜与拜师的尊荣，因为假禅师传的是假佛法，而假佛法会破坏佛法、断除学人的法身慧命，因此禅门真悟之师多会拈提那些误人慧命严重的假禅师。

11. "辞亲"：真正的佛弟子，修学佛法不能只顾自己，对于自己的亲人眷属也应该要尽一分心力。如果家有老小，那就一定要照顾好作好安排，才能去实行自己的修行道业。想要出家，如果家人不允许，那就要等待因缘作种种方便，务必在家属不反对的情形下才可以出家。出不出家来学佛，其实是个人的因缘与选择，跟是否能够学佛有成没有一定的关系；学佛要有成就，那是自己付出多少努力的结果，不是剃发出家表相与否的问题；剃发出家之后不努力学佛，照样没有成就。在真实义佛法中，开悟证得第一义谛真心的人，不论男女老少、在家出家，都是胜义僧，都是尊贵的出家人，因为他们出的是三界烦恼火宅的家，所以名为殊胜的证悟出家人。六祖的母亲心量一定很大，想来亦是一位菩萨，能割舍亲情，答应让六祖剃发出家，累积的福德大大不可思议。

【语译】

悟法传衣 行由品第一

各位善知识！让惠能跟大众说明我的出生背景以及得法的因缘事等过程。我的父亲管教甚严，我们本籍是在范阳，后来被降职流放到广东五岭南边，落户成为新州百姓。惠能早年不幸，父亲早亡，亲属只剩母亲一人；自从搬移滨临南海之后，家境贫苦，于是惠能以卖柴为生。某次有一客人向我买柴，要我送柴到他的住处。客人收到柴，我收到钱，就在我退出门外时，看见另一位客人在诵经。当时惠能一听到他读诵经文"应无所住而生其心"时，内心有所惊觉，因此马上请问他是在读诵哪一部经，客人回答说：《金刚经》。

我再问他："请问您最近去过哪里？这《金刚经》是从哪里听闻来的或是得来的？"他回答说："我从蕲州黄梅县东山禅寺来。五祖弘忍大师正在那里弘法教化信众，在他门下学佛的人超过一千人。我是到他那里去礼拜，而听闻他教授这部经的。弘忍大师常劝僧人与世俗人：只要能够受持《金刚经》，就能够自己见性，将来可以直直修道了达一切佛法而成就佛果。"

惠能在与他交谈之后，也是过去世以来就结下的因缘，这位客人慷慨地给了我10两银子（一说100两银子），并且即刻教我前去五祖黄梅山道场的道路途径。惠能安置好母亲之后，就跟母亲辞别，用了大约30天的时间，来到黄梅山礼拜五祖。

【解】

六祖是因为有过去生以来世世累积修行佛法，才能有这种福德与智慧，能够在听闻佛法一言之下，就有所警觉，知道佛法难得的体会；但是我们今生既然有这个因缘，能够读到此《六祖坛经》，也正说明我们也是有着过去世以来修学佛法的来历，因此只要今生我们努力修行，想要如同六祖当年一样开悟明心，是很有可能的事。学佛尽可不论出身,唯论宿世因缘与今世精进因缘;佛法难遇今已遇,此身不修何时度!

有甚么根据而说五祖说的"即自见性,直了成佛"与六祖说的"见性成佛",是禅门方便说,不是胜义究竟说?

一、经说要三大阿僧祇劫才能修证圆满成佛,经说佛出世身必定是高贵种性,经说佛座下必有等觉菩萨、诸地菩萨、诸证悟菩萨、阿罗汉、四众等无量无数弟子围绕;经说佛入灭前必演说《法华经》,必有多宝如来涌现为作证明,佛必受记诸大弟子何时成佛、佛号为何、佛国名号与正法住世多久等事;经说如来以一大事因缘出现于世,开示众生悟入佛之知见,证入佛之知见;佛说下一尊佛为当今在兜率天说法的弥勒妙觉菩萨。

二、从行门上来说,六祖一生没有开示过弟子悟后起修如何完成解脱道的修证内容,没有开示如何进入初地菩萨位阶所应修证的内容,也没有开示成佛所应修证的道种智与一切种智的内容。另外,由六祖说的自己"对境心数起,菩提这么长"的证量内涵而言,有地上菩萨指出六祖尚未证入初地菩萨的无生法忍境界。又,跟六祖同一时期在世者,有永嘉玄觉禅师与慧忠国师等自参自悟本心,他们二人都没有讲过开悟明心即是成就究竟佛的开示说法。

三、如果亲见真心本性即是成佛,那岂非六祖当世就至少有三尊佛共同住世说法的情形出现?这就违反于佛说——三千世界只有一尊佛住世弘法的法教。

因此说见性成佛,乃是祖师们的方便说法,说的只是学人证悟自己的法身佛明心状况而已,不是开悟就是成佛的意思。话虽然这么说,六祖说法载成《六祖坛经》的功绩,奠定佛法禅宗顿悟心地法门广弘天下的基础,诚然伟哉!"见性成佛"也是针对当时佛法未能广

悟法传衣
行由品
第一

弘所作的必须主张。

　　受持读诵《金刚经》的功德，确实不可思议。受有受的功德、持有持的功德、读有读的功德、诵有诵的功德，虽然各有浅深的不同功德，然而都极为殊胜，不可思议，因为必受诸佛护念、将来必定能够明心见性，可以直直修道了达一切佛法而成就佛果的缘故。

【经】

　　五祖问曰："汝何方人[1]？欲求何物？"惠能对曰："弟子是岭南新州百姓，远来礼师，惟求作佛[2]，不求余物。"

　　祖言："汝是岭南人，又是獦獠[3]，若为堪作佛？"惠能曰："人虽有南北，佛性[4]本无南北；獦獠身与和尚[5]不同，佛性有何差别？"

　　祖更欲与语，且见徒众总在左右，乃令随众作务。惠能启和尚曰："弟子自心常生智慧，不离自性，即是福田[6]，未审和尚教作何务？"祖云："这獦獠根性大利[7]，汝更勿言，看槽厂去。"

【注】

　　1."汝何方人"：你从哪里来？事相上来说，这是五祖请问惠能家乡在哪里的意思。然而这又是禅门的提问句，没有证悟的学人，是答不好的；而禅师经由学人的回答，就能了知学人有没有开悟，也能了解学人的落处是在哪里。

　　2."惟求作佛"：六祖对五祖的禅宗提问，虽然没有答好，然而却是至诚直心的回答了"惟求作佛"。参禅最要紧的心行，就是要直心，能够择善固执的直心，对修行累积福德资粮是非常有帮助的，也就能够快速地有参禅证悟的因缘。

3. "獦獠"：獦獠是中原地区对西、南方等地区未开化的蛮夷少数民族带有轻蔑的称呼。

4. "佛性"：这里指有情的成佛之性，是指真心如来藏自性的意思。永明延寿禅师说："一切众生皆有空寂真心，无始本来性自清净、明明不昧、了了常知、尽未来际常住不灭，名为佛性，亦名如来藏，亦名心地。达磨所传，是此心也①。"

5. "和尚"：一个佛法修行道场内教授佛法与行政事务的最高负责人，是众弟子的依止师与佛法亲教师。

6. "弟子自心常生智慧，不离自性即是福田"：能够常住还能够生起智慧的自心，这是指真心如来藏，因为只有如来藏才有这样的体性。佛法中说，五蕴中的识蕴觉知心是念念生灭性的，夜夜断灭，不能常住也不能生起智慧，因此这里六祖说的自心指的是如来藏。福田：田有生长的意思，譬如农夫在农田里种下秧苗而长成稻谷，因此福田是指能够生长出福德的田地处所。龙树菩萨说："良田虽复得福多，而不如心；所以者何？心为内主，田是外事故②。"所以同样施舍一碗饭给一只狗，佛陀得福远远大于舍利弗，因为佛陀心量最胜故。龙树菩萨又说："若大中之上，三事都具：心、物、福田三事皆妙；如《般若波罗蜜》初品中说，佛以好华散十方佛。复次，又如以般若波罗蜜心布施，无所着故，得大果报③。"龙树菩萨告诉我们，从布施人的心、布施的东西跟东西给予的对象三种项目来说，各有上中下三个从高到低的不同层次级别，佛的心最高胜、法施最胜、布施给三宝最胜。心的种类项目中，又以"般若波罗蜜心"最胜，而般若波罗蜜心的意思是"般若

---

① 永明延寿：《宗镜录》卷三十四，T48，2016，[0614c04]。
② 《大智度论》卷三十二，T25，1509，[0301b11]。
③ 《大智度论》卷三十二，T25，1509，[0301b18][0301b20]。

智慧涅槃解脱的心"，指的就是不生不灭、清净涅槃自性的真心如来藏。因此六祖说的"不离自性即是福田"，是指一切修行所得福德都不离于真心自性，都藏存于真心之中，功不唐捐。

7. "根性大利"：在佛法的学习中，根性是指聪明资质、根基的意思，大致分为利根与钝根两类。利根指聪明人，钝根指学习与反应等能力不高的人。

【语译】

五祖问慧能："你从哪里来的？来这里想要做什么？"惠能回答说："弟子是岭南新州百姓，长远跋涉来礼拜老师您，我只想求作佛，不求别的。"

五祖听完说："你是南方岭南的人，又是獦獠，怎么能作佛？"惠能答："人虽有南方人跟北方人的区别，佛性从本以来就没有南北的区别；南方的獦獠身形虽然与和尚有所不同，然而众人的真心成佛之性怎么会有差别呢？"

五祖听后，心中感到惊讶，还想再问惠能，然而看见周遭徒众渐渐聚集过来，心想只能暂时叫惠能跟随大众从事于寺院的工作。

惠能再禀和尚说："弟子发现自己内心常常生出佛法智慧，了解佛法一切福德等修行都不离于自性，请问和尚您这里都教导弟子们学些什么？"

五祖此时说："你这獦獠佛法根基不错，现在不用多说，就先到舂米房做事去。"

【解】

"惟求作佛"是六祖惠能对五祖"来这里想做什么"提问的回

答，能答得出这个答案是不容易的。估计在这30多天的跋涉过程中，六祖应该是每天都有读诵《金刚经》的，对佛法的体会自然越来越深；并且过去生修行以来累积的智慧随着今生的闻熏，慢慢地引现出来，因此面对五祖的宗门寻常问话，毫不迟疑地回答"只想成佛"。

一般人学佛，其实并不知道佛法是很珍贵的智慧，更不懂得学佛的真正意义与目的到底是什么。求荣华富贵，或求病痛康复，或求消灾解难，或求家庭和乐，这些都只能算是学佛过程中的副产品，学佛的真正目的就是要修成佛果。佛法是解说生命一切现象的智慧，能够让学人永离烦恼，获得圆满的智慧与福德，离苦得乐真实不虚。佛法是由第一尊佛威音王佛经历无量无边数不尽的极久远时光独自摸索学习之后，终于全部了解了，然后佛佛相传，教导无量无边的世间有缘众生同入佛性大海。然而，一般世间人短视近利，贪瞋痴烦恼深厚，大多数人只想求名闻利养，不知道自己为什么出生就享有别人所没有的名闻利养，也不知道为什么有些人突然间出意外就死了，对于自己明天的命运会发生什么事完全无知，对于死后会怎样的情况会感到害怕；总之，对于生命的存在与意义，视为一团谜，只知道追求快乐就是了。一般人对于追求享乐是乐此不疲的，至于追求享乐往往会带来更多烦恼，甚至将来要受很大痛苦的真相，往往是无知的，这就是佛陀所说的众生因为不知道解脱而具无明的缘故，枉受轮回痛苦，不离烦恼，不能解脱的现象。唯有学佛成佛，才能真正地离开世间一切的无明烦恼，到达最究竟的无上解脱大般涅槃境界，处于永远的常乐之中。

六祖此时虽然还没有证悟真心，然而经过30多天来闻熏思索《金刚经》的功德，过去生以来修学佛法藏存在真心里的善根种子被引发出来，因此虽然无人教导佛法知见，而自然能够发起正确的佛法知见。由此可见，修学佛法成佛的过程，绝对不是一世就能完成的，而是要多生多世累积修学，才能圆满成佛，而这也显示出只要有认真修行，一切所行都功不唐捐，一定会有结果的。然而，自古以来就有一类宗教，教人说"一生修行就能成佛"，称为活佛，诱骗民众相信而去修这种法，更会夸张地说有种种的发财财神法门可以修学；其实都是骗人的，因为成佛的佛法只有一种，就是释迦牟尼佛所传的这一种而已；佛陀说修行佛道是长远行的过程，要经过无量世生死，三大阿僧祇劫才能够圆满完成。因此这是发大愿心有大慈悲心，愿意生生世世利他自利、救度众生的菩萨才能做到的事，不是小乘人或是外道人所能了解与承当的。

【经】

惠能退至后院，有一行者[1]差惠能破柴踏碓[2]。

经八月余，祖一日忽见惠能曰："吾思汝之见可用，恐有恶人[3]害汝，遂不与汝言。汝知之否？"

惠能曰："弟子亦知师意，不敢行至堂前，令人不觉。"

【注】

1. "行者"：佛教用语，指想要剃发出家，而尚未受三坛大戒，依止于寺院的修行人。

2. "碓"：音对，舂米工作之一，指用脚踩踏。

3. "恶人"：《杂阿含经》里说："恶智人，于诸善法无精进、惭愧、智慧，闻说法者，彼则退没，若人贪欲、瞋恚、睡眠、掉悔、疑惑，身行懒暴，忿恨失念，不定无智，闻说法者，彼则退没①。"

【语译】

惠能于是到后院去报到，有一位行者就指派惠能做劈柴火、舂米踏碓的差使。

就这样经过8个月，有一天五祖突然出现告诉惠能说："当初见面我就认为你的佛法知见很好，将来必能为佛教做一番大事，我是担心会有恶人来伤害你，于是我才不跟你多说什么。这番用意你懂吗？"

惠能回答说："弟子明白师父的用意，所以都不敢走到寺里大堂那边去，总要让人对弟子视若平常不加注意才好。"

【解】

自古以来这也是常理，贤良的人总会遭到一般人的嫉妒与中伤，甚至伤害。就连佛陀在世时，都有外道与佛的弟子要诽谤与加害于佛的事情发生。佛经里就记载着提婆达多分裂僧团与想杀害佛陀的事情，后来的提婆菩萨也遭到了声闻弟子的杀害；这些事情显示真实义佛法的弘传，菩萨的愿力与慈悲是要与众生的贪瞋痴邪见等业力势力相角力的；也就是说，世间里正理与邪见的对抗是随时都存在着的。譬如古印度时期佛陀传下的真实义佛法，从公元5世纪起被双身谭崔思想渗透，最后消失于印度。又譬如由觉囊派笃布巴所传的藏传真实义佛教在17世纪时被格鲁派给消灭了，真实义藏传佛法随即隐没不现。

当错误的认知充斥于世间时，真实义佛法的弘传发展就会遭受到

① 《杂阿含经》卷四十一，T02, 0099, [0301a03]。

悟法传衣品第一

阻碍，这种现象其实也意味着众生的福德与根性还不足够，以至于没有机会能够跟随于善知识修学真实义佛法。六祖与五祖会面的对谈，则显示出弟子应该谨慎选择自己的老师与老师应该谨慎选择传法弟子的道理。

六祖在东山寺从事8个月辛劳的舂米事务等工作，事实上是在护持难得在世间出现的真实义道场的弘法工作。五祖有释迦牟尼佛传下的大乘真实义佛法传承，又具有度人的方便善巧智慧，因此五祖所在之处，即是真实义道场，任何人只要有机会能够在真实义道场工作，即使只是小小的扫地工作，能够累积到的福德都是很大，是功德无量的。因为真实义道场是难得出现在世间的，即使是后来在唐朝佛法最兴盛的时候，同一个年代里真实义道场的数量也是屈指可数的，数量是极稀少的，因此有这个机会能够在一个真实义道场做任何的义工工作，在学佛者的人生中是可遇而不可求的机会。《大方广佛华严经》佛陀称赞能行菩萨道的佛子："汝是功德器，能随诸佛教，能修菩萨行，得见此奇特。如是诸佛子，亿劫难可遇；况见其功德，所修诸妙道①！"因此才说，佛世极难值遇，善知识亦难值遇。

【经】

祖一日唤诸门人总来，向众说："世人生死事大¹，汝等终日只求福田，不求出离生死苦海²，自性若迷，福何可救³？汝等各去自看智慧，取自本心、般若之智⁴，各作一偈，来呈吾看。若悟大意，付汝衣法，为第六代祖。火急速去，不得迟滞⁵；思量即不中用，见性之人，言下须见⁶。若如此者，轮刀上阵亦得

① 《大方广佛华严经》卷七十七，T10, 279, [0425b15]。

见之⁷。"

众得处分，退而递相谓曰："我等众人不须澄心用意⁸作偈将呈和尚，有何所益？神秀上座⁹现为教授师，必是他得，我辈谩作偈颂，枉用心力。"

诸人闻语，总皆息心，咸言："我等已后依止秀师，何烦作偈。"

【注】

1. "生死事大"：一切生命必然都要面对出生与死亡的现象。人类智商比动物高等，才会思考"未生之前我在哪里？死后我又到哪里去了？"的问题。然而，对这个问题能够提供充分的解答与让人亲自验证的方法，唯有在佛教的真实义佛法中才有。经由个人的修学与亲证佛法，就能解开这个生与死的大问题。不知道要学佛法的人，不会知道自己的生、死与生死之间的一切所作所为全都是苦，因为没有智慧的乐本质依然是苦，最终都必须在六道之中无止境地生死轮回。因此说，解决生死的问题，这是一件大事。

2. "只求福田，不求出离生死苦海"：这是世间一般人的生活写照，绝大多数人都是这样活着轮回六道无量世的。行善修福做得再多，基本上是算在色声香味触法六尘上的享乐福报上，不算在世间智慧上，更不算在菩提解脱智慧上。想要有解脱与实相智慧，就要去累积修证智慧的因；好比想要能够有写出计算机程序或是建筑大楼桥梁的智慧，当然就要去学习计算机写作应用程序或是土木建筑学等专业知识，然后不断地进修，有朝一日才能够有这些智慧能够应用。学习高深的解脱与实相智慧的佛法，当然更是这样的道理。因此，只修福业，或是以为修善就是学佛，那其实都与佛法的解脱和智慧无关，未来世将会吃香喝辣住大房子有好日子过，最终还是不能出离生死苦海。

3. "自性若迷，福何可救"：学佛证悟自己的真心自性才能真正获得解脱生死苦海，行善修福最终只是享受福报而已，并不能出离生死苦海。所以五祖才说：自性若迷，福何可救。

4. "自看智慧，取自本心、般若之智"：这是五祖教导学人佛法宗门参禅应有的正确知见与行门法义。能看能取六尘而有见闻觉知的体性，并且能够参禅分别认取如来藏的，主要是指意识心，不是指真心如来藏，因为如来藏对六尘不见闻觉知，也不会认取自己。所以自看智慧的意思，是指五祖要学人用意识把佛法的正确知见智慧拿出来应用，要用意识来观察找出自己的真心在哪里，然后去认取祂。智慧的含意，在这里指学人对于六根、六尘、六识、十八界法全都无常生灭的体性，能够观行然后生起确定无疑的定见，因此称为智慧。有了十八界空与真心常不生灭的智慧，再来找如来藏，就不会把意识心等当成是真心如来藏，错会佛意，因此五祖才要学人先"自看智慧"。有了正确的参禅知见，然后再来参禅找如来藏，辅以累积修集福德，这样的行门才不会错修佛法，才不会最终落得一事无成。本心是指每一有情各自都有的真心如来藏。般若智，意思是指亲证如来藏后了解真心体性的真实解脱的智慧，常存在真心如来藏里；是在学人找到真心之后，由真心的现观而出生的世出世间不可思议的解脱智慧。敦煌二本，皆作"般若之智"，今依此说。

5. "火急速去，不得迟滞"：指选出五祖传法之人一事，应当速办。应当是五祖已经观察好传法的因缘时节，亦恐怕夜长梦多，于是指示学人尽速办理此事。

6. "思量即不中用，见性之人言下须见"：此亦参禅知见，指学人不得用意识心去思考、猜测寻找真心如来藏，只能用看话头思维修的方法参禅，这样才有证悟的因缘。大慧宗杲祖师说："不得下语、不得无语、不得思量、不得拟议、不得于意根下卜度、不得于举起处承当,速道!速道!①"敦煌二本无此句,然此句实为参禅的重要知见,并且与下文神秀题偈有重要关联,因此今版保留此句。

7."轮刀上阵亦得见之": 这是指祖师勘验学人时,或是证悟者参访别人时,能够在跟对方的来往言语中,即刻真刀实枪判断出对方是否证悟之人。譬如,圆悟佛果祖师曾说:"言下分缁素,个里高于万仞峰。②"大慧普觉祖师说:"南泉道:'道不属知,不属不知。'圭峰谓之灵知,荷泽谓之:'知之一字众妙之门。'黄龙死心云:'知之一字众祸之门。'要见圭峰、荷泽则易,要见死心则难,到这里须是具超方眼③。"所以,证悟作禅师的人,必须要有能力能够在对方一言两语之中,就判断出来人是否是证悟真心的人。荷泽祖师是证悟智者,死心祖师亦是证悟智者,两人所说却是相反,为何会这样?圭峰宗密说之灵知心,此中讹误又是如何?真实证悟的学人对于这些宗门关节之处,都要能够明了,如此才是真正入于佛法大意的智者。敦煌二本无此句,然此句实为禅法的重要知见,并且与下文神秀题偈有重要关联,因此今版保留此句。

8."澄心用意":指修炼意识心将烦恼妄想消除,以致达到一念不生的意识专注境界。

9."上座":出家人在寺院里的主要职位之一。另外有首座,地位仅次于方丈和尚,是东、西两序的首领,其职权是为住持分劳,统领全寺僧众、分座说法、领众禅修。此处既然说神秀是众人的教授师,那么,神秀此时是为首座。

---
① 《续传灯录》卷二十七,T51,2077,[0649a24]。
② 《圆悟佛果禅师语录》卷十八,47,1997,[0799c28]。
③ 《大慧普觉禅师普说》卷十六,T47,1998A,[0878a28]。

悟法传衣 行由品第一

【语译】

有一天，五祖把徒众们招集过来，向大众宣说："世间人都知道解答生死的问题是一件大事，你们在这里整天虽然是在做事，然而这些寺务终究只是福田而已，如果只求这些福田果报，却没有在如何出离生死苦海参禅上用功，如果不参究于自己的真心，世间人所修集的这些福德如何能救自己出离生死呢？因此你们应当各自用意识去观行看清楚十八界法的生灭体性，用这样的智慧来找出本心如来藏以及亲证般若之性，然后将心得写成一首偈，呈上来给我看。如果有人真的证悟了真心，我会将祖衣与法教托付给他，宣称他为禅宗第六代祖师。这件事宜尽快办成，大家不要轻心看待。参禅时用思量猜想答案是不对的，真悟的人言下就会。能够言下就会的人，将来做祖师时也就能够勘验来人是否证悟真心。"

众人听完五祖的安排，下堂后互相传说："我们其实不必努力费心去写偈呈给和尚，那样做其实也没有什么好处；神秀上座现在是首座亲教师，祖衣一定是传承给他，大家别不自量力写甚么偈颂，枉费心力而已。"

大众听闻后，都浇熄了写偈的想法，都认为："我们以后就接着跟神秀法师学法就是了，根本不用费心去写偈颂。"

【解】

其实五祖对众人的开示传法，算是说得很清楚的了。首先是点出生死问题是一切学人最切身与最需要解决的问题之后，接着说明福德其实靠不住，不可依凭，有福德之后还需找到真心如来藏才能解脱生死，于是接着就说行门上要如何修行：先是要看智慧，依此行门最后就能找到真心与生起般若真如智慧。

奈何当世以及后世仍然有错会的佛弟子,把五祖的教导切成了两半,专门只在前半段修福德与看智慧上用功而已,把后半段重要的法教——用看智慧的心去找真心的开示——给丢了,所以不得宗门意旨,始终只在外门打转,不得其门而入;而南方来的惠能,佛法知见正确,所以最终得法、取去祖衣,成为禅宗六祖。

　　如果误会五祖的教导,把它解释成"就是用我们的这个现在能感觉的心,学习佛法的智慧,了知一切法都是随时在变化,因此是无常的、无我的、最后都是变成空的。然后要多做善事修福德,把我们的贪心与坏脾气改过来,变成柔软和颜悦色的一个人,能时时做到这样,我们现前的这个心由最初的刚强、没有智慧与贪瞋染污不清净,经由修行变成不贪,调柔了、有佛法智慧了、也清净了,于是这个心终于成为佛法说的清净真心了"。然而,这样的解释是不正确的,因为五祖说的"自看智慧的心,认取本心",指的是用意识去认取本来已在的清净真心,并不是指经由修正意识的贪瞋痴性而最后把意识变成清净真心。譬如,妈妈生下了女儿,妈妈与女儿就是两个人,女儿再如何地修行与改变,始终只是女儿,不可能变成是妈妈。因为学人意识心的体性是有染污的,并且能够见闻觉知于六尘,因此意识就能够修行而取着智慧与清净法相,对照于清净真心,本来就清净的体性,而且真心从来就不会见闻觉知于智慧,也不会修行佛法认取自己,因此意识始终都不可能变成是清净真心。而且意识是会消失的,人一死,意识最终也就没了,不能去到未来世;如果意识与真心是同一个心,那人死时真心不就也没了吗?那种欲将妄心意识修行变成真心的说法是不能成立的,因为违反于佛法所说真心从无始来始终是常住没有一刹那消失的体性。

　　另外,五祖既然说要用意识去找真心,这即是显示,于意识之

悟法传衣品第一

外，另外还有一个本来已在的不坏心。外于意识的那个常住不坏心，还要能够出生意识心才行；因为诸佛菩萨都说真心如来藏能够出生一切法，而一切法就包括了五蕴诸法在内。意识心属于五蕴中的识蕴，识蕴是指眼识、耳识、鼻识、舌识、身识、意识等六法，因此意识只是识蕴中的一法而已。而五蕴都是真心如来藏所出生的法，所以意识不是真实心，是很明显的道理。因此，神秀说要把意识心的贪瞋痴不清净性修成清净无染并且有智慧时，此时就是真心的境界，这种说法与修法显然都是错的，而且不是佛法；因为诸佛菩萨都说意识心等妄心是真心如来藏所生的法，生出来以后就跟如来藏同时同处配合运行，真心与妄心永远不可能变成同一个法的。

有什么道理，说用意识修行来断除贪心瞋心痴心等，不会成功，也不可能解脱呢？答：一、意识心，佛法说就是"我相"，是染污性，是众生性，有分别我执与俱生我执的贪瞋痴等执着性，所以即使外道修成了最高定力非想非非想处定，佛法中说仍然是众生性，因为没有断除我见，仍然是要轮回六道之中，没有解脱生死苦海；二、意识心是生灭法，再怎么修，始终还是生灭性，所以才说是苦性，永远不可能变成是不生不灭性的真心如来藏；三、佛法说要断除我见，才能证得解脱道的初果乃至阿罗汉果。所以事实上，用意识修行要断除意识的贪瞋痴性，那只是凡夫无知的自我感觉良好、自以为是的我见修行法，其实都没有离开过我见，这就是为什么以意识来修行意识而想要证得任何佛法的解脱功德，都不可能成功的原因。

佛弟子真正修行佛法，是指用意识找到第八识真心之后，意识要开始学习真心的无贪无瞋无痴等清净体性，同时继续除去自己意识心的一切贪心、坏脾气，更努力地修证佛法让意识自己更有智慧，最后把意识与末那识的染污统统除尽了，彻底地断除我见了，这时就成为大菩萨，此时对于真心的其他深妙体性也有了更多的认识与亲证，也会有更大的能力与智慧来帮助更多的人。修行了不正确的法义，最后只能是不正确的结果，也就是毫无解脱及不能证得实相智慧的结果，没有离开生死苦海；譬如从上海要去北京，被人教说要往南走，最后只能是走到海边的结果，始终是到不了北京的。只有改变为接受正确的知见，改成往北走，最终才到得了北京。学习佛法想要成功，也是一样的道理，发现自己的道路走错了，要赶快修正，那将来必定就会成功；如果不改正，强行要走错路，最后法身慧命只能是淹死在大海中，学佛终究一无所成。

五蕴生灭而无常相的法教，是属于佛法二乘法的范围。六根六尘六识是无常、苦、空、无我体性，这是二乘佛法的主要法教。这些法教在知见上应该是不难了知，难的部分是要在观行上亲证这些法教，一一法都要一一去观行亲证，不能有所遗漏。如此一来，才能完成二乘佛法断我见的修证部分，证得初果须陀洹，乃至成就四果阿罗汉的解脱功德。

大乘佛法，是菩萨成佛法门，因此一定要先证得第八识真心，然后才能进入真正的修道位，接着修证地上菩萨深妙的道种智无生法忍。五祖希望众人要在真实义佛法上用功，因此才会教导众人："自看智慧，取自本心、般若之性。"奈何大众不能体会五祖的用意，不在自己的本心内法上用功，只想到要依靠外法来修行意识心，不懂得佛法的修证不离于自内真心，依靠于外入的六尘法相教导是不能成证自心菩提的道理。

悟法传衣 第一品 行由

神秀思维："诸人不呈偈者，为我与他为教授师。我须作偈将呈和尚，若不呈偈，和尚如何知我心中见解深浅？我呈偈意，求法即善，觅祖即恶[1]，却同凡心夺其圣位[2]奚别？若不呈偈，终不得法。大难！大难![3]"

五祖堂前有步廊三间，拟请供奉[4]卢珍画《楞伽经》变相及五祖血脉图流传供养。神秀作偈成已，数度欲呈，行至堂前，心中恍惚，遍体汗流，拟呈不得。前后经四日，一十三度呈偈不得。秀乃思维："不如向廊下书着，从他和尚看见，忽若道好，即出礼拜，云是秀作。若道不堪，枉向山中数年受人礼拜，更修何道？"是夜三更，不使人知，自执灯，书偈于南廊壁间，呈心所见[5]。偈曰：

身是菩提树，心如明镜台，时时勤拂拭，莫使惹尘埃。

秀书偈了，便却归房，人总不知。秀复思维："五祖明日见偈欢喜，即我与法有缘；若言不堪，自是我迷，宿业障重，不合得法。圣意难测[6]！"房中思想，坐卧不安，直至五更。

【注】

1. "觅祖即恶"："觅祖"指想要求取名位，成为禅宗六祖。神秀认为自己并不是想追求成为禅宗六祖的意思。

2. "却同凡心夺其圣位"：指同于凡夫争夺不应得的大位圣名一样。敦煌二本，无"奚别"二字①。

---

① 林光明等编译：《杨校敦博本六祖坛经及其英译》，台北：嘉丰出版社，2004年版，第80页。

3. "大难！大难"：敦煌二本，无此四字①。

4. "供奉"：唐时朝廷内的职位，犹如现在的专业顾问。卢珍是朝廷的专业画师。

5. "呈心所见"：敦煌二本所录与此不同。铃木大佐校敦煌本，写为"题作呈心偈，欲求于法。"杨曾文校敦博本，写为"题作呈心偈，欲求衣法。"②

6. "圣意难测"：敦煌二本、契嵩本与曹溪本，皆有此四字。意指佛法大意难用意识思量猜测得以了知，即有佛法不可思议的意思。也可以解释为，五祖的想法难以猜测了知的意思，而五祖的想法，当然是指五祖对于偈颂是否符合佛法大意的判别。

【语译】

神秀心想："大家都不写偈颂，是因为我是他们的亲教师。我却是一定要写给和尚看才行，因为如果不写，和尚不知道我对佛法大意的了解程度。我写这个禅偈，心态应是求法印证，才符合善意，如果我有想要争取做祖师的念头，那就不善；可是呈上偈颂，跟凡夫想要争取名位圣号的心态岂不又是一样吗？可是不呈偈颂，就不能得法。实在难为！实在难为！"

五祖堂前有长廊步道3间，五祖打算请朝廷画师卢珍来给这里的墙壁画上《楞伽经》变相图跟五祖血脉图，流传后世观看供养。此时神秀已作好偈颂，几次想要呈给和尚，每次走到五祖堂前，心中都心神不定，汗流全身，打不定主意是否上呈。就这样过了4天，神秀经过13次的犹豫不决，还是没有呈上偈颂。神秀想："这样不是办法，我不

---

① 同上注。
② 同上二注。

如就把偈颂写在廊壁上，和尚经过必定看见，如果得承蒙赞好，我就现身礼拜和尚，表明偈颂是我写的。如果和尚认为不行，那枉费这几年我在东山当亲教师受人礼拜供养，我到底是在修什么呢？真是修行太差了。"决定后就在当天半夜，避开他人，独自拿着灯火，把偈颂写在南边的长廊间墙壁上面，将自己心中对佛法大意的见解公开。偈颂为：

色身是菩提树，真心是明镜台，应时时勤拂拭，不令染上尘埃。

神秀一写完，就回房间，其他人都不觉知这件事。神秀心中思索："五祖明天看见偈颂后如果欢喜，那就显示我与禅法有缘；如果禅偈不当，那自然是我尚还迷昧，往世以来业障厚重，不应得法。五祖圣意实在难以猜测啊！"神秀在房中辗转思想，坐卧不安，直到五更天亮。

【解】

从神秀的反应：13次呈偈的犹豫不决（一十三度呈偈不得）、五祖的所见真是神圣而难以臆测（圣意难测）、还在考虑今后的行止等来看（若道不堪，枉向山中数年受人礼拜，更修何道），这些举止显示出什么意思呢？这显示的意义就是神秀不离于我见、人见、众生见等"我见"的范围，是以五阴我的境界来思考禅门宗义的意思。

参禅想要入门开悟明心，最重要需要事先完成的功夫就是断我见。我见不断，想要开悟是不可能的，佛陀在《金刚经》说："须菩提！若乐小法者，着我见、人见、众生见、寿者见，则于'此经'，不能听受读诵、为人解说。"能了解、听受读诵《金刚经》的人，必定是证得真心、发起般若智慧的人，着我见、人见、众生见、寿者见的人不仅不懂《金刚经》在表达什么，也不能懂小乘佛法在说什么，因此是没有任何解脱智慧的人，最多就是因为曾经做过许多善事的缘故，死后能够生到天上去享福。然后福报享用完了，就要掉下来，继续在六道之中轮回，难以脱离生死苦海。

从神秀写的偈颂来看，"身是菩提树，心如明镜台，时时勤拂拭，莫使惹尘埃"，这其实只能算是小乘凡夫的修行方式，落在五阴身心之中，我见还在。佛法中，菩提是指解脱的智慧。树，则有生长茁壮的意思。"身是菩提树"，神秀认为色身是菩提智慧成长茁壮的地方，这就是指小乘佛法四念住"观身不净、观受是苦、观心无常、观法无我"与苦集灭道四圣谛等，用意识来观行色身等的修行方式。这样的修行方法，会不会有解脱智慧呢？答：认真实际地去观行修行当然会有，但神秀说的仍是未断我见的境界；因为这确实是佛陀说的二乘解脱道菩提的修法，所以当然一定会有解脱智慧的生起，神秀却未将五阴身心观作苦、空、无常、无我，不能取得断我见的二乘菩提智慧境界。

依"心如明镜台"来说，神秀是把意识心当成真心了，因此神秀认为凡夫的意识心就是有了尘埃的镜台（真心），而尘埃指的是众生的贪瞋痴等烦恼与没有解脱智慧，因此需要意识随时地去观照拂拭，使得意识这个镜台最终能得清净。这一部分的修法，前文已有说明；这种意识修行法虽然不能得到任何解脱智慧，然而外道也有这种修法，这说白了其实是修定力清净意识心的法门。佛法中也是要修定力的，所以修定的法门是与外道共有的，然而外道因为只修定力来清净意识心，不知道佛法中四念住与四圣谛的法教，所以没有解脱智慧，只能在意识我见的范围内修行，所以不能断除我见，未证二乘佛法的解脱果。神秀因为五祖的教导，所以知道要修四念住与四圣谛，所以才会先说"身是菩提树"的修行意涵，因此是可以证得二乘解脱果的。也就是说，因为神秀认为自己的佛法见地应该没有错，所以才决定呈上偈颂，可是必然是又觉得自己的说法好像跟五祖之前"无念、无所得"法的开示，有些不能相应，所以才会有种种似有把握却又有怀疑自己见地的表现。

【经】

天明卢供奉来，向南廊壁间绘画图相，忽见其偈；祖已知神秀入门[1]未得，不见自性。祖言："供奉却不用画，劳尔远来。经云：凡所有相，皆是虚妄。但留此偈与人诵持，依此偈修，免堕恶道[2]；依此偈修，有大利益。"令门人炷香礼敬，尽诵此偈，即得见性。门人诵偈，皆叹善哉。

祖三更唤秀入堂问曰："偈是秀汝作否？"

秀言："实是秀作，不敢妄求祖位，望和尚慈悲，看弟子有少智慧否？"

祖曰："汝作此偈，未见本性，只到门外，未入门内。如此见解，觅无上菩提[3]了不可得。无上菩提须得言下识自本心[4]，见自本性不生不灭。于一切时中，念念自见万法无滞[5]；一真一切真，万境自如如[6]。如如之心[7]，即是真实[8]。若如是见，即无上菩提之自性[9]也。汝且去，一两日思维，更作一偈，将来吾看。汝偈若入得门，付汝衣法。"

神秀作礼而出。又经数日，作偈不成，心中恍惚，神思不安。犹如梦中，行坐不乐[10]。

【注】

1. "入门"：指进入禅门这个无门之门，因为如来藏不可思议，无相无念，唯证乃知，因此说为无门之门。未入之前不见其门，证悟之后亦不见有门，唯一念相应破参即刻得入。"祖已知神秀入门未得，不见自性"，敦煌二本无此句，然而符合下文文义，为让行文易读，今此版保留此句。此句原曹溪版置于段首，编排文意不顺，因此更动此句到今所编排的较适当位置。

2. "恶道"：指畜生道、饿鬼道与地狱道。出生在这三道的众生，要受诸苦煎熬，因此佛法中称此三处众生为三恶道众生。

3. "无上菩提"：指成佛时的智慧，包括般若总相智慧、般若别相智慧与深妙般若——道种智与一切种智的智慧，是至高无上不能被超越的智慧。圆满成佛智慧的修行，要从亲证自己的真心如来藏开始，因为一切的成佛智慧都是从真心出生，如果不知道自己的真心在哪里，那就根本无法观察与学习修行一切成佛的种种圆满智慧。

4. "言下识自本心"：指于语言中亲证自己本已离于语言文字的真心。

5. "万法无滞"：一切法具有生灭无常、苦、空、无我性，如何能够无滞无碍自由自在呢？这是因为一切法是生灭无常、苦、空、无我性，是就二乘佛法的道理来说，是世俗谛道理而已；一切法如果就大乘佛法来说，是含摄了世俗谛的真心如来藏胜义谛道理。因为一切法是从真心出生的缘故，因此说一切法都存在真心里面，实际上都是真心自己的体性，具有所谓的无碍无滞、自在涅槃性。这是只有证悟真心的人，才能有亲自体验的境界。

6. "一真一切真，万境自如如"：跟万法无滞的道理一样，因为如来藏是真实不虚的自在常住，一切法即常住在真心里面，一切法都是真心的如如自性，都是寂灭自在、不动不静体性。因此五祖说证悟的人，自然能够看见真心与万法的道理是"一真一切真，万境自如如"。然而，五祖这是就宗门理上来说一切法都是真如自性，因此是度众法门的方便说。如果是就事修的行门上来说，要到佛地的境界才能算是实证"一真一切真"的境界，因为那个时候真心里一切的无明与习气种子全部断尽，真心与所生的一切法纯净无染，悟后起修要到这个时候才是亲证佛地"一真一切真"的圆满境界。

7."如如之心"：《大慧普觉禅师普说》大慧禅师说："有个颂子，举似大众：善恶二边无障碍，日用如如心自安；只此便是真消息，不须着意外头看。"禅宗学人所应证者，即是真心。如如之心，乃是依着寂灭自在、不动不静的真心如来藏体性，来说真心即是如如之心的道理。

8."真实"：《古尊宿语录》中，黄檗希运禅师说："大千沙界海中沤，一切圣贤如电拂，一切不如心真实，法身从古至今与佛祖一般，何处欠少一毫毛！"《指月录》中，黄龙禅师对泐潭善清说："大凡宗师说法，一句中具三玄，一玄中具三要。子入处真实，得坐披衣，向后自看，自然七通八达去。"《景德传灯录》《指月录》中，清凉文益禅师说："古人道：离声色着声色，离名字着名字，所以无想天修得，经八万大劫，一朝退堕（生死诸苦）诸事俨然，盖为不知根本真实。次地修行：三生六十劫，四生一百劫，如是直到三祇果满。"可见佛法宗门大意所谓"真实"，即是指真心如来藏，亦名为法身。学人一旦亲证真实，渐渐深入修行，对成佛的修行次第，渐渐就能明了通达，对于如何度学人入宗门的方法，亦能渐渐通达，经过三大阿僧祇劫利他自利的修行，最终圆成佛道。

9."无上菩提之自性"：即是指菩提智慧的自性，即是指真如性，真心所出生的一切智慧法相都是真如性的缘故。真如性，是指真实不虚、如如不动的体性。《大般若波罗蜜经》卷三百六十五，佛说："善现！法真如性、不虚妄性、不变异性、无颠倒性，故名菩提。复次，善现！唯假名相谓为菩提，而无真实名相可得，故名菩提。复次，善现！诸佛所有真净妙觉，故名菩提。复次，善现！诸佛由此现觉诸法一切种相，故名菩提。"

10. 此段，敦煌二本语句只作："秀上座去，数日作偈不得。"

【语译】

等到天亮后卢画家来了，与五祖往南边长廊走去准备在墙壁上绘画，忽然看见了这首偈颂；五祖看见神秀写的禅偈，就知道神秀尚未入于禅门，还没证得真心如来藏。这时五祖说："请卢画家不用作画了，真是不好意思，劳烦白跑了一趟。佛经上说：一切诸相只要有相，都是虚妄无有真实。墙上这首偈颂符合这个道理，留下此偈让人传颂下去，只要依照这首偈颂的道理来修行，就能免堕于畜生、饿鬼、地狱恶众生道中；只要依照这首偈颂的道理来修行，是能获得修行的大利益的。"吩咐门徒烧香礼敬，要大众传颂此偈颂，将来能得证悟真心。门徒传颂之后，都说此偈颂是善法教。

五祖于当天半夜召唤神秀入堂来问："墙上那首偈颂是你写的吗？"神秀回答："确实是神秀写的，弟子不敢妄想要取得祖师的地位，只祈望和尚慈悲，检视弟子是否有些菩提智慧？"

五祖说："你做的这首偈，证明你还没有证悟真心，只到禅门外，还没有入门。以这样的见地，想要找到真心发起般若成佛智慧是做不到的。无上菩提智慧必须是在名言之外找到真心时才能证得，那时就能够亲见自己真心的不生不灭体性。在任何时间都能够发现自己真心所出生的万法其实也是自在无碍的体性；这是因为由真心所摄受包含的一切法就是真心自性的缘故，因此万法境界其实就是自己真心的如如不动体性。这个如如体性的心，就是真实法界。能够有这样的亲证见地，即是亲见无上菩提智慧的真如性。依这些教理，这一两天你再去思维看看，再做一首偈拿给我看。到时候如果你的见地已入禅门，就将法、衣传承给你。"

悟法传衣
第一品

神秀礼拜之后退出。经过几天时光，始终做不出禅偈来，神秀心智不能集中，精神思绪不宁，感受就犹如在做梦一样，不管是在走路时还是坐下来时都无法乐喜乐可说。

【解】

经由上文的释义说明，到这里我们就能了解，神秀确实是用小乘凡夫位的佛法来解释大乘佛法。五祖自然是看得一清二楚，所以对大众说："只要依照这首偈颂的道理来修行，就能免堕于畜生、饿鬼、地狱众生道中；只要依照这首偈颂的道理来修行，是能获得修行的大利益的。"这是说只要好好地依照神秀这首偈颂里的四念住与四圣谛的法教来修行，将来可能断我见，得证初果，而有断身见、疑见、戒禁取见三缚结的功德的，因此就能够不再堕于畜生、饿鬼、地狱众生三种恶道之中。再继续努力修行，最终就获得修行的大利益，证得阿罗汉果，尽于苦际。在《长阿含经》卷二中，佛陀告诉阿难尊者："今当为汝说于法镜，使圣弟子知所生处。三恶道尽，得须陀洹，不过七生，必尽苦际，亦能为他说如是事。"须陀洹，就是小乘佛法中证得解脱道初果的意思。

另外，五祖也开示"一切相，都是虚妄无有真实"，这个教理也是属于小乘佛法的教理；如果是大乘佛法，则不但是包含了小乘佛法而且展现更胜妙的法理，所谓"一切法真如相"。"一切相，都是虚妄无有真实"，是在说明佛法世俗谛"五蕴、十八界"无常、苦、空、无我的教理。因此学人观察的范围是仅限于六根、六尘、六识等俗谛法相上，在这些法相上一一去闻熏其内涵，并且观行一一法相的生起、暂住、变异、灭失，都是要依种种缘才能出现的生灭不住体性。然后在日常生活中去断除自己的贪心、瞋心、痴心及种种对三界一切法的贪爱与执着，并且修习定力，能够发起初禅；这样都实证了之后，才算是有了二乘解脱道的解脱功德。

然而修习这些法教，想要亲证大乘佛法说的真心如来藏，则还差很多。因为想要证得真心，必须还要修行六度般若波罗蜜多，圆满所需要的各种福德与条件。证得真心所需要的各种条件，比起修证二乘佛法来，那是无量倍数的要求，所以才说大乘佛法不可思议；唯有发大心的菩萨能够修行，其中的内涵不是凡夫与小乘的修行人——声闻与缘觉人——所能够了解的。因此，根据五祖对大众的开示，同样也证明神秀所写的偈颂，确实只是属于小乘佛法的基本修行法教，如果想要拿来作为亲证真心的行门，那是行不通的。所以接下来五祖在半夜就是依照这个道理对神秀说明："你做的这首偈，证明你还没有证悟真心，只到禅门外，还没有入门。以这样的见地，想要找到真心发起般若成佛智慧是做不到的。"随后五祖就很慈悲地为神秀建立想要证得真心而必须要了知的般若波罗蜜法正确知见，即是"无上菩提智慧必须是在名言之外找到真心时才能证得，那时就能够亲见自己真心的不生不灭体性"，以及其他重要的般若度正知正见。其实应该说是再次提醒神秀这些有关知见，因为五祖事实上先前必定已经曾经多次开示过类似的法教了。

史书告诉我们，在几年前，五祖座下其实已经有证悟真心的弟子了，那位就是老安（又名道安）禅师，此时他应该是云游他方去了。这也就是为什么神秀昨天写偈时似乎有把握却又犹疑不定的真正原因了。并且神秀在随后几天的表现，也是落入了试图以意识思维的方式，来整理出五祖对于如何是真心的体性及寻找真心的开示与方法的苦苦思索之中。但是，五祖在宣布这次传法方式之时，就已经说过了，那就是"思量即不中用，见性之人，言下须见"，如果是用意识思维想找出真心，那是不可能的。神秀就是落入思维之中，所以就一直找不到自己的真心在何处了。

【经】

复两日，有一童子于碓房过，唱诵此偈。惠能一闻，知未见性，心有所感[1]，遂问童子曰："诵者何偈？"童子曰："尔不知？大师言：生死事大，欲传衣法，令门人作偈来看，若悟大意，即付衣法，为第六祖。神秀上座于南廊壁上，书此无相偈[2]。大师令人皆诵：依此偈修，免堕恶道[3]；依此偈修，即得出离[4]。"

惠能曰："我此踏碓八个余月，未曾至堂前，望蒙引至偈前礼拜，结来生缘，同生佛地[5]。"

童子引惠能至偈前礼拜，惠能曰："惠能不识字[6]，请代为一读[7]。"

时有江州别驾姓张名日用[8]，便高声读。惠能闻已，即识大意，便知此偈未见本性，遂言："亦有一偈，望别驾为书。"别驾言："汝亦作偈，其事希有！"惠能向别驾言："欲学无上菩提，不得轻于初学。下下人有上上智，上上人有没意智[9]。"别驾言："汝但诵偈，吾为汝书；汝若得法，先须度吾，勿忘此言。"惠能偈曰：

菩提本无树，明镜亦非台，本来无一物，何处惹尘埃。
心是菩提树，身为明镜台，明镜本清净，何处染尘埃[10]。

【注】

1. 敦煌二本作"惠能一闻，知未见性"，曹溪本作"虽未蒙教授，早识大意"。然而，敦煌二本的下文却又出现"请一人读。惠能闻已，即识大意"句，形成文句重复累赘、读而不清明的感受；曹溪版本意则太过。今重编之，令意清晰易于了解。

2. "无相颂"：无相，在此是指本心真心的意思，因为五祖前面已说："汝等各去自看智慧，取自本心般若之智，各作一偈，来呈吾看。"五祖请门人，写一偈颂来描述真心，因此说为"无相颂"，是依真心无相而常住的体性而说，无色身亦无诸色、声、香、味、触、法等六尘有形相生灭法相的缘故。《大方广佛华严经》："尔时，世尊在摩竭提国阿兰若法菩提场中始成正觉，于普光明殿入刹那际诸佛三昧，以一切智自神通力现如来身，清净无碍，无所依止，无有攀缘，住奢摩他最极寂静，具大威德无所染着，能令见者悉得开悟，随宜出兴不失于时，恒住一相，所谓无相①。"龙树菩萨说："若佛、佛法、法性、如、实际、不可思议性、涅槃；是一切诸法，皆不合不散，无色、无形、无对，一相，所谓无相②。"《宗镜录》："无量义者，从一法生。其一法者。所谓无相。古人云：此是出生义。《法华经》云：究竟至于一切智地。此是收入之法，则三乘万化，从实相生，究竟还归一实相，则初后不离一心③。"然而，神秀的偈颂，却不是大乘佛法真实义的"无相颂"，此处童子因为听信五祖随喜而称赞神秀的偈子，误认神秀已得佛法大意。

3. "免堕恶道出离"：即前所说，断我见证得二乘佛法初果，就能离于三恶道苦。

---

① 《大方广佛华严经》卷四十，T10, 0279, [0211a06]。
② 《大智度论》卷五十二，T25, 1509, [0429c14]。
③ 《宗镜录》卷三十五，T48, 2016, [0619b03]。

4."出离":出离何处?即前文所说出离三恶道苦,乃至修成四果阿罗汉,永出生死轮回之苦。

5."结来生缘,同生佛地":因为要生生世世修学佛法才能最终成就佛道的缘故,学佛不可能是一世就能完成的,因此要广修善缘,与无量无数众生结得善缘,将来才有度得广大众生、广行菩萨道利他自利的因缘功德,佛道也才能快速成就。自己成就佛地功德,也希望一切众生早日成就佛地功德的含意。

6.曹溪本记为:"请上人为读。"在佛法中,上人的狭义是指至少有证得佛法菩提的人,因此这里出现这样的名称并不妥当,今改写使较符合文意。

7.依学者考证,慧能非全不识字,而是稍识文字。后代弟子编纂此书,为强调禅宗"不立文字,教外别传"的缘故,因此说六祖都不识字。不管六祖是稍识文字还是全不识字,六祖都难以修证菩萨悟后所应该修证的别相般若与道种智的智慧,也就是种种乃至无量的法相唯识增上慧学等佛法。法相唯识妙法则是需要经由亲自观行于无量的真心体性然后才能成就的。这些无量的真心体性的名相与解说,都记载在唯识佛经与《瑜伽师地论》等经教之中,没有地上菩萨的教导,自己是不可能真正读得懂的。再观六祖之后的诸多禅师们,极少有人能教导说明这些唯识法相的种种深细法义,就可以知道,禅宗的入门只是成佛之道的起始处而已,悟后起修进入真见道位,才正式开始进入佛法成佛之道的修证之中。

8.敦煌二本,无记载此人名称。江州别驾,意指今江西九江地区的官员。

9."下下人有上上智,上上人有没意智":意说即使是今世才刚学佛的人,或是8岁以下的童子,或是从事清洁打扫工作的人,对他们也不可轻忽蔑视,因为对方有可能是菩萨转世的再来人,对生命(佛法)的知见也许很胜妙而异于常人；即使是世间最聪明的人，博闻强记，但是对于生命来由的知见，却是不懂而且不问，将其视为无关紧要的事。

10. 这一首偈，载于敦煌二本中，也就是说，敦煌二本都记载着六祖惠能二首偈颂。

【语译】

过了两天，有一位童子走过舂米碓房时，唱诵神秀写的偈子。惠能在房内听到了，马上知道这个偈子的内容并不是开悟的内涵，心中有所感触，惠能就来问童子说："你在诵的是什么偈子呢？"童子说："你不知道这件事？前几天大师说：'了生死的事是大事，弟子中想要得传祖衣与法教的人，就把如何了生死的见地写个偈子呈上来，如果有见地真的开悟了，就要把祖衣与法教传授给他，承认他为禅宗六祖。'神秀上座在南边廊壁上写的，就是这个无相颂偈子。大师要我们大家都诵这个偈子，还说：'依着这个偈子修，能免堕于三恶道中；依着这个偈子修，还能离开生死轮回苦。'"

惠能听后说："我在舂房踏碓八个多月，没去过祖堂前面那边，想麻烦你带领我也到这个偈子前面去礼拜一下，结个未来世的缘分，好让我跟大家都能够成佛。"

童子就带领惠能到偈子前礼拜，惠能这时说："惠能不认识这些字，能否请谁帮忙读给我听。"

这时刚好江州别驾张日用在现场，就为惠能高声朗读一遍。惠能听完，心中已经明了这个偈子的大意了，知道写这个偈子的主人还没有证悟真心，接着就说："我也有一个偈子，想麻烦别驾帮忙写上去。"别驾说："你也能做偈子，这倒稀奇了。"惠能回答别驾说："佛法中说想要修学证悟无上菩提的学人，不可以轻视于初学佛法的人。因为下下人有时却能证得上上的菩提智慧，上上人却往往缺少慧根而只有隐没智慧后的意识智慧。"别驾听完后说："既然如此，你就诵偈吧，我来为你写上墙去；如果你真能得法，就要先来度我，不要忘记这番话。"于是惠能诵偈说：

菩提本无树，明镜亦非台，本来无一物，何处惹尘埃。
心是菩提树，身为明镜台，明镜本清净，何处染尘埃。

【解】
六祖的偈子里，菩提是指解脱到彼岸的智慧，树有生长、茁壮的意思，因此"菩提本无树"的意思，就是指解脱与般若的智慧是本来就在的，是离一切物象的；一切众生从无始以来就具有菩提智慧的功德相，只是因为被烦恼与无明给遮蔽住了，才显发不出来，不是修行之后才生长茁壮出来的。

"明镜亦非台"或"明镜亦无台"这句中，明镜是指一切众生都有的真心，"台"是指真心所出生的法。再细说它的含义，台子是指色法等五蕴法，因此寓含的意思是指真心要能够在世间显现必须要依于色等五蕴才行，因为真心无形无相不是三界有形之法的缘故。所以"明镜亦非台"的意思是说：真心是无相法、真心不是五蕴法中的任何一法。六祖意指神秀说的"用意识来修行——把意识的贪心、瞋心与愚痴等尘埃给消除掉，成为纯善心来帮助众生，这样就是真心的显现、这样就是证得真心"；这样的修法，从头到尾都在意识境界里，没有碰触到真心如来藏，因此这个不是禅宗的开悟修行方法，这最多只能算是人天乘佛法中除性障与累积福德的修法而已，最后的结果就是生到天上去享福，只是说福报享用完了，还是要掉下来受生死轮回苦就是了。禅宗的开悟修行方法，是先要用意识来消除性障与行善累积福德，加上用意识来修行定力与学习参禅证悟所需要的般若知见，然后在有了以上的功德与功夫之后，才有机会用意识来参禅寻觅真心所在。在佛法的修行中，真心不是意识修行之后变成的，这一事实是极为清楚的。

真心除了不是意识之外，真心也不是五蕴之中的任何一法，因此说真心不是五蕴法相。但是，世间五蕴一切法也不能离开真心而存在，所以是真心与五蕴一切法共同存在，一起配合而出生了众生以及器世间的一切法。所以说，参禅是要在五蕴中用意识心来找到真心，而不是修炼意识让第六意识变成清净的第八识真心。由于我们有色身与意识心，而真心与色身、意识心同在，所以我们才能够用意识心的见闻觉知与分辨力来找到祂。当然，开悟明心的前提是消除性障、行善累积福德，定力与般若知见也都已经修好了，这就是佛法中说的"佛法不离世间觉"的真正意思。

另外，由于现代时空背景跟古时候已大不相同，如今大菩萨改变作法，在善护真心密意的情况下，慈悲地将般若法义的详细内容教给学人。尽管如此，如果想要证悟真心，却没有六度的福德、功德与正确的知见作为支持，那会像盖房子没有地基一样，最后一定会垮掉，一切都浪费虚掷了。也就是说，就算侥幸知道了真心在哪里，而没有好好地把菩萨六度给修好，其实并不算开悟；听闻来的答案充其量只是知识而已，没有一点解脱的功德感受，深妙的智慧也不会生起，只会害了自己，因为从此以后很长的一段时光，自己就失去了能够得到离开生死烦恼轮回的解脱智慧与功德的机会了。而将真心密意公开泄漏的人，会受到十方宇宙中诸佛菩萨与护法神的共同谴责，还必须负担十方宇宙中法界轨则的重刑处罚，后世果报非常严重，来世一定无

悟法传衣

行由品第一

法保住人身，一切学人千万不要违犯。大慧祖师曾说："邪师辈，教士大夫摄心静坐，事事莫管，休去歇去；岂不是将心休心、将心歇心、将心用心？若如此修行，如何不落外道二乘禅寂断见境界！如何显得自心明妙受用究竟安乐如实清净解脱变化之妙！须是当人自见得自悟得，自然不被古人言句转，而能转得古人言句①。"

"本来无一物，何处惹尘埃"，表面上看来，六祖是在说世间五蕴一切法都不存在，都是虚妄，因此没有尘埃可说；然而这样来解释真心与五蕴一切法的关连性，是有问题的。

因为如果世间人的五蕴一切法都没有尘埃可说，那应该一切人都成佛了，或者至少已成为阿罗汉入无余依涅槃去了，然而事实不是这样。从另一方面来说，如果六祖是说真心中没有任何五蕴法，因此没有尘埃可说；这样说，就违反佛说真心本自具足一切智慧与功德的教导，并且只剩下真心独存而没有世间一切众生一切法的存在现象，这并不是成佛时有四智圆明与圆满法报化三身的佛地境界。另外，如果六祖的意思是指连真心也不存在、也是虚妄，那就不仅违于佛说法界常住、法住法位的教导，还要面对没有真心的存在时那一切法从哪里出生的大问题，那一切法的出现就变成了外道无因生或是虚空生的说法了。所以，在真实证悟真心如来藏智者的眼中，六祖的这个说法是有问题的②。

那么，六祖此时到底是否已经开悟呢？答案是不算开悟明心，因

---

① 《大慧普觉禅师语录》卷二十六，T47，1998A，[0922c04]。
② 《指月录》卷四，X83，1610，[0442a24]，黄龙死心禅师颂曰："六祖当年不丈夫，请人书壁自糊涂；分明有偈言无物，却受他家一钵盂。"意说六祖的偈颂中说本来无一物，当时尚未真悟，不算丈夫，是枉受他人称赞。丈夫，依佛法说：指得离垢、得涅槃、能解答于第一义谛甚深因缘佛法大意者。又《瑞洲洞山良价禅师语录》中洞山禅师说："直道本来无一物，未消得他钵袋子"，意说六祖的偈颂中说本来无一物，当时尚未真悟，尚没有资格可以接受住持大位的意思。

为六祖此时参禅的情况依旧是以声闻法的缘起性空来理解的，是认为一切法皆是无常故空。勉强地说，叫作解悟。就是说，对于如来藏真心与意识等妄心各自不同的体性，也还没有真正搞清楚。

另外，敦煌本中六祖说"心是菩提树，身为明镜台"，与神秀说的"身是菩提树，心如明镜台"，刚好相反，这又是怎么回事？答案是六祖说的是大乘佛法，而神秀说的是小乘佛法。神秀偈子的意涵，前面已有说明。六祖是意指：真心是一切菩提智慧的根源处，色身等色蕴是真心在三界中显现的所依法相。换言之，如果没有众生的色蕴与真心一起存在世间，真心无形无相，学人如何能够找到祂呢？如果没有众生的色身与真心的存在，那学人的意识心所证知的小乘佛法或是大乘佛法的菩提智慧，如何出现呢？所以，佛法于教义于宗门上，都说真心与五蕴和合运作，随着众生因缘业力，万法随即俨然出生，因果不昧。例如，《大乘入楞伽经》中佛言：

> 大慧！我为胜鬘夫人及余深妙净智菩萨，说如来藏名藏识，与七识俱起，令诸声闻见法无我。大慧！为胜鬘夫人说佛境界，非是外道、二乘境界。大慧！此如来藏藏识是佛境界，与汝等比净智菩萨随顺义者所行之处，非是一切执着文字外道二乘之所行处。是故，汝及诸菩萨摩诃萨于如来藏藏识，当勤观察，莫但闻已便生足想[1]。

《宗镜录》里永明禅师说：

> 心性本无来去，亦无起灭。所经行处，及自家父母眷属等；今所见者，由昔时见故，皆是第八含藏识中，忆持在心，非今心去。亦名种子识，亦名含藏识；贮积昔所见者。识性虚通，念念自见，

---

[1] 《大乘入楞伽经》卷5，T16，0672，[0620a01]。

悟法传衣

行由品第一

名巡旧识,亦名流注生死;此念念自离,不用断灭。若灭此心,名断佛种性。此心本是真如之体,甚深如来藏而与七识俱①。

因此,佛弟子一定要建立起正见,在参禅寻找真心时,是用意识心在五蕴身中去寻找真心,而不是用意识心去除烦恼的方法,妄想要把意识变成真心。如此一来,有了正知正见,依之而修行,将来必能亲证实相真心,发起般若智慧。

另外,敦煌二本此段记为:

心是菩提树,身为明镜台;
明镜本清净,何处惹尘埃。
院内徒众见能作此偈,尽怪。慧能却入碓坊。
五祖呼来廊下,见惠能偈,即知识大意,恐众人知。
五祖乃谓众人曰:"此亦未得了②。"

到了下一段,又记说:

五祖夜至三更,唤惠能堂内说《金刚经》。惠能一闻,言下便悟。

如此记载,前文既然已经说惠能对佛法大意所说宗门密意已经

---

① 《宗镜录》卷四十九,T48,2016,[0707b13]。
② 林光明等编译:《杨校敦博本六祖坛经及其英译》,台北:嘉丰出版社,2004年版,第94页。

"知识大意",后文却又说惠能"言下便悟",明显的这意义是冲突的。这让我们可以了解到敦煌二本乃是由未悟的佛弟子所刻意斧凿而成,以致在关键处往往就会有前文后语不能相当的情形出现。相对于契嵩本,后文讲述到五祖为惠能开示《金刚经》时,惠能悟入宗门大意之后,对五祖述说自己亲自体验"何其自性本不生灭"的过程,述说真心本性常住不灭……能生万法等体性;换言之,惠能是在听到《金刚经》之后才实证真心进而亲自体验真心的种种自性,因此不可能在此之前,就能说出"明镜本清净"这句经验话的。而且,五祖尽可用别的言语来搪塞众人看见惠能偈颂的惊疑,没必要对大众说谎。由此对比之下,契嵩本(曹溪本)①在编排、义理与通顺易读上,显然是胜过敦煌本的。

【经】

书此偈已,徒众总惊,无不嗟讶[1],各相谓言:"奇哉!不得以貌取人,何得多时,使他肉身菩萨[2]。"惠能却入碓房。

祖见众人惊怪,恐人损害,遂将鞋擦了偈,曰:"亦未见性。"众以为然。

次日,祖潜[3]至碓坊,见能腰石舂米,语曰:"求道之人,当如是乎!"乃问曰:"米熟也未?"

惠能曰:"米熟久矣,犹欠筛[4]在。"

祖以杖击碓三下而去。惠能即会祖意,三鼓入室;祖以袈裟遮围,不令人见,为说《金刚经》。至"应无所住而生其心"[5],惠能言下大悟一切万法不离自性,遂启祖言:"何期自

---

① 按:《坛经》曹溪本即是契嵩本的重印而已,内容可说完全一样。

悟法传衣
行由品第一

性，本自清净；何期自性，本不生灭；何期自性，本自具足；何期自性，本无动摇；何期自性，能生万法[6]。"

祖知悟本性，谓惠能曰："不识本心，学法无益；若识自本心，见自本性，即名丈夫、天人师、佛[7]。"

三更受法，人尽不知。便传顿教[8]及衣钵，云："汝为第六代祖，善自护念，广度有情，流布将来，无令断绝。听吾偈曰：

有情来下种，因地果还生，无情亦无种，无性亦无生。

祖复曰："昔达磨大师初来此土，人未之信，故传此衣以为信体；法则以心传心，皆令自悟自解[9]。自古，佛佛惟传本体，师师密付本心[10]。衣为争端[11]，止汝勿传；若传此衣，命如悬丝，汝须速去，恐人害汝。"

惠能启曰："向甚处去？"

祖云："逢怀则止，遇会则藏[12]。"

三更，领得衣钵；五祖送至九江驿，祖令上船，惠能随即把橹。

祖云："合是吾渡汝。"

惠能云："迷时师度，悟了自度；度名虽一，用处不同。惠能蒙师付法，今已得悟，只合自性自度。"

祖云："如是，如是。以后佛法由汝大行矣。汝今好去，努力向南，不宜速说，佛法难起。"

【注】

1. "嗟讶"：惊讶疑怪的意思。

2. "肉身菩萨"：证悟明心的菩萨，在人间利他自利，随缘随分度化有情，名为肉身菩萨。

3. "潜"：暗中不使人知的意思。

4. "欠筛"：筛是过滤粗细物质的工具，做动词用则有磨炼审查的意思。

5. "应无所住而生其心"：请见惠能闻客诵《金刚经》此句。

6. 《大慧普觉禅师语录》卷二十六："如清净摩尼宝珠置泥潦之中，经百千岁亦不能染污，以本体自清净故。此心亦然，正迷时为尘劳所惑，而此心体本不曾惑，所谓如莲华不着水也。忽若悟得此心本来成佛，究竟自在如实安乐，种种妙用亦不从外来，为本自俱足故。[①]"又说：大珠慧海禅师"于言下识自本心，不由知觉，后住大珠，凡有叩问，随问而答。打开自己宝藏，运出自己家财，如盘走珠，无障无碍[②]"。

7. "丈夫"：指得离垢、得涅槃、能解答于第一义谛甚深因缘佛法大意者。"天人师"：只有佛陀能做人间四众弟子、所有人间与天上的众生、魔王、天龙等一切有情的教授师，其他人都没有这个能力，因此称佛陀为天人师。

8. "顿教"：窥基菩萨说："顿教门，大不由小起，即无三时前后次第，即《华严》中说唯心是[③]。"永明禅师说："顿教，即一切法唯一真心，差别相尽，离言绝虑[④]。"也就是说，顿教指的就是实证真心如来藏的法门。学人参禅证得真心时，是顿然一念相应，不是今日悟一分明日悟一分，渐渐终于全悟，而是破参就顿见真心面貌。佛门说的渐教，另有别意，是指在顿时证得果证之前的加行修行而言，简单地说是指菩萨的六度万行的

---

① 《大慧普觉禅师语录》卷二十六，T47，1998A，[0922c04]。
② 《大慧普觉禅师语录》卷二十三，T47，1998A，[0910b21]。
③ 《成唯识论述记》卷一，T43，1830，[0229c12]。
④ 《宗镜录》卷三十五，T48，2016，[0617b08]。

修证行门。

  9. 黄檗禅师即说："十方诸佛出世，只共说一心法，所以佛密付与摩诃大迦叶此一心法体①。"大慧祖师亦说："如今学道人多不信自心、不悟自心，不得自心明妙受用、不得自心安乐解脱，心外妄有禅道、妄立奇特、妄生取舍②。"

  10. 黄檗禅师说："十方诸佛出世，只共说一心法，所以佛密付与摩诃大迦叶此一心法体③。"

  11. "衣为争端"：以祖衣为证悟凭证，就会兴起争端。事实也是如此，因为后来祖衣被武则天给强取了去，转送给了讨她欢心的人。依照禅宗的轨范，祖衣只应该传给证悟者，而且必须是前任祖师所指定的传人。因为没有这样做，所以后代许多的宗派都认为自己才是真正的法脉传人，而引发了争端。

  12. "逢怀则止，遇会则藏"：怀指广西怀集县，会指广东四会县。敦煌二本无此句。

【语译】

  众人看到墙上写的偈颂，全都大吃一惊，感到惊疑，彼此讨论："太惊奇了！真的不能以貌取人，我们怎能在这么长的时间使唤他这位肉身菩萨。"惠能没有留在现场，回去了碓房。

  五祖看见众人对这首偈颂的惊讶与怪疑反应之后，怕惠能受到众人嫉妒伤害，因此用鞋子把这首偈子给擦掉了，然后对大众说："这个偈子主人也没有看见成佛之性。"众人听后也认为是这样才对。

---

① 《指月录》卷十，X83, 1578, [0511a22]。
② 《正法眼藏》卷二，X67, 1309, [0600a08]。
③ 《指月录》卷十，X83, 1578, [0511a22]。

第二天，五祖在无人察觉的情况下来到碓房，惠能身子瘦小，体重不够，为了让舂米更有效率而在腰上绑了个石块，都不顾虑色身的劳累，五祖见了就说："求道的人，都应当要如此呀！"于是开口问惠能："稻米熟了吗？"

惠能回答："稻米早已成熟了，只是还要筛过才是。"

五祖听完，手杖敲碓三下之后就走了。惠能了解五祖的意思，因此当晚三更去到五祖房里；五祖用袈裟把周遭遮围起来，不让别人看见，专为惠能讲解《金刚经》大意。解说到"应无所住而生其心"时，惠能于此句下大悟"一切万法不离自性"的般若实智真谛，因此禀告五祖说："实在是不可思议啊，真心自性本来自在清净；实在是不可思议啊，真心自性本来自在不生不灭；实在是不可思议啊，真心自性本来自在具足一切万法；实在是不可思议啊，真心自性本来自在寂静不动；实在是不可思议啊，真心自性本来自在能生一切万法。"

五祖确定惠能已实证真心，因此进一步告诉惠能："学佛而没有证悟本来便在的真心，学再多的佛法也是对道业没有帮助的；如果能够开悟亲证真心，看见真心的真如体性，这样的佛弟子在教理上就名为大丈夫、天人师、佛陀。"因为与一切十方诸佛菩萨都具有同一体性的因地真心如来藏的缘故。

于是惠能在半夜被印证受法的事，其他人都不知道。五祖当夜就传给惠能禅宗顿悟法门与祖衣钵等具，五祖又说："你如今便是禅宗（中国）第六代祖师，应当善于护念此佛法宗门密意，广度于有缘的学人，把佛法大意流传布达于将来，使佛法的宗旨传承不至断绝消失。且听我传偈：

唯有有情才能来人间下种，因地所下种子成熟以后在果地就会再

悟法传衣

第一品 行由

出生；

无情既无心也不会造作任何业种，没有各种自性也不会有出生。

五祖又说："昔日达摩大师初来中国传授禅门宗义，众人惊疑难信，因此传承祖衣作为取信大众的凭证；实义法教则以真心印证真心，都必须要让弟子自己证悟、自己了解真心的种种自性。自古以来，前佛、后佛都是在教导佛弟子证悟了知这个真心本体，历代祖师也都是以隐覆密意的方式传授弟子这个本有的真心。作为凭证的祖衣其实容易引发争端，传到你这一代以后就废止吧！祖衣如果继续传下去，拥有此衣的人，身命将会犹如悬丝一般朝不保夕，你现在必须赶快离开这里，我恐怕会有人害死你。"

惠能请示："弟子应该向什么地方去？"

五祖回复："到达广西怀集县时可以停留，去到广东四会县时就躲藏起来吧。"

于是在半夜，惠能带着衣钵；五祖慈悲地送惠能到九江渡船头，找了艘船让惠能上去，惠能随即握住船桨。

五祖说："我来渡你过去吧。"

惠能说："迷时需要师父您来度我，现在悟了应该自己度自己了；得度之名虽然一样，用处与意义却是不同的。惠能得蒙师父传授宗门教法，如今已经证悟实相真心，尔后自己真心自性含藏的染污种子应该由自己来修行度脱断除。"

五祖说："确实是这样，确实是这样。以后佛法的弘传，将由你来大大地发扬了。现在你自己保重，努力赶往南方去，弘传佛法的事暂时不宜进行，因为你弘法的时机因缘还没到来，目前是难以弘法的。"

【解】

"下下人有上上智，上上人有没意智"，所以说，不可以轻忽后学。以貌取人，就往往会与真善知识当面错过。真善知识不会在脸上写着我是善知识的字样的。这要靠我们自己观察出来的。幸好我们还是可以观察教导我们佛法的老师，依其行为与说法的内容，来判断出老师是否真是一位善知识。

因为当今是末法时期，错误的佛法在人间普遍流行，因此我们刚开始学佛就需要有警觉心，需要保有客观的心态。要知道佛法不是简单的学理，佛法是有好几个层次的；包括了世间善法的部分、天界善法的部分、解脱烦恼轮回生死苦海的部分以及如何修行成佛的部分。我们自己要知道佛法确实能帮助众生获得各方面的祈求，但是佛法不是迷信，绝对不是今天拿着香、拿着供品、拿着金钱去供养佛、供养师父等，没过几天我们就发财了，就没烦恼了；甚至就开悟了，就成佛了。佛法不是这样修的，若说这样修就能开悟、就能成佛，那是骗局，就是骗人骗钱的说法。因为佛法实际上就是在教导因果与种种因缘法则的学问，套句俗话说，就是天下没有白吃的午餐。白吃的午餐是因为你被骗了，也许是被骗了钱也许是被骗了人，更浪费了宝贵的时间，结果却只学到一大堆假的没有效用的假玩意儿，问题烦恼还是一大堆。

教你做善事就对了，那是一般宗教的档次，佛法不只是那个层次而已，那个层次也不是佛法的重点。佛法的重点，在于能"圆成佛果"。佛陀是一切智智者，是对一切众生的境界与心行全部都了知的圆满圣者，是圆满解脱一切烦恼的圣者，也是福德与智慧都修证圆满无上的圣者。一切诸佛菩萨所教给我们的佛法，就是要让我们成佛；

因此，我们学佛，就是学习如何让自己也修证成为福德与智慧都圆满无上的圣者。

打坐修定，其实也不是佛法的重点，有没有解脱生死的智慧才是重点。解脱的智慧有两种，就是小乘佛法阿罗汉与大乘佛法佛陀的不可思议解脱智慧，两者之间有着天壤差别，是解脱道圣者与佛菩提道无上圣者的差别。阿罗汉的解脱智慧境界是对于五蕴、十八界的无常、苦、空、无我性等一切内涵完全了知亲证，然后全部弃舍，离开三界以得解脱。佛陀的解脱智慧境界，则是经由亲证真心如来藏开始，接着依着真心来断除一切五蕴、十八界内涵的烦恼杂染习气，同时修证诸地菩萨所应该修证的一切道种智；等到实证无上解脱之后，继续留在三界里，运用真心所出生的五蕴、十八界一切法来帮助众生、永无止境地度化有缘众生成佛。

五蕴、十八界的一切内涵，这个内容三言两语说不清楚，就如同前文说的，只有跟随真善知识修学，才能真实了知，并且需要亲自观行五蕴、十八界的复杂深细内涵；倘若盲修瞎炼，最终必定一事无成。

五祖对当初惠能偈颂的评语，是"亦未见性"，也就是说他当时尚未开悟；这话是真实的，因为真禅师是不打妄语的。而且五祖此时早已度众无数，拥有丰富的勘验弟子经验，先前更有老安禅师是经过他印证的开悟弟子，所以五祖是确定惠能此时是在缘起性空的境界里的，其实就只差一点点而已了。虽然六祖当时还不算真悟，然而在相似开悟的智慧境界里，则已经是远高于当时围绕在五祖身边的其他弟子了；并且自从老安禅师走后，五祖身边再没有出现其他人能有这样的"智慧表现"，加上他还是个从南方来的粗人样貌，所以才会引起众人的惊奇，可谓其来有自。

然而，在五祖的心中，这样利根却又直心朴实为众的弟子实在不可多得，心中应该是很欢喜的，一方面要保护他；一方面又要爱护他，所以才有半夜说法、传承衣钵、连夜送离的一连串后续发展。

五祖对六祖的"不识本心"与"传偈、自性自度"等说法开示，敦煌二本中都没有记载；然而不管这一段是否为后人所添加，其实都是真悟禅师想要帮助学人，是用心良苦地针对学佛要点的教导开示。我们将六祖当初一切法空的境界与五祖"不识本心，学法无益"的开示，与五祖**"有情来下种，因地果还生，无情亦无种，无性亦无生"**的传偈，综合来看，就很清楚地可以发现，祖师们的用意就是在告诉一切学人，参禅之前一定要有正确知见，要清楚地了知不能将五蕴一切法空跟真心如来藏混为一谈。接着在实修的参禅部分，就要告诉学人：学佛最重要的关卡，就是要找到真心如来藏，实证祂的常住不灭清净体性，不然的话，修行想要成佛永离烦恼是不可能的。另外，如果自己是在真妄不分或错以缘起性空当作禅宗佛法实证的时候，更是千万不要出来弘法，因为实际上自己是"尚未开悟"，出来说法就会犯下错说佛法、误导学人等过失。这些学佛知见，是非常重要的宝贵叮咛，一切想要进入真实义佛法中修行的学人，必须谨记在心。

另一方面，作为传授学人真心法门的真实义禅师，一定要谨记诸佛菩萨的嘱咐，千万要隐覆密意来传授佛法宗门大意，绝对要避开传授给因缘不具的人，远离传授错人、所托非人的严重过失。这就是五祖叮咛惠能"法则以心传心，皆令自悟自解。自古，佛佛惟传本体，师师密付本心"的重要含意。

另外，这里五祖与六祖都是说"悟后自性自度"，显见开悟时其实尚未成佛，也就是说，还没有修证完成到"无上清净、无上福德与无上智慧"的佛陀圆满境界。因此，这里也可以证明，五祖或是六祖的"见性成佛"开示，指的是佛法理上说的自性佛而已，不是指一开悟就具有理上与事上都已经修证圆满具足佛陀的佛地境界而言。

至于五祖认为当时六祖出山弘法的时机未到，应该是基于当时六祖只是孤身一人，外面世间上还无人知道他已经成为禅宗六祖，而神秀等旧有势力仍然庞大，以及如来藏正法的经教尚未推展出来的考量之下，才要六祖先隐居起来。等到惠能已经成为五祖认可的禅宗传人六祖的消息，随着时间而发酵，变得被广大群众所周知之后，那时如来藏正法的经教也已经在知识分子之中传扬起来了，再出来弘法才会稳妥，因此才会提出这样的指示。后来情势的发展，果然如同五祖所预想的一样，禅宗在六祖的手上，开始崭露出耀眼光辉，大利于后世佛教学人进入三贤位中。

神秀的行止方面，根据史料研究的结果，只能大概得知他是在惠能来到五祖道场之前约5年，来到黄梅山跟随五祖学法。这时老安禅师刚离开五祖，去云游他方不久。而在惠能得法，随即离开五祖之后约1年的时间内，神秀也独自一人离开五祖①，来到荆州天居寺附近隐居自修，人所不知。神秀的名声过了10年后渐为人知，再过约10年于90多岁，在今湖北宜昌当阳玉泉寺附近开山弘法，修兰若苦行，名声与影响迅速扩大②；再过20多年后跟老安禅师一起，被武则天诏入宫中供奉，约5年后神秀于宫中往生。

神秀之所以在惠能得法后不久，"悌辞而去，退藏于密"的原因，显然就是因为不能证悟自己真心而错失禅宗六祖传承名位的影响所造成的结果。然而，神秀还是很有戒行与修行功德的，由他事后的

---

① 蔡日新：《中国禅宗的形成》，台北县新店：云龙出版社，2000年版，第254页。
② 杜继文、魏道儒：《中国禅宗通史》，南京：江苏人民出版社，2008年版，第122-123页。

隐居用功，到有福德能够被皇帝迎请入宫，以及始终称赞六祖惠能有智慧有德性的种种作为，即能显见其不失为是一位认真修行佛法的人。未悟而公开说法的人，如果他的影响力又大时，所犯下的错误说法过失也就会更大。譬如说神秀的师兄智诜，他离开五祖之后到四川弘法，他的弟子辈建立了保唐无住派；这个宗派所传的法，其实就是六祖所破斥的念静、意识离念灵知、一念不生境界的修证法门。而我们前文已经说明，这个离念灵知、一念不生的修证法门乃是识蕴意识境界的修行方法，跟开悟证得真心的心地法门是两回事；换言之，保唐无住派修行错误，想要证得佛法的解脱结果，不能成功。而这个保唐无住派所传"无念、无忆、莫忘"的意识修定法，在唐末经由四川、敦煌等地辗转传入西藏，最终成了西藏宁玛派大圆满法的核心教义，也很大程度地影响了噶举派大手印的修证理论。这也就是后来密宗都称中国禅宗是大密宗的缘由。

【经】

　　惠能辞祖已，发足南行，两月中间，至大庾岭。

　　逐后数百人来，欲夺衣钵。一僧俗姓陈，名惠明，先是四品将军，性行粗糙，极意[1]参寻，为众人先，趁及惠能。惠能见状，掷下衣钵。惠明至，却不取衣，而作礼云："行者！行者！我远来是为求法[2]，不为衣来。望行者为我说法。"

　　惠能盘坐石上，曰："汝既为法而来，可屏息诸缘，勿生一念[3]，吾为汝说。"

　　良久，惠能曰："不思善，不思恶，正与么时[4]，那个是惠明上座[5]本来面目[6]？"

惠明言下大悟，复问云："上来密语密意[7]外，还更有密意否？"

惠能云："与汝说者，即非密也。汝若返照，密在汝边[8]。"

明曰："惠明虽在黄梅，实未省自己面目，今蒙指示，如人饮水，冷暖自知。今行者，即惠明师也。"

惠能曰："汝若如是，吾与汝同师黄梅，善自护持。"

惠明礼辞，后改道明，避惠能师名，化育北方。

惠能后至曹溪，又被恶人寻逐，乃于四会，避难猎人队中，凡经数载。时与猎人随宜说法。猎人常令守网，每见生命，尽放之。每至饭时，以菜寄煮肉锅，或问，则对曰："但吃肉边菜。"

【注】

1. "极意"：积极力争的意思。

2. "法"：永明禅师说："所谓法者，即众生心者；出其法体，谓如来藏心①。"

3. "屏息诸缘，勿生一念"：意指将一切所缘法全都屏除，一念不生的专注状态。

4. "正与么时"：正当此时的意思。

5. "上座"：出家人在寺院里的主要职位之一。另外有首座，地位仅次于方丈和尚，是东、西两序的首领，其职权是为住持分劳，统领全寺僧众、分座说法、领众禅修。在此则是六祖当时称呼惠明法师时的尊称。

6. "本来面目"：禅门用语，佛法中说众生五蕴是真心所生，所以众生五阴尚未出生前的"本来面目"，是指真心如来藏。

① 《宗镜录》卷二十七，48，2016，[0569b29]。

7. "密语密意"：密语是指不明说的语言等教导。密意是指真心何在的意思。

8. "密在汝边"："密"即是指真心。"汝"是指惠明的五蕴身。"边"是与五蕴身共存的意思。所以六祖意说：真心就在你惠明的五蕴身旁边，认取然后一心修道就是了。

【语译】

惠能辞别五祖之后，往南走去，经过两个月，来到大庾岭。

有数百人在后面追赶惠能，都是想要夺取祖衣与钵具的人。其中有一位出家人，俗家姓陈，名为惠明，曾经是一位四品将军，性格粗糙，非常积极地参与追寻，赶在众人前头，追上了惠能。惠能见状，扔下衣钵于磐石上。惠明赶到，见着衣钵却不拿取，反而当场礼拜，然后呼求："惠能行者！惠能行者！我远道追寻而来，是为求法，不是为了衣钵。至诚希望您能为我开示说法。"

于是惠能接受祈请，坐上磐石，对惠明说："既然你是为了求法而来，现在你就止息屏除一切外缘法，不起一念，我且为你说法。"

静心良久之后，惠能开示说："既不分别善法，亦不分别恶法，就这个时候，哪个是惠明上座你的本来面目？"

惠明闻言，当下大悟，又问云："除了刚刚的密语密意之外，还更有其他密意吗？"

惠能说："我说出来给你听到的，就不是密意了。你返照自己，秘密的真心如来藏就在你那边。"

惠明说："惠明虽然是在五祖身边学法，其实从不认知自己的真心面貌；如今承蒙您的直指开示，真是如人饮水，冷暖自知。如今惠能行者您，即是我惠明的师父。"

悟法传衣 行由品第一

惠能说："你如果能够这样好好修行，我跟你都算是五祖的弟子，还请善自护持真心法教利他自利。"

惠明礼拜辞别惠能之后，为了避开惠能的名讳，后来改名为道明，在北方弘法教化众生。

惠能之后来到曹溪，又被恶人尾随追寻，于是到广东四会县，混迹在猎人队中，就这样过了好几年。我时常为猎人们说些适合他们的佛法。猎人常常要我看守着猎网，我每当看见被捕获的禽兽，都把它们放走。每当吃饭时，我把青菜寄煮在猎人的肉锅子里，当有人问时，我则回答："我只吃肉边菜。"

【解】

一切佛弟子其实都应该学习惠明法师的精神，这就是奉行佛陀在《大般涅槃经》里的开示："有知法者，若老若少，故应供养，恭敬礼拜，亦如诸天奉事帝释①。"也是佛陀所说："依法不依人"的道理；千万不要像某些宗教说的"上师是最尊贵的"，不应该相信那样的教义，因为那是迷信而且"依人不依法"的缘故。

我们佛弟子要了解前文说的佛法有4个层次的法教，所谓世间善法的层次、天界善法的层次、解脱烦恼轮回生死苦海的层次以及如何修行成佛的法教，然后就使用这个分类法来检查所谓的上师，到底他们是真有实证的上师？还是错说乱说的假上师？

惠明法师是很了不起的，因为六祖当时还是在家人的身份，但是惠明法师一见到惠能就先礼拜再说；这个行为值得我们学习，因为在修学佛法上，以貌取人一定会错失大好学法因缘的。观世音菩萨、文殊师利菩萨、弥勒菩萨等大菩萨都是在家人的样貌，如果我们以貌取

① 《大般涅槃经》卷六，T12，0374，[0399b28]。

人，哪天遇上了这几位大菩萨，难道因为他们没有出家僧人的样貌，我们就不跟他们学法吗？因此切忌以貌取人，特别是在佛法的修行上面。话又说回来，惠明能够这样做，显然他一定不是普通的修行人而已，一定是久学菩萨，不然也不会有这个因缘成为六祖度化开悟的第一位弟子。所以如果我们能够不轻视出家或在家人身份的开悟真善知识，很快便能开悟明心。

隐覆密意，用密语来传授佛法宗门大意，这是自释迦牟尼佛以来，一直就是历代祖师间的教授弟子实证真心的宗门法教；这一点很重要，传法时要小心在意"勿传非人"的含义，已如上文所说。

最后，这里谈到了学法要不要素食的问题。简单地说，有些学佛人刚刚皈依三宝的时候，一时改不掉吃荤的习惯，随顺因缘吃肉，这表示他不是一个很用功修行的佛弟子，只是在享用福报。这样的话，想要证得任何一种解脱或菩提，就不是那么有机会。世间有一类宗教，说有修证的人吃肉其实可以间接地超度被吃的畜生有情，同时认为用酒或是红色液体（当作血液）供养神灵，神祇会很高兴，就会保佑与护持他们。这些想法，只是这些世间宗教团体的错误认知。佛陀教导说，有正信的佛弟子是不可以这样做的，也就是说，学佛初期虽然没有一定要吃素的规定，但是如果想要在修行上有所进步与实证，就一定要将吃荤的习惯断除才行。吃肉会断掉对众生慈悲心的缘故，所以喝酒吃肉的人，绝对不会是真正有证悟的菩萨。此外，吃肉喝酒的人，身上会带有让众生害怕与想要远离此人的气质；这样一来，众生不愿意亲近，就得不到广结善缘的结果了。所以，佛弟子想要长养慈悲心与实证佛法的话，还是一定要将吃众生肉、吃鱼虾海鲜的习惯彻底断除才行。

悟法传衣
行由品
第一

【经】

一日思维："时当弘法，不可终避。"遂出至广州法性寺；值印宗法师[1]讲《涅槃经》。时，风吹幡动，二僧论风幡义，一曰风动，一曰幡动，议论不已。惠能进曰："不是风动，不是幡动，仁者心动[2]。"

一众骇然，印宗延至上席，征诘奥义[3]，见惠能言简理当，不由文字[4]。宗云："行者定非常人，久闻黄梅衣、法南来，莫是行者否？"惠能曰："不敢！"宗于是作礼，告请传来衣钵，出示大众。

宗复问曰："黄梅付嘱，如何指授？"惠能曰："指授即无，惟论见性，不论禅定解脱[5]。"宗曰："何不论禅定解脱？"谓曰："为是二法不是佛法，佛法是不二之法[6]。"

宗又问："如何是佛法不二之法？"惠能曰："法师讲《涅槃经》，经明'佛性是佛法不二之法。'如高贵德王菩萨白佛言：'犯四重禁，作五逆罪，及一阐提等，当断善根佛性否？'①佛言：'善根有二：一者常，二者无常；佛性非常非无常，是故不断，名为不二②。'一者善，二者不善；佛性非善非不善，是名不二。蕴之与界，凡夫见二；智者了达其性无二，无二之性即是佛性。"

印宗闻说，欢喜合掌，言："某甲讲经，犹如瓦砾；仁者论义，犹如真金。"于是为惠能剃发，愿事为师。惠能遂于菩提树

---

① 此处所引经文，是古时不可考的原编者根据经意而说，原详细经文请见《大般涅槃经》卷十二，T12，0375，[0736c21] [11]。
② 此处所引经文，含意同上注。

下，开东山法门：

"惠能于东山得法，辛苦受尽，命似悬丝；今日得与使君官僚僧尼道俗同此一会，莫非累劫之缘，亦是过去生中供养诸佛，同种善根，方始得闻如上顿教得法之因。教是先圣所传，不是惠能自智[7]。愿闻先圣教者，各令净心[8]，闻了各自除疑，如先代圣人无别。"

一众闻法，欢喜作礼而退。

【注】

1. "印宗法师"：出生吴郡，专门研究与讲说《涅槃经》。唐咸亨元年，勅封住于京师大敬爱寺。然而印宗请辞，前往黄梅山谒见弘忍祖师。离开黄梅山后，居止于广州法性寺讲《涅槃经》。后遇六祖，终于开悟，因此奉六祖为传法上师和尚[①]。

2. "仁者心动"：指参与议论的二僧议论是风吹让幡旗动呢，还是幡旗自己在动呢，惠能在旁回答：是议论的人心动，才看见风吹幡动。

3. "征诘奥义"：征，求的意思。诘，是反问的意思。奥义，指佛法的深奥大意。

4. "言简理当，不由文字"：大珠慧海禅师说："悟理者，超于文字。法过语言文字，何向数句中求？"因此这句话是说，印宗认为惠能的开示符合佛意，说法之言语简洁而正确，都由亲证自心而来，不是背诵经教文句所得的学问。

5. "禅定、解脱"：禅定是指修学定力，外道法也有这一部分的修法；然而修得禅定并非已得解脱，所以六祖说这是世间的相对之法，不能解脱。解脱是指小乘佛法修学断我见、我执法门的实证境界；然而小乘佛法不是大

---

① 《景德传灯录》卷五，T51，2076，[0240a09]。

乘佛法，只修小乘佛法不能开悟真心如来藏，无法生起实相般若，所以也不能成佛；因此六祖说小乘佛法中观行的五阴、十八界世俗谛法义也是相对待法，不是真心所具有的超越一切世间万相的无二之法、非相待法、无相无所得法的实相境界。

6."佛法是不二之法"：六祖这里说的佛法，是指大乘佛法而言。只有大乘佛法才能是不二之法，因为已曾开示"不识本心，学佛无益"；一定要亲证自己的真心，现观真心超越一切世俗谛相对待法相的无相、无愿、无作、无所得而又能出生一切万法的自性，如是悟后进修才能圆满成佛的缘故。所以，六祖才会在下文回答印宗说"佛性是佛法不二之法"。

7."教是先圣所传，不是惠能自智（或"自知"）"：佛法教义，都是诸佛菩萨祖师等所传授下来的教理与修证方法，不是我六祖惠能自己的智慧能够想得出来的。

8."净心"：这里是指让意识的染污无明清净的意思。因为真心如来藏是无始以来就本来自在清净的，祂不需要净什么心。有染污不净的是意识等五阴诸法，真心如来藏始终如如清净。然而，因为意识等五阴是真心所出生的法相，因此说凡、愚等的意识五蕴所具有的杂染法相，亦是含藏在真心本识里面，说为杂染种子；这就是《胜鬘经》里说的"自性清净心而有染者，难可了知"的含义。这是真实的宇宙轨则法界现象，不只是一种理论而已，所以一切实证真心的佛弟子，都能亲自现前随时观察证明确实是这样的现象，真实不虚。

【语译】

有一天想到："弘法时机已经成熟，不需要再终日躲藏了。"因此出山来到广州法性寺；正好遇上印宗法师在讲《大般涅槃经》。当时一阵风来，吹动了幡旗；有两个僧人就议论了起来，一位说是风吹因此幡旗摇动；另一位则说动的是幡旗而不是风，两人对于各自的说法议论不停。惠能在旁听得，便上前说："不是风吹动幡旗，也不是幡旗自身摇动，而是两位仁者的心在摇动。"

听闻到此番话的大众全都感到惊讶与骇然，散会之后印宗就延请惠能坐到上位的席次，向惠能询问佛法大意。印宗听见惠能的说法，简洁而契入佛意，感觉其见地都是由亲证而来，不是背诵经教文句所得的体会。印宗于是问："行者您一定不是普通人，久闻五祖的传人已将法衣与禅法带来南方，难道就是您吗？"惠能答："是的。"印宗于是礼拜问讯，请求六祖取出衣钵，传给大家观看。

印宗之后问说："黄梅五祖大师所咐嘱的法要，是如何教导的呢？"惠能说："特别的指导与传授可就没有，只论学人实证真心而看见成佛之性，不讨论禅定与解脱。"印宗便问："为何不讨论禅定与解脱？"惠能答："因为这二法不是佛法，佛法是真心如来藏绝待不二的法。"

印宗又问："什么是佛法不二之法？"惠能回答："法师您是讲《涅槃经》的人，这部经中明说真如佛性是佛法不二之法，例如，高贵德王菩萨向佛陀请问：'犯了四重戒，造下五逆罪，以及一阐提的人，这样的人是否断了善根而没有佛性？'佛陀教导说：'善根有两种：第一种是常，第二种是无常；真如佛性不是常也不是无常，由于这个缘故真如佛性没有间断的时候，因此名为不二。'这就是说，第一种善根常住即是善法，第二种善根无常则是不善法；真如佛性不属于善也不属于不善，因此名为不二。被真心如来藏出生的五蕴以及十八界等法相，凡夫所看见的是二个法，实证真如的智者则了解五蕴与十八界的自性其实无二；所谓无二的体性，就是指佛性。"

印宗法师听闻惠能说法之后，欢喜地合掌说："末学讲经，简直就像瓦砾一样没有什么价值；仁者您的论义开示，就像黄金一样具有宝贵价值。"于是择定日子为惠能举行剃发仪式，并且愿意至诚侍奉惠能为得法师父。就是这样的因缘惠能开始弘扬大乘菩提，延续先师等所开创的东山法门教导。

惠能当年在东山五祖座下得法直到今天，吃尽了种种苦头，生命往往犹如悬丝一样随时可能中断；今天能够跟张使君、各级官员、僧尼四众、诸方道俗一起在这里聚会，都是大家过去世累劫以来结下的殊胜法缘，也是大家在过去无量生中供养诸佛，一起修行累积的善根福德成熟，才能聚会在一处共同听闻惠能讲说宗门顿教得法因缘。大乘法教是过去以来诸佛菩萨圣人所传，不是惠能自己的智慧发明出来的。如今想要闻知以前诸佛菩萨圣教的人，各自都要让识心清净下来，听闻法教如法修证以后，各自消除种种心中的疑惑，犹如过往的历代圣人没有差别。

【解】

"不是风动，不是幡动，仁者心动"，这可以说是六祖的第一次对外公开说法。所说的法，就是大乘佛法的顿悟真心法教。因为风动是六尘法相，幡动也是六尘法相，心动而见幡动则是意识等五蕴法相；这些法相都是刹那刹那生灭法相，只能刹那刹那存在于不灭的镜面之上，不能无因而有，都是明镜的所生法相。而明镜本身则是不生不灭的法相，不同于六尘、五蕴等生灭法相。真心如来藏常住不灭，才能够出生一切万法而自己始终如如不动，这就是真心如来藏的无相、不生不灭、寂灭常住体性。此种法教，乃是大乘佛法的宗门法教；跟随真善知识修学，参禅破参即能亲自实证、亲自体会自己真心的这些离言说相的不可思议自性。所以，六祖就拈提这二位僧人，说这是你们的意识心动转而在分别外面六尘法相,跟真心如来藏无关,也跟修行无关。由此可见,六祖的第一次对外公开说法,就是借拈提见闻觉知意识心修法的过失,来彰显佛法,而让学人们知道他要正式出世弘法了。克勤圆悟祖师对此曾说:

王老师(指南泉普愿禅师)**真体道者也,所言皆透脱,无毫发知见解路,只贵人离见闻觉知,自透本来底方得自由。若着法报化便是依它,无自由分。是故发明卢行者不会佛法,只是体道,所以得衣钵。此皆过量人行履处,千万人中难得一个半个,真药石谛当,真实无事行履处也。斯言至哉**①。

大慧祖师曾说:

珠于言下识自本心,不由知觉,后住大珠凡有扣问,随问而答,打开自己宝藏,运出自己家财,如盘走珠,无障无碍②。

宏智正觉禅师曾说:

向根境法中揑怪,道闻底岂不是佛?见底岂不是佛?用根境识作道作理,直饶尔安排得顺,斗钉得成,远之远矣③。

因此,虽然看见幡旗飘动的是意识心,然而背后的真心如来藏,

---

① 《大光明藏》卷中,X79,1563,[0687c04]。
② 《大会普觉禅师语录》卷二十三,T47,1998A,[0910b21]。
③ 《宏智禅师广录》卷五,T48,2001,[0069b18]。

因为不见闻分别于六尘法相的缘故，祂是不动的。只是，真心也需要这个有见闻觉知的意识心来配合，人们才能看见飘动的幡旗。佛弟子参禅要找出来的，就是这个不动的本心。这个存在于意识心背后的真心才是一切佛弟子所应该参究寻找的目标，因为真心是一切法出生的根本源头、才是学人的本来面目。所以，随后印宗法师问佛法大意时，六祖回答说："只论见性，不论禅定解脱"；六祖跟后来其他证悟的禅宗祖师一样，都是要学人实证自己本有的对六尘离见闻觉知的本心。

那么，佛弟子要如何修学佛法，才能实证真心如来藏呢？六祖在告诉大众举办此次法会的因缘时说："今日得与使君官僚僧尼道俗同此一会，莫非累劫之缘，亦是过去生中，供养诸佛，同种善根，方始得闻如上顿教得法之因。"六祖这就已经把如何实际修行与实证佛法的道理，告诉我们了。一场真实义佛法的说法聚会，那因缘都是非常难得遇上的，能共同聚会在一起参加一场法会，都是因为累劫修行而累积无量福德、供养过无量诸佛、种下深厚的善根，才能对佛教三宝有具足的信心，才对大乘佛法真心如来藏的法义能够听闻、愿意信受、真实修学。这是很不容易的事，试想一下，有多少人知道在意识心之外，我们每个人还有一个真心如来藏的存在呢？又有多少人知道世间的一切法，包括我们的这个五蕴人身，都是真心如来藏根据每个人过去世自己所造的业种，因果不昧地出生了我们来到世间上呢？这些道理世间人听了，有多少人愿意相信、能够相信呢？因此，我们就能了解，诸佛菩萨所说的佛法，真的是要累劫以来累积了足够的福德与智慧的人，才能够一步一步走过来，以至于能够亲证自己的本来面目。在《妙法莲华经》中，佛陀告诉舍利弗："吾今于天、人、沙门、婆罗门等大众中说，我昔曾于二万亿佛所，为无上道故，常教化汝，汝亦长夜随我受学。我以方便引导汝故，生我法中。"此说的就是这个道理。我们如今能够读到依照平实导师所教导的大乘佛法宗门意旨来注解《坛经》这一本著作，按照六祖这一番开示，同样是稀有难得，时乃现之的意思。

从另外一个层面来说，学佛不能落在迷信之中。譬如，世间有一种宗教，教人说只要念念咒语，就能帮人免难消灾，还能够将过去世所造的一切坏事业障全部清除掉，恢复干净；其实这是迷信，十足的迷信，因为完全没有根据，而且也不符合世间的道理与现象。试想，别人欠我们的钱，他只要念一念咒，就可以一笔勾销，不用还钱，也没有欠我们钱了，有这种道理吗？我们可以接受这种结论吗？否则怎能要求别人也接受这样的结论？更严重的是，如此一来，整个世界不就势必乱七八糟了吗？欠人钱财、作奸犯科、违背法律、干下种种坏事，都可以不用烦恼，只要念某种特别的咒语，一切消灾免难，一切没事，恢复清净；干过的恶事都不用付出代价、永远不需要偿还，三界中会有这种道理吗？我们可以接受这种胡说吗？真有这样的世界，人类还能存活吗？

相对来看，真实义佛法，讲的是生命与十方宇宙等一切现象与道理的真相，虽然这种实相确实非常广大与深奥，但是绝对不会教人家念念咒语就能将一切业障清除掉，因为佛法讲的是事实与真理，事实上因果律确实真的存在，否则三恶道有情早就全部消失了，善知识绝对不会教人这种迷信而骗人的东西。佛法说的是善有善报，恶有恶报，不是不报，是因缘未到的因果不昧道理；这个不是大家都知道吗？怎么就有人愿意去相信念咒就能除灾解厄、消一切业障的迷信呢？也许有人会说佛教不是也教人念南无观世音菩萨，说能免厄消灾吗？是的，有的，但是那最多也就是免厄消灾而已，而且只对善事善心利他等事件有效，对于恶心恶求、自私的要求是无效的，诸佛菩萨都不会应允的，当然更不会有消除一切业障的功效。要了解其中的大不同，就是诸佛菩萨像是大善人，我们要先自助才能获得他助，就是这个道理；没有说不管人家的恩仇怨怼、是非曲直，只要念咒就一定没事的现象，那就是迷信。难道说谁先念咒谁就赢？后念咒的人难道就无效吗？就只好成为受害者吗？那不成了个笑话？

六祖说"教是先圣所传，不是惠能自智"，这是有很深道理的。这个道理，就是佛陀在《妙法莲华经》中说的："舍利弗！过去诸佛，以无量无数方便、种种因缘、譬喻言辞而为众生演说诸法，是法皆为一佛乘故。是诸众生从诸佛闻法，究竟皆得一切种智。舍利弗！未来诸佛当出于世，亦以无量无数方便、种种因缘、譬喻言辞而为众生演说诸法，是法皆为一佛乘故。"简单地说，佛法乃是佛佛相传，为救护众生灭除邪见证得实相而离开三界生死轮回诸苦，因此教导修学大乘佛法，令学人实证宗门本离言说的真心密意，进入佛乘中进修佛菩提道，生起一切种智成就佛道的广大难思议学问。

《妙法莲华经》中佛陀也说："诸佛智慧甚深无量，其智慧门难解难入，一切声闻、辟支佛所不能知。所以者何？佛曾亲近百千万亿无数诸佛，尽行诸佛无量道法，勇猛精进，名称普闻，成就甚深未曾有法，随宜所说意趣难解。"这段经文的意思是说，成佛之道的修行方法只有诸佛能够全部了知。进入宗门智慧的关键方法，就算是实证小乘佛法的阿罗汉圣人也不知道，只有诸佛能够为一切众生及诸大、小菩萨、阿罗汉等，随其根性为他讲解全部成佛之道的修证法门，因此三界之中无有一人的智慧能够胜过佛陀。我们综合佛陀的开示教导来看，真实义佛法是广大甚深、难以得遇、意趣难解的深妙法教，不是世间人意识思维、小乘阿罗汉等的智慧所能够了知、猜想、推论出来的。一切想要证悟佛法宗门大意的学人,最好的修行方法就是遵照有实证经验的大善知识的教导,依循着大乘了义佛经等来修行佛道,才不会错走修道方法,盲修瞎炼,导致不仅浪费时间,还始终一事无成。如果对照起别人在真善知识座下修学几年的时间就进步神速,甚至已经开悟实证真心,而多年之后我们还只停留在打坐、诵经、做善事的修行范围而已,那岂不是天大的冤枉吗?

六祖告诉我们的,就是这个道理;学佛法不要自以为聪明、自以为是,而是要跟随着真善知识的教导,并且依循着大乘了义经教脚踏实地修行。如此一来,想要亲证宗门密意,进入真见道位中修证佛菩提道,才有实现的一天。

此段中六祖开示:"愿闻先圣教者,各令净心。闻了,各自除疑,如先代圣人无别。"这是六祖简介说明:"证得佛法大意的学人所必须要亲自走过的修证历程。"就是指先要听闻熏习于菩萨六度行门的修行内涵,并且如说精进修行,在福德、持戒、消除性障、定力、真心体性知见等各方面都达到标准要求时,就能够了解"不假方便,自得心开"的道理,亲证真心。此时在宗门理上来说,看见了自己所证得的真心跟一切祖师所证的真心没有差别,一样都是不生不灭、如如不动而能出生五阴十八界万法的不可思议体性,所以六祖说为"如先代圣人无别"。在这段修证期间,如果不能了解某些法义,这时跟随真善知识学法的好处就出来了,因为可以前去请问请法的缘故,就能"闻了,各自除疑"。六祖说的"各令净心",是指菩萨六度行门的修行内涵;因为只有透过累积种种能够开悟的福德与智慧,让我们的妄心染污与无明清净到某个程度,才堪能承担实证真心之后行菩萨道利他自利的慈悲愿行。当我们修行到某个程度完成时,这时诸佛菩萨就会帮助我们实证真心如来藏,让我们得以进入真见道位中继续修证成佛之道。

印宗法师能够在确认六祖的真实身份之后，随即礼拜当时尚为居士身份的六祖，显示印宗法师确实是菩萨种性的大乘佛法修行人。印宗法师当年没有证悟而离开五祖，时隔多年，想必这段时光中他一定时常反复斟酌思量佛法大意。况且对外他是讲解《涅槃经》而受到皇帝瞩目的闻名"大师"，却没有实质的开悟智慧与身份，心中想必时时怀着一丝不安。因此，印宗一发现惠能是五祖传人时，即刻尊奉惠能为六祖。

【经】

次日，韦使君请益，师升座，告大众曰："总净心念'摩诃般若波罗蜜多'。"复云："善知识！菩提般若之智，世人本自有之，只缘心迷，不能自悟，须假大善知识示导见性。当知愚人智人，佛性本无差别，只缘迷、悟不同[1]，所以有愚有智。吾今为说摩诃般若波罗蜜法，使汝等各得智慧。志心谛听，吾为汝说。

"善知识！世人终日口念般若，不识自性般若，犹如说食不饱；口但说空[2]，万劫不得见性，终无有益。善知识！'摩诃般若波罗蜜'是梵语，此言大智慧到彼岸。此须心行，不在口念。口念心不行，如幻如化，如露如电。口念心行，则心口相应，本性是佛，离性无别佛。

"何名'摩诃'？'摩诃'是大。心量广大，犹如虚空，无有边畔，亦无方圆大小，亦非青黄赤白，亦无上下长短，亦无瞋无喜，无是无非，无善无恶，无有头尾；诸佛刹土，尽同虚空；

世人妙性本空，无有一法可得；自性真空，亦复如是。

"善知识！莫闻吾说空，便即着空。第一莫着空，若空心静坐，即着无记空[3]。善知识！世界虚空，能含万物色像；日月星宿，山河大地、泉源溪涧、草木丛林、恶人善人、恶法善法、天堂地狱、一切大海、须弥诸山，总在空中；世人性空，亦复如是。

"善知识！自性能含万法是大，万法在诸人性中。若见一切人恶之与善，尽皆不取不舍，亦不染着，心如虚空名之为大，故曰'摩诃'。善知识！迷人口说[4]，智者心行；又有迷人空心静坐，百无所思自称为大；此一辈人不可与语，为邪见故。

"善知识！心量广大，遍周法界；用了即了了分明，应用便知一切。一切即一，一即一切；来去自由，心体无滞，即是般若。

"善知识！一切般若智，皆从自性而生，不从外入，莫错用意，名为真性自用，一真一切真。心量大事，不行小道；口莫终日说空，心中不修此行；恰似凡人自称国王，终不可得，非吾弟子。

【注】

1. "迷、悟不同"：指迷人不悟自身真心，而悟者则是实证真心，是为不同。"迷"的解释，六祖在后文中说："佛为一切迷人认五蕴和合为自体相，分别一切法为外尘相；好生恶死念念迁流，不知梦幻虚假，枉受轮回；以常乐涅槃，翻为苦相，终日驰求。佛愍此故，乃示涅槃真乐、刹那无有生相、刹那无有灭相。"永明禅师则说："以迷人不了，执色阴为自身，认能知为自心，故经云：身如草木无所觉知，心如幻化虚妄不实①。"关于悟的解释，圆悟祖师说："言悟者，如失一件物多年废置而一旦得之，又如伤寒病忽然得汗，直是庆快也。将知悟心见性，**非思量分别**，所以证入金刚正体，自然亘古亘今②。"永明禅师说："若了自心，能顺佛旨，即是供养一切如来。若不依此如理悟心，则随事施为，心外见佛，设经多劫，皆不成真实供养，违背诸佛指授故。如《华严经》颂云：设于念念中供养无量佛，未知真实法，不名为供养。云何真实法？所谓了心真如无生之旨故③。"

2. "口但说空"：在佛法中，空有两种含义，小乘空义与大乘空义。小乘空义是指五蕴、十八界等法是无常性、苦性、念念生灭的缘故，是为性空、无有实我体性，因此是无实有法。大乘空义是指一切万法，包括五蕴十八界法，都是真心如来藏所生，不离于真心的自身体性，因此一切法就是真如性，显现为真心实有的自性，而真心却无形无色，所以《金刚经》说为"实、无有法"。佛在《增一阿含经》中说："拘翼！若有比丘解知一切诸法空无所有，亦无所着，尽解一切诸法了无所有；以知一切诸法无常、灭尽无余，亦无断坏。彼已观此，已都无所着，已不起世间想，复无恐怖；已无恐怖，便般涅槃；生死已尽，梵行已立，所作已办，更不复受有，如实知之。"佛在《解深密经》里说："善男子！如我于彼声闻乘中，宣说种种诸法自性，所谓五蕴、或内六处、或外六处，如是等类；于大乘中，即说彼法同一法界、同一理趣，故我不说乘差别性④。"窥基菩萨说："入初地时观一切法法空真如，即能除灭；如是所说一切法执，自心外法或有或无，自心内法一切皆有。是故法执，皆缘自心所现似法，执为实有。然似法相，从缘生故，是如幻有；所执实法，妄计度故，决定非有。"因此从小乘佛法来说，

---

① 《宗镜录》卷二十二，T48，2016，[0537c24]。
② 《圆悟佛果禅师语录》卷十二，T47，1997，[0770b01]。
③ 《宗镜录》卷二十三，T48，2016，[0541b02]。
④ 《解深密经》卷四，T16，0676，[0708a14]。

空就是指五蕴、十八界一切诸法无常故空等性的缘故，所以是缘起性空的无所有义；然而最后有真心如来藏的独自常住不灭，所以经说："灭尽无余，亦无断坏。"从大乘佛法来说，空就是指一切诸法都是如来藏生，一切法就是真如自性，所以经说"彼法同一法界、同一理趣"，窥基菩萨所说："一切法即是法空真如"同样也是这个意思。从修证次第来说，没有实证真心的凡夫，不能了知"一切法就是真如自性""一切法即是法空真如"的意义；同样的道理，在小乘佛法部分的修证里，没有断我见的凡夫，不能真知"五蕴、十八界一切诸法无常故空""灭尽无余，亦无断坏"的确实意义。这个道理就是说，只有亲证实证小乘菩提或是大乘菩提的佛弟子才能真实了解佛法中所说"空"的含义，也才能真正分别佛法中说的空，不是空无所有的意思，也不是世间人所了知的虚空等无自性的意义。

3．"无记空"：不思善不思恶的意识不起妄念境界；跟下文六祖的解释"空心静坐，百无所思"意思相同。

4．"口说"：口说，在这里是跟下文的心行相对的意思，是指凡夫的修行境界，由于没有实证般若的缘故，只有名言知识而已，所以称为口说。由于没有亲证般若，不可能真正明了般若的含义，因此就会错说法义，甚至诽谤佛法，因而在修行方面，就会与真实义佛法的教导背道而驰，始终无益自他，这也就是下文六祖所说"口莫终日说空，心中不修此行；恰似凡人，自称国王终不可得，非吾弟子"，犯下冒犯国王、诽谤三宝过失的意涵。

【语译】

六祖接着又说："各位有智慧的大众！大乘佛法般若的解脱智慧，是世间一切人从本以来就具有的，只是因为不知道要实证真心如来藏的存在，因而自己不能亲证真心而生起般若智慧，所以要借由大善知识的开示教导，来参禅开悟看见成佛之性。我们应当知道不论是凡夫愚人还是开悟的智者，各自的成佛之性从本以来就没有不同，就只是因为不悟与开悟的不同，所以有凡夫与智者的分别。我如今为大众说大智慧度到彼岸的般若解脱法门，要让你们大家能各自获得佛法智慧。请大家至诚专心听受，我来为大家讲解。

各位有智慧的大众！世间学佛人整天只是在言语上唱念着般若，却不能识得自己的真心自性般若智慧，就像是看着众多山珍海味的图片，都骗自己说是已经吃了许多美食而其实并没有真的吃到，肚子始终吃不饱是一样的道理，所以只是谈论般若经教空义的人，万劫过后依然不能开悟，始终没有大乘解脱智慧的功德益处。各位有智慧的大众！"摩诃般若波罗蜜"是天竺语，意思是大智慧度到无生死彼岸的解脱智慧。这样的智慧，要求的是亲证真心的行门，不是在言语经教上的记诵。只在口中说着念着，心中却不肯如实修行，结果就会像是幻化的影像一样，也像是朝露与闪电一样虚妄不实。假使学习和读诵经教以后也能从心中如实修证真心智慧行门，则是心行与口说的智慧相应便能实证，证知自己的本心自性跟佛陀的真心自性是相同的，离开真心如来藏的自性就没有别的佛存在了。

摩诃是什么意思呢？摩诃是大的意思。真心的宽广度是无量广大的，就像是虚空一样，没有边际，也没有方形圆形或是大小，也不是青黄红白，也没有上下长短，也没有瞋没有喜，没有是也没有不是，没有善也没有恶，没有头也没有尾。诸佛的国土，全部都跟虚空体性一样；世间一切人的真心体性、奇妙不可思议性，而且从无始以来就是空性，其中更是没有一法可得；世间一切人的真心自性真实而空无形色，就像是以上所说的这些境界一样。

各位有智慧的大众！千万不要听到我说佛法空的道理，就执着为空无。学佛人第一切记不要对空起执着想，如果以为这就是指空掉意识心的一切妄想，静坐就是了，那就落在什么都不想的无记空境界里了。各位有智慧的大众！世界虚空，能够包容含摄万物等色质影像，日月星宿、山河大地、泉源溪涧、草木丛林、恶人善人、恶法善法、天堂地狱、一切大海、须弥诸山等，全都存在虚空之中；世间人各自的真心如来藏所具有的虚空性，就如同是虚空一样。

各位有智慧的大众！就像虚空能够含摄万物一样的道理，一切诸法都存在于大众各自的真心本性之中。如果看见一切人的善性与恶性，却能够不执着于善行也不弃舍于恶行，也不会像意识一样具有贪着取舍诸法等杂染体性，而真心如来藏便犹如虚空一样全部含容而不舍不弃，这种智慧就名之为"大"，所以说"摩诃"。各位有智慧的大众！迷失佛法大意不能亲证真心的人只是记诵经教而在口中说着，开悟的智者则能起心实修而亲证真心如实修行。又有一类迷失佛法大意的人，只管静坐去除妄念不起分别，心中什么都不思念而自以为这种境界就是般若"大"智慧；像这样的人，实在就难以教化他们了，因为他们堕入邪见邪解中的缘故。

各位有智慧的大众！真心具有无量广大的体性，周遍于诸法的功能差别中，普能感应法界有缘众生，能运用了，以后就能了了分明观照到祂，懂得应用时就能了知一切法。一切法即是这一真如心，一真如心即是一切法；能够亲证此理而知此心本解脱，就可以来去自由，而这个真心之体如来藏于一切法都无有滞碍，如此证悟真心就是般若智慧。

各位有智慧的大众！一切证悟智者的般若智慧，都是从实证真心自性而生起的，不是从经教言语外在六尘得来，大众千万不要错用意识五蕴等在六尘外法中的知解，名为真实心自性而自己用为真实证悟，以这样的见地亲自观察唯一而绝待的如来藏真实无讹时，所观照的一切法便都摄归真心如来藏所有而全都是真实法了。这个真心现量是个大事，不行于二乘小道之中（不是静坐修定，将意识修成不生妄念境界，或是观行蕴处界无常故空而说为证悟般若）。因此，佛弟子千万不要终日在口中强记经教言说，而说是证得空性，心中却不肯如实修行六度般若正行；就像是一般平凡的人民，却自称是拥有整个国家的国王，终究是不可能成功的，像这样用意识妄想或思维的方式来修行的人，不是我的弟子。

【解】

《坛经》在这里说到口说与心行的道理。大慧祖师曾说：

自言为知解所障是一，自言未悟甘作迷人是一，更在迷中将心待悟是一；只这三颠倒，便是生死根本。直须一念不生、颠倒心绝，方知无迷可破、无悟可待、无知解可障。

大慧祖师说的宗门证悟的教理，正好可以跟《坛经》口说与心行的说法呼应，就是说学人如果认为佛法的知见就代表证量，那就错了，如果自以为是，不依循于佛法经论的教导，自己错解佛法，这就成为被知解障碍的人了。大慧祖师说这样的人只会继续生死轮回。至于另外两种：第一种"未悟甘作迷人"，是属于迷信的人，认为证悟般若的事情与自己无关，自然是不能出离于生死轮回之苦；另外一种错解佛法"迷中将心待悟"的人，以错误的知见住在一念不生的境界中等待开悟而不懂得要参禅，那更是不能出离于生死轮回之苦。只有具有正知正见的学人，"直须一念不生、颠倒心绝"，先要修成一念不生的定力，也知道意识不可能变成真心如来藏，断除了颠倒心等妄想而永远灭绝虚妄想了,才有可能破参开悟,实证真心之后才能成为"无迷可破、无悟可待、无知解可障"的本来寂灭清净常住的体性。平实菩萨在《宗门道眼》中亦说:

> 有一种学人,诵得几年《金刚经》,学得几年中观般若,便不可一世,逢人皆斥为自性见,见人便道"缘起性空,无一法可得",以此为会佛法。见他禅师拈起拄杖问是什么时,便落他境上,回云:"不可唤作拄杖也。"有者回答:"所谓拄杖即非拄杖,是名拄杖。"有什么见地?这个唤作迷己逐物[①]。

也就是说,这类只会记诵文句的人,其实自己没有发起一点解脱的智慧功德受用,自己没丝毫见地,也不能帮助他人得到一点解脱的知见,更不要说能帮助自己与他人实证真心发起般若解脱智慧。

另外还有一点,就是真实证悟真心的学人,更要小心别堕入狂禅之中。自古以来,有一些禅宗祖师大德,因为悟得浅,读的经教也不多,没有发起比较深的般若智慧,也往往会因为解脱道的修证不高,生起慢心的遮障而堕于狂禅,主张"一悟即成究竟佛"之谬执,然后就会诃佛骂祖。譬如,临济义玄禅师,早期有些开示就堕于狂禅的现象:

> 山僧见处,坐断报化佛顶;十地满心,犹如客作儿;等妙二觉,如担枷带锁;罗汉辟支,犹如粪土;菩提涅槃,系驴马橛。何以如斯?盖为不达三祇劫空,有此障隔[②]。

[①] 萧平实:《宗门道眼》,台北:正智出版社有限公司,1999年版,第47页。
[②] 《景德传灯录》卷二十八,T51, 2076, [0446c09]。

悟法传衣 行由品第一

对于临济出道早期，真妄不分的狂禅现象，平实菩萨说得极为清楚，真正能让一切佛弟子谨记在心，切勿轻犯：

不唯夹山、三圣、普化诸师不肯临济，平实今日亦不肯之，谓彼初出道时犹自真妄不分，明心之见地且无，三乘共道之解脱道亦未证，便敢非他声闻无学、大乘十地及与等妙二觉。犹自不解七住所证法智类智，不解七住、初地、八地、十地境界，便敢目空一切，夸大其辞，贬抑诸圣，谓之狂禅不亦宜乎①？

平实往世曾于佛前立誓，誓不将佛法作人情；近年来虽于诸方多所指说，然于诸圣未敢丝毫狂语（唯除叙述三乘法道差异）。对我会中初明心者亦予敬重，不因其初悟及未得道种智而起轻心，以深知十重戒因果及道次第故。普化虽然狂狷，亦复如是，未曾轻他罗汉、辟支，何况大乘诸地菩萨？乃临济彼时错悟之人，而敢诽斥诸圣，过于其师；后世佛子万勿师法，果报可畏故②。

"善知识，一切般若智，皆从自性而生，不从外入，莫错用意"，六祖的这句开示，用云门祖师的开示，即是："乾坤之内，宇宙之间，中有一宝，秘在形山……无价之宝，隐在阴界之中③。"圆悟祖师解释说："形山即是四大五蕴也，中有一宝秘在形山。所以道：诸佛在心头，迷人向外求；内怀无价宝，不识一生休④。"六祖说完

① 萧平实：《宗门道眼》，台北：正智出版社有限公司，1999年版，第158页。
② 萧平实：《宗门道眼》，台北：正智出版社有限公司，1999年版，第160页。
③ 《碧岩录》卷七，T48, 2003, [0193c26]。
④ 同上注。

正确学佛知见后,不厌其烦地再次叮咛学人:"宗门参禅实证真心无量本觉是学人的头等大事,不是经由静坐修定,将意识修成不生妄念的境界,而说此为证得真心。佛弟子千万不要鹦鹉学舌只会强记经教言说,却不真实修行六度来寻觅真心。"所以,学人想要亲证真心,就要牢记以上诸位祖师的参禅知见开示,依教奉行,才有机会实证真心。如果自以为是,错认意识为真心,那想要再回头重新学起,就不知道是何年何月了。

【经】

"善知识!何名般若?般若者,唐言智慧[1]也。一切处所、一切时中,念念不愚,常行智慧,即是般若行。一念愚即般若绝,一念智即般若生[2]。世人愚迷,不见般若;口说般若,心中常愚,常自言'我修般若';念念说空,不识真空[3]。般若无形相,智慧心即是;若作如是解,即名般若智。

"何名波罗蜜?此是西国语,唐言到彼岸。解义[4]离生灭,着境生灭起,如水有波浪,即名为此岸;离境无生灭,如水常通流,即名为彼岸,故号波罗蜜。

"善知识!迷人口念,当念之时,有妄有非。念念若行,是名真性。悟此法者,是般若法;修此行者,是般若行。不修,即凡;一念修行,自身等佛[5]。

"善知识!凡夫即佛,烦恼即菩提[6];前念迷即凡夫,后念悟即佛[7];前念着境即烦恼,后念离境即菩提[8]。

"善知识!摩诃般若波罗蜜,最尊最上最第一,无住无往亦无来[9],三世诸佛从中出。当用大智慧,打破五蕴烦恼尘劳;如此修行，定成佛道，变三毒为戒定慧。

"善知识！我此法门，从一般若生八万四千智慧，何以故？为世人有八万四千尘劳。若无尘劳，智慧常现，不离自性。悟此法者，即是无念、无忆、无著；不起诳妄，用自真如性，以智慧观照，于一切法不取不舍，即是见性成佛道。

"善知识！若欲入甚深法界及般若三昧者，须修般若行，持诵《金刚般若经》，即得见性。当知此经功德无量无边，经中分明赞叹，莫能具说。

"此法门是最上乘，为大智人说，为上根人说。小根小智人闻，心生不信，何以故？譬如天龙下雨于阎浮提，城邑聚落悉皆漂流，如漂枣叶；若雨大海，不增不减。若大乘人、若最上乘人闻说《金刚经》，心开悟解，故知本性自有般若之智；自用智慧常观照故，不假文字。譬如雨水不从天有，元是龙能兴致，令一切众生、一切草木、有情、无情悉皆蒙润，百川众流却入大海合为一体，众生本性般若之智亦复如是[10]。

"善知识！小根之人闻此顿教，犹如草木；根性小者若被大雨，悉皆自倒，不能增长。小根之人亦复如是，元有般若之智，与大智人更无差别，因何闻法不自开悟？缘邪见障重，烦恼根深，犹如大云覆盖于日，不得风吹，日光不现。般若之智亦无大小，为一切众生自心迷、悟不同。迷心外见，修行觅佛，未悟自性，即是小根；若开悟顿教，不执外修，但于自心常起正见，烦恼尘劳常不能染，即是见性[11]。

"善知识！内外不住，去来自由，能除执心[12]，通达无碍。能修此行，与般若经本无差别。

"善知识！一切修多罗及诸文字、大小二乘、十二部经皆因人置，因智慧性方能建立。若无世人，一切万法本自不有，故知万法本自人兴，一切经书因人说有。缘其人中有愚有智，愚为小人，智为大人；愚者问于智人，智者与愚人说法；愚人忽然悟解心开，即与智人无别。

"善知识！不悟，即佛是众生；一念悟时，众生是佛。故知万法尽在自心，何不从自心中顿见真如本性？《菩萨戒经》①云：'我本元自性清净，若识自心见性，皆成佛道。'《净名经》②云：'实时豁然，还得本心。'

"善知识！我于忍和尚处一闻，言下便悟，顿见真如本性。是以将此教法流行，令学道者顿悟菩提，各自观心，自见本性。若自不悟，须觅大善知识解最上乘法者，直示正路。是善知识有大因缘，所谓化导令得见性，一切善法因善知识能发起故。三世诸佛，十二部经，在人性中本自具有，不能自悟，须求善知识指示方见。若自悟者，不假外求；若一向执，谓须他善知识方得解脱者[13]，无有是处，何以故？自心内有知识，自悟；若起邪迷，妄念颠倒，外善知识虽有教授，救不可得。若起正真般若观照，一刹那间妄念俱灭；若识自性，一悟即至佛地[14]。

"善知识！智慧观照，内外明彻，识自本心。若识本心，即本解脱[15]。若得解脱，即是般若三昧，即是无念。何名无念？若见一切法，心不染着，是为无念；用即遍一切处[16]，亦不着一切处。但净本心，使六识出六门，于六尘中无染无杂，来去自由，通用无滞，即是般若三昧，自在解脱，名无念行。若百物不思，当令念绝，即是法缚，即名边见。善知识！悟无念法者，万法尽

---

① 约是指《梵网经》卷一，T24，1484，[1000a10]。
② 即是指《维摩诘所说经》卷一，T14，0475，[0540c23]。

通；悟无念法者，见诸佛境界；悟无念法者，至佛地位。

"善知识！后代得吾法者，将此顿教法门，于同见同行发愿受持，如事佛故，终身而不退，定入圣位，然须传授。从上来默传分付，不得匿其正法；若不同见同行，在别法中，不得传付，损彼前人，究竟无益；恐愚人不解，谤此法门，百劫千生断佛种性。

【注】

1. "般若者，唐言智慧"：是指大乘佛法无相、无所得而能生一切法的真心第一义谛智慧。这是唯证乃知，如人饮水冷暖自知的世出世间不思议智慧。

2. "一念愚即般若绝，一念智即般若生"：这是指学人未破参前，还没有找到真心如来藏，没有一念相应慧出现；如果因缘成熟，于一念之间，证悟真心处所，下一念起，般若智慧即自然升起，因此六祖说为"一念愚即般若绝，一念智即般若生"。

3. "真空"：佛说："诸菩萨摩诃萨行深般若波罗蜜多修证法界，多百千种难行苦行，令诸有情皆得通达。天王！是名实相般若波罗蜜多、真如、实际、无分别相、不思议界；亦名**真空**及一切智、一切相智、不二法界①。"《央掘魔罗经》中云："如来真解脱，不空亦如是；出离一切过，故说解脱空。如来实不空，离一切烦恼，及诸天人阴，是故说名空。呜呼蚊蚋行，不知真空义；外道亦修空，尼干宜默然②。"故知，大乘佛法中说的真空，是指禅门所证的真心如来藏而言，不是无常故空的缘起性空。

4. "解义离生灭"：指证悟真心之后，发起般若智慧，即能了解大乘无

---

① 《大般若波罗蜜多经》卷5，T07，0220，[0929b22]。
② 《央掘魔罗经》卷2，T02，0120，[0527b16]。

生的含义。

5. "一念修行，自身等佛"：佛弟子经历过一念相应慧的过程，亲证自己的真心，此后进入真见道位中修学佛法，即能了知自己的真心其实就是自己的自性佛，了知自己与诸佛菩萨的真心体性同样都是第八识心，都是一样常住不灭的无生性；真心本自具足一切诸法，因此在理上来说，与诸佛平等，不但是"理即佛、名字即佛、观行即佛"，也是"相似即佛"位。在成佛之道的悟后行门上来说，则悟后必须继续进修而发起无生法忍，才算是"分证即佛"位；此后还要二大阿僧祇劫的修证过程，断除习气种子随眠与异熟生死随眠，才能真实圆满诸佛所具有的无上福德与无上智慧。

6. "凡夫即佛，烦恼即菩提"：凡夫即佛的意思是说，凡夫本来也各有这个真心，佛陀同样也是这个真心，而第八识真心本自具足一切智慧与万法，因此依同样都有第八识真心的立场来说，凡夫即是佛。众生一切烦恼都存在真心里，而一切烦恼的法性同时也是真心的体性，因为这些烦恼都含摄在第八识真如心中，一切智慧也都含藏在真心里本自具足，一切智慧也都是真心的体性，也是真如性；因此说"烦恼即菩提"，都是同一真心所含摄。

7. "前念迷即凡夫，后念悟即佛"：这里是就大乘佛法来说，说没有经历过"一念相应慧"而实证真心的人都还只是凡夫；如果参禅有经历"一念相应慧"而破参找到真心的人，在宗门理上就与诸佛平等的意思。

8. "后念离境即菩提"："后念"指悟后的分别性。"境"指五蕴六尘等一切法相。"菩提"是智慧的意思。悟后所缘的第八识真如境界不是三界六尘中的境界，所以名为"离境"，这智慧境界就是大乘菩提的无念离境的无境界境界。然佛法中有小乘佛法智慧与大乘佛法智慧的分别。

9. "无住无往亦无来"：真心运行时从来不住五蕴六尘等一切法中，名为"无住"。真心不往来于三界之中，始终是寂静涅槃体性，于三界万法中迴无来去，因此说为无往亦无来。这是悟后才能亲自体验的真心境界。

10. 此段意义，即是转述《妙法莲华经》卷三中佛陀所云："我雨法雨充满世间，一味之法随力修行，如彼丛林药草诸树，随其大小渐增茂好。诸佛之法常以一味，令诸世间普得具足，渐次修行皆得道果。"

11. 此段意义，即是转述《妙法莲华经》卷三中佛陀所云："迦叶当知以诸因缘、种种譬喻开示佛道，是我方便诸佛亦然。今为汝等说最实事：诸声闻众皆非灭度；汝等所行是菩萨道，渐渐修学悉当成佛。"

12. "执心"：指会执着的心。真心在六尘境界中从来离见闻觉知，对一切法无所得，因此即无所执着。会执着的心，是指意识等诸转识，广义来说是指前七个识，因为会与贪等执着相应的缘故。

13. "若一向执，谓须他善知识方得解脱者"："执"指执着。六祖这里所说主要是与下文"自心内有知识"对比而说。意思是说，如果执着一定要有外善知识的逐一教导，才能证悟发起解脱功德的想法，这也是错误的见解。从理上来说，五祖曾经开示"以心传心，皆令自悟自解"，六祖也说"若自不悟，须觅大善知识解最上乘法者"；由此可见，学人只要具足了正确知见与足够的福德，也有定力配合，自参自悟真心是必然的事，不一定需要善知识化导也能自证真心的。又从事相上说，跟六祖同时代的禅师中，永嘉玄觉与南阳慧忠两位禅师都是在没有善知识的教导下而自证自悟真心的。所以，如果一向执着一定要有外善知识的逐一教导，才能证悟发起解脱功德的想法，也是错误的想法。

14. "若识自性，一悟即至佛地"："一悟即至佛地"是鼓舞大众发起大心求悟的方便说，否则六祖即是成佛了，五祖也应该已经成佛了，然终究尚非成佛，因为悟后还有般若别相智慧尚未通达，还有习气种子待除，还有变易生死待断。识得真心如来藏的自性时，立即知道诸佛的自性也是这个第八识，与自己没有不同，是理上亲见自己与诸佛如来的本际都同样是第八识，所以说"一悟即至佛地"。

15. "本解脱"：指从本以来就是解脱的境界，不是经由修行才获得的解脱境界，说的是自性第八识的本来解脱境界。

16. "处"：指佛法中所说的十二处：眼根、耳根、鼻根、舌根、身根、意根，色尘、声尘、香尘、味尘、触尘、法尘，是觉知心与第七识意根所居之处所，故名为"处"。

【语译】

各位有智慧的大众！般若这两个字是什么意思？般若用中国话来说就是智慧的意思。佛弟子在一切场所、一切时间里，正知正见念念作意都是运用般若智慧来观照一切法，始终运行于般若智慧中，这样就是般若的修行。凡夫因为不知道要证悟真心，或是落入识阴而自以为开悟，所以一念愚痴就使般若断绝；一念相应慧而实证真心如来藏，般若智慧便从此出生。世间人因为愚痴与迷惑的缘故，不能亲证真心发起般若智慧；虽然嘴里宣讲般若空义，其实未证真心而始终愚昧于佛法大意，却时常对外宣称"我是修般若正行的人"；这样的人将意识心修得无念境界而宣称是已证空义，其实并不认识真正空性的真实义。般若无相无形，能使人出生般若智慧的心即是无形无相的真心如来藏；如果对真心有这样正确的见地与胜解，就叫作有般若智慧的人。

波罗蜜是什么意思？这是西国（印度）来的梵语，用中国话来说就是到达无生灭彼岸的意思。证解波罗蜜真实义时就离开生灭的六尘境界，如果执着于境界相就有生灭的现象生起，犹如水体的生灭起落相是为波浪，波浪就是象征有生灭现象的生死此岸；离开六尘境界相就没有生灭相，犹如水体纵然有波浪蒸气等各种变化相貌，但始终都是水体在变化或流动不绝，水体的始终流动变化不绝而常住不坏即称为无生死的彼岸，以此缘故来称名"波罗蜜"。

各位有智慧的大众！不证真心的迷人口中说着般若，正在忆念与解释般若的时候，他们心中所念口中所说是有虚妄也有错误的。证悟智者的意识有了般若的智慧以后，念念依般若智慧而修行佛道，就名为行于真如自性。证悟此心地法门的时候，才是真正的般若智慧；修习此真如心地法门者，才是真正的般若行。不能修此心地法门的人，其本质都是凡夫；一念相应开悟真心而继续修此法门，便能亲见自身在理上与诸佛平等——都有具足一切法门的真心。

各位有智慧的大众！站在每个人都有真心的立场来说，凡夫本质即是诸佛，本质都同样是真心自性；此时所见烦恼本质即是菩提，都是真如自性同体含摄；前一念还没开悟而迷于真心，尚未真的发起般若智慧时，即是凡夫；后一念开悟实证真心而发起般若智慧时，从真如理体上来看，自己就是佛。前一念不离识阴觉知心的境界时，还执取五蕴所住的六尘境界时，即是不离烦恼苦性；后一念亲证无烦恼的真心而不住于六尘境界时，即觉悟的境界。

各位有智慧的大众！大智慧度到达无生死的彼岸，最尊贵、最上等、最为第一，无所住、无所往也无有来，过去、现在、未来诸佛都是从此中出生。佛弟子当用此大般若智慧，打破五蕴一切烦恼与六尘中的所有辛劳；依于真心发起的大智慧到无生死彼岸的智慧来修行，决定成就无上圆满佛道，将贪瞋痴三毒转化成戒定慧无漏三学自性。

各位有智慧的大众！我所说的这个真实法门，能从一个般若智慧（即是增上慧学中说的根本无分别智）出生八万四千无量智慧（即是增上慧学中说的后得无分别智），为何有这个道理？都是因为世间人有八万四千无量六尘劳苦法相的缘故。如果悟后修行而没有了六尘境界中的劳苦法相，智慧经常现前不绝，也就不离真如自性。证悟而实证此真心法门的人,即是"无念、无忆、无着"的境界;依真心而了知因果律确实存在,在修证上不起诳妄的心行,都是运用自己真心的真如自性为依止,常以般若智慧观照,而对一切法不取也不舍,即是亲见成佛之性而能成就佛道。

各位有智慧的大众!如果想要开悟现观真心甚深法界的境界以及发起般若智慧三昧的人,必须修行般若等菩萨六度行门,必须闻熏、受持、读诵《金刚般若波罗蜜经》,然后才能证悟真心而亲见成佛之性。应当知道此经的功德无量无边,佛在经中对于此经的诸多功德有着清楚的赞叹开示,无法具足为大众说明。

这个般若法门是最上乘佛法,是专为大智慧的人演说的法义,是为上根人而演说的法教。如果是小根器与小智慧的人听闻了,往往心中并不信受,为何会这样呢?譬如说,天上的龙在阎浮提这个区域降雨时,其中的城市、乡间、聚落都会被大雨漂流冲走,就像是枣树的叶子被水漂流冲走一样;如果这大雨是下在大海里,对大海却是不增也不减。如果是大乘根器或是最上根器的人听闻大善知识讲说《金刚般若波罗蜜经》的实义,随即明心开悟证解真心,因而自知真心本性无始以来就具足含藏般若智慧;此时自然能用此般若智慧常观照一切法的缘故,不必再假借经中的文字便能了解。譬如,雨水缘于天龙的兴发所致,让一切众生、一切草木、有情、无情都受到雨水的润泽,但雨水却随着百条河川众流而流入大海合为一体,一切众生真心本来具有的般若成佛之性就像是这个道理一样。

各位有智慧的大众!小根器的人听闻这种顿教法门,情形就像是小草与树苗;这类小根器心性的人若是遇到大雨润泽时,全部都会自己淹没或倾倒,不免腐坏或是不能增长。小根器的人就会有这样的情形发生。小根器的人也是像这样有本自具足的般若之智慧,跟大根器大智慧的人本来没有不同，为何听闻到真心顿教法门竟不能自己开悟？都是因为邪见障碍深重，加上烦恼根很深很厚重的缘故，就像是太阳光明被大云给覆盖住了，没有风来吹走大云，太阳的光明就不能显现出来。本自具足的般若之智慧其实没有大小的分别，是因为众生对真心自性的迷、悟不同而有差别。迷人的意识心对外追逐六尘外境，在真实心以外的境界上修道寻觅真佛，不能悟得自己的真心本性，就是小根器的人；如果能够开悟实证真心的顿教法门，不执着于真心以外的六尘境界而修行，就只是在自己的真心上观修而不断生起正见，烦恼与六尘境界中的各种尘劳始终都不能染污他，这样就是看见成佛之性了。

　　各位有智慧的大众！悟得真心以后对内心境界与心外的六尘都不住地相执着，因此意识心于一切六尘境界中来去都能够自由，转依真心无住的体性来修行便能除断执着心，能够通达而无滞碍。佛弟子如果能够这样修行，跟《般若经》中的真实义一样本来就没有差别。

　　各位有智慧的大众！一切佛经典以及经论中的所有文字、大乘佛法与小乘佛法、十二种分类的佛法经教，都是佛陀为了救度不同根器的众生而做的方便施设，这是具有无上菩提智慧的佛陀才能做到的事。如果没有世间人存在，一切万法本来就不曾存有，因此缘故而知道一切万法本来就是因为有人才兴起的，佛教中的一切经文书论也是因为要度人们而说是真实有。缘于学法的人们之中有愚人与智者，愚痴的人们是小根器的人，智者则是大根器的人；愚痴人请问于有智慧的人，有智慧的人则为愚痴人解说法义。愚痴人因为真善知识的教导机缘而忽然开悟证解真心，他的般若智慧就跟有智慧的人一样没有差别。

　　各位有智慧的大众！没有开悟实证真心的人，他本有的真心成佛之性也就是众生；如果修学佛法参禅一念相应而开悟实证真心的时候，他这个五阴众生便即是佛。由此而知道一切万法都在自己的真心之中，何不从自己的真心中顿时看见真如本性呢？《菩萨戒经》中说明："我本来的根元就是自性清净的，如果能够识知自己的真心而看见了成佛之性，所有人都能够成就佛道。"《维摩诘所说不可思议解脱经》中也有说到，维摩诘大士帮一比丘自忆往世宿命后，"随即豁然开悟，还即证得本心。"

各位有智慧的大众！我当年在弘忍和尚座下才一听闻到佛法大意的开示，于数言数语之下就开悟了，顿时看见自己的真如与成佛之性。因此遵奉先师意旨将此真心教法流通教化有缘，来让修学佛道的人顿悟真心发起大乘菩提智慧，此后可以深入观行各自本有的真心，自己可以看见本有的成佛之性。如果闻法之后自己参究而不能悟入，必须寻觅跟寻大善知识之中已经实证而解了最上乘佛法的智者，为自己直接指示参禅开悟的正路。（犹如《华严经》中所说）像这样的善知识有很大的因缘，就是所谓的能够教化引导，使学人能够实证真心而亲见本有的成佛之性，一切佛菩提智慧都是因为善知识才得以发起的缘故。过去、现在、未来诸佛，佛法经教十二分类的教义，在人们的自性中本自具足存在，然而阅读与听闻之后自己不能亲证而开悟，则必须寻觅跟随真善知识教导修学才能亲见自己的真如自性。如果是自己证悟的人，不必假借身外的善知识因缘来求悟真心；如果是一向执着外法，声称一定要有善知识教导才能获得解脱的人（不信有可以自己开悟的一类人），他的主张是没有一点道理的，什么缘故会这样？因为自己的真心之中本有善知识，可以帮自己开悟；如果生起了邪见迷惑，坚执于妄想知见而颠倒想，外在的善知识虽然对他有所教导与传授，想要救他也是不可得。如果生起了正确的真正般若智慧来观照时，于一刹那间就使虚妄之念全都灭除；如果亲证真心而观见了自己本有的成佛之性，这么一悟之后就明了自己的自性佛在理上与诸佛的第八识境界是一样的（"一悟即至佛地"应解为六祖鼓励大众发起求悟之心的方便说，是从理上来说大众所悟与诸佛同样是第八识的境界；若解为六祖认定一悟就是成佛了，则是毁谤六祖宣称自己已经成佛，即成为毁谤六祖之不善言语，因为六祖确实尚未成佛，也不曾宣称自己已经成佛）。

各位有智慧的大众！智者用般若智慧来观照一切法时，了知内法尘与外六尘如如明彻，可以识得自己本来而有真实心。学人若能证得自己本有的真心时，即是本来已经解脱。如果已经证得真心从本解脱的境界，即是般若三昧，即是本来无念的境界。什么是无念的境界？如果在照见一切法时，有一个真心都不贪染执着于一切法，这就是无念的境界；这个不可思议的真心自性生起作用时是遍于十二处的，但是祂并不执着于一切五蕴十二处等法。开悟之后的佛弟子修行时只要清净本有真心中的杂染种子，使意识等六识心出于六根门头，在六尘境界上离染而且没有夹杂邪见，于六尘一切法相中无有贪着而能来去皆自由，使本心如来藏于一切法中通流作用而无有滞碍，这就是般若三昧，是自在解脱的境界，名为行于无念境界的修行法门。如果是静坐之中对一切法都不思念，想要让念头断绝，这种修行方法其实是被境界法给捆绑系缚住了，这就名为落入边见之中。各位有智慧的大众！证悟无念法门的智者，尽能分别通晓一切诸法；证悟这种无念法门的智者，能够看见诸佛也是行于第八识真心的无念境界；证悟无念法门的智者，从理上来说就是已经到达佛所住的第八识境界。

各位有智慧的大众！后代禅门中证得我所传授的此一真心法门的佛弟子，应该将这个实证真心的顿教法门，传授给对这个法有同样的信受知见、有同样的真实修行的菩萨六度正行者之中，并且大家一起发愿受持这个真心法门，就像是侍奉诸佛的缘故，尽其一生都不退转于真心法门的修证与弘传，未来一定会进入圣位菩萨的境界（进入初地或地上等圣位之中），然而悟后想要进入圣位的事情还必须有人传授。这个真心法门是从释迦牟尼佛以来一代一代祖师离于言语的默传交代下来的，任何证悟的传人有机缘现世弘法时不可以藏匿此正法真义使其断绝；但是遇到的人若不是同一知见、同修菩萨六度正行，而是行于非佛法中的学人，便不可以传授他们这个法门，因为这个顿教不可思议的无上法会损害他们的慧命，使他们谤法而对他们一点益处也没有，为他们演说这个妙法，对他们绝对没有利益的缘故；我是恐怕他们那些愚人根本不能理解，听闻之后诽谤这个顿悟真心的法门，死后沦堕的未来世中，百劫千生断了他们的佛菩提种性。

【解】

　　释迦牟尼佛当众默传迦叶尊者的拈花微笑佛法宗门意旨，在公元1世纪之后的佛教像法时期，基本上已经成为只有极少数的佛弟子才了知的法门。这都是因为宗门佛法大意不可思议而难以亲证的缘故。

　　待到五祖与六祖的时代，北方的玄奘菩萨已将佛法宗门所悟的根据经典翻译出来一段时期了，佛弟子们的根器与福德也足够堪当受法时，宗门胜义才开始得以在南方广弘。所以六祖说的当时"世人愚迷，不见般若，口说般若，心中常愚，常自言：'我修般若'；念念说空，不识真空"的现象，乃是相当普遍存在的事实。最明显的代表，就是五祖座下的神秀与后来被六祖拈提的卧轮禅师两人。《道行般若经》中佛说：

汝行时莫念左、莫念右，莫念前、莫念后，莫念上、莫念下，莫念行，行时莫念恐怖、莫念喜，莫念食、莫念饮，莫念坐、莫念行道、莫念中止，莫念淫、莫念怒、莫念痴，莫念守、莫念有所得，莫念内、莫念外，莫念色、莫念痛痒思想生死识，莫念眼、莫念耳、莫念鼻、莫念口、莫念身、莫念心意，莫念地水火风、莫念空，莫念人、莫念我、莫念命，莫念有空、莫念无空，莫念行菩萨道，莫念有经、莫念无经，莫念生天上、莫念生世间，莫念菩萨善、莫念菩萨恶，一切所向念悉断遍无所着。从是东行悉断念已，作是行不缺者，令得闻般若波罗蜜不久。

《大智度论》中龙树菩萨说：

若有人念空，是则非道行；诸法不生灭，念有故失相。

禅门中万松老人云：

且诸方病者："不起妄念"，岂非焦芽败种？"不灭妄心"，岂非养病丧躯？"不假了知"，岂非暂时不在如同死人？"不辨真实"，岂非颟顸佛性，笼统真如？

从诸佛菩萨的开示里，很显然地可以明白，佛弟子学佛、参禅乃至证修般若，都不可以将见闻觉知的分别功能除断的，而是要用第六意识的见闻觉知分别能力来寻觅第八识真心，然后忆念于那个不会见闻觉知六尘法相、无所得的真心究竟何所在。如果没有建立起这样的正知正见，那就会落入佛陀说的或是执着于"念左、念右，念前、念后,念上、念下,念行,念恐怖、念喜,念食、念饮,念坐、念行道、念中止,念淫、念怒、念痴,念守、念有所得,念内、念外、念色、念痛痒思想生死识,念眼、念耳、念鼻、念口、念身、念心意,念地水火风、**念空**,念人、念我、念命、**念有空**、**念无空**,念行菩萨道,念有经、念无经,念生天上、念生世间,念菩萨善、念菩萨恶"等执着人中,然后就会行于"非大乘佛道之行",或是成为"小乘佛法焦芽败种人",或是沦为病苦生死轮回"不灭妄心有所得相的凡夫",或是妄想变成"分不清楚真假"的死人,或是变成对真心佛性的境界乱说一通而笼罩天下的恶人,全都落于根本不证不知真心如来藏,没有般若智慧可说的凡夫边见妄想境界里面。这个道理,佛陀在《大般涅槃经》中说得很清楚:

若有多修习学空法,是为不善,何以故?灭一切法故、坏于如来真法藏故;作是修学,是名修空。修苦灭者,逆于一切诸外道等;若言修空是灭谛者,一切外道亦修空法应有灭谛。若有说言:"有如来藏,虽不可见,若能灭除一切烦恼,尔乃得入。"若发此心,一念因缘,于诸法中而得自在[①]。

接着六祖或是诸祖禅师考虑到,学人有了以上的学佛正知见之后,也许会有疑问,对于"那么要如何除断凡夫的贪瞋痴等执着享乐习性呢?"因此就开示说明:对于这个重要问题,学人只有实证真心之后,转依于真心"内外不住,去来自由"的境界来修道,这样一来,才是真正"能除执心"的道理,对于这个甚深的道理也才能真正"通达无碍。"

---

① 《大般涅槃经》卷七,T12, 0375, [0406b12]。

悟法传衣品 第一

　　这个法教显示出一个道理：就是一般人以为可以将自己的贪爱、瞋怨与无知烦恼等用"意识心我"来除掉，而继续认定意识心自我是真实；这个想法其实是妄想而已，是不可能成功的。因为这样的修法，意识从头到尾都不知道自己是假有的法，只是刹那刹那生灭性的存在而已，反而会认为意识自己是真实存在的主体，却不知道众生自己的意识其实是被出生的法、不知道在意识之后还有一个真心的存在、不知道真心第八识才是众生自己的本来面目。由于错认意识觉知心是众生自己的主体，众生就离不开意识的分别与执取等体性，就会对意识所分别见闻觉知的色声香味触法等事物的境相产生执着，于是就增长了意识贪瞋痴的种种爱好与习性；如此一来，就更加增长了众生对意识我的存在感，于是对于意识我所喜爱的东西就害怕被别人拿走、对于我所讨厌的人就不希望他出现在眼前、对于自己无知于真心的现象则是完全的不了知，因此增长了许多邪见。

　　其中也许有人能够弃舍而不要一切外于自己主体的事物，然而对于意识自己的存在却又牢牢地抓住不肯放弃，继续增长我见、身见。众生往往是只要醒着就不停地分别了知种种事物，或是工作或是吃喝玩乐沉溺在六尘境界中；累而睡觉了，第二天又必让自己的意识醒来，就这样不断地让意识假我在各种外在的事物中进行分别与执取，或贪爱、或瞋怨、或无知，一直到生命结束。

　　意识的体性之一就是能够见闻觉知而分别与执取各种事物，只要意识存在就一定会自动地执受外在的一切事物，这是众生界中意识运行的法则。而众生的意识我又必然相应于贪瞋痴的杂染习性；所以，末法时代修行者认为众生的意识我能将自己的贪爱、瞋怨、与无知烦恼等除掉，这个想法只是妄想而已。此中的分别是，众生如果有真正用意识心等来做种种善事善行，并且努力去减少自己的贪瞋痴等坏习气，可是最后结果还是不能真正断除烦恼、离于烦恼，最多就是死后转生到欲界天上去享受天福而已；但是这样并没有解脱于生死烦恼，因为在天界福报享尽之后还是要继续在六道之中生死轮回。

只有佛法中所说的"无我"正理，才能断除一切的贪爱、瞋怨与无知等烦恼，如此一来才能证得解脱，真正离于三界生死轮回的痛苦烦恼。在佛法中说无我解脱的方法有两种：小乘佛法解脱菩提与大乘佛法的不可思议解脱菩提。简单地说，小乘佛法解脱菩提的成就，是由观行四圣谛、修行定力而断除我见我执过程，最后将意识等五蕴、十八界完全灭尽，都无所有，只剩下真心第八识独自存在，称为无余涅槃。换言之，众生什么我都不存在了，只剩下真心如来藏不生不灭的涅槃境界存在，所以无余涅槃不是什么都没有，而是如来藏独存，《阿含经》中称之为本际。这就是小乘四果阿罗汉死后，入无余依涅槃之后的涅槃境界。

由于真心如来藏是完全随顺于众生的要求，祂是真正无我的体性，又是无形无相，祂不在三界中现行，所以没有任何人能够看见这个事实：如来藏的存在和实证即是大乘佛法，就是真心法门的一切教理。但如来藏是无始以来本自无我性的解脱心，所以大乘佛法也是属于无我法教，而且还是最甚深无上的胜妙无我法教。大乘佛法不可思议大解脱菩提的成就，要先修证完成小乘解脱菩提断我见的初果功德，其间并行菩萨六度法门修行，来累积福德、智慧与消除性障等诸般功德，然后经由修证四加行、参禅开悟证得第八识真心，才能进入真见道位中修行，转入初地以上圣位进修，以圆满成佛之道。在这个过程中，会先完成小乘四果阿罗汉解脱的一切修证功德，但是菩萨因为是修证于大乘佛法，智慧与功德极为不可思议，不是小乘法能够相提并论的，因此菩萨永远不必入无余依涅槃灭尽自己的色身意识等五蕴十八界而获得解脱。

　　菩萨证得的是大乘真心法门不思义解脱，然后依于真心、修学于真心的一切不可思议功德，来完成佛道的一切修证内涵，并且在成佛之后永无尽期的不断受生于三界中，帮助众生也来证得这个大乘佛法不可思议的真心法教无上解脱，实践十无尽愿。所以佛陀才会一再说明诸佛的无上境界非是二乘阿罗汉圣者等所能够相提并论的："一切众生得阿罗汉，不能思量一辟支佛解脱行处；一切众生成辟支佛，不能思量一与般若波罗蜜相应菩萨摩诃萨方便行处成熟众生；一切众生得般若波罗蜜相应菩萨摩诃萨方便行处成熟众生，不能测量乃至得无生法忍菩萨摩诃萨举足下足方便行处及解第一义谛成熟众生①。""声闻计着，见人法无我故，胜鬘夫人承佛威神，说如来境界，非声闻、缘觉及外道境界。如来藏识藏，唯佛及余利智依义菩萨智慧境界。是故汝及余菩萨摩诃萨于如来藏识藏，当勤修学，莫但闻觉作知足想②。"诸菩萨们亦同此说："云何名为一？谓一切众生皆以如来藏，毕竟恒安住。云何名为二？所谓名与色，是则声闻乘，斯非摩诃衍。名及色异种，声闻缘觉乘，解脱唯有名，不说有妙色。一切诸如来，解脱有妙色，犹如于掌中，观察菴罗果③。""佛智知故，观察一切众生法性者，乃至邪聚众生；如我身中法性法体法界如来藏等，彼诸众生亦复如是，无有差别，如来智眼了了知故。不净者，以诸凡夫烦恼障故；有垢者，以诸声闻辟支佛等有智障故；有点者，以诸菩萨摩诃萨等依彼二种习气障故。奋迅者，能如实知种种众生可化方便，入彼众生可化方便种种门故④。"

① 《虚空藏菩萨经》卷一，T13，0105，[0650a06]。
② 《楞伽阿跋多罗宝经》卷四，T16，0670，[0510b04]。
③ 《央掘魔罗经》卷三，T02，0120，[0531b20]。
④ 《究竟一乘宝性论》卷一，T31，1611，[0822c14]。

诸佛菩萨持续降生于人间之目的只有一个，就是要帮助众生亲证佛法大意，得入真心法门，修学无上大解脱成佛之道，离于三界一切无明烦恼，圆满成就佛地广大殊胜功德。所以，六祖接着就告诉大众学佛过程中最重要的关键之处，就是要寻找跟随于真善知识来修学佛法的道理。六祖说："是善知识有大因缘，所谓化导令得见性，一切善法因善知识能发起故。"这是援引《华严经》中的圣教来告诉我们，佛法不是世间的学问，所以"不是光凭思维自修就能够证得佛地解脱功德的"，而且"自修完全没有必要"的道理。只有过无量无边不可思议阿僧祇劫前第一尊佛——威因王佛——是凭着自己的摸索而成证佛果的，花费了无量无数大阿僧祇劫的时光才圆满佛地无上功德。自此之后，诸佛成就佛道都是佛佛相授；即使诸佛示现入灭后的乘愿再来菩萨示现为无师智，重新受生之后未离胎昧而能自己再度证悟，也是往世依于如来修学开悟，才能今生继续自己证悟而示现无师智。

　　由于诸佛在十方宇宙中随时能够感应帮助一切佛弟子来修行成就佛道，所以一切佛弟子只要愿意正修佛法，都能在三大阿僧祇劫里完成佛道一切修证法门。所以学佛完全没有必要自己摸索，那样只是浪费时间而已；而且事实上也是不可能，因为有无量无数诸佛菩萨已经存在于十方宇宙之中，大愿无私慈悲地救护教导一切有缘的佛弟子了。除此之外，我们所处的这个娑婆世界目前早已进入末法时期，错说佛法、乱说佛法的邪师数不胜数；加上其他宗教的不如理蓄意批评，佛弟子想要找一位真善知识来跟随修习佛法，其实已是很不容易的一件事。然而幸好诸佛菩萨自会安排善男子与善女人入于正道修学佛法，所以只要佛弟子是走在善道之中，早晚都能够得蒙诸佛菩萨的安排与加持，遇到可以修学真实义佛法的地方。正因为有机会修学真实义佛法的机会极为难得，所以六祖才会称赞与会的大众是"善知识"，所显示的就是这个道理。

这一场法会已经快要接近尾声了，所以六祖最后就是给大众提出应该注意的警示事项。六祖说："若起邪迷，妄念颠倒，外善知识虽有教授，救不可得。"修学佛法的过程中，最怕的就是出现六祖说的这个情形：自己未悟而言悟，本质上是悟错了。这种未悟言悟的情形，或是受于此世先世邪师的言语或著作中的邪教导，或是自我贡高我慢造成的结果，或是错会佛经的结果，这些其实都是很冤枉的事。我们学佛要避免发生这样的事，最初或许就只能依靠我们的善心与善行来学佛；这样是很有用的，因为佛菩萨看我们证道的因缘成熟时，就会为我们安排到正法团体中修学佛法。另一方面，我们也要审慎客观地将善知识教导我们的学佛知见，拿来跟佛菩萨说的佛法经论内容一一作比对，看看善知识说的法义有没有违背佛法正经正论所说的教旨含义（伪经伪论除外）；这就是为什么佛陀交代佛弟子们要"依法不依人、依了义不依不了义、依义不依语、依智不依识"所显示的道理内涵。佛弟子通过这样的做法，就能避开迷信与邪师的影响，修学佛法才不会多走冤枉路，也才不会修行整整一世而最终一事无成。

对于证悟后如何修行，六祖开示："但净本心，使六识出六门，于六尘中无染无杂，来去自由，通用无滞，即是般若三昧，自在解脱，名无念行。"六祖这个开示，意义很深广，没有开悟的佛弟子是不能懂的；如果要强解，就会落到六祖前文所说的"若起邪迷，妄念颠倒，外善知识虽有教授，救不可得"的地步，后果就是自误误他，要背负很严重的因果的。为何这么说？因为诸佛菩萨都开示说真心本来自性清净，六祖之前也这么说："何期自性本自清净"，今为何又开示说"但净本心"来修道呢？又，意识明明有分别诸法的取舍性，如何说是无染无杂呢？六根、六尘、六识都是生灭法，又如何能够来去自由呢？如何是无念行？无念又如何能行？可见关于悟后起修的行门，确实是如同诸佛菩萨所说的，有关真心如来藏的法义与现观，确实不是未曾证悟真心的凡夫、二乘圣人等所能思考了知的。一切尚未证悟的学人，只有跟随真悟的"大善知识"修学，才有可能实证真心法门的一切教理。六祖在说悟后起修的行门之前，就已经事先提醒过大众"不要未悟言悟"，所显示的意思当然也包括"对于悟后的事，尚未开悟的学人也千万不要自己随意去作解释，更不能随意对其他人开示说法"。由此亦可了知，六祖（或说是禅宗诸祖）为大众说法，是很为大众的立场思考的，完全符合为人悉檀的精神。

然后，因为悟后起修中有关"真心无念"与"无念行"的深妙般若教理，六祖知道与会大众未必能够听懂，所以又回过头来，将大众听得懂的部分中，拣最重要的要点再说一遍："若百物不思，当令念绝，即是法缚，即名边见。"这个针对妄修错悟而落入离念灵知意识心中者而说的最重要开示，其实就等于是六祖将先前的开示"世人愚迷，不见般若，口说般若，心中常愚，常自言我修般若；念念说空，不识真空""若起邪迷，妄念颠倒，外善知识虽有教授，救不可得"，又重说了一遍。这部分有关于"念空""不起妄念"的错误修行方式，其实就是六祖对天下一切佛弟子的耳提面命教导，教导他们离开以定为禅的邪见，以免错认觉知心静坐到离念时就是开悟般若了。

自释迦牟尼佛起始以至现代，综观历代以来所有的诸佛菩萨、真善知识，无不拈提与谴责这个"念空""不起妄念"的错误教导。前面也已经举了很多的经教引证例子来说明过这个情形了；这个对真理的误导，显然早在释迦牟尼佛出世弘法之前就已经存在了。五现涅槃与常见等外道，对真理的错误见解，其本质就是"念空""不起妄念"，都是着眼在将"意识我"修成一念不生的境界，以为这样就是证圣解脱的境界，其实是身见具足存在。这样对真理的错误见解，完全不离于众生的我见，跟佛法讲的无我才能解脱的道理，是背道而驰的；所以修行念空的众生在一期生死之后，落入识阴的结果就只能继续在六道之中轮回生死，不能解脱。

最后的嘱咐品，六祖除了对尚未开悟的佛弟子提出不要落入修"念空"境界的告诫之外，就是吩咐已经证悟的佛弟子要善护密义，不可将佛法做人情，将宗门真心密意传授给目前还不应该得法的人。在《大宝积经》中，佛陀对此真心法门，特别交代说：

于不信前，勿说此经，求经过者慎勿示之，于尼干子尼干部众诸外道中亦勿说之；不恭敬渴请，亦勿为说。若违我教亏损法事，此人则为亏损如来[1]。

亏损法事与亏损如来这两个过失千万犯不得，因果极为严重，远超过具足违犯十重戒。这样做的结果，会让佛法密义被证悟因缘不足的天下人知道，会让天下人把佛法大意当成是知识而不加以重视，也就不会辛苦修行来求证真心，知道密意后都无法转依成功而不免谤法谤佛。而没有这个辛苦修行求证真心的过程，众生真心里本有的般若智慧就发不起来，丧失解脱成佛的法身慧命，也会因为谤法谤佛或疑法疑佛而下堕三恶道中百劫受苦。这个结果，十方宇宙内的一切诸佛菩萨都不乐见，一切护法神也绝不喜欢这样的行为；换言之，故意犯下这种过失的人，可以说是得罪了十方宇宙一切诸佛菩萨与护法神，

---

[1] 《大宝积经》卷一百一十一，T11, 0310, [0614c14]。

那就是违背十方宇宙因果律的最重轨则，结果极为堪虑，任何人千万不要掉以轻心、轻易犯之。

六祖住世的时代，当时正是禅宗真心法门即将广弘的时期，当然一定要考虑到这个泄漏密意的问题。如果宗门密意在当时就泄漏了，更被人明文写进了《大藏经》里，真实义的实证佛法还能传得下来吗？时至今日还有多少人愿意跟着真善知识修学佛法呢？所以这一条属于法毗奈耶的极重戒，一切佛弟子都要切实谨记在心，千万不能违犯。

再从另一方面来说，有心想要求证真心如来藏的人，也千万不要去打听什么是佛法的宗门密意，因为这会害到自己，也会害到他人。一是护法神不会坐视不管；二是不管用什么方法探听到密意的人，除了自身的般若智慧发不起来，没有可以受用的智慧，而且也没有解脱烦恼的功德受用之外，法身慧命很快就会因为缺乏佛法修证过程的缘故，无法生起及增长。这一世过后，尔后要经过不知多长的时光，才会再有证得佛法菩提的机会了。所以，一切学人也千万不要起心动念要去探听佛法宗门密意，只要找到了真善知识，在其座下好好依教奉行、认真好好修行，今世就一定能获得修学佛法的解脱功德受用；至于能否开悟真心如来藏，诸佛菩萨自有安排。只要自己的开悟条件与时机到了，诸佛菩萨是最公平的，绝对不会辜负有心人的。这样来修学佛法，才是最得益与最快乐无忧的方法。

【经】

　　"善知识！吾有一无相颂，各须诵取，在家出家但依此修。若不自修，惟记吾言，亦无有益。听吾颂曰：

悟法传衣 第一品

说通即心通[1],如日处虚空;唯传见性法,出世破邪宗。
法即无顿渐,迷悟有迟疾;只此见性门,愚人不可悉。
说即虽万般,合理还归一;烦恼暗宅中[2],常须生慧日。
邪来烦恼至,正来烦恼除;邪正俱不用,清净至无余。
菩提本自性,起心即是妄[3];净心在妄中[4],但正无三障[5]。
世人若修道,一切尽不妨;常自见己过,与道即相当。
色类自有道,各不相妨恼;离道别觅道,终生不见道。
波波度一生,到头还自懊;欲得见真道,行正即是道。
自若无道心,暗行不见道;若真修道人,不见世间过[6]。
若见他人非,自非却是左[7];他非我不非,我非自有过。
但自却非心,打除烦恼破;憎爱不关心,长伸两脚卧。
欲拟化他人,自须有方便;勿令彼有疑,即是自性现。
佛法在世间,不离世间觉;离世觅菩提,恰如求兔角[8]。
正见名出世,邪见名世间;邪正尽打却,菩提性宛然[9]。
此颂是顿教,亦名大法船;迷闻经累劫,悟则刹那间。"

师复曰:"今于大梵寺说此顿教,普愿法界众生,言下见性成佛。"

时韦使君与官僚道俗,闻师所说,无不有省[10];一时作礼,皆叹:"善哉!何期岭南有佛出世。"

【注】

1. "说通即心通":说通,即是指对于佛法经教中所说的佛法教理意涵已经如实证解,而能为人演说。心通,即是指宗通,是指经由实证于真心,能现观真心与般若智慧所说的真心现量法教,不一定能为人演说。

2."烦恼暗宅":烦恼,在这里指的是佛法说的对五阴十八界自我,错认为真实的邪见;由此邪见而在五趣中随时处在生死过程之中的缘故,说为烦恼。暗宅:指佛法所说的五蕴,一切众生都是住在五蕴之中生死沉沦的缘故,不能解脱于五蕴生死的束缚,故称说五蕴为暗宅。

3."起心即是妄":有起灭的心,是指意识等六转识,真心如来藏无始以来本自不生不灭。妄,是指五蕴身心,又名为五蕴身,都是生灭的体性。"身"是功用的意思。因此这句话的意思是说,能生起念头又会消灭念头的六转识都不是真心,而是生灭虚妄之法的意思。

4."净心在妄中":唯一自始至终都是清净的心,唯有真心如来藏。妄,是指五蕴身的意思。因此这句话的意思是说,真心跟五蕴身是一起存在的,在污染的妄心运行之中就有真心如来藏存在。因此下文才会说"离世觅菩提,恰如求兔角"。

5."三障":指烦恼障、业障与报障。《大般涅槃经》云:

"诸菩萨等凡所给施病者医药所得善根,悉施众生而共回向一切种智,为除众生诸烦恼障、业障、报障。烦恼障者:贪欲、瞋恚、愚痴,忿怒缠盖,焦恼、嫉妒、悭悋,奸诈、谀谄、无惭、无愧,慢、慢慢、不如慢、增上慢、我慢、邪慢、骄慢,放逸、贡高,怼恨、诤讼,邪命、谄媚,诈现异相以利求利、恶求多求,无有恭敬、不随教诲,亲近恶友,贪利无厌缠缚难解,欲于恶欲、贪于恶贪,身见、有见及以无见,频申喜睡、欠呿不乐,贪嗜饮食,其心梦瞢,心缘异想不善思维,身口多恶、好喜多语,诸根暗钝、发言多虚,常为欲觉恚觉害觉之所覆盖,是名烦恼障。业障者:五无间罪重恶之病。报障者:生在地狱、畜生、饿鬼,诽谤正法及一阐提,是名报障。如是三障,名为大病。"

6."不见世间过":这里的世间,是指五蕴,为五蕴世间;也就是说,证悟真心的真修道人，了知五蕴等世间都是真心所含摄的自性，因此都是真如性，没有过失之可言。众生用五蕴来造恶业，才有过失，五蕴自身没有过失可言。如果将这句话，解释成修道人是看不到世间人的过失的，非但不符合于世间做人应分辨是非的道理，也不符合于佛法所说菩萨是具有般若菩提智慧与度众方便善巧慧的道理。

7. "若见他人非，自非却是左"：非，是指前文六祖警示听法大众的开示："若百物不思，当令念绝，即是法缚，即名边见。"所谓看见了别人在散播邪见，误导众生、戕害众生的法身慧命，自己如果还跟着做，那真的是大大的"非"了。非，是错误的意思。左，也是错误的意思。这句话不能解释成"看见别人的过失那自己就错了，要修怨亲平等行"，错说的理由跟上一注解一样。至于怨亲平等行，那要从宗门理上来说、来修；因为大家的真心都是平等的，因此如果前人来忏谢的话，那自己就不能再记挂种种恩怨等事，而应行于利他善缘行，就此放舍而不记恨。

8. "兔角"：这是不存在的东西，是指虚妄无有的东西。因此，求兔角的意思，是说没有结果徒劳无功。

9. "邪正尽打却，菩提性宛然"：大乘菩提是指般若智慧，又名为无分别慧；无分别的缘故，才能无所得于邪正，因为一切法都是真如自性，而真如自性是从来都不分别的。这里六祖还是在尽他禅师的本分，凡是有"为人处"的开示，都是抓紧在真心上着墨，总是希望学人能够机缘成熟，自得心开证悟菩提。

10. 原文"无不省悟"，不符合于当时情况；不可能当时大众普皆开悟真心，以符合事实与行文含意清楚的缘故，所以这里改为"无不有省"。省，是警觉，有所体验感触的意思。

【语译】

各位有智慧的大众！我有一首说明无相真心的偈颂，大众各自都必须读诵、记取。俗家弟子或是出家法师都只要依照这首偈颂的义理去修行，以后自能开悟证果。如果听闻以后不真去实修，而只是口说记诵我的言语，对道业是没有帮助的。请听取我的颂：

有能力为人演说佛法的功德其实就是因为有心通，能从自己现观真心的境界如实而说；他的心犹如太阳处在虚空而无所依一样；禅门中传授的法一向只教导证见真心成佛之性的法门，证悟后自然就有站出来在人间破斥邪见宗旨的功德。

佛法并没有顿悟与渐悟的差别，然因迷惑不知以及能够顿悟的缘故，导致证悟时就会有延迟或快速的差别；但是这个证得真心而看见成佛之性的法门，一切愚人是不能够知悉的。

证悟真心的人所说之佛法虽然有万般之多，学人证悟之后所得宗门正旨却是全部摄归一真法界如来藏中；从此在这五蕴世间烦恼暗宅之中，永远都必须生起般若智慧的太阳。

执着邪见时烦恼就会到来，正见生起来时烦恼便能够灭除；如果是证悟真心的智者，转依真心不起分别的真如境界而不落入正见与邪见中，依此正道修行自能转变清净而断除无明杂染到达无余涅槃。

菩提本来就是真心如来藏的自性，起心动念的即是六转识妄心；清净的真心就在五蕴等虚妄法运行之中存在，只要所证是正确的，自然而然就不会有烦恼障、业障与报障。

世人如果愿意学佛修道，一切分别见闻觉知其实都不妨碍修道；修道之人若能时时观行自己的种种过失，就会与正道相契符合。

拥有色阴的有情诸类都各有自己的道，却与各自本有的道不相妨碍或扰恼；离开了真心如来藏这个道而另外求觅其他的道，终其一生修行都不可能见道。

忙忙碌碌过一生，临命终时只能徒自懊悔；想要亲见真正的佛菩提道，修行时心口意行都不偏不倚时也就是道。

自己如果没有求道解脱的至诚心，生活在贪瞋痴的无明行为中是不可能见道的；如果真是修道人，不会总是观看世间人有没有犯什么过失。

假使老是看见别人有过失，他自己同样也有许多过失，这就大错特错了；知道别人有过失时自己却不能跟着有过失，自己如果跟着做错事，自然是有过失的。

只要除断自己的无明妄想与是非之心，打杀烦恼杂染而加以破除；转依真心无所得以后，知道真心对于一切世间的爱憎杂染都不相关，心中无事而离诸染尘时就可以长伸两脚安心睡觉。

想要度化他人实证佛法，自己必须要有般若度人的方便智慧；帮助众生去除一切疑惑，这就是自己真心自性般若智慧的展现。

佛法要在五蕴世间展现，不离开五蕴世间而得觉悟；离开了意识见闻觉知等五蕴世间而想要实证真心菩提，就像是在兔子的头上找寻兔角一样终究一无所得。

佛法实证而生起正确的见地时名为出世间，落入五阴世间而错认为真我的邪见便名为世间；然后把正确的见地与五阴邪见全部打杀而灭尽无余时，真心如来藏的菩提自性便分明呈现出来了。

这首偈颂说的是宗门顿教法门，又名为度人到无生死彼岸的大法船；迷惑无知的人们闻熏这顿悟法门得要经历多劫的修行，悟者证悟真心时却只是一刹那的过程而已。

六祖最后说：「今日在大梵寺宣说宗门顿悟法教已迄，普愿法界众生，能有因缘在听闻之下开悟真心，在理上成就佛道。"

当时在场的韦使君与官僚道俗大众，听闻六祖所说开示，各自都有深刻感触。于是大众礼拜六祖，全都赞叹称颂："真是太好了！想不到岭南有佛出世。"

【解】

以上所见，大体上是以曹溪本的版本文句为主。这个曹溪版本，即是北宋末年契嵩本的重印，然而契嵩本的编排方式，前后顺序是大不同于敦煌二本的编排顺序的。

这里不对这个议题进行深入探讨，只是要说明如今所见的四类《坛经》本子，都是六祖之后的历代祖师大德编辑而成的，就连书名最初也不是叫作《坛经》，而是记录为《摩诃般若波罗蜜经六祖惠能大师于韶州大梵寺施法一卷》，后来在弟子往外抄写传出时，将书名称之为《六祖法宝记一卷》。六祖往生之后，门人等陆续增添内容，并将书名加上"坛经"二字[1]，广为流通；这个现象说明，流传至今的完整《坛经》版本，事实上是历代祖师集体创作的文本，不再只是六祖一人的思想而已；《坛经》文本内容的精神，体现出宗门教法的两个特点：一是开示正见，主要为帮助佛弟子建立学佛参禅的正知正见；二是拈题诸方，以警示佛弟子不要错学邪见去修炼一念不生的念净法门。由于自元代起成为最流行的宗宝本，乃是依照有修有证的契嵩禅师所修改编辑而成的版本抄写而成（内容一无变更），因此更增添了内容的正确性与实用性质，更能帮助佛弟子倚之为修证佛法宗门大意的尊行法宝，再加上自始至终都留心，以让人读懂、感到亲切的

---

[1] 林崇安：《六祖坛经的祖本及其演变略探》，2004年版，http://www.ss.ncu.edu.tw/~calin/article2008/1h.pdf。

平易百姓文字所写成，终于使这部作品成为上至皇帝朝廷大官、下至平民百姓无不赞叹、学习乃至仿效、赏玩不已，成为佛教大乘佛法中受到极大关注的一部重要作品，以至今日更成为国际性的研究对象之一。

在此《无相颂》里，关于真心如来藏法门的开示，六祖最先说明的"说通即心通，如日处虚空；唯传见性法，出世破邪宗"，这一句已将禅门行法的两个特点说清楚了。

禅门行法的两个特点：一是开示正见；二是拈提错悟的诸方假禅师。开示正见的部分，这是菩萨智慧心行的表现。六祖与历代祖师开示佛法的正见，强调的都是"不识本心，学法无益"的肺腑之言。终日学佛，只在口念记诵经句，或是只在善事善行上累积福德，要到什么时候才能实证般若与解脱呢？学佛是要真修实证的，般若智慧的成就才是学佛的重点。如果佛弟子没有发菩提心，没有想要实证真心、真修成佛之道——修菩萨行，那么口念记诵佛教经句与广修福德要做什么呢？只是要做一个对生命真实现象无知而烦恼丛生轮回生死的凡夫就好了吗？如果是这样，可以不必来学佛，只需存善心、做善事、好好做人就能办到了，不必来修行，更不必辛苦参究宗门密意，好好当一个凡夫足已。

但是，想要生生世世都能生而为人，就不一定能满愿了。时值末法，佛教界的假善知识因缘极盛，在佛教界行走一不小心一念贪心，或是大妄语妄言证圣，很容易就万劫不复了。反而是来学正确的佛法，学一点真实的生命学问，来让自己增福增慧、少病少烦恼而能从容无事地度过惊涛骇浪的一生，下一世还能出生人间享受福报，继续正法因缘才是正途。对佛弟子而言，学佛要真修行，因此发起成佛自度度他的大菩提心之后，下一步就是要求证开悟明心，这才是作为一个佛弟子在学佛的道路上应该要做的事。

证悟真心如来藏时即是心通，即是通宗的人，名为"宗通"，即是已通宗门的旨意；于是般若智慧就发起来，此时渐渐就能了解般若佛经里所讲的真心无相、无念、无忆的体性，也体会到了祖师说的真心不会六尘，离见闻觉知的无分别无所得体性，久后也就可以通于教下而为人解说般若正义，名为"说通"，有了佛法教理初步"说通"的智慧了。这时也就能够深刻地理解为何祖师们总是三令五申地告诫学人：千万不要错会佛法，错会佛法还说法度众误导学人，那过失是很重的。因为般若的证悟内涵，是差之毫厘、失之千里啊！未悟的学人根本就不知道何为真心，很容易将修成无念境界的意识当成真实不坏心，误以为意识起种种贪瞋痴分别时就是凡夫，错认为意识修成一念不生的清明境界时就是真心的境界了。这其实是将有生必灭的妄心当作真心了。

真心如来藏是随时都跟生灭性的意识同在的，只要有五蕴的存在就一定同时有真心跟着一起存在；因为五蕴一切法都是真心所出生的法相，五蕴等一切法离开了第八识真心是不可能存在的。还没有证悟找到真心的学人，在对众说法时，因为没有这些实际体验所生的智慧，一定会说错法；因为不是自己亲自体验过的法，只是学来听来的死知识而已，所以不可能全都讲对，尤其是关键的法义一定会说错。实相般若的不可思议解脱是唯证乃知的，未悟的学人就是因为还没有证得的缘故，所以关键的法义一定不会知道。另外还有一点，千万不要去探听真心何在的密意，应该自己真参实究才会发起般若实相的智慧；关于这一点，前文已清楚地说明过了。

古来禅门行法的第二个特点是拈提诸方假善知识，这是菩萨慈悲心行的表现。这个传统自释迦牟尼佛传法的时代起延续至今，都是这样做的,只是一直被历代以来满山遍野未悟祖师的说法给掩盖了,所以一直不被大众所注意与察觉,当然也就不能领会到诸佛菩萨、祖师们这样做所展现的善护众生的大慈大悲心了。当年释迦牟尼佛为了度化迦叶三兄弟的大迦叶(与苦行第一拈花微笑的大迦叶尊者同名)时,亲自到他的道场,展现了许多佛陀独有的智慧与神通功德之后——包括降伏了长期困扰大迦叶僧团的一条毒龙,以及大迦叶僧团火供炉子的火怎么点都点不着、到西牛贺州取回美味的鲜果来供养僧团、大迦叶办法会时如来自动消失、大迦叶想见佛陀时应念出现在他的面前、挡水过河、穿船无痕事迹等;大迦叶见了这许多事迹之后仍然生起慢心,在自己心中嘀咕:"是大沙门,神则神矣,然不如我已得罗汉也!"佛陀此时直接当面拈提大迦叶,跟他说:"汝非罗汉,亦不知'道真';胡为虚妄,自称贵乎?"佛陀意思说:"你大迦叶根本不是阿罗汉,你也不知'道的真实义',何需为了虚妄的阿罗汉名称,自称尊贵呢?"大迦叶听到如来责备后的反应是:

  迦叶心惊毛竖,自知无道,即稽首言:"大道人实神圣,乃知我意志。宁可得从大道人禀受经戒作沙门耶?"佛言:"且还报汝弟子,报之益善。卿是大长者,国中所承望,今欲学大道,可独自知乎?"迦叶受教,还告诸弟子:"汝曹知乎?我目所见,意始信解,当除须发,被法衣,受佛戒,作沙门。汝等欲何趣?"五百弟子曰:"我等所知,皆大师恩;师所尊信,必不虚妄,愿皆随从得为沙门。"于是师徒脱身裘褐,及取水瓶、杖屣、诸事火具,悉弃水中。俱共诣佛,稽首白佛言:"今我五百弟子,以有信意,愿欲离家,除须发,受佛戒。"佛言:"可!诸沙门来。"迦叶及五百弟子,须发自堕，皆成沙门①。

后来迦叶三兄弟以及所有门徒，都成为佛弟子，并且全都证得阿罗汉果。由此可见佛陀功德实在是无上殊胜、广大无边、不可思议，非余一切弟子之所能及。

这位优楼频螺迦叶也不简单，否则不会在听到佛陀至诚直心点醒他的话后，反躬自省，顿时自知过失，随即能够请求佛陀收为弟子，跟随佛陀座下修学佛法。可见优楼频螺迦叶确实是至诚求道的修道人，他以前只是慢心与无知而已。不像现在的许多自称是佛弟子的修道人，终日只知道口念般若，错执邪见以定为禅修学念净，以为一念不生就是证得真心无分别境界；在听闻到真善知识教导实证无念真心法门之后，也不肯信受修学，这样的"修道人"是万万不及当年名闻诸方的优楼频螺迦叶三兄弟的。其实莫说迦叶三兄弟，就连他们的弟子都及不上。这样的人，想要真实开悟明心，是没有机会的。

另外，自古以来就有一类认为做火供是佛法重要法门的教派，这一类自称是佛弟子的人可能连这部佛经都没读过，所以不了解火供根本不是佛法的修行法门，而是印度教的信仰法事。迦叶三兄弟在遇到佛教正法之后，马上视为一文不值，直接丢弃火供行门，后世竟然还有"佛弟子"把它捡起来当作宝贝，视为佛法的殊胜法门；显然，这一类人就是诸佛菩萨、一切正法护法神都不欢喜，只会"口念般若、不辨真实、坏于如来真法藏"的人。这样的人，一切佛弟子要尽速远离，不然会跟他们一起犯下诽谤三宝的大过失，想要开悟明心更是完全不可能的事。

佛陀拈提外道的事迹，当然不止这一件，而是遍于当时各大城市

---

① 《太子瑞应本起经》卷下，T03, 0185, [0480c14] 起至 [0482c17]。

一一四

中；只要有外道广为误导众生，佛陀就会不辞劳苦地亲自行走过去，找这个外道辩论，从而化导广大群众皈依三宝，回归正道。后世的诸菩萨众，对于佛陀所亲自示现抬提诸方、救护众生的大慈大悲精神，当然会予以效法，因为这样的行为乃是一切有能力的佛弟子责无旁贷的菩萨道救护众生之义务与责任，也唯有如此，才能报答佛陀、父母、国家与众生所施予的大恩大德。

龙树菩萨当年不只抬提外道，也曾当面抬提一个国王的过失，令他放弃外道信仰，改为信奉佛教，皈依佛门。其弟子提婆圣天菩萨，代师前往南印度化导国王皈依三宝，并且参加国王为其举办的3个月辩论大会；最终获得胜利，并且收了大约100万的弟子。宗门禅法传到中国，达摩祖师当面对梁武帝的一番开示，亦是抬提诸方大师，后来终于钓得二祖神光。随后的禅宗诸祖，莫不效法此菩萨慈悲愿行，譬如六祖抬提卧轮法师的念净方法是错修，亦如南泉普愿抬提鲁祖禅师、凌行婆抬提浮杯与澄一法师、齐安禅师抬提马祖禅师与大梅法常、普化禅师抬提临济禅师等事迹，皆显此意。

唐朝三藏大师玄奘菩萨学贯中西，所做翻译事业、弘法、护法之功震古烁今，一代释迦文佛最重要的《般若经教》与《唯识经教》，都是经由他的智慧手眼，将无上真义佛典翻译成中文，才能在古今的中华大地上流传，为一切佛弟子与追求生命真相的人所修学。玄奘一生感化多位国主皈依佛门、辩破无数外道与声闻部派的"诸佛弟子"；著作《破恶见论》导正安惠的弟子小乘正量部般若毱多之不如理说法恶见，著作《会中论》辩破佛弟子师子光对中观与唯识法义的不如理说法恶见；最后更应邀召开无遮大会，以当时至高的般若与种智智慧，光佛教于大兴、去邪执于人心、留余泽于后人。若要说玄奘菩萨真有所抬提的话，可以《成唯识论》为代表，他所抬提的对象是十大论师中很有名的六七位所谓的菩萨，其实质应该说就是拈提天下妄说佛法的一切人；所谓计利当计天下利、求名当求万世名，玄奘菩萨一切作为不是求个人的名利，个人名利是凡夫俗人的追求，圣人为的是求天下人的法身慧命与福祉，名声只是外物，根本不值一提，是以玄奘菩萨能够九死一生四日未近滴水，只为求得成佛之道造福众生，不惜生命取得真经回国。玄奘菩萨所为正是大乘佛法中救护众生、利乐有情的大行，乃是菩萨大慈大悲精神的最佳典范。

之后历朝历代证悟宗门的禅宗祖师们，可说全都怀着大慈大悲救护众生的心愿，实践这个宗门特质。六祖拈提了谈论风动幡动而落入意识心见闻觉知境界的两位学人，也拈提了主张念空错误修法的卧轮法师，并且前文也有提到黄龙死心与洞山等禅师拈提有关六祖所写偈颂的部分；黄檗禅师最有名的是拈提错会佛法的诸方法师语句"大唐国里无禅师"，佛门中更是耳熟能详。待到宋朝末年，拯救宗门禅法于将倾的大慧宗杲祖师，是一位连宋高宗皇帝所犯过失都能够予以当面拈提的大禅师。大慧祖师一生中度人无数，更为避免众生错修佛法而拈提了当代最有名的默照禅宏智禅师。而宏智禅师也不愧是一位得道的高僧，不仅无有见怪之心，更将大慧禅师视为是亦师亦友的菩萨同修，共结了禅门的一段佳话。

经由以上的说明，我们即能了解到，拈提诸方错悟之师所错说的佛法，其实一直都是诸佛菩萨的正行。真悟菩萨们的正行，除了要修证佛道、建立法幢宣说正法，护持正法的顺利弘传之外，为了不让邪见误导众生、祸乱社会，使众生落入三恶道中受苦，菩萨还应该要发起破邪显正救护众生的慈悲心行。这是因为只有慈悲不足以行道，假善知识缺乏正见智慧，必定误导众生自害害人，唯有智慧加上广大的慈悲心行，才能真正饶益一切众生。

〈福德功德净土品〉第二

【经】

一日，韦刺史为师设大会斋，斋讫，刺史请师升座，同官僚士庶肃容再拜，问曰："弟子闻和尚说法，实不可思议，今有少疑[1]，愿大慈悲，特为解说。"

师曰："有疑即问，吾当为说。"

韦公曰："和尚所说，可不是达摩大师宗旨乎[2]？"

师曰："是。"

公曰："弟子闻达摩初化梁武帝，帝问曰：朕一生造寺度僧，布施设斋，有何功德？达摩言：实无功德。弟子未达此理，愿和尚为说。"

师曰："实无功德，勿疑先圣之言。武帝心邪[3]，不知正法；造寺度僧，布施设斋，

名为求福。不可将福变为功德，功德在法身[4]中，不在修福。"

师又曰："见性是功，平等是德；念念无滞，常见本性真实妙用，名为功德。内心谦下是功，外行于礼是德；自性建立万法[5]是功，心体离念[6]是德；不离自性是功，应用无染是德。若觅功德法身，但依此作，是真功德。若修功德之人，心即不轻，常行普敬；心常轻人，吾我不断，即自无功；自性虚妄不实，即自无德；为吾我自大，常轻一切故。善知识！念念无间是功，心行平直是德；自修性是功，自修身是德。善知识！功德须自性内见[7]，不是布施供养之所求也，是以福德与功德别。武帝不识真理，非我祖师有过。"

【注】

1. "少疑"：有少许疑惑、疑问。

2. "达摩大师宗旨"："达摩"是西域人，是释迦牟尼佛的第28代弟子。约在南北朝刘宋（公元470—478年）时，乘船来到中国今广州荔湾区。"宗旨"：即是指佛法大意、禅门密意。达摩所说理入与行入二入行门，与禅门以真心印证真心的传教方式，宗旨都是一样的，就是要学人实证真心如来藏发起般若智慧，进入佛法无门之门广修佛道。

3. "武帝心邪"：这里意指梁武帝虽然信奉佛教，但是只是在建寺度僧与书写佛论等世间福德与口行上用心，只执着于福德，没有在"自观心，自见本性"正路上用心。

4. "功德在法身"："功德"指真心如来藏的种种自性妙用。"法身"指真心，又名如来藏、阿赖耶识。佛弟子学佛证悟真心之后，所获得的功德除了发起般若智慧之外，最重要的是有解脱的受用。真修实证的人一定会发起这两种功德，如果是探听而得知密意的人，不仅会断绝自己的法身慧命，

5.　"自性建立万法"：是指真心的体性能够作为一切万法的所依，依照因缘果报而为一切有情出生万法。

　　6.　"心体离念"：念是指见闻觉知心分别及想念。因此这句话是指真心的体性是不见闻觉知六尘，也不起念忆起任何一法。

　　7.　"自性内见"：即是向内亲见如来藏自性的意思。指佛弟子学佛修功德要先开悟亲见自己真心。

【语译】

　　第二天韦刺史为六祖惠能举办斋僧法会，用斋完毕后，刺史恭请六祖升座，与同侪各级官员整肃仪容之后再度礼拜六祖，请问说："弟子昨日听闻和尚开示说法，确实不可思议，现在有一些疑问想要请问，希望和尚慈悲，特别为我们开示解说。"

　　六祖说："有疑问就提出来，我一定为大家解说。"

　　韦刺史问："和尚您所说的法，不正是和达摩大师的宗旨一样吗？"六祖回答说："是一样的。"

　　韦刺史说："弟子曾经听说达摩祖师到南京去度化梁武帝时，梁武帝问他：'朕一生建造许多寺院、广度许多出家僧人，也布施设斋无数，我有些什么功德呢？'达摩祖师答说：'其实没有功德。'弟子对这个道理不懂，要请和尚开示。"

　　六祖说："梁武帝确实没有功德，不要怀疑以前圣人的言教。梁武帝的发心不正，不知道正法的宗旨；他所做诸多造寺度僧、布施设斋的行为，名为求取福报。不可认为修集来的福德能够变成真心自性功德，因为功德本来就在各人的真心法身之中，不是由福德变来的。"

六祖接着说:"实证真心而看见了成佛之性就是功,了知众生的真心平等即是德;对于这个正见毫无疑惑,常见自己真心有这许多的真实妙用,这就是功德的含义。在修行上来说,内心谦虚不轻后学就是功,待人接物遵守礼节就是德;从第一义谛上来说,由真心能够出生五蕴等自性而得建立一切法即是功,真心体性离一切六尘分别而从来离念即是德;在证悟的果德上来说,持戒修道利益众生都不离真心自性即是功,依真心来作种种应用而没有染污即是德。若是想要寻找亲证自己功德法身的人,只要依照这个正确知见去做,即是真功德。若是如此真修功德的人,心中就不会生起慢心轻视别人,对一切人常时普遍生起尊敬心;心中常时轻视他人,乃是我见不断的人,他自己就是没有功;他自以为的真心自性则是虚妄不实的,就是自己没有德;这是因为落在五阴自我之中而自大的人,常常轻视一切人的缘故。

"各位有智慧的大众!真心于一切法念念无有间断即是功,真心平等正直容受一切善染诸法即是德;转依真心而修正五阴的自性即是功,向内自己修正种种身行即是德。各位有智慧的大众!功德必须从自己真心的自性里亲见,不是修布施供养等追求的福报所变成的,因此,福德与功德是有差别的。梁武帝不懂这个真理,并不是我们达摩祖师的说法有过失。"

【解】

六祖第二天在大梵寺的说法,主要是回答大众的请法问题。有两个部分,一是讲解功德与福德的不同,并以梁武帝所做佛事为例来作说明;二是讲解净土法门的真实意涵:必须亲证念佛三昧(一行三昧),才是真正实修及亲证净土法门。

福德功德净土品第二

这里先说第一点的部分：

韦刺史先请问六祖，所传的真心法门是否与达摩祖师一样。接着再以达摩祖师跟梁武帝对话的公案，来请问功德与福德的含义有何不同。

达摩祖师来到中国传法之后，他的教法被记录在《大乘入道二入四行》里，其中这么说：

夫入道多途，要而言之，不出二种：一是理入、二是行入。

理入者，谓借教悟宗。深信含生凡圣同一真性，但为客尘妄覆，不能显了；若也舍妄归真，凝住壁观无自无他、凡圣等一，坚住不移，更不随于言教；此即与真理冥符，无有分别，寂然无名，谓之理入。

行入者，谓四行；其余诸行，悉入此行中。何等四耶？一、报怨行，二、随缘行，三、无所求行，四、称法行。

云何报冤行？谓修道行人若受苦时，当自念言我从往昔无数劫中弃本从末，流浪诸有；多起冤憎，违害无限。今虽无犯，是皆宿殃；恶业果熟，非天非人所能见与。甘心忍受，都无冤诉。经云：逢苦不忧。何以故？识达本故。此心生时与理相应，体冤进道故，说言报冤行。

二、随缘行者，众生无我，并缘业所转，苦乐齐受，皆从缘生。若得胜报荣誉等事，是我过去宿因所感，今方得之，缘尽还无，何喜之有。得失从缘，心无增减；喜风不动，冥顺于道，是故说言随缘行也。

三、无所求行者，世人长迷，处处贪着，名之为求。智者悟真，理将俗反，安心无为，形随运转；万有斯空，无所愿乐。功德、黑暗，常相随逐；三界久居，犹如火宅。有身皆苦，谁得而安？了达此处，故舍诸有，息想无求。经云：有求皆苦，无求乃乐。判知无求，真为道行，故言无所求行也。

四、称法行者，性净之理，目之为法；信解此理，众相斯空，无染无着，无此无彼。经云：法无众生，离众生垢故；法无有我，离我垢故。智者若能信解此理，应当称法而行。法体无悭，于身命财行檀舍施，心无悋惜。达解三空，不倚不着；但为去垢，称化众生，而不取相。此为自行，复能利他，亦能庄严菩提之道。檀施既尔，余五亦然；为除妄想，修行六度而无所行，是为称法行。

略译：

入道的教导方法有很多种，归纳起来，则为两种：一种是对上上根机的人的教授方式，由直接证悟自心而得开悟，称为理入；一种是对基础学人的教授方式，由一步一步地修行渐次而入，名为行入。

能够从理而入的修行人，是因为他们早已知道佛经里面重要的基础法义，因此他们能够借由深思观行教义而于当下证悟宗门正理。这些上上根机的修行人，在证悟宗门之理以前，早已深信一切的生命有情，不论是身为凡夫或是已经开悟的菩萨有情，每一个生命有情都各自拥有相同体性的真心本性。只是因为自己的真心被客尘的烦恼妄想所遮覆，因此自己不能显现般若智慧；如果能够舍弃错误的虚妄想与妄求妄念，皈依于正确知见与求证第八识真心，坚定不移凝聚正知正见成为铜墙铁壁，再不变易，进行参禅观行；对于自己与他人、凡夫与圣人都有平等的唯一第八识真心的法义，依此正见坚住不移，更不随于他人的种种不同言教而有些许的动摇。这样的定见与正见，正是与真实的佛理相互冥合一致；具有这样的信念与定见之后，修行人才有机缘能够契入而证悟无有分别、寂然无名的真心体性法理。如此的修证过程，名为理入。

所谓由行而入道的法门，是指一步一步地渐次修行四种行门。这四种行门能够总摄包括其他的各种修行，也包含了理入行门在内；一切的佛法修行法门，可以说都已经摄入此四种行门之中。四种行门是指什么？答：一是报怨行、二是随缘行、三是无所求行、四是称法行。

第一是报冤行门：修道行人如果受苦时，应当自己坚定信念：我从往昔无数劫的时光以来，一直处在追逐名利富贵，贪着于六尘境界法界末流法中，忘掉应该追求清净自在没有烦恼的法界根本涅槃境界，因而轮回流浪于三界六道诸有之中；所作所为多是与人结仇报怨的憎恨恶业，常作种种违背天理陷害无辜的无限恶行。如今这一世我虽然没有犯此恶业，结果却遭受到此种恶报，这样的现象实是我过去世以来，所造作的种种无数宿殃恶业的因果成熟报应，并不是天众鬼神、也不是特定某人所能够惩罚于我的；全都是我自己所造的业报，自作自受。因此我应该甘心忍受，都无怨诉。佛经中所开示的道理："修行人能够逢苦不忧，为什么能够做到呢？那都是因为修行人能够证悟而深入识达自己真心自性的缘故。"修行人因为识达真心而生起般若无尽智慧；这种智慧真实与宇宙人生的真理互相呼应，更能够让学人因而生起对受苦众生的广大慈悲心行，得以深入体会到自己过去以来所造作的种种贪瞋怨憎是为恶行，更对曾被自己伤害过的众生们感到极为深刻的抱歉与愧疚，也因而能够更精进地进德修业，帮助自己也帮助其他更广大的众生，来解脱于怨憎恶行轮回流浪于六道诸有的无尽痛苦。以上所说，就是报冤行的修习行门。

第二是随缘行门：跟随善知识学习佛法，慢慢建立起了"众生无我"——众生的存在是不真实的正见,一期生死之后都会消失;并且了知"缘业所传"的道理——因为众生过去生以来曾经造下的业因,都被清楚地记录在各自的本识真心里面;等到因缘来临报应时刻到来时,众生所造下的苦业与乐业都要亲自受报。了知众生现世所感受到的种种苦报与乐报,都是从自心本识里面所储藏的往世业种,加上众生各自具有的不同因缘时节,随着各自不同因缘而感生各种应受果报,来让众生烦恼受苦。

修行人如果有了报冤行与随缘行的正确知见之后,了知自己过去世所造下的一切业种,都会被储存记录在自心本识之中,众生自己会一世一世地死亡,而众生的本识则是不生不灭的永恒存在,因此在追寻证悟自心本识的过程里,如果遭遇到了可爱的善报荣誉等事,就自然地知道这是我过去生以来所做过的善业因缘所感召的结果;如今此世能够得到享用,然而享用缘尽就会消失;知道这些现象都是无常起灭的因缘法则,因此心中对于五欲并不感到有任何真正的喜悦可言。因为修行人有这样的正确知见,继续累积福慧,不久就能证悟自心本识,发起般若智慧;从此对于世间的各种现象就更能了知一切得失都是从缘而有,缘生缘灭;然而法住法界,真心体性其实从无增减。因此修行人对于世间现象喜受乐受就像风吹不动一样,能够冥顺通达般若智慧。如是而修习,说此行门名为随缘行门。

第三是无所求行门:修行人修此行门应该知道世间凡夫长迷于五欲境界,贪着六尘,追求种种享乐。有智慧的人则知道要追寻悟真之道,认同真实道理而背弃于虚妄世俗境界,安心追寻无为之道,了知世间一切现象都是六尘运转,都要历经成住坏空、无常是苦之理;对于六尘五欲无有愿乐,对于善行功德与黑暗恶业常随追逐在众生自心的道理更是铭记不忘;了知三界世间的久居环境其实根本犹如烧火的房宅，并不牢靠，加上众生自己的色身面对无常，生老病死时处处是苦，世间众生实在是无人能得安稳。修行人证悟自心了达此理，依住于真心无所得体性，因此对于诸多五欲过患的贪着，停止追求，真实修道。此正是佛经中所开示的真实道理："有求皆苦，无求乃乐。"因此说，修行人证悟，通达般若无所求行，为真修道之行。

　　第四是称法行门：修行人修此行门，实证自心本性涅槃清净之后，转依随顺这个真心本来自在清净涅槃的体性，来断除一切烦恼杂染无明，称为随顺"真心法门"而行。这个道理是说，真心所出生的五蕴一切法相，都属于真心自性一切法的真如性相；一切法相性空，无有染净亦无所着，无有此相亦无彼相的差别；一切法相与真心体性不一不二。菩萨随着这样的智慧，了知布施波罗蜜要依般若智慧而行，才是真正自利利他的菩萨道行门；菩萨修行其他五度波罗蜜也是一样的道理，都要依于般若智慧而行，才是真正能够自利利他的菩萨道行门。因此说，证悟的修行人能够依于般若智慧，为除我、法两种执着妄想而修证菩萨六度万行、大悲愿行等，自利利他而实无所行，是为称法行门。

　　这就是佛经中所开示的道理："自心法界不是三界众生的五蕴法相，因为真心法界没有众生贪着染污六尘体性的缘故；真心法界更没有众生我的'主宰体性'，因为真心法界没有众生执着我相染污体性的缘故。"有智慧的修行人如果能够信解这个道理，就了知修行想要成就，应当要称顺于正知正见，依法依理而修证。在修行人证悟自心法界如来藏之后，就更能亲证现观真心法体无悭的体性，能以身、命来修学护持供养布施正法三宝，心无悭惜；亲证施者、受者与所施之物三轮体空的真实法理，不倚不着于空有两边，修行六度万法行门，但为去除自心本识法界中的杂染无明种子，让自己能够圆满清净成就佛果。有此智慧，即能够在修行菩萨道的过程中，以般若智慧来摄受救度众生得证菩提而无取于一切法相。如此能够自利又能够利他的菩萨大悲愿行，亦即是庄严般若菩提的成佛之道。

从达摩祖师以上的开示，我们可以很清楚地看到，这即是佛陀第三转法轮时期所开示教导的成佛之道——悟后起修的唯识法义——的极简略说。相对于诸佛与诸大菩萨摩诃萨的开示，唯是较为浅显而已。达摩祖师很明白地教导学人：识自真心，识达本故，才能真正称法而行、无所求行、随缘理行、以忍报冤之行；也才能够悟后起修，"达解三空，不倚不着，但为去垢；摄众生而无取相"，而能够真实"自利复能利他""庄严菩提之道""为除妄想修行六度，而无所行"，圆成佛道。这正符合《解深密经》中佛陀所作的微妙深细的开示法理：

菩萨悟后，精进修行十地功德，渐次于彼后后地中，除断一切烦恼障与所知障。彼诸清净，辗转增胜，乃至证得阿耨多罗三藐三菩提，又得所作成满所缘。一切菩萨十地功德，皆是有上；佛地功德，当知无上。

《成唯识论》玄奘菩萨亦说：

俱生我执烦恼……于真见道后，后修道中数数修习胜生空观，方能除灭；分别我执烦恼……粗故易断，初见道时观一切法生空真如，即能除灭。

因此，佛法是法法一味，普皆汇归自心如来藏的法门。以此一心法门而开出三乘深浅广狭之为人悉檀方便法教，实则同归唯一佛乘真心法门。第八识如来藏跟一切众生同在一起，诸佛菩萨依着众生根器，先说真心所出生的十八界一切万法无有自性、无常、苦、空、无我等体性，这就是初转法轮的阿含部声闻经教。次说第八识如来藏真心本识在一切众生中，体性不生不灭、不垢不净、不增不减、不去不来，这就是第二转法轮般若中道法教；后说第八识真心在诸菩萨身中，甚深无上不可思议无量自性，教导菩萨成佛之道的次第与内涵，这就是第三转法轮唯识道种智、一切种智法教。如是皆显三乘唯是一乘，万法会归为一，归于真心如来藏的法教。

禅宗所言"教外别传"，是指有所差别于初转法轮时期佛陀所演述的世俗谛阿含经教，而说直指真心的法教。然而，禅宗传法亦不能离于一、二、三转法教而有，因为若不如是，则"离经一字即同魔说"。以禅宗开示，正介于一、二转法轮经教之间，加上禅宗善于直指本心，令学人实证之后多所受用；禅宗的开示法教既有别于阿含，又往往精简而不详尽，因此学人若非上上根器，多劫受熏已修诸行而能自力举一反三，亦极难能不假方便而得证理入。如果不证理入，不识本心，则不管是自利或是利他而行，终是不免"依经解义三世佛怨"，终究不能真正引导众生出离生死得证菩提。

梁武帝，推翻荒淫暴政的东昏侯，另立萧宝融为王，后来萧宝融禅让皇帝位于他而得登基，一生在位48年。钱穆于《国史大纲》说："独有一萧衍老翁，俭过汉文，勤如王莽，可谓南朝一令主。"梁武帝虽然一生奉佛，广做佛事，然而因为执着于虚妄不实的六尘法表相福德的缘故，不知学佛要证实相真心，因此没有真实功德；这就是六祖所说"自性虚妄不实，即自无德，为吾我自大，常轻一切故"的含意。那么，功德的真实意义为何呢？六祖指出，"觅功德法身"，就是要实证各自的真心法身，亲自体验真心如来藏的种种化育万法的功德，并且获得解脱知见与解脱受用的功德，这才是佛法所说功德的真实意义。所以六祖才接着说："但依此作，是真功德。"显见，六祖所说与达摩祖师的开示"凡圣同一真性，但为客尘妄覆，不能显了""舍妄归真""识达本故"，都是一样，都是要学人推翻五阴真实的邪见，然后实证自己的本心如来藏，才能发起般若智慧。所以，六祖才回答韦刺史："我传的法跟达摩祖师所传是一样的。"

六祖说的"自性建立万法是功，心体离念是德；不离自性是功，应用无染是德"，这是指真心第八识的境界，不是意识心第六识的境界。能够依照万法生灭的因果法则而建立万法，能够圆满一切众生的想望，这种境界只有不可思议的真心能够做到；意识昏迷时就会短暂消失，在死亡入胎后则完全消失，这样的体性无法出生万法，则不能建立万法。而真心如来藏是随时都在的，祂是不生不灭的永远存在，并且根据众生各自的往世所造业力，安排出生众生各自所应得应受的一切果报。意识如果能够安排我们自己的未来、出生各人的五阴，那么一切人都不会受苦了，因为没有人会故意安排自己受生于三恶道中，也没有人会安排自己的一生要去遭遇无数的烦恼与痛苦际遇。又意识会消失，这样就不能担当一个客观公正的一切事件记录者的角色，有情分别在三界六道受生的因果律就不能存在。

所以，只有如来藏自性是不生不灭永远存在，而且不分别执取六尘法相才是真心，才能够作为一切法的所依；就像是先要有一个固定不动的房子存在，才能让其中的家具物品、一切人等搬动变换、进进出出；如果房子是随时会消失的，那里面的物品甚至人等也就跟着会随时消失，这就变成空无所有的断灭空了。空无所有在佛法中是指断灭论，而佛法不是断灭论，因为诸佛与大菩萨都是永远存在于三界世间之内，不断救度有缘众生，是永远不消失的。

但意识最多一世之后就会消失，如果意识真的不会消失而能继续到后世，那么人人一出生就应该都有宿命通，应该都知道自己过去无量世中每一世的所有事情。然而，事实不是这样，意识就像是会被搬进搬出而消失的房里家具与人物一样，因此意识没有建立万法的体性。意识更不可能对一切外六尘法相相应而无染，意识的见闻觉知与贪爱分别执取性，会让意识有着贪爱这个、讨厌那个，想要得到这个、不要那个的心性；换言之，众生的意识是具有种种贪瞋痴性烦恼的，随时对六尘进行分别与执取。

众生的意识心，为了享受世间的财、色、名、食、睡而造作种种身口意行，因此是不会想要修行来解脱于轮回之苦，因此体性是染污的，不是原本就清净解脱的。真心则自始至终不变自性，无始以来就不分别执取六尘法相，对六尘法相从来不起贪着，因此说真心没有贪瞋痴烦恼可说，真心自性是无始以来本就是清净解脱的。凡夫、二乘、菩萨等有情的意识境界，尚有许多无明种子从真心中流露出来而相应，因此不可能始终都是相应六尘净相而无染的体性；只有从本以来就是清净自性的真心，祂所出生的一切万法都是真如清净自性的缘故，才可以说有菩萨修行六度广利他自而相应无染的体性。

六祖接着说："念念无间是功，心行平直是德"，这也是指真心的体性而言。凡夫、二乘等有情的意识，不可能平等直心地应对于一切法，譬如凡夫的意识就是贪着于色、声、香、味、触、法，所以才称为凡夫；二乘人对于一切法抱有无常、苦等杂染与无我涅槃清净等相对立而不平等的法相，所以才说二乘人不是证得离二相真心境界的菩萨。只有从本以来就是离分别、无所得的真心，祂所出生的一切万法都是真如清净自性的缘故，才可以说是行于平等的境界。因为真心无始以来就是平等地依照众生各自的业力，出生相对应的五蕴一切诸法，从来没有中断过；祂也不会因为偏爱哪一种众生所以对那个众生特别好，祂待一切众生都是平等的，依因依缘出生各自的一切五蕴法，因此说为心行平直与念念无间。

相对来说，意识是真心所出生的法，是念念生灭性，一世之中也常常有中断的时候。过去世的意识不能到这一世来，这一世的意识也不能到下一世去，入胎后随即永灭。又譬如在昏迷与熟睡时，意识也是消失的。所以"念念无间是功，心行平直是德"，说的是常住真心的境界，不是生灭性的意识境界。如果误会了六祖的意思，想把意识修炼成一念不生的境界，认为那就是第八识的心行平直境界，就落入了六祖所破斥的观心念静的邪见里，如是修行假佛法的结果就是走入歧途而毫无结果。因为当意识纵使离开语言而在作六尘分别时，那就是已经离开一念不生的境界了；一旦分别到周遭各种不同的人事物环境时，意识就不是处在心行平直的境界了，而是落在相对的二法境界、不平等境界与弯曲境界中了。

譬如有人喜欢喝茶，茶叶还要指定是乌龙茶或是绿茶，冲泡的茶叶量与水温还有各种不同的讲究；在种种境界中，每一个前刹那跟后刹那都在念念分别之中而不相同，不相同就是不平等。有时候明明不懂却还会假装自己懂得分辨好坏茶叶的道理，这就落入心行不直的境界里了。当意识对财色名位等起贪着时，或对他人兴起慢心时，就更处于不平等与谄曲不直中了。菩萨修道就是要亲证真心所具有的这些体性，然后转依于真心的体性广行六度法门，除断一切的贪染无明，广度众生，以成佛道。

梁武帝以为自己造寺度僧等福德做得很多，这样自己应该是有很大的功德，但事实上梁武帝对于真实义的佛法还没有入门，还分不清楚佛法中说功德与福德的不同，因此执着于修集福德等外尘境界，误以为是功德。由于执着于外六尘境界的缘故，不知道菩萨除了要广修福德之外，更重要的是求证般若的智慧；因为菩萨道是智慧功德与慈悲福德并重的修行法门，有慈悲而无智慧往往会变成烂慈悲而犯过失，反而没有帮助到他人；如果是有智慧而无慈悲，不愿意帮助众生离苦得乐，就更不是菩萨所应该做的事了。梁武帝是因为不知道这个道理的缘故，六祖才说他没有功德。

【经】

刺史又问曰："弟子常见僧俗，念阿弥陀佛，愿生西方[1]，请和尚说，得生彼否？愿为破疑。"

师言："使君善听，惠能与说。世尊在舍卫城中，说西方引化经文，分明去此不远①。若论相说，里数有十万八千，即身中十恶八邪，便是说远。说远为其下根，说近为其上智。人有两种，法无两般；迷悟有殊，见有迟疾。迷人念佛求生于彼，悟人自净其心，所以佛言，随其心净即佛土净。使君东方人[2]，但心净即无罪；虽西方人，心不净亦有愆。东方人造罪，念佛求生西方；西方人造罪[3]，念佛求生何国？凡愚不了自性，不识身中净土，愿东愿西，悟人在处一般[4]；所以佛言：随所住处恒安乐。使君！心地但无不善，西方去此不遥[5]；若怀不善之心，念佛往生难到。今劝善知识，先除十恶[6]，即行十万[7]；后除八邪[8]，乃过八千[9]；念念见性，常行平直；到如弹指，便睹弥陀。使

---

① 《佛说观无量寿佛经》，T12, 0365, [0340c29]。

君！但行十善，何须更愿往生[10]？不断十恶之心，何佛即来迎请？若悟无生顿法，见西方只在刹那；不悟念佛，求生路遥[11]，如何得达？惠能与诸人移西方如刹那间，目前便见，各愿见否？"

众皆顶礼云："若此处见，何须更愿往生？愿和尚慈悲，便现西方，普令得见。"师言："一时见西方，无疑则散。"大众愕然，莫知何事[12]。

师言："大众！世人自色身是城，眼耳鼻舌是门；外有五门，内有意门；心是地，性是王[13]，王居心地上；性在王在，性去王无；性在身心存，性去身心坏。佛向性中作，莫向身外求；自性迷，即是众生；自性觉，即是佛[14]。慈悲即是观音，喜舍名为势至；能净即释迦，平直即弥陀。人我是须弥，邪心是海水，烦恼是波浪；毒害是恶龙，虚妄是鬼神，尘劳是鱼鳖，贪瞋是地狱，愚痴是畜生。善知识！常行十善，天堂便至；除人我，须弥倒；去邪心，海水竭；烦恼无，波浪灭；毒害忘，鱼龙绝。自心地上觉性如来，放大光明，外照六门清净，能破六欲诸天；自性内照三毒即除，地狱等罪一时消灭[15]，内外明彻不异西方。不作此修，如何到彼？"

大众闻说，了然知见，悉皆礼拜，俱叹善哉，唱言："普愿法界众生，闻者一时悟解。"

师言："善知识！若欲修行，在家亦得，不由在寺。在家能行，如东方人心善；在寺不修，如西方人心恶。但心清净[16]，即是自性西方。"

韦公又问："在家如何修行？愿为教授。"师言："吾与大众作《无相颂》，但依此修，常与吾同处无别；若不依此修，剃发出家于道何益？"颂曰：

心平何劳持戒，行直何用修禅。
恩则孝养父母，义则上下相怜。
让则尊卑和睦，忍则众恶无喧。
若能钻木取火，淤泥定生红莲。
苦口的是良药，逆耳必是忠言。
改过必生智慧，护短心内非贤。
日月常行饶益，成道非由施钱。
菩提只向心觅，何劳向外求玄。
听说依此修行，西方只在目前[17]。

师复曰："善知识！总须依偈修行，见取自性，直成佛道。法不相待，众人且散，吾归曹溪。众若有疑，却来相问。"

时刺史官僚、在会善男信女，各得闻解，信受奉行。

【注】

1. "西方"：在这里是指净土的意思。佛法中所说净土有两个意思：一是指十方宇宙中诸佛的净土世界；二是指唯心净土。西方净土极乐世界：是由阿弥陀佛的愿力所成就的世界，特点是接引初机的佛弟子到没有恶因缘的西方极乐世界中修行，一直修行到成佛都可以不再轮回生死。但缺点是成佛时间要很久，与我们这个释迦牟尼佛教化的娑婆世界中修行比起来，那里修行成佛的时间是要多上无量倍的久远。因为在五浊恶世的娑婆世界里修行，佛弟子可以广行菩萨善行来帮助受苦受难的众生，因此能够广修福德；由于厚积福德的缘故，要证得般若智慧等功德就会容易得多了。不像极乐世界里，大家都过得很好，不需要别人的帮忙，因此要累积到足够的福德以求证悟，需要修行非常久远的时间；而且想要在那里成佛，需要更久的时间。唯心净土：一切诸佛净土世界的成就，都是依靠于自心净土的功德圆满方得完成。自性净土，净土法门的名称，也叫作自性弥陀、自性佛、自心如来，其实指的就是众生本具的第八识真心。佛弟子修行成佛，要经过三大阿僧祇劫的时间，在这个过程中修集福德跟众生广结善缘，而这些修行都是在摄受众生，即是摄受佛土；最后圆满佛道时，运用无上的智慧与福德，跟曾经摄受过或有因缘的广大佛弟子们一起创造出一个新的佛国净土，来救度十方宇宙中有缘的众生。这一切的成就，都要由实证第八识真心开始；因为实证真心之后有了实相般若智慧，才能够开始学习如何创建一个属于自己的佛国净土世界的智慧，因此说一切净土莫非自心净土，自心净土的成就即是佛国净土的成就。

2."东方人"：在这里是相对于离开诸方流转的西方而言，因此含意是指尚未证悟的佛弟子。

3."西方人造罪"：西方人是指已经往生西方的人。造罪指往生前曾经造过的种种罪过。如果曾经造作五逆十恶的罪过，只能下品下生，那是要待在莲苞中很久而且花开之后还无法亲见弥陀世尊、观世音菩萨的。

4."在处一般"：证悟菩萨之后的修行，只是转依真心而行，身在东方或在西方并无不同，所以六祖说"悟人在处一般"。

5."西方去此不遥"：事相上来说，佛弟子行十善，发愿往生西方将来必定能去，是故不遥。从理证上来说，佛弟子行十善，发菩提心修证佛道而成就见道资粮，将来必能实证自心弥陀。

6."十恶"：指跟十善相反的十种恶行是杀生、偷盗、邪淫、妄语、绮语、恶口、两舌、贪、瞋、痴。

7."十善"指十种善行：不杀生、不偷盗、不邪淫、不妄语、不绮语、不恶口、不两舌、不贪、不瞋、不痴。修此十善行门，所集福德能够往生天界享福。

8. "八邪"：约为与八正道行门相反的作法。指邪见、邪志、邪语、邪业、邪命、邪方便、邪念、邪定。

9. "八千"：在事相表面上是说"过八千佛土世界"，在理上则是指过了五蕴等世间境界，能够到达出世间的真心境界的意思。

10. "何须更愿往生"：六祖这里是指上上根人发愿参禅的话，不必更求往生西方极乐世界；因为即使是往生到西方，在那里也是要修学这个真心法门，同样要实证，因此不必一定发愿往生；因为在娑婆世界这里，一样可以亲证真心实相净土。

11. "求生路遥"：六祖这里是指佛弟子亲证理上念佛，证得自心弥陀净土而言。对于佛弟子来说，念佛而不知道念佛之目的或是往生西方的目的，同样是要实证真心发起般若智慧的话，表示这个佛弟子是初机的学佛人，那他要亲证真心的时机还很遥远，法身慧命还要很久才能出生。

12. "大众愕然莫知何事"：大众全都不知道那是什么事。此指六祖运用禅宗直指人心的教导方式，告诉大众自心净土在哪里的开示，然而大众茫茫然，不懂六祖直指人心的禅门作略。这一句开示，敦煌二本皆有记载，曹溪本不记。

13. "心是地，性是王"：心地，指第八识心作为八识心王所有功能的依止。地是执持及依止之意。性指真心的种种自性与功能差别，王是指第八识功能差别运作出来产生种种作用。这句话的意思是说，第八识心是有情一切自性与功能的最终依止，犹如大地含容有情及万物。八识心王和合运作就犹如大地能够出生五蕴等一切万法一样，在这之中真心是最尊贵的，就像是国王统治管理一切万物一样。

14. "自性觉，即是佛"：自性觉即是觉悟自性，觉悟自己真心"本自清净、本自具足、本不生灭、能生万法"的种种自性的意思。佛有觉悟之义，了知自己的真心是自己的自性佛，如是现观即是觉悟佛法了。在理上来说，是指证悟真心之后，看见自己真心的成佛之性，明了诸佛菩萨一切众生都有此一真心平等的道理，此时已了解"理即佛、名字即佛、观行即佛、相似即佛"的道理。分证即佛、究竟即佛则是悟后修行入地以后的事。

15．"地狱等罪一时消灭"：佛弟子通过五蕴十八界的观行断我见，或是由于实证真心而断我见时，即断三缚结，不退转者未来世都能不落于地狱、饿鬼、畜生三恶道中，因此可以说"地狱等罪一时消灭"。然而如果退转，否认真心的存在或以意识心的境界取代真心，就会犯下错说佛法甚至诽谤三宝的过失，一切所证功德都会失去，而且死后必下三恶道中受诸恶报。

16．"但心清净，即是自性西方"：这里的意思，与注1的意涵是一样的。简单地说，就是意识实证真心之后转依真心的真如自性来观行断除一切烦恼无明，这样的境界就是亲证与修行自性西方净土法门，以及摄受众生以圆满佛地净土的修行境界。

17．"西方"：一般意指西方极乐世界净土，这里是指实证真心如来藏唯心净土的含意。

【语译】

韦刺史又请问："弟子常见僧人与居士在念佛，发愿往生西方；请和尚解说念佛人真的能生西方吗？请和尚为我们解疑。"

六祖答："韦使君请听惠能的解说，佛陀当年在舍卫城中，为四众弟子说西方净土而引导化度弟子们往生净土，然而西方的阿弥陀佛净土很分明地存在，去此不远。如果依照事相上来说，西方净土距离这里有十万八千里远；这是从修行事上来说，正是我们身中的十恶八邪等恶法，想要往生西方世界，必须经过这些修除的过程，因此说

福德功德净土品第二

远。说西方极乐世界很遥远，是对刚学佛的下根人来说的；如果是久学菩萨道的上根人，则说西方世界离此很近。学佛人的根器有两种不同，然而佛法却没有两样；未悟迷人与证悟的智人之间互有差别，只差在证悟发起般若见地的早与晚而已。迷惑于佛法的人念佛求生西方净土，证悟的人则是自己努力清净心地，佛陀因此说：随着佛弟子的心清净了，佛土也就清净了。使君您是东方人，只要心地清净了就是无罪的人；反过来说，虽然是生在西方极乐世界之人，若是心地不清净也还是有过失的。东方人造作种种罪过以后，念佛而求生西方净土；西方净土中的人造作罪业以后，他们念佛要往生到哪个世界去呢？凡夫与愚人因为不证自己真心的清净自性，而不知五蕴身中的真心就是净土，追逐外境而愿生东方或者愿生西方，证悟自心的智人却是随着自己所在之处都一样是净土，所以佛陀说：随着自己所住的处所而永远安乐。韦使君！心地中只要没有不善，西方净土其实距离这里不远；如果怀着不善之心，努力念佛求往生极乐世界也难以到达。今天劝说各位有智慧的大众！应该先去除心中的十恶，也就是反过来修十善而越过十万里的意思；然后要在八正道上努力而去除八邪谬的执着，这样才能再超越八千里；从此以后念念之间都能亲见真心如来藏的成佛之性，永远运行于平直的境界中；就像弹指那样瞬间即到西方净土，便能现见自性弥陀。韦使君！只要以十善为基础好好修行，何必一定更要发愿往生西方极乐世界？如果不能断除十恶之心，能够有哪一尊佛会来接引那个发愿往生净土的人？学佛人如果一念证悟此真心本自无生的顿悟之法，就能在刹那之间自见西方净土；不能证悟真心而修念佛法门，求生西方的道路可就很遥远，要到何时才能够到达？我惠能为诸位移动西方世界来眼前，犹如一刹那之间就到了，眼前就能看得见，不知道各位都愿意看见否？"

大众听闻之后都顶礼说:"如果现前就能亲见西方极乐净土,又何必再发愿往生西方?一心愿求和尚慈悲,随即显现西方极乐世界,让我们所有人都能看见西方净土。"六祖随即说:"大家同在一时看见西方世界了,大众都无疑惑了就各自散去吧。"大众听闻之后悉皆惊愕,不知道是怎么回事。

六祖见大众不懂,又说:"诸位!世间人自己的色身五蕴就是一座城,眼、耳、鼻、舌、身是门;五个城门通向外界,里面则有意识一门;真心就像大地一样作为一切万法的依止,真心的自性就象是国王,国王就居住在真心的境界上面;真心与所生的五蕴众生同在,当真心如来藏的自性存在时国王就存在,当真心的自性离去时国王便不存在了;当真心的自性还在时,五蕴众生的身心就能存在;当真心的自性离去时五蕴身心随即坏灭。成佛的一切修行都是要向探究真心的自性方面去求证,不要错误地向身外去求智慧功德。对于真心的自性迷惑或不信的人,就是凡夫众生;证觉自己的真心自性时,即是觉悟而与佛所觉同(与佛一样证得真心,成就了成佛之道始觉的功德)。真心对一切众生大慈大悲也就是观世音菩萨,真心喜舍五蕴一切万法便是大势至菩萨;依止真心而能够清净即是释迦牟尼佛,依止真心而平等直心对待一切众生也就是弥陀世尊。相反的,落入人我而执着一切法时,这个人我就是须弥山,执着邪见的心其实就似大海水一样深厚,种种邪见引生的烦恼即似海水所引生的波浪。心中有三毒而为害自他的时候就是毒龙,心性与虚妄想相应时当下就是鬼神,在六尘境界中忙忙碌碌产生劳累时就是鱼鳖,起贪生瞋时就是落入地狱中了,心性愚痴的时候其实就是畜生。各位有智慧的大众!常常修行十善,天堂就来到眼前;断除了人我之见时,烦恼须弥山便倒了;去除邪执之心,则苦海枯竭;烦恼没有了,波浪自然消灭;去恶心与毒害都忘失了，相食的鱼龙自然也跟着绝迹。自己真心境界上的真觉自性如来，放出般若智慧大光明，向外照耀时六根门头跟着清净了，便能破除六欲诸天的我见与五欲；真觉自性向内照耀时贪瞋痴三毒随即灭除，地狱等三恶道轮回之重罪一时之中自然消灭了，此时亲自体验真心内外明彻体性，与西方净土境界并没有不同。佛弟子如果不作这样的实修而亲证真心自性，如何能够到达西方极乐世界呢？"

大众听闻六祖的开示之后，知晓真心与西方净土，大众都再次礼拜六祖，一起赞叹"真的很善妙"而唱诵说："普遍希望法界众生，听闻此一真心法教时都能够悟解。"

六祖接着又说："各位有智慧的大众！如果佛弟子修行想要证悟，带发在家修行也能成就，不是因为剃发出家住在寺院中才开悟的。在家人能够如此真修佛法，就像前面说的善心善行的东方人一样，不久就能证悟；剃发出家之后不能如此修行，就像前面说的执着五蕴而有恶心的西方人一样，终将毫无所证。只要转依清净的真心自性而断除一切杂染心性，这样就是自性西方净土。"

韦使君又请问说："在家人应该如何修行以证真心呢？请师父为我们教导传授。"六祖答说："我为大众作了一首《无相颂》，大家只要依照此颂所说道理来修行，就像是与我住在一起一样；如果不依照这个道理来修，就算剃发出家了，在学佛修道上面又能有什么利益呢？我的《无相颂》是这么说的：

转依后意识心如果能像真心一样平等对待诸法，自然符合戒行，又何需劳累地受持戒律；意识心如果能像真心一样正直而行，又何需用到修禅这么辛苦。

若要报恩，则是应该孝顺供养父母；若说到行义之时，可就应该上下互相怜惜。

互相礼让时，则尊长与卑下的大众都能够和睦相处；能够容忍时，则诸恶行都会安静下来而没有喧闹。

如果能像钻木取火那样精进而不休息，即使是在淤泥之中也一定会出生美丽的红色莲花。

苦口难吃的是真能治病的良药，逆耳的言语一定是忠告良言。

有过能改则必将生起智慧，护短的心内就不是贤圣。

每一日、每一月都永远如是修行饶益，成就佛道并不是由于布施金钱而得来的。

觉悟的菩提智慧只需向真心自性中求觅，何必辛劳地向身外的事物中追求玄妙。

大众听闻我惠能的开示以后依此而修行，西方极乐净土就只是在你眼前而不遥远。"

六祖又说："各位有智慧的大众！所有人都必须依此《无相颂》的偈中道理而修行，亲见自己真心的种种自性，依止真心修行而直接成就佛道。此难得的胜妙佛法不会等着你们，得要珍惜而自己体会，如今大众且各散去，我也要返回曹溪去了。大众日后有疑问时，就来曹溪来问法。"

当时刺史与其官僚、同在法会中的善男信女等，听闻之后各有体会，普皆信受奉行。

【解】

关于第二部分：净土法门的真实含意——必须亲证念佛三昧（一行三昧），才是真正实修净土法门。今以六祖所举《佛说观无量寿佛经》为证，在此经中佛说：

> 佛告阿难及韦提希：见此事已，次当想佛，所以者何？诸佛如来是法界身，遍入一切众生心想中，是故汝等心想佛时，是心即是三十二相八十随形好，是心作佛，是心是佛……名第八观。作是观者，除无量亿劫生死之罪，于现身中得念佛三昧。作是观者名为正观，若他观者名为邪观①。

故知，念佛的目标之一即是要证得念佛三昧，实证真心一行三昧境界，然后再次第进修，以至圆满佛道的一切现观。如果认为念佛往生西方之后就没事了，或是不知道往生西方之后还要做什么，这样的修行人就是初机学人，或是下根器人，因为对于佛法的知见极欠缺的缘故。又，《杂阿含经》中有说：

> 佛世尊、如来、应、等正觉所知所见，说六法出苦处，升于胜处说一乘道，净诸众生离诸恼苦，忧悲悉灭，得真如法。何等为六？谓圣弟子念如来、应、等正觉所行法净，如来、应、等正觉、明行足、善逝、世间解、无上士、调御丈夫、天人师、佛世尊。圣弟子念如来、应所行法故，离贪欲觉、离瞋恚觉、离害觉。如是，圣弟子出染着心。何等为染着心？谓五欲功德，于此五欲功德离贪、恚、痴，安住正念正智，乘于直道，修念佛，正向涅槃，是名如来、应、等正觉所知所见，说第一出苦处升于胜处，一乘道净于众生，离苦恼，灭忧悲，得如实法②。

---

① 《佛说观无量寿佛经》，T12, 0365, [0340c29]。
② 《杂阿含经》卷二十，T02, 0099, [0143b20]。

换言之，佛弟子念佛的内容是极为宽广的，包括念于"佛所行法净"，要了解佛陀所行一切法都清净的内涵，自然是要亲证一切佛法才能真实了知，所以佛陀就开示，简单总说一切法的内容有哪些：即佛弟子应念于"如来、应、等正觉、明行足、善逝、世间解、无上士、调御丈夫、天人师、佛世尊"等佛陀十号的深广含意，以及"离贪、恚、痴，安住正念正智，乘于直道，修念佛，正向涅槃"，即是要亲证解脱道涅槃，"如来、应、等正觉所知所见"要圆满念于三乘菩提无上智慧、"说第一出苦处升于胜处，一乘道净于众生离苦恼"要念于利他自利一切方便救度众生无量法门、"灭忧悲，得如实法"以及实证真心——如实法，以圆满解脱道与佛菩提道的一切修证内涵。因此说，念佛法门与禅宗法门都具有佛法宗门意涵，两者可以互通，都是诸佛根据众生根器所施设救度众生的法门。

净土念佛法门的内涵，就是成佛之道的内涵。念佛法门之所以无比胜妙，是因为念佛法门三根普被的缘故。上上根人实证真心之后，自然了解念佛法门有不异于参禅法门的地方，那就是两者皆是教导学人实证真心的法门；然而不同的地方是，念佛法门含摄更广，所说行门下至凡夫小儿，上到诸地菩萨，修证内容都不离于念佛法门，一切行门莫不汇归净土。生处五浊恶世的凡夫众生，福报普遍不够，因此想要实证真心如来藏，那是非常不容易的事，而且很容易就会受到邪师邪见的误导，而沦堕三恶道中受诸苦果；阿弥陀佛就是因为不忍众生无明造业而枉受苦报的缘故，大慈大悲发愿创造佛国净土极乐世界，接引摄受一切意乐往生的有缘众生。一切众生只要不是五逆十恶终身不改的邪见人，阿弥陀佛都发愿摄受；一切众生只要往生到极乐世界，就离开了轮回生死之苦；在那里修学佛法，最终也能成就佛果。这就是为何三世诸佛普皆称赞阿弥陀佛大慈大悲大愿王的原因。

证悟后的菩萨，除了要继续念于诸佛的一切功德修证佛道之外，也要广大地救度众生，摄受众生佛土，这也是属于净土法门的修证之一。一切诸佛净土世界每一尊佛陀身边，都有无量无边的弟子恭敬围绕；每一尊佛无量劫以来都曾经教化过无量无边的弟子，在成佛时这些曾经被摄受过的有缘弟子，就会一起来帮助这一尊佛成就圆满广度有情的无边佛事。一个众生将来就是一个佛土，所以菩萨要广摄有缘众生，广大教授念佛净土含意，利他自利帮助一切有缘众生成就佛道，这就是摄受佛国净土修行的意涵。

六祖这里所说《无相颂》的含意，就是在说这个道理。从表面上看，六祖所说的教导除了证悟之后才能体验的真心体性之外，很多都是世间法，好像是老生常谈，都是一些做人处事的基本道理。然而，我们从摄受众生、摄受佛土的观点来看时，一切就不同了。我们就会了解到，其实这些修行是很重要的事，我们会发觉、能体会到，是因为广大的有情愿意被我们所摄受，才使得我们最终能够成就佛道，圆满完成一切佛果净土的修证。佛法就是依照这个道理，而将众生恩列为应该报答的四恩之一，教导佛弟子应该报答众生的恩惠。六祖这里说的《无相颂》，也是在彰显这个道理。

最后，六祖再将这些日常修行，归结为"菩提只向心觅，何劳向外求玄"这个道理，其实很多佛弟子都没有好好遵守。自古以来，大部分的学人都没有真正明了五祖所说"不识本心，学法无益"的要点教导，而是想要将意识心炼成的一念不生的看净功夫，当成就是证得真心不生不灭的真如境界。更有依附佛教的地方宗教突发奇想，用意识心去观想中脉，于中脉里再观想出一个光点，说那个光点就是真心如来藏；更有认为要用意识心观想出佛菩萨与自己合而为一，这样就是修炼成佛的方法。其实这些观想所成的境界，都只是意识心的虚妄境界，是修炼之后才出生的法相，这境界只是意识心中相应的相分六尘，而且意识心自己本就是生灭性的无常法，何况是意识所观想出来的相分境界？根本就不是佛法中说的从本以来就已经自在的真心如来藏境界。

况且意识境界还有层次高低之分，越高等级的意识境界，越没有形相；也就是说，光点与合并前后的相貌既然具有六尘相境，还有形相，在佛法中说那只是三界中低下的意识所行境界。佛法中又说无相才是实相，因此，观想出来的一切境界都不是真心本心，而是意识心的我所，也只是真心如来藏所生的三界中的虚妄法相而已。又，这些观想没有成就任何解脱智慧功德，炼成之后依然不懂如何离开生死轮回的方法，依然没有断除我见而落在意识我见及我所的无明之中，更没有实证不生不灭的无相真心而发起般若。又，这种民间信仰层次的宗教所说方法，想要从六尘相或是外面神灵中求取菩提智慧，是跟六祖所说"菩提只向心觅，何劳向外求玄"的教导，明显相反。因此，最后六祖再次叮咛大众"听说、依此修行，西方只在目前"；正确的闻听之后，回去要整理思维，然后依此道理而修，终将实证西方净土自性弥陀只在眼前的不可思议道理。如何修呢？依六祖前说，即是行于十善、修八正道，觉悟真心，然后但向自心寻觅一切菩提，终将直至圆成佛道。

关于念佛三昧的实修教义方面，佛陀开示了一部佛经，就是《佛说观无量寿佛经》。然而此经的真实内涵，唯有龙树菩萨著《十住毗婆沙论·易行品》、世亲菩萨著《无量寿经优婆提舍愿生偈》与窥基菩萨著《阿弥陀经通赞疏》等几部论典有讲解——说明了净土念佛的殊胜与要义之处。对于修学次第以及如何转进的法门，古德们实际上没有深入的指导开示存在。今有吾师 平实菩萨著《念佛三昧修学次第》①，秉持世尊所开示念佛三昧的修证真实法教与禅门直指人心的教化方便，以亲证念佛三昧的般若智慧，为念佛法门的修行人详细开示写成了一本方法论，教导如何从最基础的口中念佛，提升到心念心听，到心念心忆，乃至实证念佛三昧的整个修证次第方法，期望修学净土法门的佛弟子都能实证自心净土，发起般若智慧，进入佛菩提道的修证之中。

在《念佛三昧修学次第》中平实菩萨开示了无相念佛的修行法门：

行者若尚非正式的佛弟子，应当就近选择正统的佛教寺院，接洽办理三皈依仪式。三皈依仪式很简单，要件是应在寺院中、佛像前，由佛教比丘或比丘尼见证，并传授三皈依——即皈依佛、皈依佛所说法、皈依贤圣僧及住持佛法之贤圣僧与凡夫僧团，并发四弘誓愿，即"众生无边誓愿度，烦恼无尽誓愿断，法门无量誓愿学，佛道无上誓愿成"。此为诸佛通愿。皈依后即成为"佛、法、僧"三宝之弟子，此为修学念佛法门之首要。心不皈依，而欲修学念佛圆通，成就念佛三昧者，无有是处。

皈依之前，住持僧宝必先教授读者如何礼佛。礼拜时需五轮投地，以表示拜佛者对于人天导师——世尊之恭敬渴仰。以恭敬渴仰故，生于信心；以兼具佛之功德及愿力故，修此法门，速得成功。拜佛之动作，行者请于寺院中学习，或依佛弟子学习，此处不述。

《佛说观无量寿佛经》载："……我今为汝广说众譬，亦令未来世一切凡夫欲修净业者得生西方极乐国土。欲生彼国者，当修三福：

---

① 萧平实：《念佛三昧修学次第》，台北：佛教正觉同修会，1995年版。

一者孝养父母，奉事师长，慈心不杀，修十善业。二者受持三归，具足众戒，不犯威仪。三者发菩提心，深信因果，读诵大乘，劝进行者。"故一切凡夫，欲修净业，往生西方极乐国者，均需具备如上三福净业。修持此一通净、通禅、通密之无相念佛法门，亦须上述净业以为资粮。

是故修习此法若不得力者，当知即是今生或过去生中未修上述三福净业所致，即应立即补修三福净业以为助缘。此三福净业之详细内容若有不解，请随缘就教于所认识之善知识，必获圆满开示。

又行者修习此法若能素食最妙，如不能素食，吃肉边菜亦可。五辛（葱、蒜、蒜头、韭菜、洋葱、兴渠）绝不可食。烟酒亦须禁绝；因病服药酒者，需依药方定时定量服用，不可贪味。以上系为增加助缘减除障缘所设，行者务必在意①。

接着，在〈拜佛的要领中〉开示：

行者已经三皈依，并且学会拜佛之动作后，练习纯熟。每日早晚在家中拜佛，每次十至二十分钟。拜佛时不需佛堂，不需佛像，仅需清洁处所，无人打扰即可；诸如书房，无人的客厅，乃至收拾整洁的工作房、卧房均可。若家中设有佛堂、供有佛像则更佳，每日早晚上香后，便可礼拜十至二十分钟。

无相拜佛：拜佛时，动作极缓慢，不贪多拜，而在精神集中。心中不念佛号，专注于拜佛时之每一动作和身体的感觉，若发觉心向外缘，即摄归拜佛之动作。一心缘于拜佛之动作，不管身旁发生任何惊天动地的大事，一概不理，专心拜佛。拜佛之速度若快，则气急心

---

① http://www.enlighten.org.tw/book/2/4/1。

跳，不易得定，心亦容易攀缘，是故必须缓慢、极缓慢，一分钟不可超过二拜。初学者最适宜的速度大约四十五秒至一分钟拜一拜。礼拜时全神贯注在动作上，心不外缘。如此练习两天，渐渐调整，即能习惯于缓慢的拜佛动作，此点务必做到。

无相忆念拜佛：行者于拜佛前，先选定一尊佛或菩萨作为礼拜之对象。一般人多选择本师释迦牟尼世尊、阿弥陀佛、药师佛、观世音菩萨、大势至菩萨、文殊师利菩萨、普贤菩萨、地藏王菩萨等。其他佛菩萨亦可，但觉有缘，心能相契便好。选择一尊后，永不改变，直到将来无相念佛修成时，仍是同一尊。

选定一尊佛或菩萨之后，开始礼拜。礼拜之时仅以"忆佛之心念"来拜佛。一般人拜佛时，多是先在心中称念一声佛号，随即礼拜，三称三拜而已。而此方法则不称念佛号，摒除佛号而礼拜自己所选定的一尊佛或菩萨，拜时清晰地了知自己当时在拜那一尊佛菩萨。不但口中不称念圣号，心中也不可以有圣号。没有语言相、文字相、亦没有佛菩萨的形象，乃至代表佛菩萨之任何符号都不可有。礼拜时必需安详缓慢。专注观察自己在礼拜中的每一刹那，是否清晰地知道自己在拜那一尊佛菩萨。若圣号在心中出现或圣像在心中出现，应立即舍弃，回到忆念之一念。这种礼佛的方法是一种权巧方便，对于修学无相念佛法门而言，非常重要。初心学佛者若不经由此种拜佛方法的锻炼，欲成就无相念佛法门，相当不易。亦不可排斥礼拜佛菩萨之修行法门，当知世尊与诸大菩萨之功德无量无边，说不能尽。至诚顶礼，必有大利。又：学佛人最忌慢心，礼拜佛菩萨，尤其是在大庭广众之间礼拜，最能消除慢心，于道有益。

一般人往往执着佛菩萨的形象和圣号。若无形象和圣号，就不知如何念佛了。末学在前面已经引述过道信禅师的话："何等名无所念？即念佛心、名无所念……所以者何、识无形、佛无形、佛无相貌。"凡有形象、声音、语言、文字、符号，乃至"佛"之一字，都不是佛。

若语言是佛，则我们嘴里出声念"释迦牟尼佛"的时候，释迦牟尼佛就应该从嘴里出现。若代表释迦牟尼佛的某一种特定声音是佛的话，那我们发出这种声音的时候，释迦牟尼佛就应该出现在眼前。若文字是佛，当我们写出"阿弥陀佛"四字的时候，阿弥陀佛就应该出现。若形象是佛，则一切寺院及佛弟子所供奉的佛像都应变成佛，乃至禅宗里有一则很有名的公案："释迦、弥勒，犹是他奴，他是阿谁？"二千五百多年前出现的释迦牟尼佛和数千万年后将在此世界出现的弥勒佛，还只是他的奴才，教你参一参，"他"究竟是谁？意思是说，在历史上真实出现在世间的释迦牟尼佛，只是释迦牟尼佛的法身所示现的应化身而已。当来下生弥勒尊佛，亦复如是。

佛弟子们大多知道：佛有三身——法性身、圆满报身、应化身。二千五百多年前出现在印度的释迦牟尼佛，只是应化身。因这世间的某些人，得度因缘成熟了，所以为这一大因缘而示现降神母胎，出生于迦毗罗卫国净饭王的王宫中，成为太子，成婚生子，出巡四门，睹生老病死苦，发愿为度众生得脱诸苦而半夜出家。尽学外道法，又六年苦行，后知成佛不在身苦行，乃于沐浴受乳，恢复气力后，于菩提树下参究时，夜睹明星，大悟成佛。随即示现转法轮、降外道、度众生，乃至示现老病而取涅乐——入于不生不灭之大般涅槃，常住世间而无所住，直至现代，有缘众生仍得恭觐。凡此种种，在在都告诉我们：释迦牟尼世尊只是应化身，为有缘众生得度而来，未能得度的众生，亦为种下将来得度的因缘。因缘既毕，示现生灭，警示众生。

佛的圆满报身则有三十二大人相，八十种随形好，乃是示现予居

福德功德
净土品
第二

住在方便有余土及实报庄严土的声闻众及贤圣菩萨众等亲近修学的法相。法性身无形无相，一切众生不能得见，是故需要应化身和圆满报身方便度众。若论实际，法性身才是佛的真实身，离于一切"身、身施设、言语、文句、声音、形像、符号"，无可表示，唯一空性。无名可名，施设"佛""法身"以为其名。此乃佛之实际，故道信禅师说："无所念者，是名念佛"。这是要到理一心的境界以后，再做思维观，方能深入了知。是学佛人的理想，未必人人可得。但事一心念佛——无相念佛，只要精进练习，人人可得。以上不厌其烦地叙述，无非是帮助行者，不再执着佛的名号、形像、符号等，而能一心忆念、无相拜佛。

　　本书则将称名念佛及无相忆念拜佛作为进入本法门之初期方便。称名念佛，是释迦世尊为末法时期信心薄弱的众生所说的一种方便法。借着阿弥陀佛的大愿，使得持名念佛的众生可以往生极乐世界，但也不是每一个人都能往生。必须具有信心、发愿求生、并于日常生活中不停地持念佛号，口念心念。一遇紧急事故，在当下唯有想到阿弥陀佛，脱口呼救，这样才叫修行坚固，才能于临命终时往生西方净土。经中并说不可以少善根福德因缘得生彼国。必须执持圣号，一心不乱或时时系念，心不颠倒才得往生，故也不是人人有把握的。至于经中所说九品莲花往生，其中上品三生及中品上生、中品中生皆需具备特定条件始能往生。若一般人不具备这些条件而往生极乐世界者，多属中品下生，需于莲苞中住七日，始得花开，见观世音及大势至菩萨，闻法欢喜，得须陀洹（初果）。再过一小劫，始成阿罗汉（四果）。按：极乐世界之一天，相当于此世界一大劫。中品下生之人，在极乐世界莲苞中安住的时间，究有如何久远，行者可自思维，详细审查。自须陀洹修行至阿罗汉，需时极乐世界之一小劫，其时间之久远，令人无法想象。若于此世界修学，即使修一生、忘三生，其成就之速度亦远较中品下生人在极乐世界之修学，快过百千万倍，行者不可不审。（行者欲知其详，请阅《弥勒下生经》。）

〈定慧一体智慧品〉第三

【经】

师示众云："善知识！我此法门[1]，以定慧为本。大众勿迷，言定慧别。定慧一体，不是二；定是慧体，慧是定用。即慧之时定在慧，即定之时慧在定；若识此义，即是定慧等学。诸学道人莫言'先定发慧，先慧发定'，各别作此见者，法有二相；口说善语，心中不善；空有定慧[2]，定慧不等。若心口俱善，内外一种，定慧即等。自悟修行，不在于诤；若诤先后，即同迷人不断胜负，却增我法，不离四相[3]。善知识！定慧犹如何等？犹如灯光，有灯即光，无灯即暗；灯是光之体，光是灯之用；名虽有二，体本同一。此定慧法，亦复如是。"

师示众云："善知识！一行三昧者，于

一切处，行住坐卧常行一直心是也。如《净名经》云'直心是道场'，直心是净土，莫心行谄曲口但说直、口说一行三昧不行直心。但行直心，于一切法勿有执着。迷人着法相，执一行三昧，直言'坐不动，除妄不起心，即是一行三昧'；作此解者，即同无情，却是障道因缘。"

师示众云："善知识！道须通流，何以却滞？心不住法，道即通流；心若住法，名为自缚。若言坐不动是，只如舍利弗宴坐林中，却被维摩诘诃。善知识！又有人教坐看心、观静，不动不起，从此置功。迷人不会，便执成颠。如此者众，如是相教，故知大错。"

师示众云："善知识！本来正教无有顿渐，人性自有利钝。迷人渐契，悟人顿修；自识本心自见本性，即无差别，所以立顿、渐之假名。

"善知识！我此法门，从上以来，先立无念为宗，无相为体，无住为本。无相者，于相而离相。无念者，于念而无念。无住者，人之本性于世间善恶好丑，乃至冤之与亲，言语触刺欺争之时，并将为空，不思酬害。念念之中，不思前境。若前念今念后念，念念相续不断，名为系缚。于诸法上念念不住，即无缚也[4]，此是以无住为本。善知识！外离一切相，名为无相；能离于相，则法体清净[5]，此是以无相为体。善知识！于诸境上心不染，曰无念；于自念上常离诸境，不于境上生心[6]。若'只百物不思，念尽除却'，一念绝即死，别处受生，是为大错。学道者思之，若不识法意，自错犹可，更劝他人；自迷不见，又谤佛经。所以，立无念为宗。

"善知识！云何立无念为宗？只缘口说见性[7]迷人于境上有

念，念上便起邪见，一切尘劳妄想从此而生。自性本无一法可得，若有所得，妄说祸福，即是尘劳邪见，故此法门立无念为宗。善知识！无者无何事？念者念何物？无者无二相，无诸尘劳之心。念者念真如本性，真如即是念之体，念即是真如之用。真如自性起念，非眼耳鼻舌能念。真如有性，所以起念；真如若无，眼耳鼻舌当时即坏。善知识！真如自性起念，六根虽有见闻觉知[8]，不染万境而真性常自在，故经云：'能善分别诸法相，于第一义而不动。'"

【注】

1. "法门"：六祖所说的法门，是指实证本心的法道。

2. "空有定慧，定慧不等"：这里的定与慧，是指世间凡夫的禅定与智慧，因为都与世间六尘境相相应而非与第一义相应的缘故，因此说其定慧为"空有"，即是"徒有"之意。意说这样的修行，都落在空无虚妄的世间定、慧之中，所证也只是世间定、慧的不平等境界而已。

3. "四相"：指我相、人相、众生相与寿者相。此四相的本质，就是导致众生生死轮回的我见与我执烦恼。

4. "于诸法上念念不住，即无缚也"：真心如来藏所生的五蕴法相是念念不住的体性，真心自体则是常住不生灭体性，因此这句话是说"真心无念、无住体性的缘故，因此不被六尘系缚"。众生贪着我、法，对六尘相执着取舍，造作诸善恶业，因此不能出离生死轮回，不得解脱，名为被六尘所系缚。

5. "能离于相，则法体清净"：真心所生的五蕴、十八界等法皆有三界法相的缘故，不离于相，因此是相对法相；既是相对法相则有垢净增减生灭等杂染及无常相，因此是不清净的。真心无有三界法相，自性是本来自性清净涅槃，本来自在之涅槃相，因此是无相涅槃清净体性。因此，这句话是说第八识真心体性离于三界一切法相，一向都是出世间性，由此显示出祂的法体是涅槃清净性。

6."不于境上生心"：意识现起时必在六尘境上生心，因意识现起时必有五遍行、五别境界心所法相应，必定了别三界中的六尘境界相。能够不对六尘境相起见闻觉知分别取舍的，唯有第八识真心。

7."只缘口说见性迷人"："口说"是指读颂佛法经教而宣称已见佛性，事实并未亲见第八识本具的能使人成佛之性。此处"见性"指参禅亲见真心如来藏具有能使人成佛的自性，并非《大般涅槃经》中说的第十住菩萨眼见佛性。因此，六祖的意思是说无念的真实意义，必须经由闻熏般若经义正确知见，再加上实证真心如来藏的自性之后，才能真正了解。

8."真如"：第八识如来藏的异名，相对于真如所生意识等觉知心之生灭性，祖师们亦说之为"真心"。般若诸经中于第八识大多名为真如，例如"真如虽生诸法，真如不生"[1]。第八识真如广有多名，例如阿赖耶识、异熟识、无垢识、阿陀那识、如来藏、无异、无诤、无变、法性、一切法、中道、涅槃……；禅宗祖师名之为本地风光、本来面目、佛法大意、石上无根树、海底泥牛行、佛、如来等。外道所言上帝、造物主、大梵天王等，其实即是第八识，但一切外道皆无知于此，妄推为具有五阴身的上帝等。由于第八识如来藏出生五阴等万法之后，自身驻于五阴等万法中运行时，常时显示其本有的真实与如如之自性，故亦名为真如。

9."六根虽有见闻觉知"：古时《坛经》行文简略的缘故，未一一明举。此处六根的函盖范围，包括六根、六尘与六识。这里是说六根六尘六识

---

[1] 《大般若波罗蜜多经（第401卷—第600卷）》卷569（法性品6）："如实知见诸法不生，诸法虽生，真如不动；真如虽生诸法，而真如不生，是名法身。"（CBETA, T07, no. 220, p. 937, c17-19）

定慧一体
智慧品
第三

等一起因缘和合运作，因此众生对于六尘中的一切法就有见闻觉知而有种种分别；相对于真心来说，真心是无念、无住、无相体性，因此无见闻觉知于一切六尘诸法，对六尘万法无所分别。然真心必与祂所生的十八界法相，根据因果法则因缘和合，共同合作才能出生五蕴世间一切法相，六根六识的见闻觉知法性若离真如时，即告消灭而无所能为，证悟者将六根等摄归第八识真如，因此又说十八界一切法都是真心起念的境界。敦煌本作："自性起念，虽即见闻觉知，不染万境，而常自在。"后来的祖师为了避免学人误将见闻觉知意识当成是常住的第八识真心，因此在见闻觉知之前加上"六根"二字，以示两者有别。

【语译】

六祖开示大众说："各位有智慧的大众！我所传授的这个真心法门，是以定与慧为根本。大众不要迷信外面的说法，认为定与慧有所不同。定与慧是一体，不是二法；定是慧的体，慧是定之用。也就是说，当智慧生起运作之时定是处在智慧之中，心得决定的时候智慧是处在定之中；有这样见地的佛弟子，就是真懂定法与慧法，而且是定慧等持的智者。诸位学道之人千万不要认为'要先有定然后智慧才能发起，或说先要有慧然后才有定生起'，各人若有另外作出此一见解的人，所见的法就分为定与慧二相了；这样的人表面看似在演说佛法等好话，其实错解佛法而心中存有诸多不善的妄想；这样只是徒有定慧的空言，其实他所修的定与慧是不平等的。如果实证真心之后转依真心，在心行与口行上都是努力救度众生而作种种善法，了知内法与外法都是真如自性一种，他的定与慧即能相等无异，因为全都是真如的平等自性。佛法宗门的实证，重在自悟真心而后修行佛道，不在定慧二法上互相诤论定与慧的孰先孰后；如果诤论定慧的先后次序，那跟迷人总是不停地在诤论胜负是一样的，都只是在增加我见、法见两种执著而已，就永远不能离开我相、人相、众生相、寿者相四相。各位有智慧的大众！定与慧究竟是什么境界呢？就像是灯与光一样，有灯就有光，没有灯就没有光；灯是光的所依本体，光是灯的体用自性；虽然有两个名称，其实灯与光的自体本来就是来自同一个灯自身。我所说的定慧之法，跟这个道理是一样的。"

六祖又开示大众："各位有智慧的大众！一行三昧这个法，是指在十二处等一切处中，行住坐卧时都行于唯一真心的直心境界便是。例如《净名经》（即《维摩诘所说不可思议解脱经》）中说'直心是道场'，这个直心就是净土，千万不要心行谄曲而只在嘴上尽说些仁义道德的直心话语。悟后修行时只要依真心的不谄曲直心境界而行，在一切法上断除我、法执著。迷惑于般若的人执著于名色等法相，又错执一行三昧的意涵，总是说'要静坐不动，意识心中不要生起妄念而不动心，就是一行三昧的境界'；作这样解释的人，那就等同无情一般不能分别万法而无智慧，正是阻碍佛道实证的原因。"

六祖再开示大众说："各位有智慧的大众！成佛之道要在万法之中通流才对，怎么会停滞而不动心不起念呢？所证之心不住著于万法时，所修的成佛之道就能通流于万法之中；所证的心若是会住著于诸法的，一定是生灭心、有住心，那是将自己束缚在六道万法而住在生死轮回之中。如果说静坐时不动身、不起念就是有般若智慧，那么例如舍利弗在树林中安静地打坐，却要被维摩诘大士诃责。各位有智慧的大众！外面又有人教说要打坐观看自己的觉知心，要观觉知心时时住于安静的状态，不动念、不起念，在修炼意识心的方法上用功而认为是真正有用的修行方法。迷惑无知的人不懂真心法门的缘故，便执著这一类错误的修禅之法成为颠倒见的修行人。如今像这般执著错误

定慧一体
智慧品
第三

知见而修行的人很多，像这样互相教导错误佛法的结果，由正理上来看便知道他们真的是大错特错。"

六祖再开示大众说："各位有智慧的大众！本来真实义的佛法并没有建立顿悟与渐悟的分别，是众生自己有利根与顿根的分别。在佛道的修证上，迷人从基础慢慢向上修学而后才能契入真心法门，开悟的人已修完基础因此因缘成熟时就顿悟真心正式开始修行；顿悟之后自识本心自见本性，就了知一切众生的成佛之性是本无差别的，所以建立顿与渐的假名。"

"各位有智慧的大众！我所传授的这个真心法门，从祖师相传以来，首先是建立无念为宗旨，无相为本体，无住为根本。无相的含义，是说相对于五蕴一切法相来说祂是离开有相境界的。无念的含义，是说相对于意识等心识分别见、闻、觉、知六尘法相而念念不断的情况下，真心依旧是无念的。无住的含义，是说相对于众生都住着种种世间相中，譬如住于善恶好丑相、冤家或是亲人相、言语触刺相、欺诈争论相等，当证悟者遇到这些境相时，全部将之转依自己的空性那样不分别、不了知，因此不会思索想要同样回报别人对自己的加害。悟后于念念之中转依真心无念的缘故，都不分别思量眼前的一切境相。如果是依意识一念接着一念而有前念、今念、后念，念念相续不断地了知六尘境界，这是落入意识境界而被生灭境界所系缚。真心从来无念、无住，于意识对诸法念念不断之中，却依止真心而不住着于诸法境相中，自然不被诸法系缚，这就是以真心无住体性为根本的含义。各位有智慧的大众！对外不见闻觉知于一切法相，名为无相；能够不见闻觉知于一切法相，则法体如来藏含藏的种子自然清净，这就是以真心无相体性为本体的含义。各位有智慧的大众！在一切三界境界相上真心都没有取舍，因此名为无念；于意识自己生起的许多念上面转依真心自性而不在六尘境相起心贪着。如果以为修禅就'只是要对一切法都不思想不起念，把妄念全部除去'，然而事实上真的永远断绝妄念时就是意识断灭了，只好到别处受生转入下一期生死，因此用这种'念空''不起妄念'的错误方式想要证悟就是大错特错了。一切佛道学人应该谨慎思考，如果不知佛法大意，自己错会还情有可原，竟然还去劝诱他人信受非法；自己迷昧而不见佛法大意，又诽谤佛经所说不正确，都是诬谤三宝的严重过失。所以，禅门要建立无念为宗的真实义。"

"各位有智慧的大众！佛法大意为什么要以无念为宗旨？这是缘于那些口中宣称已经看见成佛之性的迷人，于六尘境界上有种种念，在那种种念上面便产生各种不如理的邪见，一切会导致生死轮回的尘劳妄想就这样从此邪见不断出生。真心的自性中从来无念，从本以来就无一法可得，如果证悟者宣称开悟以后竟然还有六尘等境界的所得，虚妄宣说祸事与福事，全都是落入六尘劳累中的邪见，所以这个法门建立无念作为宗旨。各位有智慧的大众！无念的无是无什么？念又是念什么？无是无有相对立的世间落入二边的诸相，也无有落入六尘中生起劳累的世间心。正念是指忆念真如心本来无念、本来涅槃的自性，真如心即是正念的所依本体，正念则是真心的起用。真如心自性所生起的念是在六尘境界外，并不是住于眼耳鼻舌境界的意识心所能生起的念。真如心有诸种自性，所以能够生起六尘外的念，真如心如果不存在的话，祂所生的耳言鼻舌等一切法都会立即坏灭。各位有智慧的大众！关于真如心依祂的自性起念时，对六根虽然有见闻觉知，却不会染着六尘中的万般境界，而祂的真实自性是本就常住而自己一直存在的，所以《维摩诘所说经》这么说："能够善于分别诸法相，于第一义谛却是不动心。""

定慧一体
智慧品第三

【解】

六祖所说"空有定慧，定慧不等"的含义，与接下来的定、慧平等的法义有着对比的关系。凡夫所修得的一切境界，因为没还有证得菩提，所以都是落在三界生灭法相的境界里，其实并没有真正佛法的定与慧可言，都是徒托空言，总是有世间禅定而没有佛法般若智慧，定慧不等，因此六祖说凡夫"空有定慧，定慧不等"。这就是说凡夫所证得的禅定不外欲界定、色界四禅与无色界四空定，而凡夫的智慧不管高低与否都是属于世间种种智慧。因此六祖说的"口说见性迷人"都是凡夫，他们所谓的定与慧都是世间虚妄无实的相对立生灭法，有着种种的分别与不平等。二乘修行人所证的定与慧，也是有着四禅八定与四向四果的分别与不平等的法相存在，因为他们只证得解脱果而没有佛菩提果，不能了知第八识真心的实相境界。

如果是证悟真心的人，由于有般若智慧与解脱功德生起，因此实证的一切禅定境界与菩提智慧都是真心自性诸法如如平等的道理。以禅定来说，真心从本以来就是寂静不动，处在涅槃大定之中；以智慧来说，一切菩提智慧从本以来就在真心里面，圆满具足。只要学人能够证得真心，就能开始运用真心本具的定、慧功德；这就是六祖所说"定慧一体，不是二；定是慧体，慧是定用。即慧之时定在慧，即定之时慧在定"的含义。六祖更以灯与光的比喻来作说明："犹如灯光，有灯即光，无灯即暗；灯是光之体，光是灯之用；名虽有二，体本同一。此定慧法，亦复如是。"另外，佛法中说的定，还有另外一层含意，就是指心得决定。心得决定之后，就会有相应的智慧发起。

六祖所说真心法门以定、慧为本的开示，也显示出另一个道理，就是说外道禅定功夫与外道世间智慧纵然修证很高，但是由于没有二乘菩提智慧或是般若智慧,其实一切所证都没有解脱的功德;纵然实证了禅定,依然落在世间生灭法之中,还是必须不停生死轮回。所以,只是修炼意识看净的一念不生功夫,那就永远只是停留在世间禅定境界而已,是不离生灭性与虚妄性的世间法相,以此而想要证得涅槃无生境界,永不可能。

六祖所说"自悟修行,不在于净,若净先后,即同迷人,不断胜负,却增我法,不离四相",这是说证悟的人不必争论定慧孰先的问题,因为实证真心之后的修道位中对于世间禅定与一切世谛法相智慧,是应该先修定还是先修慧,这跟过去世以来的已修功德有关,有人或许这一世是先修定然后才证悟般若智慧,有人则是相反,也有人是定慧一起修行发起的。因为每个人的过去修行因缘不一样,所以这一世的定慧修证过程也就呈现得不尽相同了。这就是六祖所说不必争论定慧孰先的含义。想要开悟破参,当然是要修行菩萨六度行门,其中的禅定修行部分,要求的是要有未到地定的功夫。有了未到地定的功夫,加上已修集足够的福德与正确的般若知见,想要破参证悟就会相对的容易很多。因此,开悟前对学人的要求,在定力方面的要求,就是学人要有未到地定作证悟的基础。世尊与当来下生弥勒尊佛也是如此开示。

另外,虽然说佛菩提道证悟之后的修行,可以先修定也可以先修慧,然而最适当的修法乃是先修般若智慧增上慧的部分,增上心的禅定部分不必刻意去修证,随缘有空增修定力就好,因为四禅八定、四无量心,是三地心中才必须修证圆满具足的。悟后仍在三贤位中,应该多为众生做事,帮助众生除断妄想邪见为主,并且断除自己的三界贪瞋痴等无明烦恼;等到成为三地菩萨修完三地无生法忍时,才专心去把四禅八定等禅定境界给修证完成。如果是证悟之后就想要去完成四禅八定等禅定境界，那会修得很辛苦，因为很多的三界贪瞋痴等无明烦恼尚未断除的缘故。由于定力与烦恼的性质是背反的，所以明心之后就随即修定，除了事倍功半之外还往往难以成就，加上还会因为缺少广结善缘救度众生、摄受众生佛土的缘故，修道进度会变得缓慢，因为需要把摄受众生佛土的功德补修回来的缘故。

这种现象，位在凡夫尚未深入实修佛法的人，是不能了知的，于是就会自以为是，将粗浅而层次很低的欲界一念不生定力，当作是高层次的色界定或是无想定，妄自尊大。这样就落入了三界六尘相中所谓的我、人等四相之中而不自知。一切三界内的禅定境界，有修就有得，有得就有失，都是意识的境界；人一死，意识断灭，所有定力境界全部消失。禅门要学人证得的不是定境中的意识心，是另外一个心，是外于意识心而本来自在、常住不灭、清净涅槃性的真如。有真如体性的心才能叫作真心，又名如来藏、法界等名称。所以，学佛时如果知见错误，不知道要外于意识心去寻找真心，而误将离念时的意识心当成是真心，那修学佛法都将唐捐其功，就永无实证般若的机会。

《维摩诘所说不可思议解脱经》）中说"直心是道场"的涵意，虽然说证悟之后才能直接体会这个真心境界的意涵，然而六祖前文有告诉我们如何开始修行的方法。就是修行十善业与八正道，这两部分不管是在悟前还是悟后，都是同等重要的修行内容。菩萨六度里面很多的行门，都跟十善业与八正道相通。直心的另一个涵意就是不谄曲，对人对事都是以不谄曲的心态与人交往与做事，那也相应于十善业跟八正道的道理，因此"直心"也同时是累积福德与广结善缘的修行方法。《维摩诘经讲记》中说：

一般人说理，他说："当我们心地直而不曲，那个叫直心。把哪一个心直而不曲呢？就是把觉知心直而不曲，这时就是直心，这就是真心，因为《维摩诘经》讲：'直心就是菩萨净土。'"可是这种"理上"的说法不对。从理上来说，哪一个心才算是直心？只有如来藏第八识。跟人家做事耿直而不弯曲的觉知心，那是意识第六识，完全不同，所以从理上来说直心时，应当说是如来藏。但是这一句经文开示却是在说事相上的法，说菩萨若要成就净土，心要直、不要弯曲。

弯曲，当然诸位知道：就是想很多，弯来拐去。为什么会弯来拐去？因为希望自己可以得到较大的利益，所以就弯来拐去，这样就不叫作直心了。如果是直心，他不管自己有利益或没有利益，只要正理应当如此，他就这样子做，不管自己的利害得失的，这才叫直心，事相上的直心应当如此。①

……要像我们这样不计较利害得失，你才能够迅速成就佛国净土。如果你不是这样直心去做事，你将无法成就佛国净土，因为成佛之道将会遥遥无期，也无法救护更多的众生成就佛道，怎么可能摄取佛国净土呢？只能摄取世间秽土了！所以说应该要直心来做。

若以直心来行菩萨道，未来世成佛时，来生到你国度中的菩萨们、众生们，都是不谄媚的心性，他们的心地也都是直爽的，才会生到你的佛国中来。这道理是否可以做相反的解释？因为法律有时候会有相反的解释。从这个理上颠倒过来解释，那就是说：如果不直心的话，将来成佛的时候，来生的众生就都是不直心的众生。可不可以这样讲？讲不通的！因为你若不直心，将来就不能成佛，怎会在你成佛

---

① 萧平实：《维摩诘经讲记》第一辑，台北：正智出版社，2007年版，第197页起。

时有不直心众生来生到你的佛国中？这好像是脑筋急转弯。意思是说，当你成佛时，不直心的众生很难生到你的佛国中来，除非有特别的因缘来作示现①。

真心自性起念，那是不可思议的境界，只有真实证悟的人才能了知。譬如说，真心是涅槃寂静性，既然是寂静不动那就不应该能够起念才对，但六祖为何说真心不动又能够起念呢？这是因为真如心不是三界世间的境界，祂本身是出世间的境界；祂的境界不是未悟的人所能够体会了解的，因此诸佛菩萨才会共说：心地法门不可思议、殊胜难遇、要真善知识化导才能实证了知。虽说唯证乃知，然而有关真心教义的知见部分，还是可以经由学习而了知的。真心自性起念，是指真心依据祂的自性与因果法则来出生一切法的意思。能够根据因果法则而出生各自众生所需要的一切诸法的能力，只有真心能够做到；不论是有念或离念，意识等十八界法都没有这种能力。然而真心对于祂所出生的十八界等一切诸法，是交由意识等识蕴来作见闻觉知分别的，真心本身对色声香味触法等六尘法相，是从来都不见闻觉知而不作分别的。众生的意识心会对财色名食睡等法相起贪心执着，因此必然会杂染万境，不像真心虽然一切法是祂所生，但是祂不贪染万境而始终如如常住不动。《维摩诘所说经》里说真心"能善分别诸法相，于第一义而不动"，即是在说这个道理，同时也将这个法义对证悟的菩萨开示得更为深细。

因为"念"即是分别的意思，"真心起念"也就是真心分别万法而出生一切法的意思。这是说，因为真心有分别诸法的能力，所以祂才不会将声尘弄错给生成了色尘，也才不会将这个人应该受的果报出

---

① 萧平实：《维摩诘经讲记》第一辑，台北：正智出版社，2007年版，第199页。

生给了另外一个人，也不会有苹果树最后却生出了葡萄果的现象。就是因为真心有这个善能分别一切法的体性，所以世间人与世间物的一切因果受报等现象，才能够善有善报恶有恶报，一切井然有序、毫无错乱。真心这个分别六尘外诸法的体性，跟意识心等五蕴分别合作见闻觉知六尘诸法的体性是不一样的。真心不了知六尘相的内涵，因为如果真心能够见闻觉知分别于六尘相的话，那还需要意识、眼识、耳识、鼻识、舌识等来干吗？并且意识、眼识、耳识、鼻识等是生灭法，若识阴六识离念时就变成真心，那真心不就变成了生灭法？如此一来，就违背了《心经》说真心"不生不灭"的"观自在"的教义了。

因此，我们应该了知，六根六尘六识跟真心，各有各的体性，各司其职，彼此之间共同合作，依于因果法则而出生众生所需要的万法诸相。并且由于真心始终住于第一义涅槃寂静、如如不动体性中的缘故，一切诸法由祂这个本体出生后，在种种变坏生灭的过程中，才能如实显现，不会漏失也不会错乱。根据这个道理，证悟的学人就能够更深入地了知，十八界等一切诸法其实也就是真心起念的境界，都是真如法相；从真心常住清净的体性来说，当十八界诸法都摄归真心时，十八界诸法也就同样是常住清净性的体性。以这样理上的道理来修学佛道，深入闻熏修观于真心所具有的广大无边无量的自性功德，依此一切自性功德始终都是清静涅槃自在不动的第一义谛空性法相的道理精进修行，来成就佛道。

原本，"能善分别诸法相，于第一义而不动"这句话，是宝积菩萨称赞佛陀圆满的无上智慧所具有的深广功德含义；六祖隐喻用来说明菩萨悟后起修的行门，也就是从转依真心之后修道事相上的含义来说，也是通的。《维摩诘经讲记》中说：

定慧一体　智慧品第三

……这两句话是从 佛的七识心来说的，不是在讲第八识。"于第一义而不动"，不是说心不动，而是说心不动摇，也就是心得决定的意思。这是说，法王能够善于分别一切诸法的相貌，"法相"不是讲佛法的名相，是讲一切诸法的相貌；能善分别诸法相，是善于分别诸法的相貌。很多大师把"法相"两个字当作佛法名相来解释，那是错误的。佛能善于分别一切诸法的相貌，佛于第一义谛，心中决无动摇。也许有人说："对佛赞叹这个，未免太差了吧！"其实不然，除了佛地以外，菩萨在一切地中，于第一义谛多多少少都还有不能决定的地方，因为尘沙惑还没有断尽，所以或多或少而有疑惑，这都是正常的。如果说完全没有疑惑，那是骗人的，所以有疑惑才是正常的。但是对于自己已经亲证的，能够心得决定而不退转，这个才是最重要的事情。所以不应该要求在因地就全部都无疑惑、都得决定，那是不可能的；因为尘沙惑没有断尽之前，多多少少都会有一点疑惑，这才是正常的。所以，"于第一义而不动"，这句话正好拿来赞叹 世尊，因为全部都已决定而无任何微小的疑惑①。

---

① 萧平实：《维摩诘经讲记》第一辑，台北：正智出版社，2007年版，第147页起。

〈坐禅禅定妙行品〉第四

【经】

师示众云:"此门坐禅,元不着心,亦不着净,亦不是不动。若言着心,心原是妄,知心如幻,故无所着也。若言着净,人性本净,由妄念故,盖覆真如;但无妄想,性自清净。起心着净[1],却生净妄。妄无处所,着者是妄;净无形相,却立净相,言是工夫[2];作此见者,障自本性,却被净缚。善知识!若修不动者,但见一切人时,不见人之是非善恶过患,即是自性不动。善知识!迷人身虽不动,开口便说他人是非长短好恶,与道违背。若看心看净,却是障道因缘[3]。"

师示众云:"善知识!何名坐禅?此法门中,无障无碍[4],外于一切善恶境界[5];心

念不起名为坐，内见自性不动名为禅。善知识！何名禅定？外离相为禅，内不乱为定；外若着相内心即乱，外若离相心即不乱。本性自净自定，只为见境思境即乱，若见诸境心不乱者，是真定也。善知识！外离相即禅，内不乱即定；外禅内定，是为禅定。《菩萨戒经》云：'我本性元自清净。'善知识！于念念中自见本性清净，自修自行，自成佛道。"

【注】

1. "起心着净"：敦煌二本此处记为"起心看净"。真心无念不起心，因此这里是指修炼意识一念不生境界的意思。

2. "工夫"：指意识修行观心看净，或是一念不生的定力境界。

3. "看心看净，却是障道因缘"：曹溪本作"若着心着净，却障道也"。今录敦煌二本所记内容为准，与六祖前文相符，意思又较易懂的缘故。

4. "此法门中，无障无碍"：障碍指烦恼、贪瞋痴、没有真实自性与没有智慧。修学真心法门，实证真心发起般若智慧之后，就能明了真心清净涅槃自性对一切法无障碍性，远离世间善恶境界相的道理。敦煌二本此处记为：此法门中一切无碍。

5. "外于一切善恶境界"：善法与恶法是世间法，不离六尘，是两边的相对立法。外于一切善法与恶法的境界，不堕六尘中，是出世间法，能于诸法无障无碍又是出世间离善恶性的境界，只有真心具有这样的体性。

【语译】

六祖开示大众说："我所传授的这个真心法门所说的坐禅道理，是指元来就不着于意识心等识蕴境界，也不执着于清净境界，也不是不动的境界。若是主张说执着于心，意识心等觉知心原本就是生灭虚妄的体性，如实正知意识觉知心是虚幻性之后，因此就有了真心无所着的正确知见。若说执着于清净境界，其实每一个人的真心自性都是本自清净的，由于意识心等有种种虚妄念的缘故，才有烦恼等杂染种子覆盖了真如自性；只要没有虚妄想了，真心的自性自然就清净了。如果是以意识起心蓄意地执着清净相，那就产生了清净与虚妄二边。要知道虚妄无处所，能执着于虚妄法的意识也是虚妄的；反过来说，意识觉知心的清净性在实质上也无形相，却用意识强立清净相，说这样就是学佛上要做的功夫；主张这种见解的人，是在阻碍自己真心本性智慧的显发，反被生灭虚妄的意识清净相给系缚住。各位有智慧的大众！如果真的想要修学不动法的人，当他看见一切人的时候，只见一切法真如相而不见别人的是非善恶过患等诸世间相，这就是转依真如自性寂灭不动的道理。各位有智慧的大众！迷人打坐修净时虽然色身与意识心不动，然而当他下坐后与人论法或是谈话时，却都是在说他人在事相上的是非长短好恶，而不是在议论佛法，跟出世间法背道而行。如果更坚执看心清净谓为解脱，这却是阻碍自己佛道修行的因缘。"

　　六祖开示大众说："各位有智慧的大众！真正的坐禅是什么意思？在这个真心法门中，真心处于祂所生的一切法中运行时一直都是无障无碍，外于一切世间善恶境界不断运行；在大乘佛法的修道上来说，自己的真心如来藏永远不起语言之念，名之为坐；意识觉知心往内看见真心自性如如不动，名之为禅。各位有智慧的大众！在真心法门中的禅定是什么意思？离开六尘外境一切相，名之为禅；内心如来藏的自性始终不乱，名之为定；如果执着外境六尘相时，内里的意识觉知心就会乱；对外境六尘离相之时，内里的意识觉知心就不会乱。

真心本性是本来自净自定，只是因为意识觉知心看见六尘境相而思量境界所以就乱了，如果看见六尘各种境界，其心依止真心自性而不动时，那才是真定的境界。各位有智慧的大众！这就是说，于六尘外境离一切相时就是禅，内里的意识觉知心不乱就是定；外离一切相的禅与内意识止于定而不动，合起来就是第一义谛禅定的意思。《菩萨戒经》说：'我的本性元本就是清净的（本源自性清净）。'各位有智慧的大众！菩萨道的修行要在念念之中自己亲见真心本性本来清净，转依这个实相而自修佛道、自行菩萨六度行门，最终自己圆满成就佛道。"

【解】

　　一般佛弟子或是外道修行人，对坐禅与禅定的认识，都局限在意识境界之中，不知道一切禅定境界的实质都是来自真心自性的境界；更不知道一切意识禅定境界乃是生灭相续法，一旦意识心消失了，所有定力就跟着统统不见了；例如，昏迷或是熟睡时，一切禅定境界就全都不存在了。

　　因此，六祖在这一品中，再次心切地提醒一切佛弟子，千万不要将意识心修定的方法，当作是在修观行于常住真心，才会再次地说明："起心着净，却生净妄。妄无处所，着者是妄；净无形相，却立净相，言是工夫；作此见者，障自本性，却被净缚。"又说："若看心看净，却是障道因缘。"在这一段句子里，六祖就破斥了两次用意识心清净自己杂念妄想的功夫，可见提倡"看心看净"就是修行佛法的人，真是大错特错了。

　　六祖在这一品里开示学人的法教，其实就是意识觉知心要转依不思议的第八识真心禅定境界。因为只有以正知正见为前导，学人修学佛法才不会错走道路。真心是从无始以来始终都是自性清净的体性，根本就不需要学人去把祂清净；第六意识是有了五色根以后才出生的，再怎么修行清净也不会变成本就清净的第八识真心。而且真心如来藏是本来就自己存在着的，还没有意识心出生之前祂就已经自在，所以根本也不须要学人悟后老是去看祂在不在。修学佛法是要证悟后去断除含藏在真心里的五蕴所杂染的一切烦恼与无明种子，因此一定要先找到真心来作转依，才能开始真正断除含藏在其中的染污，这是一定的道理。譬如我们要打扫房子，总不能不知道房子在哪里吧？若不知道要打扫的房子在哪里，要如何打扫房子里的杂染呢？如果认为以意识心用力想象有一个自己的房子正在被打扫清净，那个不知道在哪里的房子就会变得清净，岂不是笑话吗？因此，为避免盲修瞎炼佛法，就有必要对于真心禅定境界的法教具有正知正见。例如佛法中说：

故《涅槃经》云：能观心性，名为上定。上定者，名第一义。第一义者，名为佛性[①]。

能观心性，名为上定。得此上定，于一切真俗禅定即得自在如国王也。[②]

文殊师利菩萨说：

思议定者，是可得相；不可思议定者，不可得相。一切众生实成

---

① 《止观大意》卷一，T46, 1914, [0459b17]。
② 《宗镜录》卷二十四，T48, 2016, [0548c20]。

就不思议定，何以故？一切心相即非心故，是名不思议定。是故一切众生相及不思议三昧相，等无分别①。

永明延寿禅师说：

唯约宗说，于诸定中而称第一，名王三昧。总摄诸门，囊括行原，冠戴智海，亦名无心定。与道相应故，亦名不思议定。情智绝待故，亦名真如三昧。万行根本故，亦名一行三昧。一念法界故，亦名金刚三昧。常不倾动故，亦名法性三昧；恒无变易故，诸佛智光明海、无量观行，皆从此生。若不体此理，非佛智故②。

换句话说，这不思议的真心禅定境界，是与五祖的开示要点"不识本心，学法无益"互相呼应的。依《涅槃经》来说，学人只要证得真心，能够观行真心的种种自性而不犹豫生疑，即是证得真心的上定境界。如果不能开悟，或是悟后对所证的真心生疑，即使用意识心把禅定修得再好，那还是没有任何学佛的功德出现，死后还是在三界之中生死轮回。

然而，学佛人只要知见是正确的，就是走在正确的修行道路上，则诸佛菩萨都会善护念我们，我们不管是在十善法门或是六度行门上只要努力去做，都不会唐捐其功，很快就能够证得这个真心的不思议定境界。

---

① 《文殊师利所说般若波罗蜜经》卷二，T08，0232，[0729c10]。
② 《宗镜录》卷八十一，T48，2016，[0862b10]。

〈忏悔发愿皈依品〉第五

【经】

时,大师见广韶洎四方士庶,骈集山中听法,于是升座告众曰:"来!诸善知识!此事须从自性中起,于一切时念念自净其心,自修其行;见自己法身,见自心佛,自度自戒始得,不假到此。既从远来,一会于此,皆共有缘。今可各各胡跪,先为传自性五分法身香[1],次授无相忏悔。"

大众胡跪。师曰:"一、戒香,即自心中无非无恶,无嫉妒、无贪瞋、无劫害,名戒香。二、定香,即睹诸善恶境相,自心不乱,名定香。三、慧香,自心无碍,常以智慧观照自性,不造诸恶;虽修众善,心不执着;敬上念下,矜恤孤贫,名慧香。四、解脱香,即自心无所攀缘,不思善不思恶,自

在无碍，名解脱香。五、解脱知见香，自心既无所攀缘善恶，不可沉空守寂，即须广学多闻，识自本心，达诸佛理；和光接物，无我无人；直至菩提，真性不易，名解脱知见香。善知识！此香各自内熏，莫向外觅。

"今与汝等授无相忏悔[2]，灭三世罪，令得三业清净。善知识！各随我语，一时道："弟子等，从前念今念及后念，念念不被愚迷染，从前所有恶业、愚迷等罪，悉皆忏悔，愿一时消灭，永不复起。弟子等，从前念今念及后念，念念不被嫉妒染，从前所有恶业嫉妒等罪悉皆忏悔，愿一时消灭，永不复起。"善知识！以上是为无相忏悔。云何名忏？云何名悔？忏者忏其前愆，从前所有恶业愚迷骄狂嫉妒等罪悉皆尽忏，永不复起，是名为忏。悔者悔其后过，从今以后所有恶业愚迷骄狂嫉妒等罪，今已觉悟，悉皆永断，更不复作，是名为悔。故称忏悔。凡夫愚迷，只知忏其前愆，不知悔其后过；以不悔故，前罪不灭，后过又生。前罪既不灭，后过复又生，何名忏悔？[3]

"善知识！既忏悔已，与善知识发四弘誓愿，各须用心正听：自心众生无边誓愿度，自心烦恼无边誓愿断，自心法门无尽誓愿学，自心无上佛道誓愿成。善知识！大家岂不道众生无边誓愿度？恁么道，且不是惠能度。善知识！心中众生，所谓邪迷心、狂妄心、不善心、嫉妒心、恶毒心，如是等心尽是众生，各须自心自度，是名真度。何名自心自度？即自心中邪见烦恼愚痴众生，将正见度。既有正见，使般若智打破愚痴迷妄，众生各各自度；邪来正度，迷来悟度；愚来智度，恶来善度，如是度者名为真度。又烦恼无边誓愿断，将自性般若智，除却虚妄思想心是也。又法门无尽誓愿学，须自见性，常行正法，是名真学。又法门无尽誓愿学，须自见性，常行正法，是名真学。又无上佛道誓愿成，即常能下心，行于真正，离迷离觉，常生般若，即自悟佛道，行誓愿力。[4]

"善知识！今发四弘愿了，更与善知识授无相三皈依戒。善知识！皈依觉、两足尊，皈依正、离欲尊，皈依净、众中尊。从今日去，称佛为师，更不皈依邪魔外道；以自性三宝，常自证明。劝善知识皈依自性三宝，佛者觉也，法者正也，僧者净也。自心皈依觉，邪迷不生，少欲知足，能离财色，名两足尊；自心皈依正，念念无邪见，以无邪见故，即无人我贡高贪爱执着，名离欲尊；自心皈依净，一切尘劳爱欲境界虽在自性[5]，自性皆不染着，名众中尊。凡夫不会，从日至夜受三归戒；若然，皈依佛，佛在何处？若不见佛，凭何所归？言却成妄。善知识！各自观察，莫错用心，经文分明言自皈依佛，不言皈依他佛[7]。自佛不归，无所依处。今既皈依自心三宝，内调心性，外敬他人，是自皈依也。

"善知识！既皈依自三宝竟，各各至心，吾与说一体三身自性佛，令今汝等见三身，了然自悟自性。总随我道：'于自色身皈依清净法身佛，于自色身皈依千百亿化身佛，于自色身皈依圆满报身佛。'善知识！色身是舍宅，不可言归。向者三身佛在自性中，世人总有，为自心迷，不见内性，外觅三身如来，不见自性中有三身佛。汝等听说，令汝等于自身中，见自性有三身佛；此三身佛从自性生，不从外得。何名清净法身佛？世人性本清净，万法从自性生；思量一切恶事即生恶行，思量一切善事即生善行。如是诸法在自性中，如天常清日月常明；为浮云盖覆上明下暗，忽遇风吹云散，上下俱明万象皆现。世人心性净，犹如清天[6]。

"善知识！智如日，慧如月，智慧常明。于外着境，被妄念浮云盖覆自性，不得明朗；若遇善知识，闻真正法，自除迷妄，内外明彻，于自性中万法皆现。见性之人亦复如是，此名清净法身佛。善知识！皈依自性，是皈依真佛；自皈依者，除却自性中不善心、嫉妒心、谄曲心、吾我心、诳妄心、轻人心、慢他心、邪见心、贡高心，及一切时中不善之行；常见自己过，不说他人好恶，是名真皈依。来须下心，普行恭敬，即是见性通达，更无滞碍，是自皈依。

"何名千百亿化身？若不思万法，性本如空；一念思量，名为变化。思量恶事化为地狱，思量善事化为天堂；毒害化为龙蛇，慈悲化为菩萨；智慧化为上界，愚痴化为下方。自性变化甚多，迷人不能省觉，念念起恶常行恶道；回一念善，智慧即生，此名自性化身佛。

"何名圆满报身？譬如一灯能除千年暗，一智能灭万年愚。莫思向前，已过不可得；常思于后，念念圆明，自见本性。善恶虽殊，本性无二；无二之性，名为实性。自性起一念恶，灭万劫善因；自性起一念善，得恒沙恶尽，直至无上菩提。念念自见，不失本念，名为报身。于实性中不染善恶，此名圆满报身佛。

"善知识！从法身思量，即是化身佛。念念自性自见，即是报身佛。自悟自修自性功德，是真皈依。皮肉是色身，色身是宅舍，不言皈依也。但悟自性三身，即识自性佛。吾有一《无相颂》，若能诵持，言下令汝积劫迷罪一时消灭。"颂曰：

迷人修福不修道，只言修福便是道；

布施供养福无边，心中三恶元来造。
拟将修福欲灭罪，后世得福罪还在；
但向心中除罪缘，名自性中真忏悔；
忽悟大乘真忏悔，除邪行正即无罪。
学道常于自性观，即与诸佛同一类；
吾祖唯传此顿法，普愿见性同一体。
若欲当来觅法身，离诸法相心中洗；
努力自见莫悠悠，后念忽绝一世休；
若悟大乘得见性，虔恭合掌至心求。

师言："善知识！总须诵取，依此修行，言下见性，虽去吾千里，如常在吾边；于此言下不悟，即对面千里，何勤远来？珍重！好去！"

一众闻法，靡不醒觉，欢喜奉行。

【注】

1. "五分法身香"：法身即是真心的别名。香是清净的意涵。这句话是指真心所具有的五种清净功德体性：戒、定、慧、解脱、解脱知见。学人经由证悟真心之后，转依真心体性修学佛道，渐次修证此五分法身香，可至佛地究竟圆满。由此可以证明六祖于前所说"一悟即至佛地"，是摄受大众发起大心的方便说，属于为人悉檀之言。

2. "无相忏悔"：又名理忏，莲池云栖说："书经忏悔，大好。若断源，则须理忏，所谓观罪性空是也①。"无异元来禅师说："洗心忏悔者，有二种义：一者理忏；二者事忏。理忏者，如云：'罪从心起将心忏，心若灭

---

① 《云栖大师遗稿》卷三，J33，B277，[0144b27]。

忏悔发愿
皈依品
第五

时罪亦亡；罪亡心灭两俱空，是则名为真忏悔。'又云：'若欲忏悔者，端坐念实相，众罪如霜露，慧日能消除。'如云：罪从业起，业从心起；心既无生，罪将安寄？良以众生业累深厚，刹那静念倏忽万端，若不深达实相之理，难以去除，不究缘生之法何能灭罪？永嘉大师云：'观实相无人法，刹那灭却阿鼻业。'若真实究理，惟参禅一门最为确当。"①

3. 此段忏悔的含义，敦煌二本只作："善知识！何名忏悔？忏者终身不作，悔者知于前非。恶业恒不离心，诸佛前口说无益。我此法门中永断不作，名为忏悔。"

4. 关于四弘誓愿的第一愿，敦煌二本与曹溪版大同小异。后三愿敦煌二本所记极为精简："烦恼无边誓愿断"，自心除虚妄。"法门无尽誓愿学"，学无上正法；"无上佛道誓愿成"，常下行心，恭敬一切，远离迷执，觉智生般若，自悟佛道成，行誓愿力。

5. "一切尘劳爱欲境界虽在自性"：敦煌二本作："一切尘劳妄念虽在自性。"

6. "世人心性净，犹如清天"：曹溪本作："世人心常浮游，如彼天云。"接着曹溪本又言"如是诸法在自性中，如天常清日月常明"，如是前言与后语不相符合，含义又不如敦煌二本清楚容易了解的缘故，今以敦煌二本为准。

7. "不言皈依他佛"：六祖的意思是在强调"佛在自心莫外求"的道理，不是说不能皈依于十方法界中的一切诸佛。因为真心即是自性佛，如果不能亲证真心转依来皈依于自性佛，那么修学佛法是不能获得解脱与般若功德的，这也是五祖所说"不识本心，学法无益"的另一层含义。

【语译】

---

① 《无异元来禅广录》卷二十二，X72，1435，[0322a17]。

法会开始时，六祖看见从广州、韶州四方跋涉路途到来的读书人与平民大众，聚集到曹溪山中听法，于是升座对大众说："善来！各位有智慧的大众！学佛生起菩提智慧这件事必须从实证真心自性中发起，初机学人应于一切时念念熏习修行正见而清净贪瞋痴烦恼心，依六度行门自己努力修行；等到六度修足，因缘成熟就能实证而亲见自己的法身，看见了自心佛，这是自己得度、自己持戒才能成就，不需假借远道前来曹溪才能证得。既然大众已经遥远来到，共同聚集在曹溪这里相会，大家都是对佛法有缘之人。现在就请大众各各胡跪，我先为大家传授五分法身香，再为大众传授无相忏悔。"

大众听闻，各各胡跪。六祖说："一是戒香，就是自己的真心从本以来无非无恶，无嫉妒、无贪瞋、无劫害，证悟真心转依之后如此持戒，此名戒香。二是定香，即是目睹各种善恶境相时，自己的真心常不散乱，心得决定，此名定香。三是慧香，自己的真心无碍显发一切境界，应常以般若智慧观照真如自性，转依真心不造诸恶；虽修一切善法，心中无所执着；尊敬长上体念下辈，矜恤孤贫，名为慧香。四是解脱香，即是自己的真如心始终无所攀缘，不思善亦不思于恶，本来自在清净解脱而无障碍，此名解脱香。五是解脱知见香，自己觉知心既然已经不会再攀缘善恶诸法了，却不可以沉空守寂，而必须广学多闻，深入观行而得证悟，识得自己的本心，了达诸多佛法义理；然后和光接物，无我亦无人，如是安住修行；直到将来成佛时具足佛菩提，然而真如自性始终不易，名为解脱知见香。各位有智慧的大众！此诸法身智慧诸香要由各自内观真心闻熏修学而向内自己熏习，不是向外寻觅可得。"

"现在跟大众传授无相忏悔，得灭前念今念后念三世罪障，让身口意三业修行清净。各位有智慧的大众！各各随我复诵，同我一时

忏悔发愿

皈依品第五

而说：'弟子等，从前念今念以及后念中，念念不被愚痴迷惑染污，从前所有恶业愚迷等罪，悉皆忏悔，祈愿一时消灭，永不复起。弟子等！从前念今念以及后念中，念念之中都不被嫉妒染污，从前所有恶业嫉妒等罪悉皆忏悔，愿一时消灭，永不复起。'各位有智慧的大众！以上便是无相忏悔。忏是什么意思呢？悔又是什么意思呢？忏是指忏谢过去所做一切过错，从前所做过的所有愚迷骄狂嫉妒等罪，全部至心忏谢，未来永远不会再现起，这就名之为忏。悔的意思是悔除此后的过错，从今以后所有恶业、愚迷骄狂嫉妒等罪，如今已经觉悟，全部永断，更不复作，是名为悔。由于这样的缘故合名忏悔。凡夫愚痴迷信，对于过错只知道忏除从前所做的过失，不知道要悔坏将来再犯过失的势力；由于不懂永不再做的道理，前忏的罪其实未灭，后来又会造作种种过失。这样前罪既不灭失，后来又犯过失，哪里可以称为忏悔呢？"

"各位有智慧的大众！既然已经忏悔，现在带领大众发四弘誓愿，各自必须用心正确地听取：自心众生无边誓愿度，自心烦恼无边誓愿断，自心法门无尽誓愿学，自心无上佛道誓愿成。各位有智慧的大众！大家难道不是说众生无边誓愿度？我这么说，且不是由我惠能来度。各位有智慧的大众！真心自性中的众生，是指邪迷心、狂妄心、不善心、嫉妒心、恶毒心等，这些心都是众生，诸位必须依自己的真心而自己把他们度到清净彼岸去，名为真度。什么是自心自度呢？即是把自己心里的邪见、烦恼、愚痴等众生，用正见把他们度了。既然具有证悟的正见，要运用般若智慧来断除一切愚痴迷妄，将这些虚妄众生心各各圆满救度。邪见来时运用正见超度，迷惑来时运用觉悟超度；愚痴来时运用智慧超度，恶法来时运用善法超度，用这样的行门来度脱一切烦恼无明，名为真实度脱。又烦恼无边誓愿断，要用自性般若智慧，来断除烦恼心的虚妄思想便是。又法门无尽誓愿学，必须先实证自己的常住真心，观察祂的各种自性，常时行于正法之中，这样才是真学无尽法门。又无上佛道誓愿成的修行，必须常能以谦卑心，行于真正佛道，转依真心无生体性而离开迷惑与觉悟两边，时常生起般若智慧，即能自己悟得佛道，真正实行所发诸誓愿力。"

"各位有智慧的大众！今大众已发四弘誓愿，接着传授无相三皈依戒。各位有智慧的大众！皈依真觉、两足尊，皈依正法、离欲尊，皈依清净、众中尊。从今日起，称佛陀为师，更不皈依邪魔外道，要以此自性三宝，常自证明是三宝弟子而修学佛道。惠能劝请各位有智慧的大众要皈依自性三宝。佛者即是真觉的意思，法者是真正的意思，僧者是清净的意思。自心皈依真觉，邪迷即不会出生，少欲而知足，能远离财色的贪执，名为能圆满成就福德与智慧的两足尊。自心皈依真正之法，念念之中都无诸邪见；除断而无邪见的缘故，就无人无我无贡高贪爱执着，名为离欲尊。自心皈依清净，虽尚有一切尘劳爱欲境界存在真心的种子中，但真心的自性在万法中始终都不染着，因此名为众中尊。凡夫不懂这个深妙道理，从早到晚 领受三皈依戒；如果佛法是这样的话，当他们皈依佛之后，佛是在哪里呢？如果没有看见佛，又凭什么知道真有佛可以依靠呢？这样而说皈依了佛，所说就成为虚妄言语了！各位有智慧的大众！真实义的道理需要各人自己仔细地观察审思，千万不要错用心。佛经中很清楚地告诉我们要自性皈依于佛，不是说要皈依于真心以外的诸佛。如果不皈依真心自性佛的话，五阴、十八界等一切自我可就没有可以真实皈依之处了。大众如今已经皈依真心自性三宝，明了自性三宝的含义，就应当要对内调柔心性，对外尊敬他人，如此才是真正行于皈依自性三宝。"

忏悔发愿
皈依品
第五

"各位有智慧的大众！今大众皈依真心自性三宝圆满了，请大众至诚听闻，惠能为大家开示一体三身的自性佛，让大众今日能够看见自己的自性三身佛，清楚分明地自己悟入真心的自性。所有人都跟随我一起说：'于自色身皈依清净法身佛，于自色身皈依千百亿化身佛，于自色身皈依圆满报身佛。'各位有智慧的大众！色身只是一世所住的舍宅，无常必灭，不可以说是皈依的处所。一向以来三身佛都在我们真心的自性之中，一切世人全部都有真心所以也都有此三身，只因为自己生迷，不知不见自己内里的真心自性，反而向外想要寻找外六尘相的三身如来，不能证悟得见真心自性中就有三身如来。你们听我说明，使你们于自己身中，看见三身佛都在真心自性中，不是从外寻觅而得到的。清净法身佛的含意是什么呢？世间人的真心自性本自清净，五蕴十八界等万法都从真心自性出生；如果觉知心中思量一切恶事就会生出种种恶法，如果心中思量一切善事时就会生出种种善行。犹如我所说的这样，一切诸法都在真心的自性中，无碍地出生显现，就像是清明的天空里有太阳与月亮时时发出光明一样；都是因为天空被浮云覆盖就形成上面天空明朗而下方地上黑暗的现象，忽然遇到风吹而把遮光的乌云吹散，顿时上下都是光明，此时诸法万象即顿时显现。世间人的真心自性本来清净，就犹如清明的天空一样能够显现万法。

"各位有智慧的大众！智就好比太阳，慧就好比月亮，智日与慧月是时时光明照亮着。众生对外六尘境起心执着，被虚妄念的浮云遮盖了真心的自性，清天不得明朗；如果得遇真善知识，听闻真正的佛法，自己除去迷惑与虚妄念，则内外诸法都明彻了，自见真心的自性中显现出万法。证悟而看见真心自性的人也像是这样，这就称为清净法身佛。各位有智慧的大众！这样皈依于自性法身，即是皈依于真佛；自皈依的人，断除真心自性中的不善心、嫉妒心、谄曲心、吾我心、诳妄心、轻人心、慢他心、邪见心、贡高心等现行，并且除去一切时中的不善诸行；常见自己的过失，不说出他人的好恶，这样是名真皈依。看见真心自性以来必须以低下心，对大众普行恭敬，就是看见真心自性已经通达了，再也没有滞碍，这就是自皈依。

千百忆化身佛的含意是什么呢？如果真心所生五蕴不思量于万法时，只剩下真心的自性本来犹如虚空；真心所生的五蕴忽生一念思量善恶时，名为自性之所变化。思量造作恶事将来就化生为在地狱受苦的众生，思量造作善事将来就化生为在天堂之身；思量造作毒害行为就化生为龙蛇，思量造作慈悲将来就化生成为菩萨；闻熏思量智慧将来就化生为上界有情，思量造作愚痴诸行将来就化生为下方众生。真心这样的自性变化甚多，迷人不能省觉这个道理，念念起恶常常造作诸恶道行；如果能够回心而一念向善，般若智慧不久就会出生，如是自性变化名为自性化身佛。

圆满报身佛的含意是什么？譬如一盏灯刚刚亮起时就能将千年暗室照亮，一智生起时万年的迷昧就消失了。不要思量向前已过去的境界，因为前境已经过去已不可得了；要时时思量于证悟之后的事，要念念圆满光明，念念都要自见真心的无量自性。善与恶虽然大不相同，但都是从真心本性中流注出来所以不二；这个不二之性，就称为真实性。真心所生一念恶的种子给五蕴而造作了恶念思量，能消灭万劫修集的善因；真心自性中生起一个佛法善念种子而使五阴思量善法，能让恒沙数的诸恶业尽断，继续修行直到成就无上菩提。如是修行而能念念自见真心的清净自性，信念不移而不失觉念，名为报身。于真心实性中断除一切无明烦恼而更无杂染善恶种子，此名为圆满报身佛。"

忏悔发愿皈依品第五

"有智慧的大众们！从诸法的所依身来思量，即是化身佛。念念都住在真心的自性而自己亲见，即是报身佛。亲证真心而自悟自修自性的功德，才是真皈依。皮肉是色身，色身好比是三界烦恼宅舍，只给大众住一世罢了，因此不说色身是皈依处也。只要能够真实悟入自性三身，即能认知自性佛。我有一首《无相颂》，大众如果能够诵持，正在诵持之下便能让累积多劫以来的迷惑之罪一时消灭。

颂曰：

迷惑无知的人修集福德而不懂修道，只说修福就是在修道；
布施供养而得到福德量无边，心中的三恶却是原来所造的。
想要以修得的福业来灭除以前所作的罪业，后世得到福报时罪业还是存在着；
只要向自心中灭除众罪因缘，名为于自性之中真正的忏悔；
忽然在一时之间顿悟大乘第一义时便是真忏悔，除掉所有邪见而行于正道时即可无罪。
学道之时持续在真心自性上观察，即与诸佛是同一类人；
吾祖唯传这个宗门顿悟之法，普愿大众亲见真心自性而证实有情都是同一体性。
若是想要在未来觅见真实法身，应该远离种种法相而把心中的不善法清洗掉；
努力广行六度而亲自看见，莫悠悠度日，因为静坐的一念不生若是在最后念忽然断绝时，这一世便罢休了；
若有机会证悟这个大乘法而得亲见真心的本性，应该虔诚恭敬合掌而以至诚心求证。"

六祖师父说:"各位有智慧的大众!所有人都应该诵取此偈颂,依此诵中的道理修行,能于言下亲见自己本来真心的自性,虽然身处离我千里远的地方,其实就像常在我身边一样;如果于我所说的这些语言之下还不能得悟,就算跟我面对面同住,实际上却是相距千里之远,又何必白来这一趟?大众珍重,好好歇去吧。"一起同在的大众听闻六祖师父开示了妙法,没有人不醒觉,便心生欢喜而乐意奉行。

【解】

佛法中关于戒、定、慧三无漏学最重要的开示,是佛陀在《楞严经》中的法教:

佛告阿难:"汝常闻我毘奈耶中宣说修行三决定义,所谓摄心为戒,因戒生定,因定发慧;是则名为三无漏学。阿难!云何摄心,我名为戒?若诸世界六道众生其心不淫,则不随其生死相续。汝修三昧,本出尘劳;淫心不除,尘不可出;纵有多智,禅定现前,如不断淫必落魔道:上品魔王、中品魔民、下品魔女;彼等诸魔亦有徒众,各各自谓成无上道;我灭度后,末法之中多此魔民,炽盛世间广行贪淫,为善知识,令诸众生落爱见坑,失菩提路;汝教世人修三摩地,先断心淫,是名如来先佛世尊第一决定清净明诲。是故阿难!若不断淫修禅定者,如蒸沙石欲其成饭,经百千劫,只名热沙;何以故?此非饭本,石沙成故。汝以淫身,求佛妙果,纵得妙悟,皆是淫根,根本成淫;轮转三途必不能出,如来涅槃何路修证?必使淫机身心俱断,断性亦无,于佛菩提,斯可希冀;如我此说,名为佛说;不如此说,名波旬说。

"阿难!又诸世界六道众生,其心不杀,则不随其生死相续。

忏悔发愿皈依品第五

汝修三昧，本出尘劳；杀心不除，尘不可出；纵有多智、禅定现前，如不断杀，必落神道：上品之人为大力鬼，中品即为飞行夜叉诸鬼帅等，下品当为地行罗刹。彼诸鬼神亦有徒众，各各自谓成无上道；我灭度后，末法之中，多此神鬼炽盛世间，自言食肉得菩提路。阿难！我令比丘食五净肉，此肉皆我神力化生，本无命根；汝婆罗门地多蒸湿，加以沙石，草菜不生，我以大悲神力所加，因大慈悲假名为肉，汝得其味；奈何如来灭度之后，食众生肉，名为释子？汝等当知：是食肉人纵得心开似三摩地，皆大罗刹，报终必沉生死苦海，非佛弟子。如是之人相杀相吞，相食未已，云何是人得出三界？汝教世人修三摩地，次断杀生，是名如来先佛世尊第二决定清净明诲。是故阿难！若不断杀、修禅定者，譬如有人自塞其耳，高声大叫、求人不闻；此等名为欲隐弥露。清净比丘及诸菩萨于歧路行，不踏生草，况以手拔？云何大悲、取诸众生血肉充食？若诸比丘不服东方丝绵绢帛，及与此土靴履裘毳乳酪醍醐，如是比丘于世真脱，酬还宿债，不游三界。何以故？服其身分，皆为彼缘；如人食其地中百谷，足不离地。必使身心于诸众生若身身分，身心二途不服不食，我说是人真解脱者。如我此说，名为佛说，不如此说，即波旬说。

"阿难！又复世界六道众生，其心不偷，则不随其生死相续。汝修三昧，本出尘劳；偷心不除，尘不可出；纵有多智、禅定现前，如不断偷，必落邪道：上品精灵，中品妖魅，下品邪人诸魅所着。彼等群邪亦有徒众，各各自谓成无上道；我灭度后，末法之中多此妖邪炽盛世间，潜匿奸欺，称善知识；各自谓已得上人法，眩惑无识，恐令失心；所过之处，其家耗散。我教比丘循方乞食，令其舍贪成菩萨道。诸比丘等不自熟食，寄于残生，旅泊三界，示一往还，去已无返；云何贼人假我衣服裨贩如来、造种种业皆言佛法，却非出家具戒比丘为小乘道？由是疑误无量众生，堕无间狱。若我灭后，其有比丘发心决定修三摩提，能于如来形像之前，身然一灯，烧一指节，及于身上爇一香炷，我说是人无始宿债一时酬毕，长挹世间，永脱诸漏；虽未即明无上觉路，是人于法已决定心；若不为此舍身微因，纵成无为，必还生人，酬其宿债；如我马麦，正等无异。汝教世人修三摩地，后断偷盗，是名如来先佛世尊第三决定清净明诲。是故阿难！若不断偷、修禅定者；譬如有人水灌漏卮，欲求其满，纵经尘劫，终无平复。若诸比丘衣钵之余，分寸不畜，乞食余分施饿众生，于大集会合掌礼众，有人捶骂、同于称赞，必使身心二俱捐舍，身肉骨血与众生共，不将如来不了义说回为已解，以误初学；佛印是人得真三昧。如我所说，名为佛说；不如此说，即波旬说。

"阿难！如是世界六道众生，虽则身心无杀盗淫，三行已圆；若大妄语，即三摩提不得清净，成爱见魔，失如来种：所谓未得谓得，未证言证。或求世间尊胜第一，谓前人言：'我今已得须陀洹果、斯陀含果、阿那含果、阿罗汉道、辟支佛乘、十地、地前诸位菩萨。'求彼礼忏，贪其供养。是一颠迦销灭佛种，如人以刀断多罗木，佛记是人永殒善根，无复知见；沉三苦海，不成三昧。我灭度后，勅诸菩萨及阿罗汉，应身生彼末法之中，作种种形，度诸轮转；或作沙门、白衣居士、人王宰官、童男童女，如是乃至淫女寡妇、奸偷屠贩；与其同事，称叹佛乘，令其身心入三摩地，终不自言'我真菩萨、真阿罗汉'，泄佛密因，轻言未学；唯除命终，阴有遗付。云何是人惑乱众生，成大妄语？汝教世人修三摩地，后复断除诸大妄语，是名如来先佛世尊第四决定清净明诲。

"是故阿难！若不断其大妄语者，如刻人粪为栴檀形，欲求香气，无有是处。我教比丘直心道场，于四威仪一切行中，尚无虚假，云何自称得上人法？譬如穷人妄号帝王，自取诛灭；况复法王，如何妄窃？因地不真，果招纡曲；求佛菩提，如噬脐人，欲谁成就？若诸比丘心如直弦，一切真实，入三摩提永无魔事，我印是人成就菩萨无上知觉。如我是说，名为佛说；不如此说，即波旬说。"

语译：

佛陀告诉阿难说："你常常听闻我在戒律诸法中宣说修行佛法有三种决定不变的正义，就是我所说的'摄心为戒，因戒生定，因定发慧'；这就是我所说的三种无漏之学。阿难！如何是摄心的内容、而我名之为戒呢？如果一切世界中的六道众生，他们的心中没有贪淫，就不会随着贪淫之心而导致生死相续。你修习金刚三昧①，目的本是为了寻求出离五尘中的一切辛劳；可是如果贪淫之心不先修除，五尘中的种种辛劳就不可能出离；纵使有很多的智慧，而且修禅定时也有定境现前了，如果不能断除贪淫，将来必定会落入魔道中；舍寿后若是证得上品定境的人就成为魔王，证得中品定境的人就成为魔民，证得下品定境的人就成为魔女；那些落入不同魔道中的人们也是各自拥有徒众，各自都同样自称已经成就无上道而成佛了。我释迦如来灭度以后，到了末法的时候就会有很多这一类的魔民，族群炽盛于世间而都广行贪淫，也都成为人们的善知识，处处教令许多众生一起落入爱见火坑之中，都同样迷失了觉悟之路；你阿难应当教导世人：在开始修证金刚三昧境界时，先断除心中的淫贪，这就是如来所说的'先佛世尊第一决定清净明诲'。

---

① 如来藏出生万法，一切世间、出世间、世出世间万法悉从此生；然一切法中永无一法可灭如来藏，其性犹如金刚永不可坏，解说此第八识心之经典名为《金刚经》；证得此心者现观其性犹如金刚，名为证得金刚三昧者。

"由于这个缘故，阿难啊！如果不肯断除淫贪而修习禅定的人，犹如以滚水久蒸沙石而想要使其成为米饭，如此久蒸经历百千劫以后，还是只能名之为热沙；这是什么缘故呢？因为这沙石并不是米饭的根本，这热沙是由沙石久蒸所成的缘故。你们假使是以贪淫之身来修行，而想要追求佛地微妙果报，纵使真的能够获得自认为胜妙的开悟，也全部都是由贪淫的根由之中出发的，根本已经成就淫贪了！这样修学佛菩提道，一定只能轮转于三途之中，必定不能出离三恶道，如来果地的大涅槃，又能从哪一条路真修实证呢？必定要使贪淫的心机，在色身与觉知心中全都断除了，并且连这个断性也都不存在了，这时在佛菩提道中才可能会有希求与冀望。如果有人就像我这样为大众说法，可以称之为佛陀所说；若是不能像我这样说，那就是天魔波旬所说的邪法。

"阿难啊！此外，诸世界中的六道众生，他们心中不生起杀害众生的意念，就不会随着杀心与杀业而导致生死相续。你们修学佛菩提妙法中的金刚三昧，本来是为了出离六尘中的劳苦；然而杀害众生之心若不能除掉时，六尘中的劳苦就不可能出离；纵使有很多的智慧、禅定也现前了，如果不能断除杀心杀业，死后必定落入鬼神道中：杀心杀业很强烈的上品人就成为大力鬼，中品人就成为飞行夜叉或种种鬼神中的统帅，下品人死后尚且只能成为地行罗刹。那些种类的鬼神也都各有徒众追随，他们每一个人都自称已经成就无上道——都宣称已经成佛了；在我灭度以后，末法之中将会有很多这一类鬼神，炽然兴盛于娑婆世间，自称吞食众生肉而依旧可以证得佛菩提的真道。

"阿难啊！我教令比丘们吃五净肉时，这一些肉都是我释迦牟尼佛的神力所化生的，本来就没有命根；你们婆罗门所住的地方大多是日蒸或潮湿的地方，土地上又大多是沙石，草与菜都不能生长；我释

忏悔发愿 皈依品 第五

迦牟尼以大悲神力所加持的缘故才有那些畜牲,这是因为我的大慈悲而假名为肉,你们才能获得那些畜牲的肉味;怎么可以在如来灭度之后,继续杀食众生的身肉,而自称为释迦的弟子?你们都应当知道:这些食肉的人们,纵使自称获得心中开悟而相似于佛法中的金刚三昧境界,其实全都是大罗刹,当他们生到罗刹一类之中行恶,久后舍报时必定会沉堕于生死苦海之中,他们都不是佛弟子。像他们那样的人,互相杀害、互相吞食,这样世世互相吞食而不能停止,如何能说这样的人可以出离三界?你阿难将来末劫之时教导世人修证金刚三昧境界时,除了先断心淫以外,接着要教导他们再断杀生,这就称为如来先佛世尊的第二种决定不易的清净明白教诲。

"由于这个缘故,阿难啊!如果不断除杀心杀行而修习禅定的人,就譬如有人自己塞住耳朵,然后高声大叫,却想要使大众都不能听闻到他大叫的声音;像这样的一类人,就称为想要遮隐却反而更加显露出来。清净比丘以及诸菩萨们若是离开大路而在小路行走时,尚且不踏生草,以免损害小鬼神所依附的草木,何况以手拔除呢?为什么自称有大悲心的佛弟子,却取种种众生的血肉来充作食物呢?如果诸比丘能够不淫、不杀生以外,还能不穿着东方来的丝绵绢帛,以及不使用这种由这里出产的靴履裘毳乳酪醍醐等物,像这样的比丘,于世间是真实解脱的,他们将会因此而酬还往昔多劫以来所累积的众生债,不会再游行于三界中了。为何这么说呢?假使身上穿着众生身上的皮毛,全都会成为那些众生所攀缘者;譬如人们食用大地中生产的百谷,果报就是足不离地。必须使色身与觉知心对于所有众生不论是全身或是身体中的某部分,在色身与觉知心二方面都不穿戴也不食用,我说这个人才有可能是真正解脱的人。如同我释迦牟尼这么说的人,就可以说是佛所说的;不是如同我这样说的,就是天魔波旬所说的。

"阿难！而且，世界中的六道众生，他们心中若是不会生起偷窃的想法，就不会随着窃盗恶业而生死相续。你们修学金刚三昧，目的本是为了出离三界尘世劳苦；然而偷窃之心如果不能灭除，三界尘劳就不可能出离；纵使拥有很多智慧而使禅定现前了，如果不能断除偷窃之心，必定会因为偷窃之心而堕落于邪道：上品人成为精灵、中品人成为妖魅、下品邪人就被种种鬼魅所附着。那些偷心不除的种种邪人，**他们在世间时也都各有徒众，他们每一个人都自称成就无上道了**；我释迦如来灭度以后，到了末法时期的佛教之中，有很多这一类妖邪住于佛门中，很张扬地在世间到处走动，他们都潜藏隐匿自己不诚实的欺骗行为，各自都宣称是佛法中的善知识；也都各自宣称已经证得上人之法，常常以言语自夸而迷惑对佛法无所认识的人们，又恐吓那些初学佛人而使初学者失去正念之心；这一类妖邪所经过的地方，凡是追随他们的家庭，资财不久便大多耗散了。

"我教导比丘们依循所住方界乞食，以这种方式促使比丘们舍弃贪心而成就菩萨道。诸比丘等人不许自己设立厨房烧熟食物，要将身心寄托于残余的生命，犹如旅行而暂时停泊于三界中，显示为一往还以后便出三界，或是显示舍弃人间以后便不再返还人间；为什么那些贼人假借我佛门的衣服假冒为佛教中人而出卖如来？他们造作种种恶业而说那也是佛法，却回头来非议出家具足受持戒律的大乘比丘为小乘道？由于他们这样令众生对佛法起疑而耽误了无量众生，死后将会下堕于无间地狱中。

"如果我释迦如来入灭以后，佛门之中有比丘发心决定实修金刚三昧境界，能于如来的形象面前，再身上点燃一灯，焚烧一个指节，以及在身上焚烧一个香炷，我说这个人无始劫以来累积的众生债，已

忏悔发愿
皈依
第五品

经在一时之间酬偿完毕，已经长久挹注所欠世间债务，永远脱离各种有漏法；虽然他还没有立即悟明无上正觉的道路，但这个人于佛菩提道胜妙大法已经获得决定心。如果不造作这种舍身的微小法因，纵然能够成就无为法，必定还会再度出生于人间，一一酬还他久劫以来累积的债务；如同我释迦如来三月之中常食马麦，是完全不会有差别的。你阿难发愿于末劫之时教导世人修学金刚三昧境界，在前面二种明诲之后，还要教导他们断除偷盗之心，这就是我所说的如来与先佛世尊的第三种决定不变的清净明白的教诲。

"由于这个缘故，阿难！如果不先断除偷盗之心而精修禅定的人；就好比有人以水灌入已经穿漏的酒杯中，想要求得酒杯中的水常常盈满，纵使经过尘沙数劫以后，终究无法使漏杯中的水得以平整而回复盈满状态。如果诸比丘在平常所使用的僧衣与饭钵以外，其他的物品都不储畜，并且把乞食之后多出来的食物分出来布施给饥饿的众生，于大集会的时候合掌恭敬地礼拜大众，遇到有人握拳来打或以口骂辱时，把它认作是跟称赞一样，必定要使自己色身与觉知心二方面都已经捐弃舍离了，宁可将自己的身肉骨血与众生共有，也不将如来为人悉檀的方便说，转过来当作自己真的完全理解，而用来耽误初学佛法的人们；那么我释迦佛印证这个人是已经证得真正金刚三昧的人。若是如同我所说的一样来为人转说时，就名之为佛说；不能如同我这样为人转说，就是波旬所说。

"阿难！如同我刚才所说这样，世界上的六道众生，虽然已经修到色身与觉知心都没有杀、盗、淫，修除这三毒的法行已经圆满了；但如果有了大妄语的行为，就会使金刚智慧三昧境界不能获得清净，使他成为'爱见之魔'，失掉了如来种性：这就是我所说的大妄语人：尚未证得的境界自称已经证得，尚未亲证的三昧自称已经证得。

或者心中希求成为世间尊贵殊胜的第一人，便向面前的人说：'我如今已经证得须陀洹果、斯陀含果、阿那含果，阿罗汉道、辟支佛乘、十地、地前诸位菩萨。'求得那些人对他礼拜、忏悔，贪求那些人对他供养。这种断善根人在佛门之中其实是在消灭诸佛的种性，犹如有人以刀断除多罗木的树心，我释迦佛预记这类人永远殒灭善根，此后多劫对于佛菩提道都不可能再有了知或听见的因缘了；一定会沉堕三途苦海之中，不能成就金刚三昧。我释迦佛灭度以后，教令诸菩萨及阿罗汉们，以应身出生于和那些人同时的末法之中，受生作种种不同的身份，度化各类正在生死中轮转的众生；这些应命受生于人间的菩萨们或阿罗汉们，或者受生为出家人、白衣居士、人王宰官、童男童女，就像是这样子，乃至应命受生为淫女寡妇、奸偷屠贩一类人；与各类不同心行的人们同事，借着同在一起的机会称扬赞叹佛菩提法门，令各类人士好乐修学佛菩提法门，而使他们的身心得以证入金刚三昧境界中；但被我指派受生于末法之中的菩萨或阿罗汉们，终究不会自己宣称'我是真菩萨、我是真阿罗汉'，四处泄露佛法中的秘密正因，又以轻蔑言语歧视尚未修学佛法的人们；只除了临命终时，私底下有遗言付托。我选派的真正菩萨、阿罗汉尚且如此，为什么后世那些凡夫众生们可以惑乱众生，而成就大妄语？你阿难教导末法世间的人们修证三昧境界时，除了要先断杀、盗、淫以外，随后还应断除各种大妄语，这就是我说的如来与先佛世尊第四种决定不变的清净光明教诲。

"由于这个缘故，阿难啊！如果不能断除大妄语的人，犹如精心雕刻粪干成为栴檀香木的形状，想要求得人粪雕成的假栴檀香木的香气，是没有这种道理的。我教导比丘们要以直爽之心作为修行的道场，于行住坐卧等一切行为之中，尚且都不可以有虚假，为什么末法时世的凡夫们可以自称已得上人之法？就好像穷人妄自号称为帝王，是自己求取帝王诛杀灭除；人王尚且不许冒充，何况更加尊胜的法王，如何可以妄自窃取？像这样因地所修已不真实，将来的果报当然会招来种种无法讲得清楚的曲折了；却想要求得佛菩提，如同想要咬自己肚脐的愚蠢人，有谁曾经成功呢？如果诸比丘心地如同直弦都无弯曲，一切言行完全真实，将来进入金刚三昧境界中，永远都不会有魔事扰乱，我释迦佛印证这个人成就了菩萨道中的无上知觉。若是有人如同我释迦佛这样说法，就名为佛所说法；不如同我释迦佛这样的说法，就是天魔波旬所说的邪法。"

平实菩萨在《楞严经讲记》里解释此义说：

佛对阿难尊者说，你常常听闻我在戒律中宣说，修行佛法有三种决定不变的真实义，就是：摄心为戒，因戒生定，因定发慧。什么叫作"戒"呢？就是摄持觉知心不要乱攀缘，也不贪求世间种种五欲，只是不教你断除对佛法修证上的法贪。佛陀甚至说，菩萨不可以断除法贪，要到佛地才可断尽；因为到佛地已经没有佛法可学了，自然也就断了，所以不必教你断法贪。可是未到佛地以前，法贪如果断了，就无法成佛，所以法贪不许断；但是世间五欲的贪，以及世间有为法上的贪，全都要断。因此说，若有菩萨传授戒律时，你们去受戒，那只是戒身；特别是声闻戒，完全是戒身而不戒心。可是正解脱戒（也就是菩萨戒）中却连带摄心、戒心，不许随便起心动念。

可别看见哪一个女生漂亮，就一直瞧、心中打妄想；也别因为看见哪一个男生英俊，是个白马王子，就一直瞧。不是只有男生才会这样，女生也会的；我以前三十来岁时，有一次在一家银行，有一位行员姓李,长得高挺,又很英俊;有一次我跟他到另一家银行谈事情时,旁边有个女行员就一直瞧他,几乎是不眨眼地盯着瞧。台湾的老人家若是看见了,就会斥责她是"大面神"(闽南语)。这就是没有摄心,往五欲中攀缘去了。在属于别解脱戒的声闻戒中,只要身口不犯也就没事;但在菩萨戒中若是心贪了,也就算是犯戒了!心中贪求人家的丈夫或妻女,或是心中想要不法取得人家的财物,即使都没有去做,只在心中想着,就已经是犯戒了。所以菩萨戒是"摄心为戒",不像别解脱戒的声闻戒,只要身与口不犯,就不算犯戒;所以菩萨戒得要戒心,要把自己的心摄持住,不许乱打妄想,不许作任何非分之想,这叫作"摄心为戒"。

"摄心为戒",在出家二众与在家二众之间是不一样的。譬如以贪欲来讲,在家二众是"于自妻室而自满足",绝对不会动一个念头想到别人的妻子;当然,同样的道理,优婆夷是"于自夫主而自满足",根本不会动念头想到别人的丈夫。如果这样的话,世间就不会有桃色纠纷了,这就是在家二众的"摄心为戒"。出家众则是心中都不可以想到淫事,若想了就犯戒了,当然更不可以有淫行(不论是自淫或他淫),这就是正解脱戒、菩萨戒。但在别解脱戒的声闻戒来讲,只要身口不犯贪淫,心中怎么想都没有罪,当然不是"摄心为戒"。

有些出家法师传记中写着,有某法师出家后每天都在想着如何与别人的女人和合,但因为他没有实际上去做,嘴里也没有说出挑逗言语,就不算犯戒。也有居士在书中写的是持戒多么清净,其实他心中一直在想:"这个妻子人老珠黄,我厌腻了,某甲的妻子比较新鲜美丽。"以菩萨戒来讲,这就是犯戒了;可是如果从声闻戒与在家五戒来讲,这不犯戒,所以这两种都不同于菩萨戒的"摄心为戒"。因此说菩萨戒心，不只是戒身行与口行。但针对这个戒法，我要再说明清楚一些，否则有人听完今天的戒法，回家就开口说："老公！我要跟你分房了。"糟糕了！家庭里闹革命了！从此以后你很难学佛了，想要来正觉讲堂闻法都很难，每天都在闹家庭革命了。

以上讲的是针对一般人所能理解的层次来说"摄心为戒"，再回头依《楞严》要义来说"摄心为戒"，也就是要以佛菩提胜法的正知正见来摄持你的心，使心能够决定安住于佛菩提正知见中，不接受二乘菩提而生起非分之妄想——想要入涅槃解除生死苦——这时就是"摄心为戒"的戒法成就了。由于戒法成就了，就能使你心中产生了决定性；这里的"定"不是讲禅定的定，而是心得决定的"定"，也就是制心于这样的正知见中而决定要摄心为戒，制心于此一处正见而绝不改变，心得决定；这时也是修行佛菩提道的心已经决定了，这就是"因戒生定"。如果没有经由这样的"摄心为戒"，每天心中都是想着歪七扭八的事情，或是想着要赶快入涅槃而舍离生死苦，如何能够修学佛菩提道呢？因此要"摄心为戒"。

当菩萨戒成就时，佛菩提的决定性，也就是菩萨性已经生起了，就成为习种性的菩萨。明心及见性以后，习种性具足而继续进修，圆满十行位的性种性与十回向位的道种性，接着就是发起圣种性，就准备入地了！这些过程都属于"因戒生定"，就是在习种性、性种性、道种性、圣种性中，已经心得决定的意思，也就是生起了决定性，决定不会再改变了。就好比"定性声闻"，是说这个声闻人是决定性的，决定不会舍离声闻种性，决定不会转变为菩萨，并不是说一天到晚只喜欢修定而叫作定性声闻，而是说他是决定性的声闻；"因戒生定"的"定"也是一样的意思。

因为"摄心为戒"而对佛菩提道"因戒生定"，是对佛菩提道心得决定了,就会使你一再深入深妙正法之中不断地闻、思、修,也不断地将生灭法"入流亡所",最后只剩下如来藏是无法流失也无法丧亡的胜妙真心;这时一旦亲见了就可以发起智慧,即是"因戒生定"。若是心不决定,修到后来因为很难证悟就会放弃;如果已经心得决定时,绝对不会半途放弃,最后终究可以证悟明心而亲证如来藏,于是智慧便生起了!这整个过程就是"摄心为戒,因戒生定,因定发慧"。

如果对佛菩提道已经心得决定,我教你二乘解脱道,你一定不想听闻;如果我教你佛菩提道,附带传授二乘解脱道,你就会耐着心性详细听闻。如果我只纯粹传授二乘法,不教授佛菩提道,那你就不想听闻,生起菩萨性的人就是这样子;这就表示你对佛菩提道已经心得决定了,符合菩萨戒不依止声闻法的决定心了,所以很喜欢听闻佛菩提妙法,譬如明心见性与道种智,这就显示你已经"因戒生定"了。我们有一位师兄以前学佛时,每天就是要追求明心见性,不论去到哪一个道场都问:"师父啊!你能不能够帮我明心见性?"师父若是说"不行",他转头就走。对啊!我求的是明心见性,留下来听您说世俗法就没意义了。如果那位师父说"可以",那当然要先问:"师父!你悟了没有?"本来就应该这样做的,可别含糊其事。如果这位师父说:"你不要管我有没有悟,有没有悟是我的事,只要我能帮你开悟就行了。"这是谁讲的?(众答:圣严法师)你们都知道了,但是请问你们:"他若是还没有悟,根本不知道悟的内涵,也不知道悟的过程与方法,他如何能帮人开悟?"这就是世俗人说的"睁眼说瞎话"。

所以,一定是要自己先有决定性,要在菩萨戒里心得决定而求佛菩提道,才能说是"摄心为戒、因戒生定",因为菩萨戒中规定要修学佛菩提而不许依止声闻菩提；所以求见善知识时当然要提出自己的见解："我就是要追求明心与见性，如果您教的不是佛菩提开悟的法，那我可不要学，我要学的是佛菩提智慧。"那就是你的菩萨性已经决定了，这就是"因戒生定"了。所以真正的菩萨是每天都在追求佛菩提正法，不论去到哪个道场，只要发觉他们的法不是佛菩提而是声闻菩提或是外道法，就立刻离开另外再找；一直找到最后一个正确的佛菩提法，才决定留下来。如果能够这样，迟早都会发起佛菩提大法的智慧；这只是迟与早的差别，没有谁是不发起佛菩提智的。

假使有人能够如此实行：先弄清楚菩萨戒不许依止声闻法的戒律与精神，然后摄心于佛菩提法而不依止声闻菩提，当然更不会追求世间五欲，这就是"摄心为戒"。接着继续寻找正法，找到以后开始正确的闻思修过程，深入"闻熏闻修"以后，心得决定而不摇动了，就是"因戒生定"。然后开始寻觅如来藏真心的过程，努力参禅求悟，终有一天必定会悟得如来藏；因为如来藏不曾远离你，也不曾与你捉迷藏，始终分明现前；一旦找到了祂，你的佛菩提智就跟着生起了，就有实相般若智慧了；这时就是实证般若的菩萨，那你就是"因定发慧"了！这个过程就是《楞严经》中的"三决定义"，修学佛菩提的所有菩萨们都一定要经过这三个过程。从这里就可以证实，一定要先相信每一个人都有八个识，一定都有第八识如来藏可以实证；必须先摄心于这种正知见中而不怀疑、不动摇，才算是实修而完成"摄心为戒"的凡夫菩萨，才能说他已经成为"因戒生定"的大乘凡夫菩萨；否则都只是声闻凡夫，不论他显现在外的身相是不是菩萨，本质全都只是声闻凡夫。

有这样的理解而不是将"因戒生定"错解为修学禅定，来实修这三个决定不变的真实义——三决定义——才能说是大乘法中的"三无漏学"。如果每天想的都是出离三界生死而修学解脱道,对于明心见性后利益众生的事情都没意愿,那么他所修的"三无漏学"就不清净,因为是自私自利的自了汉;心地不清净而只想自己了生脱死,这个佛菩提道"三无漏学"中的戒法便不能成就;因为菩萨的法跟声闻的法不同,菩萨法一定是在利益众生当中成就的。如果不肯利益众生,专修声闻法而想要解脱生死痛苦,而说他能成就菩萨法中的戒与定,而想要发起佛菩提道的慧,世间没有这样的事。因此这三个无漏学若是摄心于大乘法如来藏中,也摄心于不依止二乘法的大乘戒中,就是心得决定,就是"摄心为戒,因戒生定"了,不久以后就可以明心。明心时就说你对大乘的戒、定、慧三学已经有所实证了,你就是初步实证大乘"三无漏学"的菩萨了。

所以,大乘法中的戒、定、慧三无漏学,并不是一般大法师们所讲的那样,他们总是错将声闻法的戒定慧取来当作大乘法的戒定慧。所谓"戒"是要以摄心为戒的,要戒止自己于佛菩提妙法中,不许依止声闻缘觉菩提小法;所谓"定",是得了菩萨种性的决定性,只愿意修学佛菩提道,不愿修学二乘菩提;所谓"慧",是讲佛菩提智慧的实证。可是如今外面有哪一位大师讲的戒定慧,是正确讲解的?没有一个人讲对。以上讲的就是大乘法中的"三无漏学"。①

……佛陀又开示说,如何说这样的摄心可以名为持戒呢?如果所有世界的六道众生,他们心中都不贪着邪淫,或者所有世界的出家二众心中都没有贪着淫触,就不会随着贪欲而在欲界中生死相续了。可是在家二众即使不邪淫,而于自己的妻子房事仍然每天非常贪着,

---

① 萧平实:《楞严经讲记》第十辑,台北:正智出版社,2011年版,第117-124页。

那还是贪。如果能够不贪,就不会随着这个欲贪而在欲界中生死相续不断。然后世尊话锋一转,又责备阿难菩萨说:你阿难一直努力在修证如来藏金刚三昧,本来是想要出离六尘的烦恼,可是因为淫心还没有除掉,那你想要出离欲界六尘的烦恼,终究出离不了。如果今天不是你明心开悟了,纵使你有很多很多的智慧,加上禅定现前了(这里没有明讲是四禅或是四空定,但最少是指初禅);纵使还有禅定现前(世尊说的是"纵使",不是一定可以发起禅定),但是你如果不能断除淫欲的现行(不必断除习气种子),一定会落入魔道之中。落入魔道以后,上品人就成为魔王,中品人就成为魔民,下品人就成为魔女。

如何是上品魔王呢?就是证得初禅以后却因为以前很贪淫(因为初禅跟欲界相邻而住,就是跟欲界住隔壁,住隔壁就很容易被引诱),发起初禅以后仍然与欲界法相邻而住,就被诱惑而退转于初禅了,于是就成为魔王。所以,如果成就初禅的定境,可以往生色界的初禅天中,但是却因为贪爱欲界法的习气,又不能远离欲界境界,结果就退堕而成为魔王了,就成为"上品魔王"。如果没有证得禅定,聪明伶俐而贪淫,就是生到他化自在天中当魔民;如果比较没有智慧,也没有禅定,就去当魔女让魔王与魔民使唤和行乐。这些魔众还在人间之时也都有自己的追随者,他们还在人间时,都会自称已经成就无上道了。[1]

佛陀接着开示:我释迦牟尼佛灭度以后,末法之中常有很多这样的魔民,这些魔民聚集成为一股很大的势力,他们在世间非常兴盛:

---

[1] 萧平实:《楞严经讲记》第十辑,台北:正智出版社,2011年版,第124-126页。

"炽盛世间广行贪淫"……

世尊又吩咐说：你阿难既然发愿要度末劫的一切众生，应该要教末劫时的世人在修习如来藏金刚三昧时，要"先断心淫"，心中不要贪求淫触。世尊说的是"心淫"，是心中不要生贪。在正法中而不是密宗的双身法中，如果两个人都同修正法，这倒没什么问题，都好商量。如果一人在修学正法，家中配偶却没有修学正法，问题就来了！……

你自己可以不贪，但是不能要求没有学佛的配偶也不贪，不可以这样要求。如果这一世学佛的因缘是该如此，那就应该敦伦尽分，因为这是人伦之常；所以得要尽本分，不可以一厢情愿；我就是要离开身淫。甚至有的家庭中孩子才只有五六岁，夫妻就离婚了；孩子长大以后往往性格异常，这就是你失掉了责任，所以世尊说要断心淫。对于出家众则是同时断身淫，在家众却是只断心淫而不断身淫的……

如果能断除心淫，这就是释迦如来以及过去诸佛、诸世尊所教导的第一种决定不改的"清净明诲"。若是心淫不断，每天从早到晚都想着这件事，因此每当看见别人英俊的丈夫、漂亮的妻子时就心中起贪，然后就在那边打妄想；白天妄想不成就，晚上做梦就去想，已经是心淫不断了，还有心思修学佛法吗？当然没有办法真正学佛……

"是故阿难！若不断淫修禅定者，如蒸沙石欲其成饭，经百千劫，只名热沙；何以故？此非饭本，石沙成故。"所以，佛陀作了一个结论：由于这个缘故，阿难啊！你们如果不把心中的淫念贪爱修除掉，带着贪淫之心来修习禅定时，禅定是无法成就的。事实上，如果心淫没有断除净尽，最多就只能证得初禅，而且也会很快退失；因为初禅是离五盖而证得的，而五盖中的第一盖就是贪欲盖，主要是指男女间的细滑触。对这个细滑触的贪爱如果不能断除，初禅就不会现前。所以是心中的贪爱要断,不是教你们在家人要断身淫。如果是身淫断除才能成就初禅,那么最后身菩萨还来娶妻生子,那你要怎么解释呢?所以这里讲的不是断身淫,而是要断心淫的道理。如果心淫的贪求渴爱不断除而修习禅定,就好像拿一堆沙石放在锅里不断蒸煮,想要把它蒸成米饭。这样子经过百千劫不断地蒸煮以后,只能够成为热沙,终究不可能成为米饭;因为锅中蒸的沙石,并不是米饭的根本,而是石沙煮成的。①

"汝修三昧,本出尘劳;杀心不除,尘不可出;"佛陀向阿难菩萨说(这是讲第二种清净明诲,第一种清净明诲是训勉大众断除心淫的贪,第二种清净明诲是要断除杀心,也就是断瞋的意思),如果所有六道众生杀心都断除了,就不会随着杀业而生死相续不断。现在台湾一年要吃掉几百万或千万头猪,鸡鸭鹅鱼等肉吃掉更多,究竟一年要吃掉多少众生呢?大家想想看,这个杀业是多么重?所以这些能杀与被杀的众生当然得要轮转相续。因为你吃了我一斤,未来世就要还我十六两。十六两拿够了,还要再加利息的;因为众生被杀害时大约都有瞋心,而且也经过一段时间而应该有孳息的,所以有时并不是还给对方十六两肉,对方就会满足的,因为牠们心中还有被杀害时的愤怒种子,当然心中有瞋,必然要再加上许多利息,被杀者心中的瞋意才会灭除,这个杀业才算了掉。

这样一来,当然会在缘熟时不断纠缠着;如果某人犯了很多杀业,譬如每天在市场中宰杀鸡鸭鹅等动物卖钱,当他气运衰微而福报不够时,心里想:"我该舍报了,我得要念佛求生极乐,免得众生来

---

① 萧平实:《楞严经讲记》第十辑,台北:正智出版社,2011年版,第127-130页。

报冤。"于是他心中想着佛、口中念着佛号，可是那些被杀的众生们却来索命了，让他没办法念佛，还能够生西成功吗？那该怎么办？假使他对极乐世界弥陀世尊的信心不够，乱了心意，只好继续轮回而受生于畜生道中。那些被杀害的众生就是要他起瞋，瞋心发作起来时就下堕三途而不离轮回了，于是那些冤家债主就有机会找他索偿了；所以说，求出三界生死的人，杀心一定要先除。

但是有很多人说："我哪有杀？是别人杀的，我只是买来吃呀！"《楞伽经》中就说，有的人是为了卖钱而用网子杀生，有的人则是用钱网罗众生肉而杀生，虽然只是用钱杀生，杀业一样会有呀！如果他不吃，难道捕猎的人会去杀害众生吗？所以，用网子以及用钱杀生的人之间是有共业的，正因为有钱的人想要吃众生，所以猎人们才要大量地杀；如果都没有人要买肉，谁还会杀猪宰羊来卖？连养都没有人要养了，还会有人杀吗？佛说杀心如果除掉了，就不会被业力所牵而生死相续。所以佛对阿难菩萨开示说：你们若是想要修习佛菩提中的"金刚三昧"，而"金刚三昧"这个法本来是要让你们出离三界尘劳，但是如果没有除掉杀心，想要消除三界生死尘劳，是没有办法出离的。①

……有人也许会这样说："佛陀刚成立僧团的时候，不是也允许比丘们托钵时吃鱼吃肉吗？"可是后来佛有规定：托钵回来时，人家若给你肉，你不要吃肉，只要吃肉边菜；菜有肉腥味，可以用水漂一漂，洗掉肉腥味。早期是没有这样规定，但后来有规定。最早期是没有办法规定的，因为连僧团都才刚刚成立呢！

① 萧平实：《楞严经讲记》第十辑，台北：正智出版社，2011年版，第140-142页。

忏悔发愿
皈依品
第五

在很贫瘠的地方，因为"地多蒸湿，加以沙石"，所以"草菜不生"。在草菜不生的地方，有什么办法呢？有时只好吃一些动物的肉，因为植物无法生长的缘故。但那是佛陀以威神之力来加持，所以示现有一些众生，可以让众生吃肉；但这是定果色，第八地以上的菩萨就可以变生出来，七地以下就没有这种能力。八地以上菩萨，可以用三昧力变生一些鱼米等食物出来；所以佛陀说这是以祂的大威神力加持而变生出来的，就因为这样的大悲心而假名为肉，所以能使当时出家人吃的时候好像有吃到肉的味道。但是将来如来灭度之后，如果还继续再吃众生肉，那已经不是世尊慈悲变生的了，怎么可以叫作释迦牟尼佛的弟子呢？

三净肉、五净肉，都是方便施设，对于佛教界刚学佛者，我们还是要允许他们吃三净肉、五净肉，否则他们连三宝都不皈依了。以三净肉来说，目的就是作一个限制，譬如说很多人喜欢吃海鲜，而且还指定说："我要现捞、现宰的。"他要吃活的，认为是最新鲜的肉。可是学佛以后就不敢这样要了，往往还指定说："我要已经宰好的。"一般人觉得奇怪："人家都要吃活的，你却要吃死的。"就好像市场中，以前活跳跳的虾子价钱很贵，现在好像变成同等价钱了！听说是因为现在学佛人多了，大家不买活跳跳的，所以活跳跳的虾子反而卖不掉了，于是活虾与死虾一样价钱，就这样卖了。这就是初学佛者遵守告诫而只吃三净肉了。

也就是说，买回来给家人吃的肉，必须符合三个规定：第一，不是为他而杀，这样就比较清净一点。如果是为他而杀，是因为他指定要吃那个众生的肉，所以卖肉的人帮他杀，那就有杀心而不清净了。第二，眼不见杀，买肉者没有亲眼看见那个众生被杀；第三，不听闻那个众生被杀的哀叫声。这样是免掉直接杀业，但还是有间接的杀业。可是三净肉的规定，只是方便度众生，还是有违慈悲；只因为众生刚开始学佛，如果一开始就规定"一学佛就要立刻素食"，众生心中无法改变生活习惯，于是就不想学佛了。应该先让他们进来学佛，学久了以后慈悲心自然会生起来，自然就不会想吃三净肉了。这是避免素食的规定成为障碍众生学佛的因缘，才会有三净肉、五净肉的施设。学佛久了以后，终究还是要改为素食的。①

"汝等当知：是食肉人纵得心开似三摩地，皆大罗刹，报终必沉生死苦海，非佛弟子。如是之人相杀相吞，相食未已，云何是人得出三界？汝教世人修三摩地，次断杀生，是名如来先佛世尊第二决定清净明诲。"

佛又开示：阿难啊！你们应该要知道，这一些吃肉的人们，纵使有一天自认为已经心开（开悟）了，认为自己好像有证得金刚三昧的样子；但是一旦推究他们的本质时，其实都只是大罗刹的境界罢了，根本不可能是菩萨道中的开悟所得"金刚三昧"。等他们在世间的福报享受完了以后，还是要再轮转于三恶道中，理所当然地成为罗刹了；像这样的人，即使每天都在修善业，可是由于他们心中杀心不断，死掉以后必定要继续在生死苦海中轮转，这样的人不懂得寻求出离生死，并不是真正的佛弟子。

像他们这样种类的人，生生世世都互相杀来杀去，互相吞食对方身上的肉：这一世我当人，你当羊，我就杀你来吃；下一世换你当人，我当羊，你就杀我来吃；然后再下一世，又换过来相杀相吃。这样相杀相吞，互相吃来吃去，永远都吃不完，如何可以说这样的人能

---

① 萧平实：《楞严经讲记》第十辑，台北：正智出版社，2011年版，第148-150页。

够出离三界生死苦呢？所以世尊又吩咐说：你阿难到了末劫教导世人修习如来藏"金刚三昧"时，第一要先教他们断除心淫，第二要教他们断除杀心。杀害众生的心，如果不先除掉，就无法出离三界生死，所以第二个次第是要教导他们断除杀心；这个断除杀心，就是如来以及过去诸佛世尊第二种决定不会改变的清净明诲。①

"清净比丘及诸菩萨于歧路行，不踏生草，况以手拔？云何大悲、取诸众生血肉充食？"所以清净比丘以及所有的菩萨们，若是在歧路上行走时，因为少人走的缘故，这种小路上总是会有一些草生长出来！但是大众还是要尽量避开生草，是因为每一棵小草都有一个无福的鬼神住着，所以叫作依草附木精灵。附木，还算是有福报的，他的家是一棵大树，也还算是不错的。若是生草（不是枯掉的草），那是没有福报的小鬼神所住的，若是有人过来一踩，他的家就完了，还得要等半天或一、二天，草又站起来而可以住了，他才重新有个家。所以菩萨及清净比丘在歧路上行走时，连生草都要尽量避开而不践踏，何况手拔呢？……②

"若诸比丘不服东方丝绵绢帛、及与此土靴履裘毳奶酪醍醐，如是比丘于世真脱；酬还宿债，不游三界。何以故？服其身分，皆为彼缘；如人食其地中百谷，足不离地。必使身心于诸众生若身身分，身心二途不服不食，我说是人真解脱者。如我此说名为佛说，不如此说即波旬说。"如果想要出离生死，就应该尽量少亏欠众生；如果比

---

① 萧平实：《楞严经讲记》第十辑，台北：正智出版社，2011年版，第152-153页。
② 萧平实：《楞严经讲记》第十辑，台北：正智出版社，2011年版，第156页。

丘们（当然也包括比丘尼）不穿东方来的，因为这是在天竺所讲的，所以说东方，也就是从中国来的丝绵绢帛，这种用丝做成的线以及丝绢制成一匹匹的布，是要养蚕缫丝才能制成的。当蚕结茧成蛹以后，就得缫丝；缫丝是把所有茧放入大锅水煮熟，才能缫丝；想想看，一件丝做的布，要死掉多少蚕蛹？如果是丝被，里面都是丝，要死掉更多蚕蛹才能制成（听说现在丝被采用新技术，让蚕无法结成茧而将丝吐成平面的，所以不必杀死蚕蛹。不过我们学佛人倒是比较欢迎人造丝，因为虫会吃蚕丝，但不吃人造丝，反而比较好）。**这些东方来的丝绵绢帛制成一件僧衣时，是要死掉多少众生呢？如果大家都不穿它，就不亏欠众生，对于出三界是有帮助的。**

世尊又交代说，也不要穿天竺本土出产的靴履，因为靴履是用牛的皮革来做的；裘毳就是有长毛的外衣，也不要穿着，因为这也是杀生得来的；出家人平常更不要吃奶酪醍醐，除非是为了治病。否则，只要使用了或常常吃，就负欠众生了。想要出三界，却一天到晚不断积欠众生各种债务，还想要出三界，那就是逃债。众生当然不愿平白损失，所以欠债者在修行时就会有许多障碍出现，不让他成功出三界去。所以如果想要出三界，就不要负欠众生，应该尽量避免使用众生身上的物质。

菩萨可就不一定了，菩萨是想：只要我不是杀害你，比如说丝绵绢帛，我就不用，因为那是经由杀害生命得来的。如果某一条牛自然死了，确定牠已经脱身而往生去了，然后把牠的皮取来做鞋履，出家菩萨也是可以穿的；因为菩萨就借这种缘起而跟那条牛结了缘，未来世就有缘相见。相见时不会想要索命，牠对菩萨也不会有瞋，因为是自然死亡而已经脱身而去的死皮，所以未来世遇见菩萨时，就因此得度了。菩萨就因为这种缘故，于是也可以穿皮革。可是现在要找自然死的动物皮革还真是难！古时是比较容易一些。

如果是蛋类（常常有人问起蛋的问题），如果你可以确定是专门生蛋的养鸡场养的，不是野放而生的蛋，当然没受精，就不是有情，那就没有关系，因为你并不杀生。这样吃了蛋是跟生蛋的动物结缘，未来世就有机缘相见……

在家菩萨吃了鸭众生的两颗蛋，这一结缘以后，未来世就有因缘相遇，那只鸭才有机会被菩萨所度；所以菩萨就这样生生世世不离三界，不害众生而与众生结缘，这就是菩萨行。所以，你们今天听完经回去以后，牛奶照喝，奶酪照吃，虽然一定是亏欠众生，却都没问题；因为我不只是要教你证得解脱果，同时也教佛菩提道、证佛菩提果。假使有人证道后就想出三界，我若是知道了，一定要上门痛骂一顿，我度来的竟是一个声闻人，真是冤枉。我要度的是菩萨，我传的法是菩萨法，虽然也涵盖声闻法，但是我不想度声闻人，我弘法的目的是要度菩萨，才能续佛慧命。所以你们不必顾虑亏欠众生，以后乳与酪都可以喝，如果现在还有醍醐，你一样可以吃，因为并不是杀害生命得来的，对动物的身体并没有损害。

又如乳牛生的乳，本来就是该给别人喝的，有人帮牠榨乳吸出了，免得它乳房涨得难受，它还欢喜呢！所以牧场的乳牛，只要榨乳时间到了，当音乐放出来时，它们就自动回来，等着牧场主人帮牠们吸乳，原来乳汁太多时也会觉得累赘而苦恼；所以用机器为它们吸乳汁时，它们是欢喜的；那你就喝它，也是跟众生结缘，未来世就会有缘相遇。菩萨法跟声闻出三界的想法是不一样的。但是，你喝了它，你还是欠了它，你别心里想说："我是花钱买的。"你花钱买，只是一个获得的过程，你与牧场主人都同样亏欠它；而它也亏欠牧场主人草料及照顾，就这样互相结了缘。在这样互相结缘的情况下，未来世你有因缘时再帮牠证悟，这也是一个结缘的方法，虽然不算是顶好的，因为不是布施。菩萨就借着"服其身分，皆为彼缘"，来与众生结下未来世相遇的因缘。

　　为什么服众生身皮、吃众生肉等，都不能出离三界呢？佛就举例说，就好像有人吃地上所长出来的百谷，那么脚就离不开地面了。这在《阿含经》中就有讲过，阿含部的《起世因本经》有说：这个物质世间本来是没有人的，到了这个物质世间可以有人生存时，光音天人有时飞来欲界天生活；过惯了欲界天的生活，有时又飞来人间瞧一瞧。那时有人发现山壁或大地上有香味，好奇的缘故就去沾了吃吃看，觉得甜甜的，味觉不错，再沾一口吃吃看；消息传开了，于是大家都来吃，吃越多的人光明就越来越少，身体也越来越粗重。因为大家喜欢吃，贪味的结果，那些地蜜就吃完了！众生业力的关系，于是又出生了另一种食物——地肥。大家又拿来吃，吃久了身体就更粗重，光明更少，后来当然都飞不起来，足不离地，只能在地上行走。当地肥吃完了，又出生新的食物——粳米；粳米也是入口即化的，到了吃粳米的时候，当然更没有能力飞行了！所以说："食其地中百谷，足不离地。"

　　同样的道理，吃了三界众生的身肉，夺取了牠们的生命，这些众生成为债主了，当然要障碍杀它们而吃它们身肉的人修道，于是道业难成而离不开三界了。所以世尊说：一定要使我们的身心，对于所有众生的身体全部或它们身上的任何部分，在我们色身与觉知心这两方面，都不要生起想要穿用和加以吞食的想法。佛说，这样的人才是真能解脱于三界的人，也就是对三界众生的色身拥有或吞食，都没有欲望了。如果求证解脱道的人，每天都想要吃众生肉，还能得解脱吗？在大乘佛教中，还有谁贪着吃食众生肉的？……还能解脱吗？当然不可能，全都无法证得声闻道的解脱果。但他们却说吃肉也可以获得菩提道，那当然不是佛说。世尊早就吩咐了：若不是如同释迦佛这样的说法，就不是佛说，就是天魔波旬所说的。①

"阿难！又复世界六道众生，其心不偷，则不随其生死相续。汝修三昧，本出尘劳；偷心不除，尘不可出；纵有多智、禅定现前，如不断偷，必落邪道：上品精灵，中品妖魅，下品邪人诸魅所着。"
佛又交代第三种清净明诲：如果世界上所有六道众生，都没有偷盗之心，也就是都不贪爱别人的财物，就不会随着偷窃众生财物的恶业而长时生死相续。为什么有偷心就不能出离生死呢？是因为贪着人间的物质，特别是贪着别人所拥有的财物而想要窃为己有，这是非常粗重的烦恼，已经落入外我所了！修行人贪着觉知心自己，更执着处处作主的意根自己，这是我执、我见，所以不能出离生死，总是落入识阴之内，无法出离三界。但心中有偷窃之心的人，是连我见与我执都观照不到的，是把心向自我以外去贪求，而且还是贪求别人所拥有的财物，已经落入未断我见的精进修行者已经远离的外我所中，当然不可能出离三界生死，因此就不断地轮回在人间，甚至下堕于三恶道中。

所以佛陀交代说：佛子们想要修证佛菩提道中的金刚三昧，本意是想要出离三界尘劳；可是这个偷心如果不能先除掉，三界尘劳是没有办法出离的；纵使有很多的智慧与方便善巧，懂得如何修学禅定，但是因为偷心不断的缘故，死后一定会落入邪道中。至于因偷而有的邪道又分为三品：上品就是世间智慧很好也有修得欲界定的人，死后就去当精灵，随机获得自己想要的财物，或者指派下属妖魅去偷盗他

---

① 萧平实：《楞严经讲记》第十辑，台北：正智出版社，2011年版，第157-162页。

人的财物；中品人死后去当妖魅，由精灵指挥，专门干一些鸡鸣狗盗的事；下品就变成邪人，身行、口行、心行都邪，他想的都是世间种种贪着的事物，不断地贪求世间有为法的财物，于是就被鬼魅附身而专门行窃据为己有。

"彼等群邪亦有徒众，各各自谓成无上道；我灭度后，末法之中多此妖邪炽盛世间，潜匿奸欺，称善知识；各自谓已得上人法，诳惑无识，恐令失心；所过之处，其家耗散。"这些上品、中品、下品的精灵、妖魅、邪人，死前在人间时，也都各各有其徒众，他们也都自称已经成就无上道，或者自称已成佛了，或者自称是十地法王等等；全都假借佛法而聚敛大量钱财，这些人若没有杀业，死后都会成为精灵。至于他们手下帮忙募集徒众，以供他们搜集大量钱财的人们，死后就成为妖魅，在精灵手下服务，依旧为精灵搜集各种想要的财物。至于在这些附佛法外道中，借机会获得利益的下等层次者，死后转生而成为邪人，专门被妖魅附身而搜集各种人间的财物，以为是自己所有；其实只是供作精灵与妖魅在人间做事时的所需。但这三品人全都不知道自己已经成为这三品人中的一分子，将来果报正在等着他们。

这些人当然是随处分布于末法时的人间，大家应该有智慧加以观察。所以也有附佛法外道为了钱财，假借佛菩萨名义去敛财。也常有一些神坛召集信徒办法会时，突然就来一个"观世音菩萨降"，然后就开始在沙盘上写起来，结果讲出来的都是常见外道法，还要信徒捐献财物，这还会是观世音菩萨说的吗？当然不可能！观世音菩萨早就已经成佛了，连七住菩萨都不会落到我见中，结果那些神坛中自称为"观世音菩萨"的鬼神，讲出来的佛法还是落入我见中，可见就是这一种精灵类的鬼神。他们也自称成就无上道。但是这几年的台湾也有人自称成佛了,听说还依照他的模样制作了佛像,放在他们的道场给信徒膜拜,我也听说他聚敛了几十亿元台币。天啊!台湾人真的很好骗,随便讲一些似是而非的假佛法,借着气功再配合宣传,才几年时间也可以骗到几十亿元。但是真正的佛法弘传者,对钱财都没有兴趣,因为全都只是人生大梦中的钱财,与往世所拥有的钱财一样不真实,因此心中所想到的都是如何使正法久住,都不设想自己在世间法中的利益。凡是假借佛法而聚敛大批钱财在自己身上的人,不论他是否披着僧衣,不论他是否假借气功而说佛法,其实都属于精灵一类,死后都会成为精灵。①

"若我灭后,其有比丘发心决定修三摩提,能于如来形像之前,身然一灯,烧一指节,及于身上爇一香炷,我说是人无始宿债一时酬毕,长揖世间,永脱诸漏;虽未即明无上觉路,是人于法已决定心;若不为此舍身微因,纵成无为,必还生人,酬其宿债;如我马麦,正等无异。"佛说:如果在我释迦牟尼入灭以后,有比丘发心决定要修证佛菩提道的"金刚三昧";因为这部经讲的三摩提——三昧的境界——都是如来藏"金刚三昧",就是讲明心开悟而证得金刚心的智慧境界;末法之世若有比丘发心决定要修佛菩提道的金刚三昧,他如果能在如来的形像之前,在自己身上点燃一灯(不论是在头顶或手上都可以),挖一个小洞放了油绵,以身体中的油脂当作灯油来点灯,这就是"身然一灯"。又如受菩萨戒时要在手臂上点燃香炷烧成戒疤,就是"于身上爇一香炷"。譬如出家时在头上烧戒疤,应该也是根据《楞严经》中这个圣教引生出来的,就等于"身然一灯"一样。

---

① 萧平实:《楞严经讲记》第十辑,台北:正智出版社,2011年版,第165-168页。

现在他们出家人一直说要改进，说要把这个废除掉；我认为并不如法，我不晓得他们经典是怎么读的。

《楞严经》中这么说，声闻法中的出家人如果想要消除宿世以来所犯的罪恶，可以"身然一灯"，譬如在身上某处挖个小洞，把灯芯草插上去，以身肉中的油脂来点燃一灯，一直到它灭了为止。再用手指的一节在灯火上燃烧，加上在身上点燃一小团的香炷，那么他往昔无量世以来积欠众生的债务，一时之间就酬偿完毕了。这其实是由佛陀主持的忏悔仪式，当这位声闻比丘愿意自己忍受这种痛苦，向累劫以来的怨家债主忏悔，所有累劫的怨家债主都受感动；也因为佛陀代为主持公道，让这位比丘忏悔宿世恶业，让怨家债主看到这位比丘真的诚心忏悔，当然看在世尊的分上，也就不再计较了；于是怨结就打消了，那些怨家债主也就不再阻挠这位比丘的修行了。有一些人不懂其中的道理，就毁谤说："你看！佛陀就是要你用身肉供养祂。"佛陀还会接受人类供养这个污秽的人肉？那算什么佛呢？那人肉烧起来的味道，很腥臭的；连我们修学佛法的人都不吃肉了，何况佛陀还会享受他们这腥臭不净的肉味？这其实只是让声闻比丘在佛前这么做，正在领受痛苦的感觉时，也就显示了忏悔的诚意；再由佛出面排解，那么冤亲债主见了自然认为这位比丘有诚心忏悔，于是愿意解冤释结，怨气自然全部被忏悔掉；于是比丘开始修证"金刚三昧"时，那些怨家债主就不再来遮障了，这样才容易实证"金刚三昧"。

这意思是说，有业障的声闻比丘，若是想要了结往昔亏欠众生的业债而出离三界生死时，应该这样身燃一灯或烧身臂，向怨家债主酬偿，以免道业被他们障碍。在我们正觉同修会中的菩萨们，则是改为利乐往昔重新再来受生的怨家债主，或者尽未来际永不入涅槃而等待一切怨家债主前来相遇，然后以三乘菩提利乐他们；因为我们不是想要求出三界的声闻人,而是想要利乐众生成佛,永无穷尽,所以不鼓励烧身燃臂。但是,同样的道理,在想要亲证佛菩提的"金刚三昧"以便将来可以利乐所有怨家债主时,必须先忏悔业障,要避免怨家债主来索债而产生遮障;因为真正的胜法在修习时,一旦亲证了,往世的怨家债主就很难把被积欠的身命财再要回来了。他们在鬼神道中,对于什么才是究竟正法,可是看得很清楚的;因为当他们看到你在学法的道场,那些护法神的神格很高,那绝对是极胜妙的正法,当然知道你一旦实证了,就是世出世间法中的贤圣,那时他们再想来要债时,也一定是无法要得到的;因为连靠近你都会觉得困难,何况能要得到被你所欠的债呢?因此他们当然要在你还没有亲证以前来要债了。

所以你若是到世间法的道场去,他们都知道你是无法实证贤圣法的,所以不会急着要债,由着你去学。可是一旦知道你确实可以实证如来藏"金刚三昧",一证就入贤圣位中,那他们可就急了!这时你可别像声闻人想要取证无余涅槃时一样,在手上或其他部位点了香炷燃烧,由佛陀为你排解;而是要常常在佛像前发愿,尽未来际不入无余涅槃,要以实证如来藏"金刚三昧"来利乐所有怨家债主,那么一切怨家债主就会等待未来生在人间被你所度,心中就会认为你宿世所累积的债务已经偿还完毕了,因为他们借着与你的往世业债而与佛陀结缘了,当然佛陀也愿意度他们,所以便皆大欢喜了。佛说:"是人无始宿债一时酬毕,长挹世间,永脱诸漏;"这样的声闻人再过不久以后就能出离三界生死。而发起大愿的菩萨也将会证悟佛菩提,悟前当然也会长时间住在世间来利益众生,正式开始菩萨六度万行了,这就是"长挹世间";当然也会永远脱离种种有漏法,不会再因为有漏法而造作任何恶业,这就是"永脱诸漏"。

能这样做的人，虽然他在做这件事时还未能明白"无上觉路"，就是还没有办法立即明心开悟，但他对于《楞严经》中所讲的"金刚三昧"，已经具足了决定之心，一定会继续进修直到开悟而证得"金刚三昧"；这样的决定心，就是前面讲的"摄心为戒，因戒生定"了。一定是因为这个决心，才会去受菩萨戒而点燃香炷、烧出戒疤；并且愿意在身上挖洞点灯，又烧掉一个指节，都是因为已经生起了决定心。如果不是"因戒生定"而造作这种舍身的微因，纵使真悟了，也还得要继续生在人间来酬还宿债，依旧无法出离生死。为什么叫作"舍身微因"呢？因为这只是舍弃一小部分色身，不是全身都舍。佛也不会教你全身舍，若是全身都舍了，还能修学佛法吗？还能利乐众生吗？所以教你只舍一小部分，在佛陀的排解下，把过去多世积欠别人的宿业都偿还了，以后就好修行了。往世把整条牛、整只猪杀来吃了，如今只要舍这么一点身体就全部偿还了，这是很便宜的事，所以说"为此舍身微因"。

如果连这种舍身的微小因缘都不肯做，就算已经亲证无为法了，其实还是无法解脱于三界生死，必定还要回来人间再度出生为人，偿还过去世所积欠的宿债。菩萨则是发愿世世受生人间而不取灭度，利乐一切往世的怨亲债主，所以世尊说："就好像我释迦牟尼受婆罗门请，为了那五百马得度的缘故，三月之中都只吃马麦一样。"不过释迦牟尼佛那三月安居虽然只吃马麦，祂的马麦却是很好吃的，那是因为诸佛都有"舌上味相"的功德。当年佛陀受婆罗门邀请供养，明知婆罗门会反悔而不肯供养，但是为了度五百马（因为牠们以前都是菩萨行者），所以仍然前往，婆罗门却不肯供养；于是守门人请世尊暂时住在马厩里，佛陀就在那里待了三个月，都吃五百马所吃的麦；这当然是有往世的因缘，这里就暂且不说它，有兴趣的人直接去读《大

《宝积经》就行了。马吃麦子时当然觉得很好吃，因为不但能够吃饱，而且比起吃草，这实在太好吃了。然而人类吃马麦，能吃得下吗？当然吃不下！可是佛陀的功德就是不论任何食物，一入口就都变成上上味，这是诸佛的三十二大人相之一，福德很广大。话说回来，如果出了家而想要求证解脱道，却不肯做这个舍身的微细因缘，就算是证得无为法了，还是会继续出生为人，在未来世中偿还宿债，不能出离三界生死。

"汝教世人修三摩地，后断偷盗，是名如来先佛世尊第三决定清净明诲。是故阿难！若不断偷、修禅定者；譬如有人水灌漏卮，欲求其满，纵经尘劫，终无平复。"世尊针对断除盗心与盗业的部分，也作了一个结论。由于这样的缘故，所以阿难菩萨将来末法时期度众的时候，要教导世人：如果有人想要修证首楞严"金刚三昧"而想要"入三摩地"，必须教导他们先断除心淫与杀心之后，接着要教导他们赶快断除偷盗之心与偷盗的行为，这就是释迦如来与先佛世尊的第三个决定不会改变的清净光明的教诲。①

……当我们真正行菩萨行的时候，心中应该对于外境有所当忍，这是"生忍"，也就是能够忍受众生对我们无理的对待，是修忍辱行，也就是在菩萨六住位之前修忍。所以，如果有人打你，譬如捏起拳头捶你，或者以言语辱骂，你就认定这是在称赞自己：如果不是自己还有一些分量，对方怎么会辱骂我呢？只管把它想作是称赞，不必管他是骂了哪些话，然后起欢喜心去对待他；因为他是为你消掉一些业障，无妨当作是称赞。既然是如此，就不必在身心两方面做文

---

① 萧平实：《楞严经讲记》第十辑，台北：正智出版社，2011年版，第184-190页。

章了!

　　如果真的想要成就究竟佛道,一定要"身心二俱捐舍"。如果被人骂了就不高兴,就是还落在身上与觉知心上。因为"骂"只是一些声音,这个声音所骂的是自己的色身,如果不以色身为自我,谁还骂得了我们呢?如果人家大骂:"某甲!你是浑蛋加三级!"那你想:某甲是这个色身,可是我不是这个色身,所以这个"浑蛋加三级"就不是在骂我,只是骂这个色身;而色身非我,所以不是在骂我。如果对方是骂我们这个觉知心,我们已经否定了这个觉知心,这觉知心也非真我,那他是骂到谁了呢?从另一个层面来看,这个觉知心无形无色,对方怎能骂得着?那就随他去骂。从此以后荣辱不关心,这也是"身心二俱捐舍"。并不是教你自杀或上吊,而是从见地上面把自我否定,也就不会再执着这个五阴身心了,这叫作"二俱捐舍"。

　　然后乃至有一种"生忍"是到等觉位才修的,比如有人来请求说:"我要做药,需要你的眼珠子。"他带了一把汤匙来,你就挖给他。这就是等觉菩萨百劫修相好的时节,也是"身心二俱捐舍"。等觉菩萨要修三十二大人相,就得要这样做;因为这三十二相全都要靠无量无数的福德才能修成,这三十二相的福德若还没有修满,可就成不了佛。这都要靠很多的福德来修,就是"身肉骨血与众生共"。这是等觉菩萨所修的事,我们现在还做不了!也不是我们现在该做的事。所以如果有人来说:"萧平实,请给我一颗眼珠!"我说:"对不起,我现在还要宝惜它,不能供给你,因为我还有很多事要做。如果你要,我到了等觉位时就会立刻布施给你。"所以,如果有一天人家来要眼珠,我真的当场挖给他了,你就知道我到等觉位了;如果我一直都没挖给他,你就知道我绝对还未到等觉位。

　　在每一个阶段,都要观察自己的状况与位阶,一步一步逐渐完成自己所应当做的事。但也不该僭越,现在明明还不到等觉位,还有更重要的事等着自己去做,却只是为了名闻,希望大众错认自己是等觉菩萨,所以就真的忍痛挖了眼珠子给对方,这种心态是不对的。应当如实去做,而不应该和自己的修证层次有落差时就去做。全都要契合自己现在的修证阶位或层次,观察因缘去做应该做的事。

接着是属于"法忍"的部分:"不将如来不了义说回为已解,"有很多人把如来所说的不了义说,也就是为人悉檀的方便说,认为自己完全理解,就对大众坚决主张那是世尊的究竟说。如果有人这样子做,便是在耽误初学者,也是谤佛,因为佛陀只是方便说,是为了专门对治某人的特殊情况而作的方便说,不该认定是了义说。又譬如声闻解脱道是方便说,因为不曾触及第一义;如果有人主张解脱道是究竟说,便将声闻解脱道取代佛菩提道,那就是"将如来不了义说回为已解"。①

"阿难!如是世界六道众生,虽则身心无杀盗淫,三行已圆;若大妄语,即三摩提不得清净,成爱见魔,失如来种:所谓未得谓得,未证言证。"佛又交代说:就像是前面所说的这样,所有世界中一切六道中的众生,虽然他们已经具备了前面的三种清净明诲,也就是离杀、离盗、离邪淫心或者离淫心,这三行已经圆满修成了,心中不会再想违犯了,可是还有第四种清净明诲一样是不可以违犯的,这第四种就是大妄语。大妄语业如果违犯了,佛菩提道中的"金刚三昧"是不可能清净的,一定会成为"爱见魔",会因此想要借着证得如来藏而获得广大的名闻利养,于是都还没有证悟,就在心中生起种种贪爱

---

① 萧平实:《楞严经讲记》第十辑,台北:正智出版社,2011年版,第193-196页。

之见：想要赶快获得名闻、想要赶快获得无数利养、想要获得一大片金碧辉煌的道场，想要获得广大徒众、想要获得佛教界的崇高身份。这就是爱见魔入心了，心中生起种种爱见了，佛说这种人已经丧失了如来种性。

也就是说，犯了大妄语业的人，都是"未得谓得，未证言证"。换句话说，明明知道自己还没有开悟，却宣称自己已经开悟了；心中知道佛菩提中的"金刚三昧"还没有证得，却每天示现"上人法"，表现出开悟圣者的模样。虽然他在口中不说有开悟，示现出来却是一副证悟圣者的模样。譬如有大法师讲经时如此说："师父告诉你们：开悟的人从来都不说他已经开悟。"然后就扯到别的题目去，过一会儿却又告诉大众："你们看，师父我，从来都不说我有开悟。"这就是"未得谓得，未证言证"，这是方便大妄语。他自己心里很清楚自己是没有开悟的，但是为了让大众对他恭敬供养，于是以暗示的手法表示自己有开悟，是证悟的圣僧，这也是大妄语——方便大妄语。

有的法师干脆就直接说："开悟？开悟很简单，如果你知道什么叫作缘起性空，那你就是开悟了。"这样就是开悟了？所以，他们认为：譬如印顺法师懂得缘起性空，就可以叫作开悟。这也是大妄语。然而他们懂得缘起性空了没？还是没有！因为缘起性空不能外于如来藏而说，必定是有一个本住法恒存，才能借众缘来生起诸法，这才是四阿含中所说缘起性空的真实义；可是他们却外于本住法如来藏，是把本住法如来藏公然否定而说缘起性空，这样的缘起性空与释迦佛所说的缘起性空迥然有异、完全不同，本质是无因论的缘起性空……[1]

---

[1] 萧平实：《楞严经讲记》第十辑，台北：正智出版社，2011年版，第201-202页。

这一段经文中，世尊说的意思很清楚：要遵守诸佛如来共通的四种清净明诲，绝不能违犯，特别是最后一种。前三种若是犯了而下地狱，出离的时间还不会很久；最后这一项大妄语业若是犯了，下了地狱可就久了！那些大法师们都应该要特别注意！诽谤证悟的贤圣，下地狱七十大劫，但如果是大妄语，那可是"一颠迦"，是一阐提人，叫作善根永断，那是无间地狱罪；无间地狱受报完了，还得要在其他各大地狱中次第受苦，才能来到饿鬼道受苦多劫，再去畜生道中多劫受苦，然后才能回到人间；刚回到人间当人时，前五百世还得要五根不具，盲聋瘖哑，又如何能学佛呢？

……如果今天还不曾断我见，我见具足存在，硬要说自己是初果人；如果否定如来藏，当然是还没有明心，却硬要说自己是七住或初地菩萨，都是成就大妄语业的人。如果你今天真的明心了，有人问时，你不必说自己是第几住菩萨、第几地菩萨，都不需要，因为那都是多余的；但是当然可以承认是开悟了，若是自谦为未悟，又成为妄语了，因为所说不实。如果口中自称是十地菩萨，别人就一定会供养他吗？也不见得。因为他如果没有披起僧服来，宣称是十地菩萨，一样不会有人愿意供养的。我这些话是真实语，因为僧服的威德很大，但这是世尊福德的余荫，不是穿僧服者自己的威德。今天我如果出去宣称：我是十住菩萨，我是十回向菩萨。谁会理我？没有人会理我啦！只有你们识货才会理我，但众生大多是这样子的。但是我却说：就是要别人不理我才好，千万不要处处示现上人相；这样让众生轻视我，我的习气就容易灭除。菩萨道中本来就应该如是。

所以大妄语业，是非常严重的事。可是我们所能救的只是那些大法师手下的人，有一部分人我们是可以救护的，可以借着书籍中的法义细说，让他们灭除大妄语业：对众忏悔，永不复作，并且每天在佛像前至诚忏悔，就能在舍报前把大妄语的恶业消除掉。可是大法师们自己是不会改变的，世俗话说"骑虎难下"，他们纵使愿意改变，他们手下的几位大将为了将来要继续维持名闻与利养，各个都不可能让他们改变的。所以，一旦有名有地位了，就很难改变了，因此他们是终其一生都不会忏悔的。对我们而言，忏悔是极平常的事；甚至于口说的忏悔还不算数，我往往还印到书上向佛教界公开忏悔。他们却认为忏悔是很丢脸的事。我们认为面子一斤不值一毛钱，他们的面子却是一斤值得几百亿元台币，根本不一样。但这个大妄语的果报与道理，还是希望诸位若是有机会时，要多多解说出去；凡是遇到有人可能有大妄语的事情时，一定要为他提醒；这样才是救他，免得他到了舍报的时候想要救都来不及了。

　　佛说这样大妄语的人是"永殒善根"，也就是善根永远毁灭了。这种大妄语人，在未来世几百劫、几千劫、几万劫之中，不再有机会了知或听闻到佛教正法的知见；将来回到人间以后所能听闻与熏习的佛法知见，都将会是相似佛法的知见；真正了义而且究竟正法的知见，他们从此以后是不可能获得的。这种人将会沉沦于三途苦海之中很久、很久，就算是出了地狱道，随后的畜生道、饿鬼道等花报，也都是跑不掉的；像这样子，在未来几百大劫之中，都没办法成就佛菩提的"金刚三昧"。前面所说的"三摩提不得清净，成爱见魔，失如来种"，就是讲这个道理。为什么他们"成爱见魔"呢？都是因为贪爱名闻、利养，也是为了聚集广大眷属，让他处处受到恭敬而显示他们在佛教界中的崇高地位。这个就是被"爱见魔"侵入心中了，当然"三摩提不得清净"：明明自己是错悟了佛法，硬要狡辩说是正确的，反过来排挤正法，这样怎么可能亲证真正的"金刚三昧"呢？所以他们所证的所谓"金刚三昧"一定是不清净法，不可能是实证金刚

心而"入三摩地"。这样的行为,根本就不是菩萨所应当为,所以当然会失掉了如来种。所以大妄语真是最严重的事。接下来说:

"我灭度后,敕诸菩萨及阿罗汉,应身生彼末法之中,作种种形,度诸轮转;或作沙门、白衣居士、人王宰官、童男童女,如是乃至淫女寡妇、奸偷屠贩;与其同事,称叹佛乘,令其身心入三摩地,终不自言'我真菩萨、真阿罗汉',泄佛密因,轻言未学;唯除命终,阴有遗付。"佛又说:我释迦牟尼应身灭度而转入报身佛境界以后,会派一些菩萨或者通教法中的阿罗汉,让他们应身来出生在末法之中(应身与化身不同,化身是只有影像,用影像来跟你示现之后就凭空消失了。应身则是应化而来的,是如同世俗人一样来受生入胎而出生,与众生一样有色身存在),派了这样的菩萨或者通教中的阿罗汉菩萨,来出生在末法之中,示现为种种不同身分的人。如果是定性声闻阿罗汉,一定不会再来人间,舍报一定入无余涅槃。只有通教阿罗汉菩萨愿意受命再来人间,因为他们永远不取无余涅槃,发大愿要世世在人间度化众生同证解脱。如果有因缘遇到大乘别教如来藏妙法时,他们就会随顺因缘而修学、取证。

这一类受佛之命以应身来出生在末法时代的众生之中"作种种形",所以这些菩萨或阿罗汉们来人间受生以后,不一定示现比丘相或比丘尼相,往往"作种种形":示现种种不同身份来度化种种正在人间轮转的众生。如何是种种形呢?有时候作沙门,也就是出家人的身相;有时示现为"白衣居士"身份,就像我这一世的模样;有时示现为人王,也就是国王或总统一类……

有时示现为"童男童女"。"童男童女"并不是指小孩子那样的小菩萨们。有时80岁的老人都还是童男,90岁的女人都还是童女,是说他们终身独居无偶而且贞洁不淫,专修清净梵行而住持佛法,才是真的"童男童女"。有时示现为"淫女寡妇",成为死了丈夫或者卖身的淫女,譬如婆须蜜多就是淫女,却是已经证悟的菩萨摩诃萨;虽然她有时用淫触来度人,但却是实证"金刚三昧",是以亲证如来藏或以眼见佛性来度人的……①

"是故阿难!若不断其大妄语者,如刻人粪为栴檀形,欲求香气,无有是处。我教比丘直心道场,于四威仪一切行中,尚无虚假,云何自称得上人法?譬如穷人妄号帝王,自取诛灭;况复法王,如何妄窃?"接着佛陀用一个譬喻交代说,由于以上所说的这些缘故,如果有人不肯把大妄语过失断除,他就好像是拿了一坨干掉的大便,把它雕刻成栴檀香木的模样,以为把粪干雕刻成栴檀木的模样来焚烧,就会散发出栴檀木的香气,这根本就没有一点点的可能。所以释迦牟尼佛教导比丘们应该以直心为道场来修行(当然这个直心不是像《维摩诘经》所讲的直心,而是说觉知心要像如来藏一样处处直心,不是有时直心有时不直)。佛教导比丘们直心道场,要求比丘们在一切行住坐卧的身口意行当中,尚且都不可以有虚假,何况未来末法时节的人们,却自己冒称已经证得"上人法"呢?这些没有实证的人,自称已经证得"上人法",就好像很贫穷的人妄称他是皇帝或是国王,结果就是招来真正的国王或皇帝把他抓去惩处,依法律加以诛灭。②

"因地不真,果招纡曲;求佛菩提,如噬脐人,欲谁成就?若诸比丘心如直弦,一切真实,入三摩提永无魔事,我印是人成就菩

---

① 萧平实:《楞严经讲记》第十辑,台北:正智出版社,2011年版,第209-214页。
② 萧平实:《楞严经讲记》第十辑,台北:正智出版社,2011年版,第222页。

忏悔发愿
皈依
第五品

萨无上知觉。如我是说，名为佛说；不如此说，即波旬说。"

在因地凡夫境界中妄称为十地、法王，妄称已证、已悟、已得，将来果报还能顺利修行佛菩提吗？当然不可能呀！所以这样的人下了地狱受尽苦楚多劫以后，转生出来到饿鬼道中受苦多劫，离开饿鬼道后再去畜生道，一世一世让人家杀了吃，最后当牛当马时，已经算是好的；接下去即将生为人类之前，就是当人家的宠物；终于出生为人了，前五百世盲聋瘖哑，而且生在边地不闻佛法。等到有一天信了佛法而想学佛，但因为过去世"因地不真，果招纡曲"的种子还没有忏除，刚听闻到闻所未闻甚深了义正法时，他还会再度毁谤，于是重新再下三涂去，就这样轮转三涂，难可得出。这真是很可怕的事情，而人间不过短短几十年或者近百年的名闻利养，可是换来的下地狱受罪，可不比人间，因为地狱是长劫……

如果诸比丘们"心如直弦"，心地始终都是直爽而利落，从来不弯曲，所以身口意行一切所行全都真实不曲。这样的人若是证得"金刚三昧"而入"三摩地"以后，永远都不会有任何魔事来扰乱他。我常听人这么说："学佛很可怕，要小心哟！会走火入魔呵！"其实没这回事，只有"因地不真"的人才会"果招纡曲"而招来魔扰。都因为心地不直，才会有许多魔事障碍；如果没有造下那些纡曲的恶业，怎会有那么多的障碍呢？因此常常有人说他打坐时就会怎么样，也常常有人说有谁在咒他，我说："为什么人家都不咒我？"只要心地直爽而不弯曲，就没有那些魔事；就算有，也不会有事嘛！①

关于"无相忏悔"的法义，在《实相经》里佛陀开示说：

---

① 萧平实：《楞严经讲记》第十辑，台北：正智出版社，2011年版，第223-224页。

金刚手！若有人得闻此无量无边际究竟尽实相般若波罗蜜法门，受持、读诵、正念、思维，此人所有一切障累，皆得消灭、究竟无余；疾至菩提，获于如来金刚之身而得自在。

尔时如来复说咒曰：骠——！（长呼）

语译：

金刚手菩萨！如果有人能够听闻这个没有量、没有边际、究竟尽的实相智慧到彼岸的法门，他能够受持、读诵，也能正确地忆持它，并且加以深入思维，那么这个人所有的一切障碍以及劳累都可以消灭，并且究竟无余；从这个时候开始，他修学成佛之道就可以快速入门，很迅速地证得佛菩提，获得诸佛如来的金刚之身而得到自在。

然后佛又说咒：骠——！

平实菩萨在《实相经宗通》里解释此义说：

这就是吩咐大家，这个"一切法无量无边际究竟尽"的实相智慧到彼岸的法门，真的很重要；因为修学佛法是从这个地方正式开始的，在此之前的学习只是多闻与熏习，不算是真正在修学。直到亲证了般若而入了内门开始，才算是正式的修学。所以想要正式地修学佛法，得要实证；然而实证之前必须要靠多闻、熏习，先要选择正确解说的法义而多闻熏习，之后当然就要受持、读诵、正念和思维。然而多闻是很困难的，因为一般人都没有能力抉择：什么才是自己所应该多闻熏习的正法？这就是末法时代学佛人的悲哀。换句话说，大家还没有开眼，眼睛都还闭着，看不见成佛之道在哪里，一片漆黑而不知该怎么走，当然要去寻找一条明路——光明之路。

还没有开眼的人，什么都看不见，如何能看得见光明之路？一不小心就会跌下万丈深渊、粉身碎骨，法身慧命全都没了；所以得要有个方便，聪明人就弄个手杖，一面走一面探路。可是问题来了，那手杖要从哪里得来？得要真善知识给，假善知识给的可没用。可是还没有开眼之前无法分辨真假善知识，自己手里也没有那个手杖，要如何去寻觅善知识？这就是个问题了。没有开眼之前，当然没有能力抉择谁是真善知识或假善知识。开眼了可以自己看见道路，自然有能力决择，也不需要人家帮忙。在没开眼之前得要多闻熏习，该怎么多闻呢？要到处去逛。到处去逛道场，听了很多大师的说法，读了很多大师的书，还得旁及其他人的说法，不断加以思维、比对，直到确定是真正可以帮人实证的法门为止。

不断追寻正法之路的结果，最后来到正觉，那时说："早知道，我以前就不去那些道场逛了。"据说有人花了将近100万元买佛书回去读，那可真是书蠹虫了。等他来到正觉时就说："早知道如此，都不要读那一些佛书了。"然而你如果不读过那一些，又如何有能力辨别出正觉的法才是正确的？因为那一些错误的说法里面，总有一部分是对的。如果自己有那个世间智慧，把很多错误的法义摒除掉以后，把一些正确的凑在一起，最后当然会发觉到某一个说法才是最正确的。

所以，跌跌撞撞是初学佛者应该要经历的过程，这叫作"上一次当，学一次乖"。所以不断地经历那些过程以后，终于有能力弄清楚：原来这个第八识妙义才是正法。但这往往已是学佛10年后、20年后乃至30年后的事了。如果学佛30年后才来到正觉，冤枉不冤枉呢？冤枉呵？其实不冤，因为把往世学佛的历程加起来，何止30年的十百千倍？绝对不止啦！可是大家都必须经历这样的过程，才能够到达今天这个地步。因此对一般学佛人来讲，其实都还不是真的在学佛；他们名为学佛，其实还是在人天乘的范围之内；必须要经过那些过程中的互相磨练，大家磨来磨去，磨到棱角不见了，大家都变得圆圆的，也就是性障消除掉很多了，才是正好学佛的时候。

俗话不是讲圆融吗？变得圆圆以后就没有一身尖锐的刺角了，这时第一次看见正觉所写的书，还是会有一点点生气的："竟然敢说这个大师也不对，那个大师也不对。看来大家都不对，只有你正觉讲的才对，岂有此理？"可是因为大部分的棱角都磨掉了，他愿意低下心来读一读："那我来瞧瞧看：你为何敢这么说？"才表示说，他实证佛法的因缘成熟了。一般学佛人浑身上下都是棱棱角角，与"所未闻法"可就格格不入了，所以才一看到正觉的书就骂起来："喔！这个人一天到晚都在骂人。"他根本不懂骂人与法义辨正的分际，所以把书一丢，不读了。他这一丢，可能十年就过去了；也有人这么一丢，20年过去了，才有机会再拿出来读一读，才终于进入正觉来学法。所以，现在有的人来报名时是心里觉得"歹势"（台语），就是有一点抱歉的味道；因为他们其实是19年、18年前就拿到我的书了，可是竟然迟到现在才进入正觉禅净班开始学习。为什么这样呢？都因为以前学法的因缘还没成熟。可是后来棱角磨掉了，愿意读读看了，法缘才开始转熟，终于能进得正觉来；这就表示他已经磨得差不多了，如今没什么棱角了，这时候终于能把正觉的书读下去了。

可是虽然读得下去了，也只是闻此"无量无边际究竟尽实相般若波罗蜜法门"，接着还有许多事，叫作受持、读诵、正念、思维。所以诸位想想看，佛菩提的实证真的不容易啊！好不容易进了正觉，二年半的课上完以后，还不一定能录取去打禅三；纵使录取了去，也还不一定能破参；假使有因缘破参了，也还不一定能通过锻炼；因为我们考题非常多，若没有把你烤得脆脆的、香香的，绝对不放你出炉。想想看，难不难？是难啊！确实很难。到这个地步当然是很好，可是到这个地步之前，在多闻熏习的时候一定要记得受持、读诵，还不许把它忘掉，所以叫作正念。然后呢，有时还要思维它；一面做义工，就一面思维它；在家里一面做事时，也是要一面思维它。经过这样的过程了，才能够把"障累""消灭、究竟无余"。"障累"已经"消灭、究竟无余"时，面对那一些很深很难的考题时，其实就不再是难题了，就容易考了，否则真是很难考得过的。能够把障累都消灭究竟无余了，这时要证悟佛菩提就不是难事，所以才说"疾至菩提"，是可以很快到达佛菩提的智慧中住下来。如果前面的部分都没有做，那就不可能进正觉修学；若不能进正觉修学，当然更不可能有后面的受持、读诵、正念、思维，当然还是障累一大堆，简直就像须弥山那么大，想要进正觉或实证般若可就很难啦！①

永嘉禅师在〈证道歌〉里这样开示：

证实相、无人法，刹那灭却阿鼻业；若将妄语诳众生，自招拔舌尘沙劫。

语译：

若得契证此一法界实相而转依的人，现观如来藏心体自身本无一切人我，亦无一切法我。当一念相应而亲证如来藏时，在刹那之间就

---

① 萧平实：《实相经宗通》第七辑，台北：正智出版社，2015年版，第166-170页。

发现原来祂本不与阿鼻地狱业相应——亦与阿鼻地狱之业毫不相干,从此就灭掉了对无明妄计的一切阿鼻地狱的业行!上面所说若是妄语欺瞒众生,我永嘉玄觉便是自己招引尘沙劫数拔舌地狱恶业!

平实菩萨在《人间佛教》讲记里解释此义说:

离念灵知是有人、有法,不是无人、无法,因为祂从来都能了知你、我、他;而时时刻刻住在了知你、我、他的境界中,心中一直都是有你、我、他,当然离念灵知心中就更会有各种法相存在了,就与永嘉玄觉大师的所证不同,所以祂不是禅宗明心开悟见道时的证悟标的,因此永嘉玄觉大师的〈证道歌〉说:"证实相,无人法,刹那灭却阿鼻业。"证得实相的人,当下就能现观如来藏实相法界中确实无法亦无人,那是不是证了如来藏实相以后就马上死掉了?不是啊!证悟的人无妨离念灵知觉知心还在,但是却能同时现观一切法中无人、无法;不只是因为现观一切法的"无常、无真我"而无人与无法,而是现观如来藏本身没有五蕴我的体性,没有十二处我的体性、十八界我的体性,也没有六入我的体性;如来藏本身也从来都不与六尘万法相应;贪瞋痴慢疑等烦恼也永远与祂不相应,只会与离念灵知心相应。乃至睡眠这个法,睡眠是你离念灵知的事,如来藏是从来不睡觉的,与离念灵知意识心大不相同;所以,真悟的人转依如来藏——从如来藏的立场来看待一切人我、一切法,一定会发现如来藏根本不与人、法相应,所以如来藏自始至终都住于无人亦无法的离两边境界中,这个其实就是无余依涅槃中的境界。

住在意识境界中的时候,当然会有一切法、能了知一切法;但如来藏无始以来不曾对六尘起过一念了知,所以从如来藏心体自己的境界来看,没有任何一法可知或可说,当然更不会有人我可分别的了。《心经》所讲的"心"是在讲什么心呢?当然是讲如来藏真心啊!在《心经》所说真心的境界中,明明就告诉你:从如来藏自己的立场来看时,没有五蕴,没有十八界,没有三十七道品,没有涅槃,没有无明,连悟后所证的"无明尽"也不存在啊!因为,从如来藏的境界来看一切法时,根本没有所谓的无明,也没有所谓灭掉无明可说;有无明是妄心离念灵知的事,想要灭掉无明,以及灭尽了无明而产生了佛地的究竟实相智慧,也是离念灵知的事,都不是如来藏所相应的境界;所以当你证到如来藏的时候,就会发觉:"原来法界实相就是祂,原来《心经》讲的就是祂。"如果你从祂的立场来看一切人、来看一切法及一切众生时,没有人、没有法、没有众生可说;因为从祂的立场来看一切法时,既然从来都不与六尘中的任何一法相应,从来都没有一切法可说,所以永嘉大师说,证得实相的人,依自己的慧眼所见,实相境界中——如来藏所住的境界——确实"无人、无法"。

那么再来看那一些谤大乘佛法、谤如来藏胜法的当代大法师们,依圣教所说,以及依谤法、谤贤圣的因果来说,将来他们死后要下地狱(当然,这不是我在诅咒他们,而是毁谤三界中最重要胜法的业果自然所作的报应);可是等你们真的证悟以后,你们从实相境界中来看时又会这样说:"他们将来死后下地狱时,其实根本就没有下地狱。"因为,下地狱以后住在地狱境界中受苦的,是来世的离念灵知心而不是如来藏;如果以如来藏来看,他们来世的五阴生在地狱中时,他们每一个人的如来藏是随同来世五阴处在地狱中,却依旧是无生死、离六尘觉受而不受地狱苦报啊!因为他们的如来藏是从来都不与六尘相应的,哪里会有地狱中的痛苦来触受呢?那么他们的如来藏当然是不领受地狱境界的,当然依旧是外于地狱境界的,怎能说是住在地狱中呢?所以从如来藏自身的境界来看时,并没有阿鼻地狱的业果可受、可说啊!谤胜妙法、谤大乘贤圣而成就的阿鼻地狱之业果苦受,是他们来世五阴中的识阴离念灵知的事,是由来世的离念灵知等七识心去承受的;而他们的如来藏才不管什么阿鼻地狱的业,因为来世受苦时所领受的痛苦六尘,都是由来世离念灵知七识心所相应的——是处处作主、时时了知的七识心的事,而如来藏是从来不作主的,也是从来都不会领受六尘相的,怎能与来世地狱中的痛苦六尘相应?当然在来世的地狱身中,他们的如来藏还是不会住在地狱境界中。由于如来藏从来不分别善恶,从来不领受善恶果境界,从来不与善心所及恶心所相应,所以那些谤法的大法师们,他们来世的如来藏,也不会设法使来世的他们免除地狱业果的苦受。

当你真的证悟了,一定能够如此转依现观这实相境界;当你如此转依如来藏而亲见实相中无人我的清净性时,再来反观蕴处界的自己,如果以前曾经谤过如来藏胜法、谤过大乘贤圣,那你将会不再顾虑面子了——不会再一心想要保持面子。依如来藏的真实境界来看,如来藏何曾要过什么面子?都无人我、亦无诸法可了别了,还有面子可说吗?即使从离念灵知来讲,面子一斤卖不了四毛钱,也没有什么面子可说;何况如来藏的境界中,从来就没有什么面子可说。禅宗祖师曾这么形容本来面目:"无背无面。"如来藏既然无面亦无背,还要顾忌什么面子呢?悟后也现前看见如来藏在地狱身中从来都不领受地狱业果,这样子转依如来藏以后,不是转依的一刹那中就在理上灭掉了阿鼻地狱业、无间地狱业了吗?这时确实看清楚实相了——知道实相法界中从来都没有地狱业可说,当然就得如实转依如来藏了;当你转依成功时,没有面子需要照顾了,当然就可以用七识心去公开发露以前谤法及谤大乘贤圣的恶行而公开忏悔了!当代的大法师们若能够如此反观如来藏本来就没有地狱业,而且公开忏悔了以后,他们舍报后就不会出生于无间地狱中,那么后世五阴也跟着没有地狱业了;这时,现观实相中没有地狱业可受,也确定后世的五阴不会生在地狱中领受地狱痛苦了,那不是太好了吗?真的太好了!所以悟的当下,只要一看清楚而转依成功了,真的是如同永嘉大师所说"刹那灭却阿鼻业"一般,真是超划算的。】①

---

① 萧平实:《人间佛教—实证者必定不悖三乘菩提》,台北:正智出版社,2013年版,第84-88页。

坛经

注解 下册

释惟护法师 ◎ 著
Dharma Master Shi Weihu

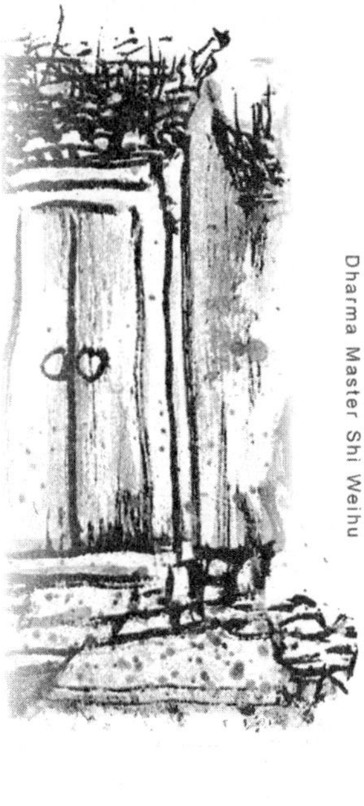

An Annotation on the Altar Sutra

上海社会科学院出版社
SHANGHAI ACADEMY OF SOCIAL SCIENCES PRESS

目录

An Annotation on the Altar Sutra

引言 ·· ◎一
自序 / 释惟护 ·· ◎一九

上册

〈悟法传衣行由品〉第一 ·· 一
〈福德功德净土品〉第二 ·· 一一七
〈定慧一体智慧品〉第三 ·· 一五一
〈坐禅禅定妙行品〉第四 ·· 一六六
〈忏悔发愿皈依品〉第五 ·· 一七二

下册

〈参问请法机缘品〉第六 ·· 一
〈南顿北渐品〉第七 ··· 一二五
〈征绍辞谢韶奖品〉第八 ·· 一四四
〈教授法门对示品〉第九 ·· 一五七
〈说偈付嘱流通品〉第十 ·· 一六七
跋 / 释惟护 ··· 一九二

「坛经」注解

引 言

　　所谓佛法，乃成佛之法道，教导的是宇宙万物的根源与生命变化的学问，其核心精神则体现在般若智慧。

　　般若二字从梵文来，意谓度到彼岸的解脱智慧，彼岸那一边是没有生死轮回痛苦的地方。佛法教导的内容，简单来说，就是经、律、论三藏经典。然而因为生命与物质现象范围非常广大而难以穷尽，佛法的内容也就显得深奥难解。面对浩瀚庞大又难以理解的佛教三藏经典，望洋兴叹的心情往往油然而生，这是学人极为普遍的真实感受。

　　《六祖坛经》这一部著作，它的特点之一，就是将佛法三藏经律论理的核心含义，用易晓的、平民的语言，将难以理解的般若意义，深刻地传递给中国大地上的有缘人。这是《六祖坛

经》之所以历代受到广大群众喜爱的重要原因之一。

　　这篇引言，将从几个方面来探讨《坛经》这部内容丰富的著作：包括《坛经》出现的时代背景意义、《坛经》所展现的两个主要禅宗法门的独特特点、《坛经》所具有的独特意义，也会说明在六祖得法开悟与弘法过程中几个事件所显示的重要含义，最后就是对《坛经》的内容编排顺序所显示的意义作一简短的说明。

一、时代背景及意义

　　《坛经》最初记录的原名，是《摩诃般若波罗蜜经六祖惠能大师于韶州大梵寺施法一卷》，尔后随着六祖弘法教授的展开，此书内容也陆续随之增补。后来六祖的弟子最初向外传抄时，将书名改为《六祖法宝记》。在六祖往生之后，又改名为《南宗顿教最上乘大乘摩诃般若波罗蜜经六祖惠能大师于韶州大梵寺施法一卷》[1]；在这个版本中，编著者法海在文本中即将此书简称为《坛经》。这个书名，从此被广大的佛弟子们所接受，这个意义标示着《坛经》注定是一部佛教弘传史上的重要著作，对佛弟子将有着广大而深远的影响。

　　随着《坛经》一名的普及，这部著作也渐渐成为佛教弘传史上的重要著作。历史的发展，也证明是如此。从这部作品的最初版本在六祖还在世的时候问世以来，就受到广大佛弟子的欢迎，以致后代的佛弟子对这部作品都极为重视，一再地扩编与增补它的内容，使得"六祖"对佛法宗门教义的开示越来越趋向完善完整的内容。

　　自《坛经》面世以来，它的丰富内容一直被历代禅宗祖师与诸

---

[1] 林崇安：《六祖坛经的祖本及其演变略探》，《法光》2004年，http://buddhism.lib.ntu.edu.tw/FULLTEXT/JR-BJ013/bj115265.html。

多佛弟子学习引用，并且吸引各界人士著书立论阐述它的深刻意涵。能够有此地位，除了它自身的特点之外，其实还有一个不可忽视的原因。《坛经》在唐代面世之前，玄奘菩萨早已翻译出600卷《大般若波罗蜜经》与100卷的《瑜伽师地论》等诸部唯识佛典，彰显佛法修证教理与次第，将整个佛教教义的完整体系在中国传译与建立起来。玄奘菩萨所翻译的这些胜妙经典正是支撑起《坛经》在前场发光发热的基石。在六祖出山建立法幢开始弘法之前，这些经教已经将无生无住无念的般若思想在唐朝佛教各宗各派之间发扬广大，只是因为般若甚深难解，所以悟入者极少。因此，当玄奘大师往生约20年后，一部没有晦涩难懂的佛教经句、纯粹以平民百姓语言写出的经典，就犹如久旱逢甘露一样，一时洛阳纸贵，广受瞩目。

二、《坛经》显示了佛法禅宗法门的两个特色

佛教的宗门旨意自从释迦牟尼佛传法迦叶尊者以来，一直呈现两个显著的特色：参禅棒喝与拈提诸方。

参禅棒喝向来是禅宗教门的独特教化方法。最初禅宗传法时并没有要求学人参究公案，只是要学人证悟自家真心；参禅棒喝的含意，正是开示佛法宗门正见的意思。而参究公案的方法，是到宋代之后才开始采用的一种帮助学人悟入宗门的方法。佛法有八万四千法门，门门都能引领佛子进入解脱境界。大乘佛法的解脱法门广大深妙，远胜于小乘佛法的解脱法门无量倍，因此诸佛菩萨都说大乘佛法甚深微妙不可思议。而参禅正是进入大乘不思议法教的一个家喻户晓的绝妙方法。唐代早期的宗门传法，佛弟子的禅定功夫与佛法知见都还不错，所以学人往往是在禅师的一言半句开示之下，就蓦然还得本心，不需

要另假许多的方便方法。佛陀当年捻花，迦叶证知而当场微笑时，就将宗门密意交付迦叶尊者了，这即是自然、现成、最早的公案。待到南宋时佛教传法进入末法时代，学人根器普遍粗糙，对五蕴皆空的基础佛法知见都严重欠缺，因此错说乱说佛法的情形极为常见。于是，祖师迫不得已，想方设法，让学人通过参究公案的方式实证本有真心。这就是禅门祖师后来主要使用参究公案传法的缘由。另外，一直以来，佛法的般若无生离言法教，禅师一向是使用罚棒喝斥与赏棒赞喝来教导学人，这个方法大家更是耳熟能详。然而，一个往往被忽略的要点是，徒有方法并不足以悟入宗门。佛法乃是智慧的证得，岂有禅师不教导弟子佛法正知见的道理。能够亲证本有真心的学人必定是已经透过观行，思维整理过禅师所教导的正确佛法知见者。因为必须要具备正知见，佛弟子才有机会能够在棒喝之下实证真心，如果学人跟随的师父本身不懂佛法或错解佛法，那结果当然就是永不证得。所以说，真实禅师表面上的参禅棒喝，实际上是有着传授学人正确知见的背后含意。

至于拈提诸方，我们先来看释迦牟尼佛当年曾经有哪些示现作法。佛陀在证得无上正等正觉之后，大梵天请转法轮，佛陀说：

佛告诸比丘：尔时如来为令世间尊重法故，为令甚深妙法得开显故，入深禅定观察世间，作是念言："我证甚深微妙之法，最极寂静难见难悟，非分别思量之所能解，惟有诸佛乃能知之。所谓超过五蕴入第一义，无处无行体性清净，不取不舍不可了知，非所显示，无为无作，远离六境，非心所计，非言能说不可听闻，非可观见，无所挂碍，离诸攀缘至究竟处，空无所得寂静涅槃。若以此法为人演说，彼等皆悉不能了知，唐捐其功无所利益，是故我应默然而住①。"

在上面这段经文里面，佛陀是在拈提警示世人，显示天下虽大，但是无有一人拥有正见，普天之下莫非无明众生的真实现象。佛陀借由此语来警示天下人，目的是要让一切众生能够深刻地体会到佛法实证的难能可贵，犹如千年一开的优昙钵花那样的难遇难得。这是因为佛法是教导宇宙万物与生命奥秘的学问、是真实能够让学人亲证的学问，更因为佛陀极稀有才会出现在人间传授佛法，能够亲自遇见佛陀的人真是少之又少。此后佛陀拈提诸方，其中一次就度了超过1000人皈依佛门，而这1000多人随后全都成为阿罗汉。这些人就是有名的迦叶三兄弟跟他们的徒弟们。当时，佛陀是当面直接拈提大迦叶，说："你现在不是阿罗汉，你也不知解脱的真实义，何需为了虚妄的阿罗汉名称，自认为是尊贵的修道人呢？"大迦叶听到佛陀的话，全身惊恐汗毛直竖，当下被佛陀的警示吓醒，立即请求佛陀收为弟子，跟随佛陀学法②。由此拈提因缘，佛陀就度了1000多人成阿罗汉。除此之外，佛陀还经常到各大城市去跟外道直接辩论，广救众生免被错误知见误导而下堕三涂。佛陀示现的这些大慈大悲救护众生的大行，可以说正是由拈提诸方而得成就。

佛陀示现灭度之后，约公元1世纪末时，印度教兴盛，当时的龙树菩萨与弟子提婆（胜天）菩萨专门跟外道辩论，在如今的中印度与南印度之间拈提诸方，广弘正法；提婆菩萨更因为专以如来藏唯识妙义极力破斥诸方，使声闻部派佛教僧人无法回应而雇人刺杀提婆。待到7世纪初，玄奘菩萨到印度取经学法时，亦在印度召开佛教无遮大法

---

① 《方广大庄严经》卷十，T03, 0187, [0603c11]。
② 《太子瑞应本起经》卷下，T03, 0185, [0480c14] 起至 [0482c17]。

会,辩论法义拈提诸方;回到中土再召开无遮大法会,拈提中国天下诸方道人,以救护学人,弘扬正法。待玄奘菩萨往生之时,六祖惠能菩萨还没有到五祖座下学法,要到大约10年之后,惠能行者才得五祖传予禅法与衣钵。六祖为救护学人,也效法祖师,拈提了当代有名的卧轮法师。六祖后世禅门子孙,莫不遵守这个拈提诸方的法教,以示天下佛陀正教,实践救护众生的大悲愿行。譬如南泉普愿拈提鲁祖禅师[①]、凌行婆拈提浮杯与澄一法师[②]、齐安禅师拈提马祖禅师与大梅法常[③]、普化禅师拈提临济禅师等行。由此可见,禅门素有拈提诸方的传统,目的当然是在揪出笼罩天下的野狐,以维护宗门正法的清净无讹,让学人不致误入歧途,深妙的佛教文化能够得以永续,不至于在人间消失。拈提诸方的传统,体现了玄奘菩萨所倡导的"若不摧邪,难以显正"的精神,展现为文化续存与众生福祉承担责任的高贵情操和无私善举。

三、《坛经》的独特意涵

《坛经》是一部最受历代行人所瞩目的禅宗佛典。几乎可以说,《坛经》自从面世以来,就受到热烈欢迎,并且历久不衰,其受欢迎的程度,由它屡次地被佛弟子增补增修改版的事实,就可见一斑了。

[①] 《景德传灯录》卷七,T51,2076,[0251c21]。详细解说请见萧平实:《宗门道眼》,台北:正智出版社,1999年版,第65页。
[②] 《指月录》卷九,X83,1578,[0501b03]。详细解说请见萧平实:《宗门道眼》,台北:正智出版社,1999年版,第70页。
[③] 《指月录》卷九,X83,1578,[0491b15]。详细解说请见萧平实:《宗门道眼》,台北:正智出版社,1999年版,第78页。

总的来说,《坛经》具有几个独有的特色:(一)它是使用通俗易懂的平民语言所写成;(二)它是经过历次的增补编辑而成;(三)它是直指人心的禅宗历史中最初也是最受瞩目的作品;(四)它的内容包含宗门顿悟的完整修学次第,包括开示正见、正修行、避开邪见妄想、拈提诸方与嘱咐流通等部分。

在《坛经》正式面世之前,佛教大藏经的传译工作,大致上经由鸠摩罗什菩萨与玄奘菩萨的翻译建树,已经完成。然而佛教典籍向以博大精深、深奥难解而著称。在玄奘菩萨之前,关于般若的释义,就有六家七宗的分别,后来又有性空思想与如来藏佛性思想的辩论出现。譬如吉藏就曾经将佛性分为四类,认为一般学人都落在"世俗"佛性之中,皆应破斥[1],而吉藏的说法,显然与宗门中佛性乃常住第一义谛的说法相矛盾。这种种的不同说法,后来玄奘菩萨以他胜妙的般若与道种智的智慧,予以一一澄清,奈何后世学人不能读懂菩萨所传的甚深教理,大多还是走上错修佛法一途而不能回返正道。于是,以俗语写成的《坛经》的出现,适时地填补了这个部分。但是,因为缺乏真善知识的教导与带领,大多数佛弟子只能以未悟凡夫的思想来理解《坛经》,于是又将浅白易懂的经典,给罩上一层迷雾,渺渺茫茫地看不清楚它的原貌了。尽管看不懂,学人和大众还是喜爱读诵《坛经》,因为它的语句亲切、意境深远、蕴含丰富内容,每个人都可以从它身上,似有若无地获得那么一点体会。如此,禅宗玄远高妙的思想,就传遍了各地。

《坛经》正式面世之后,经过历代祖师的传诵与重编,可谓流传极广,然而经过各朝战乱与有意无意的增补之下,错讹脱落、年份不考、释义过当等种种问题,难免出现在各种传抄本中流传后世。《坛

---

[1] 《大乘玄论》卷三,T45,1853,[0035b20]。

经》也是在历代各种的佛教经本中，一再被重新增补与编辑重印的佛书之一，就连书名也一再改变，最后还被冠称为"经"，变成唯一一本非佛亲说而称"经"的著作。观此《坛经》的内涵，历代学人一再对其用心编修，即可了知《坛经》自有其不凡的魅力，何以故？直指人心，示人以佛法宗门大意，并能帮助学人悟入第一义谛的缘故。

为何说《坛经》直指人心，示人以佛法宗门大意，并能帮助学人悟入第一义谛呢？五祖说："以心传心，皆令自悟自解。自古，佛佛惟传本体，师师密付本心。"六祖自说："我于忍和尚处一闻，言下便悟，顿见真如本性。是以将此教法流行，令学道者顿悟菩提，各自观心，自见本性。若自不悟，须觅大善知识解最上乘法者，直示正路。是善知识有大因缘，所谓化导令得见性，一切善法因善知识能发起故。"一闻便悟的含意，正是直指人心的最佳诠释。至于如果不能言下得悟，那就一定要依靠真善知识的教导，依教奉行，将来即能自证自悟；于此道理，六祖有说："善知识！菩提般若之智，世人本自有之，只缘心迷不能自悟，须假大善知识示导见性。"

至于如何依教奉行而得证悟呢？六祖有说："恩则孝养父母、义则上下相怜、让则尊卑和睦、忍则重恶无喧"、"改过必生智慧、护短心内非贤"、"众生无边誓愿度，怎么道，且不是惠能度。善知识！心中众生，所谓邪迷心、诳妄心、不善心、嫉妒心、恶毒心，如是等心尽是众生，各须自性自度，是名真度。何名自性自度？即自心中邪见烦恼愚痴众生，将正见度；既有正见，使般若智打破愚痴迷妄众生，各各自度"、"烦恼无尽誓愿断，将自性般若智除却虚妄思想心是也。又法门无量誓愿学，须自见性，常行正法，是名真学。又无上佛道誓愿成，既常能下心行于真正，离迷离觉，常生般若除真除妄"。六祖所说，恩、义、让、忍、改过、不护短等，自古以来即是中国文化的固有传统，亦是世人获得身财善报的根本；在大乘佛法中，约与布施、爱语、利他、同事四摄法相当，亦等同于菩萨外门六度中的布施、持戒、忍辱等诸善行法门。身为佛弟子，除了必须善修这些世间法之外，更重要的是亲证究竟解脱的大乘佛菩提智慧，发起成佛的大菩提心愿，而不是只满足于证得小乘佛法的个人狭小解脱智慧就好。想要获得大乘佛法的菩提智慧，那就要修学完整的菩萨六度万行，除了布施、持戒、忍辱外，还要有精进、禅定与般若智慧的熏习。然而关键点是，如果不能自参自悟，就要"假大善知识示导见性"，千万不要自以为是，盲修瞎炼，最终还是一事无成。因为世间多的是自己没有开悟，却高坐法座误导他人的法师大师。对于这一点，六祖其实是大加挞伐的，譬如六祖在《坛经》里一再说明：

"又有迷人空心静坐，百无所思，自称为大。此一辈人，不可与语，为邪见故"、"若百物不思，当令念绝，即是法缚，即名边见"、"迷人着法相、执一行三昧，直言：'常坐不动，妄不起心，即是一行三昧。'作此解者，即同无情，却是障道因缘"、"若言常坐不动是，只如舍利弗宴坐林中，却被维摩诘诃。善知识！又有人教坐，看心观静，不动不起，从此置功。迷人不会，便执成颠。如此者众，如是相教，故知大错"、"若只百物不思，念尽除却，一念绝即死，别处受生，是为大错。学道者思之。若不识法意，自错犹可，更误他人；自迷不见，又谤佛经"、"'汝自性且不见，敢尔弄人？'神会礼拜悔谢。师又曰：'汝若心迷不见，问善知识觅路；汝若心悟，即自见性，依法修行。汝自迷，不见自心，却来问吾见与不见。吾见自知，岂代汝迷？汝若自见，亦不代吾迷。何不自知自见，乃问吾见与不见？'神会再礼百余拜，求谢过愆，服勤给侍，不离左右"、"汝等慎勿观静,及空其心;此心本净,无可取舍。各自努力,随缘好去"。

其实宁当恶人拈提诸方的传统,乃是菩萨救护众生的慈悲与智慧的展现。因为拈提诸方的错误,才能彰显出正确的道理,尚未发起正见的学人也才能知所趋吉避凶,免除错修佛法的结果,而能获得亲证实义佛法的益处。其中显示的道理,就是玄奘菩萨所说"若不摧邪,难以显正"的大乘佛法菩萨道救护众生的大慈大悲精神。

至于嘱咐流通的部分,六祖则说:"然须传授:从上来默传分付,不得匿其正法;若不同见同行,在别法中,不得传付,损彼前人究竟无益;恐愚人不解谤此法门,百劫千生断佛种性"、"汝等慎勿观静及空其心,此心本净,无可取舍。各自努力,随缘好去"、"问曰:'正法眼藏,传付何人?'师曰:'有道者得,无心者通'"。六祖除了耳提面命传法之人勿传非人之外,还慈悲地提醒大家千万不要错修佛法,千万不能将意识观静与空心等当成是在修行佛法;这个真心法门虽然甚深难入,唯证乃知,唯有具有般若智慧明了无心密意的人,能够得此正法眼藏;然而只要我们确实依照真善知识的教导,依教奉行,久后必定能够亲证真心,发起般若智慧的,这是毋庸置疑的。

六祖在整部《坛经》中,一再地拈提破斥"看静、观空、观静、空心、念绝、百物不思、念尽除却、断百思想、却立净相言是功夫、见即是主、将灭止生、执空"等意识一念不生的邪见修法,次数达12次之多;对于六祖救护众生,如此爱护学人,不忍众生苦的菩萨慈悲心行,我们更应该要特别留意才是,如此才不辜负历代祖师对我们的深切护念与广大恩德。

四、六祖得法与弘法过程中呈现的道理

从六祖在《坛经》里，自述学法过程与宗门法义的开示里，我们可以归纳出六祖在得法与弘法中的几个独特含义：

（一）以在家居士身分得法

六祖提出"下下人有上上智"，这个见地是非常不容易的。一般佛弟子都会认为年高德劭而能说法的出家人一定是有智慧的，但六祖的得法经历告诉我们，事实不一定必然如此。也就是说，学佛不可轻视于他人，或老或少或男或女，或出家或在家，都不应该由外表来判断其修证功德，而是要看对方的实质。在佛法修行上，实质指的是智慧与功德。有智慧的人，所说的佛法意涵，是与经教相应的，不会有违反经教所说法义的现象；有功德的人，在身口意三行上，不会有贪爱执着于财、色、名、食、睡等世间法的现象。六祖得法开悟，隐居猎人队中约15年，后来印宗法师拜以为师。到印宗为六祖剃度之前，六祖都是居士身份，并不是出家僧人。因此如果坚持不是出家人就不可能得法，或者不是出家人就不能弘法，或者"不是出家人，我们就不跟他学法"的观念，那其实是在妨碍我们自己学佛得菩提的道业。坚持这种看法的人，其实不懂佛法。

（二）不轻于人，重视真修实证心行

真懂佛法的人就知道，观世音菩萨、文殊菩萨、弥勒菩萨、普贤菩萨、维摩诘菩萨、大势至菩萨等都是示现在家人的身相，难道他们都没有开悟？难道我们因为这些大菩萨不是示现出家身相就不跟他们学法？当然不会。有智之人，必定懂得以貌取人者必失于人的道理。而且这跟学历也没有关系，真善知识不会因为我们有没有显赫的背景

与学历等因素，就不教正法给我们；反而是只要我们真心肯在学佛上用功，努力修行六度，护持正法为众生做事，真善知识就一定会帮助我们早日明心见性，进而帮助我们在佛菩提道上的一切修证成就。五祖一点也不轻视出身于边地南方的六祖，而将宗门衣钵传承给他，就是明证。

（三）直指人心，大兴佛法宗门本来无念意旨

佛法的宗门大意，自从佛陀示现涅槃之后，在印度弘传以至后来达摩祖师传入中国，到六祖弘法之前，每一代证悟宗门密意的佛弟子其实并不多见，往往只有寥寥几位，甚至有很多代都是孤传的现象。到了六祖的时代，从玄奘菩萨传译佛法开始，将佛教经论中译备齐之后，因缘成熟，才终于能够广传宗门密意。其实直指真心的法教，早于南北朝时已零星传入中国，然而因为当时三乘法教尚未全部传到中国，般若智慧人人本具的观念尚未深植人心，所以无法弘传开来。等到玄奘菩萨所译的《大般若经》全卷传布天下，将人人心中自有般若的思想流传之后，六祖才能够将佛法宗门的"无念"意旨广弘出来。无念的含意，是指真心的体性是从本以来就对色声香味触法六尘无念，本来便已不见闻觉知分别于六尘法相的意思。念，是指分别和忆念的意思，佛陀曾教佛弟子说："彼云何念？云何不念？尔时，当念苦谛，当念习谛，当念尽谛，当念道谛。莫念邪谛：有常见、无常见；有边见、无边见；彼命、彼身，非命、非身；如来命终、如来不命终；有终、有不终，亦不有终、亦不无终；莫作是念[1]"。佛又曾言："云何念菩提分？谓念所悟法，观察分别条析拣择及与开解。又应念彼法自体相，随顺觉悟，如诸法空随念了知。此说是名念菩提

---

[1] 《增壹阿含经》卷十五，T02, 0125, [0622b18]。

分①。"所以，依照佛说，一切佛弟子学佛不应修意识一念不生无念行，而是要修念菩提分法。对照起来，我们就能了解大乘佛法中说的无念，一定不是指意识无念的状态。佛言：

云何名一庄严三昧？所言一者即是无生，无生者即是法空。又一者名遍一切处，譬如油麻，油遍麻中。无生法者亦复如是，体遍一切，是名一庄严三昧。此一庄严亦名一增长三昧，一者即娴，娴即法界，所谓契经，令法界现前；法界现前已，所有诸法、神通增长，明了现前，是故名为一增长三昧。此一增长亦名一法界三昧，所言一者即是法界。法界亦空，以定力故其空现前，是名一法界庄严三昧②。

《大般涅槃经》中又说：

云何一名，说无量名？犹如涅槃，亦名涅槃，亦名无生，亦名无出，亦名无作，亦名无为，亦名皈依，亦名窟宅，亦名解脱，亦名光明，亦名灯明，亦名彼岸，亦名无畏，亦名无退，亦名安处，亦名寂静，亦名无相，亦名无二，亦名一行，亦名清凉，亦名无暗，亦名无碍，亦名无诤③。

《宗镜录》永明禅师说：

《胜鬘经》中，遮余虚妄，名一实谛。显法根本，亦名一依。

---
① 《增壹阿含经》卷三十七，T11，0316，[0877a21]。
② 《大乘理趣六波罗蜜经》卷九，T08，0261，[0906b21]。
③ 《大般涅槃经》卷三十一，T12，0375，[0810a19]。

由空而证，又是空性，亦名为空。彰异出缠，显摄佛德；佛从中出，名如来藏。明体不染，贞实法性，名自性清净心。功德自体，亦名法身。能出四乘，能入二乘，亦名一乘，与法华一乘别。《无垢称经》遮理有差别，名不二法门。《大慧经》中，表无起尽，亦名不生不灭。《涅槃经》中彰法身因，多名佛性；离缚解脱，亦名涅槃①。

由以上佛菩萨的开示引证，我们即能得知，所谓真心，即是如来藏，即是法身，即是无生，即是无相，即是无作，即是无净，即是涅槃，即是不二法门，即是彼岸；如是无量诸名，名称虽有不同，所指都是众生本具的真心自性。因此，《坛经》中六祖所说的无念，意思就是指真心如来藏。所谓参禅开悟，就是要实证人人本具的这个真心。

（四）展示佛法不离世间觉的大乘慈悲救护众生精神

《坛经》中六祖说："善知识！本来正教，无有顿渐，人性自有利钝。迷人渐修，悟人顿契。自识本心，自见本性，即无差别，所以立顿渐之假名""自心皈依自性，是皈依真佛。自皈依者，除却自性中不善心、嫉妒心、谄曲心、吾我心、诳妄心、轻人心、慢他心、邪见心、贡高心，及一切时中不善之行，常自见己过，不说他人好恶，是自皈依。常须下心，普行恭敬，即是见性通达，更无滞碍，是自皈依""修道之人，倘不以智慧照破烦恼，无始生死凭何出离""善知识！本来正教，无有顿渐，人性自有利钝。迷人渐修，悟人顿契。自识本心，自见本性，即无差别，所以立顿渐之假名""自心皈依自性，是皈依真佛。自皈依者，除却自性中不善心、嫉妒心、谄曲心、吾我心、诳妄心、轻人心、慢他心、邪见心、贡高心，及一切时中不

---

① 《宗镜录》卷二十九，T48，2016，[0582c05]。

善之行，常自见己过，不说他人好恶，是自皈依。常须下心，普行恭敬，即是见性通达，更无滞碍，是自皈依""但自却非心，打除烦恼破；憎爱不关心，长伸两脚卧。欲拟化他人，自须有方便；勿令彼有疑，即是自性现。佛法在世间，不离世间觉；离世觅菩提，恰如求兔角。正见名出世，邪见名世间；邪正尽打却，菩提性宛然""修道之人，倘不以智慧照破烦恼，无始生死凭何出离""然须传授：从上来默传分付，不得匿其正法；若不同见同行，在别法中，不得传付，损彼前人究竟无益，恐愚人不解谤此法门，百劫千生断佛种性"。六祖所说，都着眼在帮助有缘众生离开生死轮回烦恼痛苦，实证佛法大意，发起解脱智慧的功德。六祖所说亦符合大乘菩萨道行六度法门救济众生的智慧行与慈悲行的精神。佛弟子如果单单以慈悲心在世间广行善行而无般若实证，其实这只是在累积福德，这样做的结果只是来世得以享受广大福报而已。然而因为不知道如何解脱于生死轮回烦恼痛苦的方法，缺乏这方面的智慧，因此福报享尽之后，还是继续在六道轮回之中。只有等到哪一天终于开始修学实义佛法，才懂得要在求证般若上用心，一方面帮助众生来修集福德，一方面跟随真善知识熏修正见，在菩萨六度行门上努力；这样渐渐修行，福德与智慧并重，待到因缘成熟时机到来，自然进入禅门顿教之中，实证真心、顿悟无生意旨，出离生死，获得般若智慧。此后在世间中利他自利，广行菩萨六度，进而得入修证无生法忍道种智，地地转进以迄佛地，永无尽期地救护利乐有情众生。大乘佛法菩萨道的修证，自始至终都不离于五蕴与诸世间，可以说佛道是在救度众生利乐有情中方能成就的。因此，如果有人教说，要离开世间三界烦恼才能成就佛道，我们就能了知这样说的人是不懂佛法的人，同时也是不懂大乘佛法是大慈大悲救护众生的道理；更不知道离开世间而想证悟真心，纯属妄想，想要离开六道生死轮回诸苦，是不可能成就的。《坛经》中六祖的开示、教法理论与实践行门，都包含了这些道理在里面，因此说《坛经》所展示的，正是大乘菩萨道"不离世间觉"、智慧与慈悲并行的无我救护众生的精神。

（五）《坛经》内容编排顺序的含义

契嵩本《坛经》的大纲大抵如下：

1. 大梵寺法会。于中述说法会缘起、六祖自己的得法缘由、正式说法开示般若波罗蜜法（包括修行如何证悟的正见内容、悟后观行体会于种种真心自性、拈提破斥念静看空等邪见与提醒嘱咐学人应注意事项），最后以长无相颂作结。

2. 大梵寺法会第二天。于中开示世间福德与自性功德的不同，以及净土念佛与禅门宗义的会通。结束法会时勉励大家要精进修行，有疑就到曹溪来问，以短无相颂作结。

3. 以下都是在曹溪山的开示。教导定慧为本、无念为宗、无相为体、无住为本的道理。

4. 开示真心本性自净自定之理。

5. 传授自性五分法身香、无相忏悔、自性四弘誓愿、皈依自性三宝、三身自性佛，最后以中无相颂作结。

6. 回答诸方请法。

7. 记述南能北秀传法之争。

8. 记述武则天征诏一事。

9. 开示三十六对法门。

10. 付嘱流通。

这样的叙述编排，不仅完整地演绎了般若总相智，也记录了当时佛教界妄说佛法的现象，并且针对未悟的学人与证悟般若后的菩萨，分别嘱咐与提醒了各自在修行上应该注意避免过失的事项。除此之外，《坛经》还呈现了佛教发展的历史轨迹，提供了后人了解、学习与省思的材料。这样的一部充满着智慧与文化光芒的作品，自古以来已经启发了许多人寻找到生命的智慧与宁静，在未来也必定能继续点燃更多人的智慧之光。

六祖惠能的出身是一般平民，但是经过自身的努力和五祖的教授，以居士身分证悟了自己的真心自性，并且将自己的智慧贡献出来，引导更多的人获得生命的智慧与解脱于世间的尘劳。这样的学习与奉献的菩萨精神，正是我们应该学习与效法的对象。

《坛经》的思想是丰富深邃的，《坛经》的语言是超越世俗但不离世间的，《坛经》的聚焦是真理与解脱的法门，《坛经》的内涵展现的是佛法的智慧与慈悲，《坛经》的精神是强调慈悲摄受爱护一切众生；除此之外，《坛经》更是中国传统佛教文化的骄傲。佛教文化早已在其发源地印度消失，而由中国所吸收与传承，更将之发扬光大，这无疑是一种奇特的世界文化现象；之所以能够如此，应该就是如同古代圣人所说的，因为"中国具有大乘气象"，是拥有着超越世间凡愚的大气与智慧的特质。如今我门能够再将这种不可思议、智慧与慈悲并行而无私无我救护众生的大乘精神发扬起来，使全世界都能感受到中国文化里所具有的悲天悯人、无我慈悲、救护众生的精神，相信不仅能为中国社会带来利乐涅槃的启发，未来更能为这个功利主义横行的世界提供一种值得深入省思的智慧以为解决问题的参考。

玄奘大师传译佛经之前，中国的佛法经论是不齐全的，经由他的辛劳，三乘佛法在经教理论修证次第上得以具足美备于中国。而六祖惠能在这个基础上将博大精深的佛法，用蕴含深厚宗义的直指人心禅法度人开悟发起般若智慧，使得般若总相智的佛法不仅仅在上层社会中流通，更遍及于一般的平民社会之中，让佛法自然地深植入中国文化之中，进而使中国唐宋的文化在世界文化史上表现得特别亮眼、突出。中国能得这两位人物，幸甚幸甚。

此书的成果，是笔者根据契嵩本《坛经》为主，参照敦煌二本（敦煌本与敦博本），根据玄奘菩萨所传慈恩宗教理，对《坛经》的内容含义进行注释、校订与释义。根据佛教的传统，只有诸佛所说的道理才可以称为"经"，这是为了彰显与敬仰诸佛无上的智慧、功德与大慈大悲普度众生永无尽期大愿的缘故。六祖的著作按此传统其实不能称为"经"，因此最后，笔者提出一个个人对六祖这部伟大著作的别名以供诸方见评，即是《六祖谈经》。

自 序

《六祖大师法宝坛经》简称《坛经》或《六祖坛经》，是中国广大社会民众喜欢接受的一本中国和尚写的经。在我中华流通极广，已是中华民族文化中的一部分；它脱离了佛经的艰涩，难懂的文字意涵，以老百姓的语言叙述了六祖以居士身求法，先得道后出家再弘法的过程。向人们展示了大乘佛法众生平等人人具足的真如自性。只要能够找着人人本自具足的真如自性，就能成佛（自性佛）。达摩大师云：**"若见自心是佛，不在剃除须发，白衣亦是佛；若不见性，剃除须发，亦是外道。"** 六祖也一样，只言见性，不论白衣黑衣，若能见自本性，白衣仍是佛！若不见性，即使你剃头染衣，仍是外道！达摩大师的法语，六祖以身实践得到了证实。揭示了真如自性人人具足（何期自性本自具足）。并非某个特定

的团体或某种特定的身份者的专利。给广大的社会各阶层的学佛信众充满了信心,看到了自己也能成佛作祖的希望。把佛法一切众生皆能成佛的宗旨,让广大社会得到认可和肯定。因此,《六祖坛经》是一部深受社会各阶层人士关心和喜爱的一部中国人自己的佛经,对我中华文化的影响极大。然而六祖辞世已1300年,禅宗正法亦失传久之,本经竟遭诸方错解乱注四方流通,把禅宗的精髓浅化、世俗化,中华宝贵文化受到了空前的曲解和贬低!因之而有注解之必要来影响我国人,复兴禅宗文化。既然决定注解,应当略述本经中所载六祖之作与内涵,使读者易于把握重点,乃叙述如下:

六祖惠能既得五祖大师传法并授予法衣,正式成为中土第六代祖,势必绍继如来摧邪显正作为,是故摧破神秀渐悟谬理而说顿渐:"复语诚曰:'汝师戒定慧,劝小根智人;吾戒定慧,劝大根智人。'"此为其一。又斥卧伦禅师离念灵知境界而说:"惠能没伎俩,不断百思想,对境心数起,菩提作么长"。以此摧破卧伦样师的"卧伦有伎俩,能断百思想,对境心不起,菩提日日长"。三如六祖当众破斥说:"又有人教坐,看心观静,不动不起,从此置功。迷人不会,便执成颠。如此者众,如是相教,故知大错。"以此三者为代表之外,其余破斥所在多有,总因正法容易被相似法所混淆,以致六祖不得不如此,六祖也因此自云"出世破邪宗",这是继承了如来摧破邪说以显正理的宗风,自此以后禅宗历代祖师莫不如是大力破邪以显正法。

在《坛经》中六祖开示学人,不应轻于新学或分贵贱,一切学人皆应引为大鉴。如六祖云:"若修功德之人,心即不轻,常行普敬。心常轻人,吾我不断,即自无功;自性虚妄不实,即自无德。为吾我自大，常轻一切故。"六祖又主张学禅之人应具正见，所谓在家出家平等，故云："若欲修行，在家亦得，不由在寺。"因为禅悟实质在于心，非在于身。

六祖于《坛经》中特地自述五祖对他磨炼心性之事，表明学禅之人悟前须经磨炼心志；善知识也必须如此为之，观察确定学人真属菩萨心性始可得悟。以是缘故，五祖特叫惠能去槽厂破柴踏碓8个月，其间都不曾去看望或慰勉。后时出世弘法，武则天虽屡次派人来请，但六祖鉴于武则天心性不佳，是故宁死亦未传法与之，连见面都拒绝。并指示学人，于真悟之后必须转依成功，身口意行始终契合真如心的自性，始认其为真悟，例如六祖大师开示说："心量大事，不行小道；口莫终日说空，心中不修此行，恰似凡人自称国王，终不可得，非吾弟子。"若是悟后身口意行仍如凡夫无异，不曾丝毫转依真如心自性，依旧贪嗔不绝，终究只是一个知解宗徒，不是真悟者，六祖拒绝如是之人为其弟子。此是当代真学禅者应须留心之处，否则空言证悟而无自受用及他受用之功德，悟之实质本自无之，求如是之悟，复有何用？

又，求悟者皆须先行忏悔灭罪，故有〈忏悔品〉之建立。六祖亦开示学人言，求悟亦当有机缘，显示并非心性刚强自私者可得悟入。六祖又为学人殷殷警示：悟者必有般若在胸，能为人如实解说；若说不得法、解不得经，而轻视天下善知识，动辄诽谤，哗众取宠，即有大罪。

六祖又示现宗教互通之身教，表明教为宗门之指，宗为教门所悟；教为悟后进修，宗为教门入处。是故要求大众悟前应须持诵般若经，领受般若经中的意旨："若欲入甚深法界及般若三昧者，须修般若行，持诵《金刚般若经》，即得见性。当知此经功德无量无边，经中分明赞叹，莫能具说。"又言："能修此行，与般若经本无差别。"是从来都不曾离于教门的。六祖证悟10余年后出世说法时尚且如是开示，后时并援引甚多经中圣教，用以教示已悟弟子永为依止。并于开示后重说偈曰："说通及心通，如日处虚空，唯传见性法，出世破邪宗。"比对现代禅门野狐动辄倡言"宗门与教下无关"，执宗门而排斥教门者，六祖真可谓慈悲遗于后人也。

又，证悟之标的即是真如，乃第八识如来藏也，谓之本心，又名阿赖耶识、异熟识。然末法之际诸方大师竟未之知，直到晚近,10余年来方为佛教界所广知。殊不知六祖大师早已言之："人性本净，由妄念故，盖覆真如。""菩提自性，本来清净，但用此心，直了成佛。"研读《坛经》者众，竟未之知，必待善知识出世广说，初始竟犹抵制抗拒，久后方才渐渐接受，亦是可怪之事。以此缘故，本经实有重加注解弘扬之必要。

又，六祖教言，悟得本心者，即见本心真如之自性："'何期自性，本自清净；何期自性，本不生灭；何期自性，本自具足；何期自性，本无动摇；何期自性，能生万法。'祖知悟本性，谓惠能曰：'不识本心，学法无益；若识自本心，见自本性，即名丈夫、天人师、佛。'"六祖所说如是"本自清净、本不生灭、本自具足、本无动摇、能生万法（能生五阴…等万法）"之内涵，亦是一切自称证悟禅宗、证悟佛法者之试金石；例如以证得离念灵知为悟之人，其离念灵知能生万法否？本自清净否？本不生灭否……？于六祖以上所说，一一皆应援引检验，以免大妄语业。修善法而求得来世长劫不可爱极苦果报，岂非天下最大之冤枉？普愿一切禅者慎自检验，皆得善果。

六祖又言："念者念真如本性。真如即是念之体，念即是真如之用。真如自性起念，非眼耳鼻舌能念。真如有性，所以起念；真如若无,眼耳色声当时即坏。善知识!真如自性起念,六根虽有见闻觉知,不染万境,而真性常自在,故经云:'能善分别诸法相,于第一义而不动'。"故知禅宗之所悟即是真如,悟得真如之后,即生般若智,能通般若亦能为人解说,方名真悟。不唯如此,六祖更举五祖大师的开示说:"不识本心,学法无益;若识自本心,见自本性,即名丈夫、天人师、佛。"如是揭示吾人必须证得第八识本心真如,亲见真如心的各种本有自性,方能通于般若而名为悟;研读《坛经》者,于此皆应知之,方能体会六祖之老婆心切也。

又,记悟般若之判断并非自由心证,而是有一定内涵,是故六祖演说般若真旨时说:"用自真如性,以智慧观照,于一切法不取不舍,即是见性成佛道。"此时亲见真如心如来藏具有令人成佛之自性,永远真实而且如如,名为"见性成佛"。

但这个"成佛",成的是相似即佛位的佛,不是究竟即佛位的佛,六祖却必须说为"成佛",以此方便说来以广招信众。此因六祖之前的禅宗一向单传,法脉不盛,因为广传之时尚未到来。直到北方玄奘大师译出很多经典,处处都可以支持禅宗所悟之旨,方得广传;但也证实禅宗之悟并非即是究竟佛位,以此缘故,六祖开始大力推广禅宗正法时,虽然必须高调唱言"一悟即至佛地",却是处处援引经教说明悟后修道之事。此亦证实"一悟即至佛地"是六祖方便权宜,诱引大众发起求悟之心,并作为接引大众之方便。若有人将六祖之权宜方便当作究竟,认定六祖自认成佛,即是脏污六祖大妄语,实属不善;今于此注解中,特地引之为证,欲免今世作世学人继续污谤六祖之罪。

以上略述《六祖大师法宝坛经》大意,今以此一注解即将梓行天下,而我真如曾无一言以说,却无妨五蕴继续运行略述《坛经》大意，乃以六祖真意简述以代序文，普愿天下有缘佛子皆得六祖真旨。

　　　　　　　　　　佛弟子　释惟护　敬序
　　　　　　　　　　公元2016年7月

《坛经》注解 下册

〈参问请法机缘品〉第六

【经】

师自黄梅得法，回至韶州曹侯村，人无知者。时有儒士刘志略，礼遇甚厚。志略有姑为尼，名无尽藏，常诵《大涅槃经》。师暂听，即知妙义，遂为解说。尼乃执卷问字。

师曰："字即不识，义即请问。"尼曰："字尚不识，曷能会义？"师曰："诸佛妙理，非关文字。"尼惊异之，遍告里中耆德[1]云："此是有道之士，宜请供养。"有魏武侯玄孙曹叔良及居民竞来瞻礼。

时宝林古寺，自隋末兵火已废，遂于故基重建梵宇，延师居之，俄[2]成宝坊；师住九月余日，又为恶党寻逐，师乃遁于前山，被其纵火焚草木，师隐身挨入石中得免。石

今有师趺坐膝痕，及衣布之纹，因名避难石。师忆五祖"怀会、止藏"之嘱，遂行隐于二邑³焉。

【注】

1. "耆德"：年纪大，有德性的人。
2. "俄"：不久的意思。
3. "二邑"：指怀集县与四会县

【语译】

六祖自黄梅山五祖那里得法之后，回到韶州曹侯村时，没人认识。当时有一位读书人刘志略，对待六祖甚为恭敬。刘志略有一位姑姑出家为比丘尼僧，名叫无尽藏，时常读诵《大涅槃经》。六祖有一次去，听闻到诵经的声音，马上就懂得经中所说的深妙义理，因此就能够为无尽藏尼师讲解说明。

无尽藏尼于是手里拿着佛经卷轴请问字义。六祖回答："我不识字，法义则可以问我。"无尽藏尼说："既然不认识字，如何能够解义？"六祖回答："诸佛所说深妙义理，离文字相，与文字无关。"无尽藏尼随后听闻六祖开示佛法妙义，惊讶不已，于是通告村里中的有德耆老说："这个人是得道的人，大众应该恭敬供养他。"

魏武侯的玄孙曹叔良听闻此事便跟里中居民们，争先赶来瞻仰六祖。当时的宝林古寺，自从隋朝末年遭受战乱，兵火焚毁，荒废至今，大家于是在旧址上重建寺院，恭请六祖来住持，不久寺院便建成了。六祖在此住了9个多月，却又被恶人们寻获踪迹所在，于是六祖只好遁入前山之中。恶人们又放火焚烧草木想要加害，六祖于是将身子躲藏在石缝之中得免灾难。现在还可以看到这块石头上有六祖趺坐石中膝盖的印痕以及当时所穿衣服的纹印痕迹，大家因此把这块石头叫作避难石。事后六祖想起五祖隐匿踪迹的交代，因此就隐身在怀集与四会县。

【解】
　　大菩萨发起大愿，再来人间广度众生的事，自古以来屡见不鲜；古时南阳慧忠国师与永嘉玄觉禅师，后来的破楞严禅师与天然禅师，以及近代的广钦老和尚都是自证自悟本心的人，又如当代的平实菩萨也是自证自悟真心如来藏而乘愿再来人间的大菩萨。在《金刚经宗通》中平实菩萨说：

　　　　以前我在破参前，我这一世的师父开示我："就是要无念，得要无念，心不动，就叫作无心，无心才是开悟。"我以前住那个房子，诸位都知道，它叫作喧嚣居，非常地吵，有一次就在心里埋怨："这么吵，要怎么开悟呀？"结果佛就训斥了："有个房子给你住，也不需要再谋生活，让你专心参禅，这样还嫌不好！"就遭到斥责了，所以后来想一想："这种嘈杂的环境，根本不可能去修一念不生；那修一念不生的办法一定是错误的，我一定要改正。"所以，对于善知识教的修禅方法就起了怀疑。起了怀疑以后，所以有一天午饭过后，也就是在家中闭关第19天午饭以后，稍微散步一会儿，又上3楼佛堂去了。可是这一上座，心里面想："不对！因为已经坐了2个钟头了，完全一念不生，还是没有消息。大师说这样一直坐下去，一念不生就叫作开悟；可是一念不生这么久了，也没有感觉到有什么智慧生出来，这一定是不对的。"就开始探讨，探讨这个一念不生的错误。

　　　　所以后来我想："干脆把大法师教的都丢掉好了，那一定是错误的，不如我自己来修。"因为我那个师父教禅教了快20年了，每一次禅七都还是数息、数息再数息，熬腿、熬腿再熬腿；教了大众十几年下来，每一次禅七除了数息还是数息，都教人家要"数而不数"。我说，这样的数息结果，还不如我自己修出来的方法。我那时候还不知道说，我那个方法叫作六妙门；那时我还不知道名称，但是我自己演变以后就自己会了。想一想：他那个数息法，还不如我自己修出来的方法；更不如我的无相念佛、看话头的境界，那一定是错误的。我思索了差不多将近半个钟头，后来发觉不对，一定要把它丢掉；应该是不管你吵闹或不吵闹，都可以开悟才对，那我为什么一定要追求一念不生呢？所以就丢掉它，开始用自己的方法：思维观。

然后，就用思维观的方法参禅，一个念头又一个念头一直过去、一直过去，这样到了下午快4点的时候，理出一个头绪来："禅宗既然讲的是明心、见性，那一定是有心可明，并且有性可见，不然应该叫明心明性呀！或者应该叫作见心见性呀！为什么是明心与见性？"好！我就从这里下手。从这里开始以后，一直整理下去：那么明心到底是要明哪个心？难道是我们一念不生的觉知心吗？我想："不对！假使是这个心，那么外道修四禅八定的人早就开悟了，可是佛陀明明示现给我们看：祂去找那些外道一个一个去学，从初禅修到非非想定都成就了，可都仍然不是开悟；更何况还没有得到初禅的未到地定中或者欲界定中的离念灵知，那怎么能够说是开悟？所以一定不是悟得这个觉知心。"所以接下去探讨：一定另外有一个心。当然就是第八识如来藏了，当时自然就知道如来藏是什么心了。

那么"见性"，见性是见到什么？那一定是有个性可见。然而到底是要见什么性？想一想，一定是佛性。可是知道是要见佛性了，但佛性到底是什么？又不知道了。就这样知道一个方向：你要找到一

第六 机缘品 参问请法

个真心,并不是这个觉知心;然后你想要见性,就是要看见佛性。所以到这里就弄清楚方向了,原来禅宗的开悟是有两个东西要寻觅,所以叫作明心及见性。然后就从心下手,把"心"解决了,再来解决"性"。那么心到底是什么心?突然间一念闪过:"喔!就是这个心。"就这样而已。可是这个"心"看来没有什么奇特呀!就觉得说,这样明了这个心,有什么功德受用呢?好像觉得没有什么功德,因为我才刚刚从往世的记忆中想起这个第八识心如来藏,还没有开始深入整理祂,实相智慧还没有大量生出来,就觉得这样明心并没有什么功德受用。后来才知道得要深入体验整理以后,智慧才会开始出生。所以,我不像你们这样;在禅三里,我弄了好多机锋给你,晚上又要普说。都没有人这样为我,我只是坐在那边,就这样自己参究起来;是面对墙壁参禅,就这样而已。

那时还觉得这个真心如来藏似乎没什么奇特,看来并不重要。于是我再来看看"佛性"到底是怎么回事?然后就开始参究这个佛性。没多久我终于参出来,这回真的不一样了!这一参出来就完全不一样了!所有的见闻觉知整个都改观。因为那时是闭着眼睛面壁在参究,所以参出佛性以后就一直听着:原来我听到的都是佛性。我是在听佛性。这个时候大约是4点钟,窗外幼儿园大钟"锵!锵!"响着。那幼儿园也真会搞怪,不晓得去哪里买来消防车后面挂的响钟;人家别的幼儿园都没有这样,他偏用那个钟敲得很大声,宣告他们下课了。可是,我这一次听起来完全不一样,都不嫌吵了。然后,接着就是放学,小孩子嘻嘻哈哈,吵得一塌糊涂,加上那个园长还拿着木棍猛敲木板门,同时大声吆喝:"还吵!还吵!"敲得震天价响。可是这时候我都不会讨厌了,很奇怪!我就这样听着佛性。听久了,然后慢慢地张开眼睛看着墙壁;哎呀!墙壁上也看得见佛性。后来下座,看着窗外的小朋友们，他们在中庭玩得很高兴，我自己竟也会跟着高兴，可是其实我心里并没有高兴。小朋友跌倒了，哭呀！我竟然会跟着他掉眼泪，可是我心中并没有伤悲呀！不晓得什么原因，竟然就与他们直接互相感应了。

可是诸位要知道：我把方向建立好，开始参究明心与见性，时间并不超过5分钟。就是方向厘清以后，接着就开始参："心是什么心？性是什么性？"就这样解决了！可是在弄清楚方向时，那可是整整花了快半个钟头："到底要明什么心？要见什么性？为什么两个会不同？"建立这个知见与方向，整整花了我快半个钟头。可是回头来说，已经弄清楚了方向以后，接着探究：那到底真心是什么心？佛性是什么性？就这样5分钟内便解决了。所以，接下来就很清楚地知道说，为什么佛要斥责避喧求静的人，因为般若的开悟跟环境吵不吵，完全不相干。

可是大师们办禅七时，只要谁在外面讲话大声一点，护七的人只要动作不小心，当啷一声，马上就被责备。其实不该责备护七的人，因为护七的人并没有过失，责备护七的那个大法师才是有过失。那护七的人掉个东西，如果有因缘，也许人家就见性了，你大法师还在诃责什么？这意思就是说，末法时代没有办法开悟，这事情不能怪学人，要怪大法师们；都是因为大师们用了错误的知见，误导了学人；又教错了功夫的行门，无怪乎大法师与学人们连明心都做不到，更不要说见性了。因为明心只是智慧相应，见性还得要大福德并且要与定力相应，特别是动中的定力。可是那一些大法师们，有哪一个能看见一句话的前头？一个也没有！都没有看话头的功夫，更不要说能够看得很纯熟。

因为我这一世的师父，有一天看到我写的一篇文章教人家怎么看话头；他想不通，不知道话的前头是怎么看的，于是找了我去问：

参问请法

机缘品

第六

"你这个看话头功夫是怎么练成的?"听完我的说明以后,还要求我写下来,说要在他的《人生月刊》登出去;我就傻傻地把自己的修炼过程写了,说明我是怎么修成的,又写了一些文字加以说明,那些文字就成为后来《无相念佛》那本书的草稿。结果一个月过去,两个月过去,半年过去,都没看到登出来;原来是他没有这个功夫,而他也想要炼成这个功夫,骗我说要登载出来,其实只是他想要阅读、练习这个功夫,不是真的要登载出来利益他的徒众们。如果连这个看话头的功夫都没有,说他可以一念不生、大悟彻底,那不是骗人吗?诸位想想看,你们来正觉同修会修学,有些人快的话,半年、一年就能够看话头看得很好了,可是连名闻世界的大法师都作不到,你说他座下的学人该怎么办?所以我常常说:末法时代的人悟不了,不是学人们的过失,而是大法师们的过失。因为他们自己都没有走过那条开悟的路,如何能指导别人开悟呢?连悟个什么都不知道,要如何悟的方法也不知道,那么座下的学人就更不用提了。①

想要证真如,只有一条路,就是证得第八识如来藏,然后才能观察如来藏确实有真实与如如的法性,那就是证真如了。没有证如来藏而说他证真如,那都是自欺欺人之谈。这个真如"非识所了(不是意识思维所能了知)",可是有一天你终于证真如了,证得真如以后现前观察这个真如:有没有住于五尘的哪一尘的境界中呢?结果你发觉连一尘都没有,当然也不住于法尘中。再来观察这个真如:有没有住于六识境界中呢?结果也没有。真如有没有住于任何一种法里面呢?结果也没有。祂与六尘根本就不相应,始终都在六尘之外而无所住。祂不论怎么忙,都不会有一刹那不小心落在六尘里面,祂绝对不

---

① 萧平实:《金刚经宗通》第一辑,台北:正智出版社,2012年版,第61-67页。

会。祂忙得一塌糊涂，可是从来不会不小心落入六尘中，不会住于任何境界中，所以说祂"住无所住"。祂所住的境界都不是意识所知的境界，对于六尘外的所住境界也没有丝毫的执着，所以叫作"住无所住"。就像《金刚经》讲的"应无所住而生其心"，菩萨本来就应该如此，应该住于无所住的境界中，然后不是沉默、断灭、昏沉或者睡着，而是时时刻刻生其心，就是真如心时时刻刻都在运作。这样显然是无所住的境界，但这无所住的境界绝对不是凡夫或二乘圣人的意识所能了知的。

又说："寂静圣智及无分别后得智境，无我、我所，求不可得。"以前有人跟我们争辩说："悟了就悟了，有什么后得智、根本智？你有什么根据？"我们都懒得跟他们提根据，因为早就知道这种人不可理喻；你用道理跟他讲，是讲不通的，就当作是个疯子在乱放话就好了。就好像说，疯子一天到晚在那边放话："大王！我明天要杀掉你！"他在精神病院里面每天大声放话，国王会理他吗？才不会理他，对不对？因为事实上他也不可能做到，而国王也知道他只是个疯子，你能用道理跟他谈什么呢？都不需要。同样的，菩萨就像国王一样，那个精神病患关在精神病院里面，在那边放话说要杀国王，国王根本就不必理他。可是我们其实有很多地方都可以举出证明的，只是因为跟他们对话真的很辛苦，而我们的时间不想浪费在他身上；因为他根本就不懂，你若是想要说到他能懂、让他信服，不如用那些时间来度100个人，早都度成了。在衡量弘法的得失时就说："我这些时间要用来度其他的100个人，暂时把他摆着，等未来世有因缘时再度他，还是划得来啦！我如果度他这个人，把那100个可度的人丢着，那我何必呢？"菩萨有智慧所以不理他。

以前常常都有人这样乱质疑，因为他们都主张："一悟即至佛地，悟了就悟了，什么悟后起修？你讲什么根本智、后得智，那就是悟后起修，那表示你没有开悟。"他还说得振振有词，仿佛他的证境比我们高呢！而他们的意思也正是要这样表示，那我们就不理他。其实很多地方都可以提出圣教上的根据，而亲证的现量所见，事实上也是如此。他们主张说："悟了就是成佛了。"骂人家说："谁讲悟后起修，他就是没有悟。"因为我就曾经被骂过。好，那现在问问看："他们悟了、成佛了，有没有证真如呢？"没有，连意根在哪里都还不知道，更别说亲证如来藏，那根本就谈不上证真如了。没有证真如的大乘行者就是凡夫，凡夫竟然骂菩萨说："你没有悟，我才是真悟者。"这就是五浊恶世的正常现象。

　　现在回来看这段经文语译："寂静的圣智以及无分别后得智的境界。"为什么叫作寂静的圣智？凡夫解释这四个字，他们都一定会说："我们每天打坐，坐到一念不生，都没有语言妄想时，那就是寂静的境界，这样我们就是圣人了。"就自己当起圣人来了。其实圣人哪有那么好当？圣人是生来要被人家骂的，结果他们当圣人都是要人家供养他、奉承他、礼拜他、恭敬他、赞叹他，他都不愿意被人家骂上一句的。但是末法时代真正的圣人是要被人家骂的，所以他们都弄错了。有的人好一点，他说："我们继续打坐，坐到发起初禅，初禅的八种粗妙的胜境，转变为细致的八种胜境也都经过了，再来入了二禅都不接触五尘了，这就是真正寂灭的圣境，就是证得无分别智。"听来好像也有道理。可是他讲出来的时候，都不说那是二禅的境界，都说："这个就是寂灭的圣境，当你有这样的寂灭圣境的时候，你就有圣智了。"说这个叫寂静的圣智。可是有智慧的人把它拿来探讨了一下，弄清楚他所谓的寂静圣智以后，发觉那不过是二禅等至位而已。如果二禅等至位就算是佛法智慧圣境，那好了，四阿含要全面改写了。如果是这样的话，佛陀来人间示现为凡夫而出家去，一一经过那些外道学习的示现中，从初禅、二禅、三禅，一直到非非想定，佛陀都说："那不能证涅槃，那仍然是凡夫境界。"以定为禅的人竟说二禅那个境界，就算是寂静的圣智境界，那他是不是在谤佛？因为他告诉人家说，他所讲的法就是佛陀所讲的。可是佛陀讲的不是这样，所以他就是在谤佛。这意思就是说，凡是意识存在的境界，都不是寂静的圣境，所以能证得意识存在的离五尘境界时，仍然有定境法尘，也仍然不是圣智，那种智慧确实不是圣智。因此，一定是要实证如来藏，观察祂是真如而不住于六尘境界，才有可能是寂静的圣智境界。

　　也就是说，如来藏是从来不住在六尘境界中的，那个时候根本就没有我，也没有我所。这样从如来藏的真如境界来追查看看：那里面有没有我或者我所？你会发觉根本就没有我与我所。刚明心的时候，还分不出如来藏自住境界与意识在禅定里面的差别，因为还没有证得禅定；还是得要过来人来说明，才能够去观察了解。所以并不是悟后就没事，还是要继续再进修的。那么继续进修，这个真如的智慧境界越来越胜妙，体验越来越深，才能说他是有了后得无分别智。且不说后得无分别智，光说一个根本无分别智，大家就弄不懂了。你们看当代有哪个大师懂得什么叫作根本无分别智？都没有啊！翻遍了当代所有大师们的著作，没有一个人真懂。他们如何解释无分别智呢？他们都教导徒众们说："你要放下一切，什么都别管。人家骂你，你就当作耳边风，把他当作疯子。人家如果吐口痰在你脸上，你就唾面自干啦！都不必去管他，心里面也不可以动念头，不要去分别说这个人是恶人。你懂得如何这样做到，你就是有了无分别智。"这是凡夫大师所教的无分别智，不是佛法里面的无分别智。因为那时其实已经分别完成了，当人家在骂的时候，他完全知道那个声音就是在骂他。他心中已经分别完成了，怎么没有分别完成？当人家吐了口痰在他脸上的时候，都已经知道那是痰了，哪里没有分别？早就分别完成了，所以那个还是叫作意识的分别智，那只是比较上等的凡夫分别智；因为，听到声音很大声，不必去听对方在讲什么，就知道那是在骂他了，所以算他聪明，叫作分别智。

无分别智可不是他们讲的那回事。无分别智，是这个智仍然是意识的境界，但不是意识自己无分别的智慧，而是意识证得自己的如来藏以后，现观如来藏时时刻刻依着真如法性在运作，祂从来不分别六尘万法，就像人家说的"八风吹不动"，才真的叫作无分别。而且这个如来藏的无分别性，不是修行以后才这样，而是还没有修行以前就已经这样。菩萨就是证得这个如来藏，有智慧知道祂无始以来时时刻刻都住在不分别的境界中；知道这样的无分别心，而产生了实相般若的智慧，才能称为证得无分别智。不过这样的观察，毕竟只能指示一个总相而已，其他微细的无分别境界都还不知道，那就要通过《般若经》的熏习来达成更深入的了知。从根本无分别智来做基础，悟后更深入地了知而使得智慧更深妙，就是后得无分别智。

这后得无分别智，在禅宗里面有没有典故？有啊！有个很有名的典故，清凉文益跟绍修山主，师兄弟两个人行脚，到了罗汉院遇见了桂琛禅师，在那个晚上悟了。然后两个人继续去行脚，可是参访过很多地方，走过千里地，在岭北路上走着走着。有一天，这清凉禅师就问绍修："兄弟啊！古德说：'毫厘有差、天地悬隔。'你怎么体会呢？"绍修禅师就说："我知道啊！就是毫厘有差、天地悬隔啊！"清凉禅师就向他说："老兄啊！你这样怎么能体会这句话的意思呢？"绍修禅师就问："不然要怎么体会？"清凉禅师告诉他说："那你重新问一遍，我就告诉你。"他就问："如何是古德说的毫厘有差、天地悬隔？"清凉禅师就告诉他："毫厘有差！天地悬隔！"

他听了，终于懂了，赶快就礼拜。请问，这时有没有生起后得无分别智？当然有啦！否则他礼拜干吗？为什么前面绍修说的，清凉不肯他？等到绍修重问，清凉答话还是重新再讲一遍而已，为什么绍修终于就懂了？为什么愿意当场就礼拜？师兄弟之间何用礼拜？又不是对师父，他何必当场礼拜？就因为有根本与后得无分别智的差别。所以，悟了就立即有后得无分别智吗？不见得啦！大部分人都没有。所以这几年禅三，往往是把根本无分别智给你以后，我还一直塞，塞了很多后得无分别智给你们。所以现在破参的人这个公案都懂，早期破参的人这公案可是不懂的，那时候我们没有塞那么多，都是留在禅门差别智的课程中才讲。所以禅门里面确实是有后得无分别智的，那就叫作禅门差别智；我们早期弘法时，所有见性的人都要每二周集合在讲堂中上课，讲的就是禅门差别智，其实就是后得无分别智。①

【经】

　　僧法海，韶州曲江人也。初参祖师，问曰："即心即佛，愿垂指谕[1]。"

　　师曰："前念不生即心，后念不灭即佛；成一切相即心，离一切相即佛。吾若具说[2]，穷劫不尽，听吾偈曰：

　　即心名慧，即佛乃定；
　　定慧等持，意中清净。
　　悟此法门，由汝习性；
　　用本无生，双修是正。

---

① 萧平实：《实相经宗通》第一辑，台北：正智出版社，2014年版，第29-36页。

参问请法
机缘品
第六

法海言下大悟，以偈赞曰：

即心元是佛，不悟而自屈；
我知定慧因，双修离诸物。

【注】
1. "指谕"：指导开谕的意思。
2. "具说"：全部说明的意思。

【语译】
　　有出家人名为法海，是韶州曲江人。最初参访六祖时，请法问说："佛法中说即心即佛，祈愿和尚指导开示。"
　　六祖说："前念不生即是心，后念不灭即是佛；能生成一切法相即是心，离一切法相即是佛。我若是要将此中道理说完，一直说到劫尽也说不完，请听我说偈颂：

真心本身名为智慧，知道这即是佛方能心得决定；
定与慧一体而平等受持，意等诸识之中便清净了。
证悟此真心法门，是由于你往昔熏习而来的心性；
依慧得定的作用本自无生，定慧双修是真正修行。"

　　法海于六祖言下大悟，以偈颂赞叹说：

"是心元来即是佛，不悟而自己委屈；

我知以定慧为因，双修便得离诸相。"

【解】

"心元是佛"的含义，平实菩萨在《宗门道眼》中释义说：

江西马祖道一大师示众云：经云："非凡夫行，非贤圣行，是菩萨行。"只如今、行住坐卧应机接物尽是道，道即是法界，乃至河沙妙用不出法界，若不然者，云何言心地法门？云何言无尽灯？一切法皆是心法，一切名皆是心名，万法皆从心生，心为万法根本。经云："识心达本，故号沙门。"

平实云：佛法说心，乃谓万法根本之心。千百年来，多少人错会，总认吾人之灵知心为真，便自以为悟，开山聚徒，误导众生去也。今时台湾本岛、欧美两洲亦复如是，多有错悟大师，买得一大片山地，命名为某某山，相率以灵知心为真如，利用广告媒体大作宣传，宣扬错误之开悟。显密缁素大德，悉皆异口同声，对众极力指陈，明指灵知心进入无妄想状态时即是真心。①

如此大师却同古时黄州大石山福琳禅师一般，诳吓闾阎："福琳禅师游方，遇荷泽禅师，示无念灵知不从缘有，即焕然见谛。后抵黄州大石山结庵而居，四方禅侣依之甚众。"自己错悟，却诬荷泽所传之心为无念灵知心，将意识心认作不生不灭之真如；荷泽如余初出道时勘验不慎，责无旁贷。

此事古来所在多有，无独有偶，普遍存在；看官不信，且观

---

① 萧平实：《宗门道眼》，台北：正智出版社，1999年版，第94页。

参问请法机缘品第六

古今闻名之圭峰宗密禅师如何开示真如："若能悟此（灵觉）性即是法身，本自无生，何有依托？灵灵不昧，了了常知，无所从来亦无所去；然多生妄执习以性成，喜怒哀乐微细流注；真理虽然顿达，此情难以卒除；须长觉察，损之又损；如风顿止，波浪渐停，岂可一生所修便同诸佛力用。但可以空寂为自体，勿认色身；以灵知为自心，勿认妄念。妄念若起都不随之，即临命终时，自然业不能系，虽有中阴所向自由，天上人间随意寄托。"凡此皆是野狐常见，何有见地？

玄沙即不然，上堂开示云："……夫出家人识心达本，故号沙门。汝今既已剃发披衣为沙门相，即合有自利利他分；如今看着尽黑漫漫地，如黑汁相似，自救尚不得，争解为得他人？……饶汝炼得身心同空去，饶汝得到精明湛不摇处，不出他识阴，古人唤作如急流水，流急不觉，妄为澹净；怎么修行，尽不出他轮回际……更有一般便说：'昭昭灵灵，灵台智性，能见能闻。'向五蕴身田里作主宰。怎么为善知识，大赚人！知么？我今问汝：'汝若认昭昭灵灵是汝真实，为什么瞌睡时又不成昭昭灵灵？若瞌睡时不是，为什么又有昭昭时？'汝还会么？这个唤作认贼为子，是生死根本妄想缘气。汝欲识此根由么？我向汝道：'汝昭昭灵灵，只因前尘色声香等法而有分别，便道是昭昭灵灵；若无前尘，汝此昭昭灵灵，同于龟毛兔角。'仁者真实在什么处？……父母放汝出家，十方施主供汝衣食，土地龙神护汝，也须具惭愧知恩始得，莫辜负人好！长连床上、排行着地销将去，道是安乐未在，皆是粥饭将养得。汝烂冬瓜相似变将去，业识茫茫，无本可据，沙门因什么到恁么地？只如大地上蠢蠢者，我唤作地狱劫住；如今若不了，明朝后日看变入驴胎马肚里，牵犁拽耙、衔铁负鞍，碓捣磨磨，水火里烧煮去，大不容易受，大须恐惧好！是汝自累！知么？"

不唯长沙如是道，睦州、云门、罗汉、药山、归宗、克勤、大慧、无门……诸祖悉如是道。教下亦言法离见闻觉知，又言第一义谛离诸觉观，无觉观者是名心性。

只如马大师云："行住坐卧应机接物尽是道。"且道：应机接物行住坐卧有什么玄妙？而云是沙门之道？云何说为心地法门？云何祖祖相传、悉皆以此为无尽灯？上座辞亲出家，立下成佛誓愿，何不于此起个疑情，探究到底？看是什么道理？也免辜负父母师长及四方供养，方得名为真沙门。

如今天下丛林、平畴原野，野狐无数，何处觅明师？既无明师，又不愿拜于平实门下，只好向古人梦中推寻：

有僧问："凡有言句，尽落卷柜。如今不落卷柜，请和尚商量。"玄沙师备禅师云："捌折秤杆来！与汝商量。"上座若写信来问，平实却答云：待汝捌折笔杆，却向汝道。[①]

【经】

僧法达，洪州人。七岁出家，常诵法华经。来礼祖师，头不至地。

祖诃曰："礼不投地，何如不礼。汝心中必有一物，蕴习何事耶？"

曰："念《法华经》，已及三千部。"

祖曰："汝若念至万部得其经意，不以为胜，则与吾偕行。汝今负此事业，都不知过，听吾偈曰：

礼本折慢幢，头奚不至地？

---

① 萧平实：《宗门道眼》，台北：正智出版社，1999年版，第95-97页。

有我罪即生，忘功福无比。

师又曰："汝名什么？"曰："名法达。"师曰："汝名法达，何曾达法？"复说偈曰：
汝今名法达，勤诵未休歇。
空诵但循声，明心号菩萨。
汝今有缘故，吾今为汝说。
但信佛无言，莲花从口发。

达闻偈，悔谢曰："而今而后，当谦恭一切。弟子诵《法华经》，未解经义，心常有疑，和尚智慧广大，愿略说经中义理。"

师曰："法达！法即甚达，汝心不达；经本无疑，汝心自疑。汝念此经，以何为宗？"达曰："学人根性暗钝，从来但依文诵念，岂知宗趣。"师曰："吾不识文字，汝试取经诵之一遍，吾当为汝解说。"

法达即高声念经，至《譬喻品》，师曰："止！此经元来以因缘出世为宗，纵说多种譬喻，亦无越于此。何者因缘？经云：诸佛世尊唯以一大事因缘，故出现于世。一大事者，佛之知见也。世人外迷着相，内迷着空，若能于相离相，于空离空，即是内外不迷。若悟此法，一念心开，是为开佛知见。佛犹觉也，分为四门：开觉知见、示觉知见、悟觉知见、入觉知见。若闻开示，便能悟入，即觉知见，本来真性而得出现。汝慎勿错解经意，见他道'开、示、悟、入'，自是佛之知见，我辈无分；若作此解，乃是谤经毁佛也。彼既是佛，已具知见，何用更开？汝今当信佛知见者，只汝自心，更无别佛。盖为一切众生自蔽光明，贪爱尘境，外缘内扰，甘受驱驰，便劳他世尊从三昧起，种种苦口劝令寝息，莫向外求，与佛无二，故云开佛知见。吾亦劝一切人，于自心中常开佛之知见。世人心邪愚迷造罪，口善心恶，贪瞋嫉妒，谄佞我慢，侵人害物，自开众生知见；若能正心常生智慧，观照自心止恶行善，是自开佛之知见。汝须念念开佛知见，勿开众生知见。开佛知见即是出世，开众生知见即是世间。汝若但劳劳执念，以为功课者，何异犛牛爱尾[1]。"

达曰："若然者，但得解义，不劳诵经耶？"师曰："经有何过，岂障汝念？只为迷悟在人，损益由己；口诵心行，即是转经；口诵心不行，即是被经转。听吾偈曰：

心迷法华转，心悟转法华；
诵经久不明，与义作雠家？
无念念即正，有念念成邪；
有无俱不计，长御白牛车。

达闻偈，不觉悲泣，言下大悟而告师曰："法达从昔已来，实未曾转《法华》，乃被《法华》转。"再启曰："经云诸大声闻乃至菩萨，皆尽思共度量，不能测佛智，今令凡夫但悟自心，便名佛之知见；自非上根，未免疑谤。又经说三车：羊鹿之车，与白牛之车，如何区别？愿和尚再垂开示。"

师曰："经意分明，汝自迷背。诸三乘人不能测佛智者，患在度量也。饶伊尽思共推，转加悬远。佛本为凡夫说，不为佛说，此理若不肯信者，从他退席；殊不知坐却白牛车，更于门外觅三车。况经文明向汝道：唯一佛乘，无有余乘若二若三；乃至无数方便,种种因缘,譬喻言词,是法皆为一佛乘故,汝何不省?三车是假,为昔时故;一乘是实,为今时故。只教汝去假归实,归实之后,实亦无名。应知所有珍财尽属于汝,由汝受用。更不作父想,亦不作子想,亦无用想,是名持《法华经》;从劫至劫手不释卷,从昼至夜无不念时也。"达蒙启发,踊跃欢喜,以偈赞曰:

经诵三千部,曹溪一句亡;
未明出世旨,宁歇累生狂。
羊鹿牛权设,初中后扇扬;
谁知火宅内,元是法中王?

师曰:"汝今后方可名念经僧也。"达从此领玄旨,亦不辍诵经。

【注】

1. "牦牛爱尾":窥基大师在《妙法莲华经玄赞》中解释:"世间牦牛由自爱尾藏身护尾,人贪其尾遂杀其身。众生亦尔,贪着五欲以自藏身,遂以贪爱而自弊败,反自弊困,坠堕恶道。"这是说,世间的牦牛非常爱惜自己的尾巴,猎人因此误以为牠的尾巴很珍贵,想要猎杀牠而获得尾巴;牦牛为了不让尾巴受人伤害,牠会因此而把自己躲藏起来。而猎人熟知牦牛这个特性,因此会尾随牦牛,等它藏身不动无处可逃时,就来取它的性命。可怜牦牛为了爱惜尾巴,而失去了宝贵的生命。这就是比喻,凡夫贪着五欲,为了贪着五欲带来的无常有为的快乐,而宝爱于自己的色身等法,以致让自己陷入生死轮回之中,甚至堕入恶道之中。

【语译】

　　有出家人名为法达，是洪州人。7岁时出家，时常课诵《法华经》。初来礼拜六祖时，额头不碰于地。六祖诃责说："礼拜而头不点地，那不如不拜。你有这种行为，心中必有一物，平常如何修行？"法达说："念《法华经》，已诵三千部了。"六祖说："如果你念到万部时能够获得经中意旨，不认为自己很殊胜，那你就能跟我同行。然而如今你辜负出家学佛实证的正事道业，都不知道过失。听我偈说：

　　礼拜本是为了折服慢心高幢，礼求善知识时为何头却不点地？
　　心怀我见时生死罪过即生起，忘却念经功德时福德无比广大。"

　　六祖又问："你叫什么名字？"法达回说："我名法达。"六祖说："你名为法达，何时曾经通达佛法？"又说一首偈开示：
　　你现在名叫法达，勤诵《法华经》不曾休歇；
　　不懂经义空自勤诵就只是循声而已，悟明真实心的人却能号为菩萨。
　　你如今于法有缘之故，我现在便为你解说宗义；
　　只要信受佛陀从来都无言语，莲花自然从口中出生。

　　法达听闻偈语，对六祖忏悔谢罪说："从今以后，法达会谦虚恭敬一切人。弟子读诵《法华经》时，没有真正了解经中真义，因此心中常有疑惑，和尚您智慧广大，祈愿能为弟子略说经中的义理。"
　　六祖说："法达！法的自身本来甚为通达，只是你的心不能悟

参问请法
机缘品
第六

达；经中的义理本来无有可疑，是你的心中自己有疑。你读此经时，是以什么作为宗旨呢？"法达说："弟子还是一个学人，根性暗钝，从来就只是依照文句诵念而已，哪里能够知道什么宗旨义趣呢。"六祖说："我不能识得经中的文字，你试着将经文诵一遍给我听，我将会为你解说。"

法达立即开始高声念经，诵到《譬喻品》时，六祖说："停止！这部经原来是以佛陀出世因缘为宗旨，纵然经中说了很多种的譬喻，也没有超越这个范围。佛陀出世的因缘是什么呢？即是《法华经》中所说：诸佛世尊只因为一件大事因缘，所以出现于世间。这一件大事所说，是指为众生解说佛的所知所见啊。世间人向外迷惑于六尘中的一切法相，向内迷惑而执着于无常之空，如果能够处于一切法相之中而远离一切法相，于一切缘起性空的无常空中远离无常空，这就是对内对外都不迷惑的人。若能觉悟这个法（真心），突然一念相应而开解真心的境界，这便是开启了诸佛的所知与所见。佛也就是本来已在的真觉（本觉），这里面有四门的含义：打开本觉所知所见、显示本觉所知所见、证悟本觉所知所见、进入本觉所知所见。如果听闻到善知识对这个本觉正法的开示，能够因此而证悟及进入，就是觉悟了本觉的所知所见，本来已在的真心自性便能显发现前。你千万小心，别误解《法华经》的旨意，看见经中所说诸佛的"开、示、悟、入"，就说那些都是佛陀圣人的所知所见，我们这些人当然无分；如果是作这样的理解来主张，乃是诽谤佛经诽谤佛陀啊。佛陀已经成佛，已经具足应该有的所知与所见，哪里更需要再为自己开启所知所见？你如今应当要信解所谓佛的所知与所见，只是你自己的真心本性，再也没有别的佛。都因为一切众生把自己的智慧光明遮盖住了，贪爱六尘中的各种境界，色声等外缘以及内心的执着扰动，因此甘受六尘中的贪欲等驱驰束缚，便需要劳动世尊从三昧中起心，种种苦口劝令大众寝息烦恼，不要向外求法，各人自己的真心与佛无二，所以才说是"开佛知见"。我也是劝所有人，应当在自心之中时常开启自己真佛的所知所见。世间人心思邪执而有愚痴迷惑所以造作罪业，口中说着善法而心中却存着恶意，贪欲瞋恚轻嫉妒恨，谄媚欺诈高傲我慢，侵欺别人而害人损失财物，自己开启了导致生死轮回的众生知见。如果能够端正自己的心而经常生起智慧，在修行上观照自心停止恶心运行善心，这就是自己开启佛的所知所见。你必须念念之中都开启佛的所知所见，不要开启众生的所知所见。开启佛的所知所见就是出世间，开启众生的所知所见就是生死轮回的世间。你如果只是辛辛劳劳地执着于念经课诵，把这样当成就是修行功课时，那就跟牦牛爱尾而丧其身命有什么不同？"

法达请问："如果是这样，就只要解得经中意旨，就不用再辛劳诵经了吗？"六祖答说："经典有何过失，难道会障碍你念经？乃是因为迷惑或悟入都是在于各人自己，损害或是增益道业亦是在于各人自己。能够依照经中的真义口诵而心行，这是运转经典的人；口中持诵而心不能依经教真义而行，就是被经典所运转。且听我的偈吧：

心中迷惑时就被《法华》所转，心中悟入了即能运转《法华经》；

诵经很长久而仍然不明真义，给与经中的真义以后又能作为谁家的智慧？

证得本来无念的真心以后所起的念即是正念，误执有念的觉知心时所起的念都成为邪念；

依止于真心如来藏而对有念无念都不置心，自能永远驾御大白

第六 机缘品
参问请法

牛车。"

法达听闻此偈，不自觉地悲伤哭泣起来，在六祖开示的言语中大悟了，就启告六祖说："法达自从过去以来，实在没有运转过《法华》，一直是被《法华》所转。"又启问说："《法华经》中说诸大声闻乃至菩萨，所有人都来共同思量、共同讨论，也不能测知佛陀的智慧，如今帮助凡夫只是证悟了自心，便名之为证得佛的所知所见；我自己实在不是上根人，心中不免怀疑而生诽谤。而且经中说三车的比喻：羊、鹿之车，与大白牛之车，又要如何区别呢？祈愿和尚再垂开示。"

六祖答说："经中意旨其实说得很清楚，是你自己迷昧而背反错解。诸多三乘诸人之所以不能测度佛陀的智慧，过失就是在以己微少之证量想要度量佛陀无边之智慧。就算是让他们费尽心思共同推论，只会转而更加悬远而已。佛陀说法本为凡夫而说，不是为佛陀自己说法，对这个道理如果不肯信受的人，就由着他们从法华大会上退席而去，都不加以劝阻；他们完全不知道自己本就坐在大白牛车上，还想要在六根门外寻找三车。更何况经文中已经分明向你说：佛菩提就只有一佛乘之道，没有其余诸乘或说二乘或说三乘；乃至于其他无数方便，种种的因缘，许多的譬喻言词，这些法教全都是为了教导一佛乘的缘故而说，你为什么还不能省觉？说有三车只是假说，是为了昔时弟子根器尚小的缘故；唯一佛乘的法才是真实教，是为了今时弟子们已经实证、根器已经成熟的缘故。所以只是教导你要去假归实，回归真实之后，真实也是无有名称的。应当知道如来藏真心中所有珍财全部属于你自己，由着你自由受用。此时更不作父想，亦不作子想，亦没有作用之想，这样就名为持《法华经》；从此一劫去至另一劫中，其实你的手都不曾离开过《法华经》的经卷，从早上到晚上更没有不念此经的时候啊。"

法达得蒙启发，踊跃欢喜，以偈赞叹说：
《法华经》诵完了3000部，在曹溪只听得一句便全都消亡了；
不曾明白《法华经》的出世意旨，岂有可能歇得无数生以来的痴狂。
羊车、鹿车、牛车都是权巧施设，在初期、中期、后期犹如扇子扇风一样宣扬开来；
还有谁知道五蕴火宅之内，元本就是诸法中的真王？

六祖说："你从今以后才可以正式名为念经僧也。"法达从此领会真心玄旨，然而也不中止继续持诵《法华经》。

【解】

《法华经》中佛说：

佛告舍利弗："如是妙法，诸佛如来时乃说之，如优昙钵华，时一现耳。舍利弗！汝等当信佛之所说，言不虚妄。舍利弗！诸佛随宜说法，意趣难解。所以者何？我以无数方便，种种因缘、譬喻言辞，演说诸法。是法非思量分别之所能解，唯有诸佛乃能知之。所以者何？诸佛世尊唯以一大事因缘故出现于世。舍利弗！云何名诸佛世尊唯以一大事因缘故出现于世？诸佛世尊，欲令众生开佛知见，使得清净故出现于世；欲示众生佛之知见故，出现于世；欲令众生悟佛知见故,出现于世;欲令众生入佛知见道故,出现于世。舍利弗!是为诸佛以一大事因缘故,出现于世。"

语译:

佛陀告诉舍利弗说:"像这样的胜妙法,诸佛如来是偶尔才会演说的,就如同优昙钵华一样,过很长的时间以后才会出现一次。舍利弗!你们大众应当要信受佛的所说,因为佛所说法绝不虚妄。舍利弗!诸佛会观察时节因缘,随着弟子们的不同因缘而权宜说法,所演说出来的法义,其中的真实义以及为什么要演说这一些法,都是众生很难以理解的。为什么是这样呢?因为我以无数种的方便,以种种的因缘、譬喻的方式,演说种种诸法。而我所说的这个法不是思量分别所能够理解的,这一个法有无量义的法,只有诸佛才能够知道。为什么我这样说呢?诸佛世尊就单单以一个大事因缘的缘故,才会出现于世间。舍利弗!什么是我所说的诸佛世尊只是因为一个大事因缘的缘故而出现于世间呢?诸佛世尊说法之目的,是想要使众生能够打开诸佛的所知所见,使众生都能借此身心清净的缘故而出现于世间;诸佛世尊都是为了显示给众生知道佛的所知所见,以此缘故而出现于世间;诸佛世尊都是为了要使众生悟入诸佛所知所见的缘故,而出现于世间;诸佛世尊都是为了使众生进入诸佛所知所见的方法的缘故,而出现于世间。舍利弗!这就是诸佛以一个大事因缘的缘故,而出现于世间。"

平实菩萨在《法华经讲义》中释义说:

世尊刚刚讲完《无量义经》,现在要开始宣讲《妙法莲华经》。

《无量义经》就是以一法涵盖了无量法，说有一个法具有无量义。当然诸位都知道：这一法就是如来藏胜法。一个法就是如来藏，这一个法可以涵盖无量的法义在其中。那一些声闻凡夫们听不懂不能信受，所以当佛陀准备要证明有这么一个法可以涵盖无量法，他们不能接受，所以就退走了。因此　佛陀告诉舍利弗说："像这样的胜妙法，并不是时时都有佛来人间宣说。"所以说"诸佛如来时乃说之"。佛陀不是随随便便可以见到的，可是当时亲见佛陀的声闻人不知道这一点，他们认为说：佛陀跟诸阿罗汉是一样的，不过是个普通人然后成为阿罗汉。

一直到21世纪的今天，还是有许多法师们这样愚蠢地认为；所以当我们主张说"佛不同于阿罗汉"的时候，他们不接受。你们看看印顺法师的书中怎么说的：佛就只是一个普通的人，他的成就佛道，并不是大乘所讲的三大阿僧祇劫累积下来的，释迦如来的成佛只是人类演化史中的一个偶然。他的《妙云集》中就是以这样的大意暗示给大众，所以他认为说："只要后代有谁证悟了，他写出来的教理也可以说是佛经，二转法轮的般若诸经就是如此来的。"他在书中所讲的大意正是如此，这就是他的看法。你们从《妙云集》里面去读，有许多的蛛丝马迹显示他这个说法。[1]

那么，诸佛如来可不是闲着无聊，谁想见就能见的。且不说诸佛如来，单说大菩萨就好，而且我们以最慈悲的菩萨举例来说好了。在道教中常常有一些天神，人家来问事，简单的事情都是当晚就回答、解决。可是有时候把某某上帝请回家里来，24小时都要有人拿着特长的香，在神像前晃着、晃着、晃着，得要这样子24小时都有人轮流而不许停止。

---

[1] 萧平实：《法华经讲义》第二辑，台北：正智出版社，第260-261页。

参问请法 机缘品 第六

像这样求神问事,有时候连等4天才降乩,为什么呢?因为被请来的上帝、大帝后来说了:"因为你们祖先的恩怨情仇等事,那些祖先都已经往生而不在鬼神道中了,已经无可查考了。"后来,他只好去求观世音菩萨解惑,因为观世音菩萨无所不知。可是他无法随时想见大菩萨就见得到,他们要见菩萨并不容易的;而观世音菩萨是最慈悲的,结果他为信徒足足等了菩萨4天才问出来说:哪个祖先如何,哪个祖先又是如何如何,终于把来龙去脉都跟你交代清楚了。他自己也无法去查,因为那些祖先们已经不在鬼神道中了。

道教中的正神求见菩萨都那么难见,那你想,一般没有禅定也没有神通的凡夫们,随时想要见佛,佛就得接见他?然后那些人没有福德而感应不到佛,就毁谤说:"没有什么佛陀啦!没有释迦佛啦!"释迦佛又不是做生意的人,你说来祂就来,没有这回事。且不说释迦佛,单说现在会外人士要见我,我也不随便见。因为我弘法早期,谁都可以来见我,结果他们都不当一回事,我为他们演说的妙法,他们都当作马耳东风。好啊!那我就不要见嘛!既然他们觉得我没什么,那我就不要见他们;因为我也没有两颗头、四只手臂,可以随时随地有求必应啊!所以我就不要再接见啊!我不要见他们,这倒是稀奇了;所以我现在变稀奇了,奇货可居。我本来就没有所求,我只是要把法送给大家,想不到大家因此而轻贱正法。他们轻贱的结果,我的先世罪业全部消灭;既然他们已经帮我灭罪了,我就可以不必再见了,因为众生就是这样啊!

但是,声闻法中的凡夫们都不知道这个道理,他们想:"我已经看见佛陀,也没什么稀奇啊!"因为佛陀不会闲着无聊就变个神通给他们看,诸佛都不轻易现神通啦!所以他们不懂。诸佛如来在人间示现为人类,来宣说大乘法,那不是常常可以遇见的。我们现在只求龙

『坛经』注解

二七

华三会可以亲见弥勒尊佛，只求龙华三会以后可以再跟弥勒佛学大乘法；但是祂未来下生人间成佛时还要等多久？有的经文说56亿年，其实是5亿7600万年，因为印度的亿跟我们的亿不一样，那《阿含》里面有一部经说1亿4000万年；但最正确的说法应该是说"久远劫后"，就是要经历过很多劫数，如刀兵劫、疾疫劫、饥馑劫……请问距离那么久的时间，世界到底已经变成怎么样了？可能是几番大变动以后的事了，一定是如此啊！

不要以为这个地球永远不会有问题，现在科学家们在喊着说海水会渐渐涨上来了，又说美国有几州都会淹掉；中国台湾的嘉南平原也完了，台北盆地也都淹水了，那时我们这大楼地面也要淹水1~2米了。这还是几乎眼前可见的，如果不赶快改善的话。如果是在"久远劫后"那么长的时间，诸位不要以为我们的《楞严经讲记》等著作那时都还存在。在那么久的时间以后，早就不在了；因为火劫、水劫、风劫一一都来，那时候全都不在了；等到劫灾都过了以后，人间又渐渐可以安适地生活了以后，又渐渐有人从天上下生到人间来开始修道。弥勒菩萨那时看见往世释迦佛好多的凡夫弟子，现在磨炼到这个时候差不多要成熟了，所以他来下生人间。

三劫，火劫来的时候，一个太阳接着变成有两个太阳轮流照耀大地，最后是有七个太阳轮流照耀，每天都很亮，而且热得不得了，最后连大海都烧干了，还能有众生吗？不可能啦！火劫还只烧到初禅天，那水劫来的时候，淹到二禅天，何况人间？风劫来的时候呢？三禅诸天的宫殿也都吹坏了，那人间呢？当然更糟糕了。所以，不必以为我们现在写了多少论典、注解了多少经典，弥勒佛降生的时候还可以拿来印证。甭想了！"久远劫后"都不复存在了。我们的心量很小，只想这一世把正法巩固的事情都做好，只求佛教妙法可以再延续

3000年，那时还能够继续弘扬。3000年后若不行，那时我们再来奋斗嘛！继续再来拼一次啊！如果真的很恶劣，正法在1000年后又被人搞得快要灭亡了，那我们1000年后，再来把它扶起来嘛！不要颓丧地想："为何正法那么快就灭了？"因为那是我们累积功德的好机会，要这样想。

除了五浊恶世中有这个好机会，还有什么地方有更好的机会？找不到了。所以有智慧的人，应当生在这个地方，而这个地方不是时时刻刻都可以见到诸佛的，所以说"如优昙钵华，时一现耳"。优昙钵华不是时时开花的，那是几千年、几万年才会开一次花的。铁树开花，大家就觉得稀奇，那也不过10年、20年吧！优昙钵华可不是这样，所以说诸佛示现在人间，是非常的尊贵，那是众生的福报已经够了，才会有佛来人间；所以凡是佛法还在世的时候，大家都应当要珍惜。世尊虽然在2500多年前过去了，但是世尊的法还在，依然可以亲证，并不是那些人说的："大乘经都是后人编造的，并非佛说。"佛法依然可以亲证，而世尊的旨意，我们也还可以亲奉，所以我们还是应当珍惜。（注：优昙钵华就是无花果，永远不开花。也许气候大变时才会变种而开花？）①

那么，佛的意思是说，即使是"随宜说法"的经典，都已经"意趣难解"。为什么会意趣难解呢？因为世尊"以无数方便，种种因缘、譬喻言辞"所"演说诸法"的难解，不单是大乘法如此，二乘法就已经如此了。在四阿含中的许多关于解脱道经典，一样是"随宜说法"，往往某一位弟子来问，或者外道来问，或者外道公开倡言："要问到释迦牟尼佛无话可说。"所以借这一些因缘，世尊就说出一

---

① 萧平实：《法华经讲义》第二辑，台北：正智出版社，第263-267页。

些解脱道的法义，使外道哑口无言。大乘经典的演说当然也会如此，可是从二乘法中要转入大乘法中，毕竟要有一个时间点：什么时间点是适合的，可以正式开展第二转法轮、第三转法轮？什么时候该把一代时教作个圆满的收摄等？当然要由佛陀来观察决定。

这一部经典就在这样的状况下，认为应该把三乘菩提收摄圆满于"此经"如来藏了，所以先由《无量义经》作为序说，接着才正式开演《法华经》。在此之前，一定要用教外别传配合实相般若的演说，让大家的实相般若可以证转；再以《如来藏经》等方广诸经内涵，让大众具足对诸佛不可思议境界的大信心，然后接着说《法华经》，大众才能信受。所以第二转法轮开始以后，平常就会有一些教外别传的指授，让大阿罗汉们可以悟入，于是第三转法轮的大乘经才可以继续"随宜说法"。可是 佛陀的"随宜说法"，总是"意趣难解"，因为都不是世间法，而且接下来要宣说的法也都不是二乘菩提，一般阿罗汉们都还是不明白的，因此必须要以"无数方便"，还要借着"种种因缘"加上许多的"譬喻"，并且用各种"言辞方便"来演说，这样弟子们才能够如实了解佛菩提的本末始终。

接着说："是法非思量分别之所能解，唯有诸佛乃能知之。所以者何？诸佛世尊唯以一大事因缘故出现于世。"是说，接着即将要宣讲的胜妙法，其实就是《无量义经》所说的那个"一法"，而那个"一法"不是用思量或者思维分别所能够理解的，只有诸佛才能究竟了知。也许有人是第一次来正觉讲堂，听了就说："有可能吗？世间科学家、哲学家那么多，难道还真的不懂吗？"但是，我要跟大家打包票，保证他们一定不懂。有许多科学家、医学家以及许多哲学家，都在探讨生命的本源，然而他们研究的方向都是从物质上面去研究；落到物质层面去，就永远找不到生命的本源了。

宇宙之所从来，是心而不是物质；宇宙是因为有情的心而生住异灭，然而有情的根源是心，不是物质；因为物质不可能生心，所以科学家们研究宇宙的起源，方向都偏了。但是我们也不必抵制或否定他们，因为他们也可以利益世俗层面的众生。他们能够利益众生是在哪个部分呢？在于增长生死轮回的部分；使众生不断地爱乐世间，然后在世间继续轮回、继续生死，但日子可以过好一点。日子过得越好，越发愿意在世间轮回，这就是科学家们的贡献。那么，哲学家们靠着什么？都靠思维分别；可是他们研究到后来，看看那么多的哲学家，有没有研究出什么成果来呢？结果是没有，因为他们全都落入玄学思想之中。而这个"一法"不是玄学，不是思想，是真实法，这不是靠语言文字思想来作研究可以了知的。如果靠语言文字来作思想研究便能了知，那么古往今来这么多的哲学家有许多思维研究，而且现在哲学也变得很有系统了，却仍然无法了知。①

所以说，"是法非思量分别之所能解"，是说这个法只有诸佛才能知道。换句话说，想要得这个法，只有追随诸佛来修学，别无他途。因此，这个法谁能证呢？只有菩萨。如果不肯当菩萨，想要当阿罗汉，就没有机会得这个法；因为佛陀只把这个法传给菩萨，不传给阿罗汉。传给他们没有用啊！传给他们10年、20年，他们就入涅槃去了，以后谁来弘这个法？然后众生又继续过着原来漫漫长夜的无明生活，所以只传给菩萨。正因为这个缘故，"诸佛世尊唯以一大事因缘故出现于世"。所以，诸佛世尊出现在人间，单纯是为一件事情而来，这件事情不是为了帮大众证阿罗汉果，也不是为了帮助大众证辟支佛果，不是想要让大家当阿罗汉跟缘觉，而是为了菩萨众来的。

① 萧平实：《法华经讲义》第二辑，台北：正智出版社，第272-275页。

那么由此来证明，假使有人没有宣演大乘法就离开人间，而徒众们却可以推崇说他是佛，这个显然叫作戏论佛，因为所言从来不及第一义谛——从来不曾论及实相法界。即使所说诸法真的能使人亲证二乘菩提，仍然叫作戏论，所以二乘菩提的真实理，就叫作世俗谛，不及第一义谛，那当然要叫作言不及义。可笑的是，竟然还有人会相信那一些言不及义的所谓的佛，那不是很荒唐的事吗？这种荒唐佛当然会有荒唐人信受，永远如此；这出戏是永远不会改变的，永远会继续重演下去。所以诸位别以为说：我们正觉弘法以后，将来不会有荒唐佛，也不会有荒唐的佛弟子。我保证永远都会有，因为世间永远都会有极愚痴众生；但是我们要设法让这一种情形越来越少，那就是世间的福报。佛陀又说：

"舍利弗！云何名诸佛世尊唯以一大事因缘故出现于世？诸佛世尊，欲令众生开佛知见，使得清净故出现于世；欲示众生佛之知见故，出现于世；欲令众生悟佛知见故，出现于世；欲令众生入佛知见道故，出现于世。"这段经文中讲了很多句，总共就是四个字：开、示、悟、入。诸佛世尊出现于人间，不是为了教导大众实证二乘菩提，而是纯粹为了一件大事的因缘，这一件大事的因缘就是打"开"佛的所知所见；打开以后呢，众生是否就能看得见？那可不一定，绝大多数都是看不见的，所以才要继之以"示"。打开有很多种方式，譬如我常常告诉诸位的：有一天有好多阿罗汉追随着世尊，世尊突然在沙地上画了一个圆圈，说这个地方适合建立一所清净的佛刹。那时释提桓因也在场，他已经悟了，随即去路边摘了一根草来，就往那个圆圈中间一插；才刚插好了，就禀告世尊："建佛刹竟。"这么一根草插了，清净的梵刹就已经盖好了，这叫作教外别传。世尊拿了一根树枝往地上画个圆圈，这是打开诸佛所知所见的一种方式，但众生总

参问请法 机缘品第六

是看不见，所以才要继之以"示"，就是让已悟的弟子们在祂的示意下，接着来"示"。

　　佛陀的机锋有很多，这就是打开的方式。有时候遇见了一堆朽烂的骨头，佛陀马上就五体投地礼拜，大众好奇怪："这是什么人值得人天至尊来礼拜他？"佛陀说："这不是什么人，这是我过去世留下的臭骨头，如果不是他，就没有我今天。"这也是"开"佛知见。又譬如说，无门关那个很有名的公案，外道来了，遇见了佛陀就问："不问有言，不问无言。"可是佛陀都不答，只是定定地看着他。过了一会儿，那外道很欢喜向佛陀礼拜，礼了三拜起来说："很感谢世尊大慈大悲，开我迷云。"然后又礼佛三拜，走了。世尊踞坐默然，这也是"开"佛知见。又譬如维摩诘菩萨在毘耶离城也是杜口无言，"开"给大家看；所以文殊问他："你的不二法门呢？"结果他杜口无言，那也是"开"佛知见。然而打开了佛的所知所见之后，有多少人会呢？很少人会。譬如我们东山禅，每一次过堂，有的人好期待过堂，因为那时有禅宗的妙法可闻；可是有的人过堂的时候食不知味，觉得好难过，说那个饭菜好难吃。真的冤枉！我们典座师兄姐们，他们煮得色香味俱全，他为什么觉得很难吃？因为怕被问。这一口饭才刚扒进去，我说："是什么？"我可就问了，你总不能白吃嘛！人家好辛苦煮出来，你不能白吃。这是什么意思？这也是"开"佛知见。

　　把佛的所知所见打开给大家看，可是大家看不见啊！看不见的缘故，就只好不断地用语言文字、譬喻、种种方便来解说，这也叫作"示"佛知见。打"开"了，大家看不见，只好把它显"示"出来，所以用语言文字来作详细说明，然后大家终于可以看得见。经过这样的说明以后，有因缘的人在突然间，当佛一打开，他就看见了，所以开与示要放在一起。如果开与示放在一起，先请问：你们曾经在什么道场看见善知识有开、示?有没有?没有啊!因为他们从来没有开,他们自己都没有货色,要怎么"开"给你看?一定要有货,才能"开"给你看嘛!至于他们的"示"呢?也就是他们的解说呢?都是解说错误,那也没有"示"啊!"示"一定是把想要让大家看见经中诸佛的所知,若是都用世间法来解释,哪来的"示"呢?那么请问:他们每天上堂开示,到底开示个什么?

但我们可以说他们也有"开、示",叫作开常见外道法、示常见外道法。是那样的开示,不是经中这样的"开、示"。所以怎么样叫作真的"开、示"?一定要把佛陀的所知所见打开,并且详细宣说佛陀的所知所见是什么;这样打开的时候,众生看不见,接着就指示清楚一些,众生才可以看得见。打开之后众生看不见,你要怎么样示,这个示就是重点。所以我们现在不像以前的共修了,很早以前,最早期,平常在共修,大家或者打坐或者拜佛时,我就另外找个房间,把同修们一个一个调进来,当场就把他们弄出来;可惜的是后来死光光,为什么呢?因为没有示,只有开。而且他们的根基——定力、慧力、福德——都还不够,承担不了,所以后来全部死光了。

你若是有开而无示,也就是没有作出更好的指示,他们无法建立一个通透的理路,无法去作一个简择,因为他没有别的东西可以用来作简择。所以,示就是先把圣教量拿出来,让大家把圣教量作一个秤、作一个衡,可以来秤一秤、来检验一下:你开了之后,给我开出来的到底对或者不对?多方检验正确无误了就不会退转,才能说是悟;真悟了以后,开始能够体会佛菩提妙法了,才能说是入。所以,开与示必须互相配合,也就是宗门与教门必须互相配合。所以我才会说:宗不离教,教不离宗。悟后也必须能入于法性大海遨游;假使有谁把宗门跟教门给切割了,表示他们一定不是真悟,也一定无法入于法性大海中遨游;我就说这些人是破坏佛法者,因为他们一定会使宗与教分离,然后佛法就会因此开始分崩离析。为何会分崩离析呢?因为那时宗门无法用教门来检验,于是由教门想要悟、入宗门,也就没有办法;而宗门开悟后是否悟错了?也无法借教门加以检验,悟错了成为大妄语人都还不知道呢。所以,开与示必须合并,宗与教必须紧密联结,这是我从一开始弘法时就这样主张。所以说:为了想要让众生能够悟、入佛陀的所知所见,而使得众生清净的缘故,因此诸佛出现于世间来开、示。

所以诸佛来人间降生的目的,就是要打开诸佛的所知所见,要送给众生,看众生能不能看得见。释迦牟尼佛也是如此啊!祂是老婆到无以复加。你看,祂才刚刚降生,行走七步,步步金莲,可是很多人都找来找去说:"哪里?我怎么没看到地上有金莲?"你看得到的就不叫作金莲了,那只能叫作土莲。金莲哪有那么容易可以看得见的?然后大家看不见,没办法,只好来个"天上天下唯我独尊";如果这样还看不见,就无可奈何了,大家就只好再等了,等祂36岁成佛以后再来"开"和"示",要多等了36年了。释迦如来才一下生就开佛知见了,可是何曾有人知晓?那开佛知见,众生没办法看见,只好成佛以后不断地示众生以佛之知见,那就是不断地加以解说。

讲这一句话的意思在哪里呢?是说:"接下来我释迦牟尼佛会说很多的法,就是在示佛知见,你们就要用心听。"所以一部又一部的《般若经》宣演出来,就是为了示佛知见的缘故,因此诸佛才会出现于世间。可是开与示的目的在哪里?就是想要让众生可以悟得佛的知见,打开了给大家看;大众被无明所障,看不见,就不断地说明——示佛知见。

开了、示了诸佛的所知所见之后,目的就是要让众生可以证悟,证悟了诸佛的所知与所见。既然是要众生证悟诸佛的所知与所见，那当然要探讨一下，诸佛悟后所知与所见到底是什么？这当然要探讨。简单地说，就是真如与佛性。诸佛来人间要众生证悟的，就是真如与佛性。真如是讲如来藏心，证真如是证得如来藏心；因为证得如来藏的时候，就可以现前看见如来藏具有真实与如如的法性。所以真如有时被指称如来藏心，有时则是在说明如来藏所显示的真实与如如的法性，这就是证真如。除此以外，别无真如可知可证。而真如是第八识心体显示出来的行相，只有一个心能显示这个真如法相，这心就称为如来藏，又名阿赖耶识；所以有时候《般若经》里面，也会用真如二个字来指称第八识。那么，这个第八识心体在运作的过程之中，总要有祂的自体性吧！祂以什么样的功德来产生万法呢？总不能够说一个心体而没有作用就能产生万法，那个作用就称之为佛性。

　　当然，有很多人误会佛性，并且误会到很严重。而且，古时候禅宗祖师说的佛性，不一定就是真如心的佛性，大部分时候他们说的是"真如心能使人成佛的自性"，那也叫作佛性。所以，中国祖师所说的见性，常常就是看见真如心能使人成佛的自性，其实就等于是明心；这也没有错啊！因为真如心的成佛自性就是明心的时候所得的。可以看得见这个心具足使人成佛的自性，这也没错啊！但这不是佛陀所说的佛性。佛说的佛性是真如心在六识外显现出来的自性，祂以这样的自性，可以和七转识、和器世间互相联结来运作，这就更难知了。这个真如与佛性是从来不分家的，你证得真如的时候不一定看得见佛性；明心时可以看见真如心的成佛之性，但不一定看得见佛性。所以，这一个"开、示"主要就是这二个总相，就是真如与佛性二个法，而这二个法就涵盖了一切佛法。①

---

① 萧平实：《法华经讲义》第二辑，台北：正智出版社，第277-284页。

又，《法华经》中说：

**十方佛土中，唯有一乘法；无二亦无三，除佛方便说。
但以假名字，引导于众生。说佛智慧故，诸佛出于世。
唯此一事实，余二则非真；终不以小乘，济度于众生。
佛自住大乘，如其所得法，定慧力庄严，以此度众生。
自证无上道，大乘平等法；若以小乘化，乃至于一人，
我则堕悭贪，此事为不可。**

语译：

十方诸佛刹土之中，同样都只有一乘法，没有所谓的二乘与三乘，除非是诸佛以方便善巧施设而说的。

而这二乘或者三乘的法也只是以种种假名施设的文字，引导于各种不同根性的众生；其实十方诸佛都是为了要解说诸佛所证智慧的缘故，才会有十方诸佛出现于世间。

只有大乘佛法这一件事情是真实的，其他所谓的声闻菩提、缘觉菩提等二乘法，都不是真实的佛法；因为诸佛终究不会以小乘法，来救济度化于众生。

诸佛自己安住于大乘法的智慧果德之中，如同诸佛自己所证得的佛法，以禅定、智慧和十力作为庄严，用这个佛智慧来度化众生。

诸佛自己证得无上大道，所证都是大乘的平等法；既然如此，如果还以小乘法来化度众生，乃至于仅仅只对一个人用小乘法来化度，而不肯以大乘法来化度他，那么我释迦牟尼其实就已经堕入于法的悭贪之中了，我如果这样子做，是绝对不应该的。

平实菩萨释义说：

这一段偈里面已经明白地说明，十方诸佛刹土的本质都是唯一大乘，也就是唯一佛乘。佛乘，当然不可能是声闻乘，不可能是缘觉乘，一定不可能只成就阿罗汉果或缘觉果。譬如我们说"佛法"时，就表示不是"声闻法、缘觉法"；如果所修学的是佛法，就表示它是可以使人成佛之法，也表示那是诸佛所证的法。如果他所修学的是只能成就声闻或者缘觉的果位以及智慧，那就不能够叫作佛法，那只能叫作声闻法、缘觉法，因为它不能使人成佛。所以，二乘法如果要称为"佛法"的时候，必须是附属于佛菩提之中；必须是附属于佛菩提之内而成为佛菩提道中的一部分，才能被称为佛法。如果它独立出来，外于佛菩提道而独自弘传，就不能称为佛法，只能称为罗汉法或者缘觉法。所以，那一些主张"大乘非佛说"的人，公开说他们是在学佛，究竟对不对呢？当然不对啊！他们只是在学罗汉，并且还学不像；因为罗汉法不是他们讲的那样，而是要依八识论的正理才能证得罗汉果。所以，那些人自称在学佛，也是妄语；那叫作小妄语，因为他们是在学罗汉，却对外自称学佛，那不是在骗人吗？真是欺诳之语！

假使我开了一家店，这家店都用鱼目喷了亮漆而说这叫作珍珠，也卖人家珍珠的价钱，那我就是在骗人了！因为明明卖的不是珍珠，可是我的商店写的如果是"平实珍珠行"，那就是在欺骗人嘛！那也是妄语。所以学罗汉的人，当他们的招牌都写着说"我们在学佛法"，那就是妄语，是挂羊头卖狗肉。所以他们那一个法，假使是真正没有错误的罗汉法，可是当他们否定了大乘，那他们就不能称为佛法了。当然这是一个假设性的说明，因为否定大乘的人，他传授的罗汉法怎么会正确呢？一定是错误的啦！自古以来，所有阿罗汉不曾否定大乘法；且不说阿罗汉，所有已经证得声闻二果乃至三果的人，下至初果，都不曾否定大乘。

诸位可以去作一个调查，不管谁，只要他主张大乘非佛说，你去检查的结果，最后一定会证明他没有断我见。这一点是可以打包票给你们的，除非他们这二三年来，好好读了《阿含正义》，并且有把次法学好了，然后去作观行而断了三缚结。可是我保证，他们如果真的断了三缚结，再也不敢主张"大乘非佛说"了。由这一点，诸位也可以印证：二乘法如果离开了佛菩提，它就不再是二乘法，因为它的法一定会有严重的错误。这样来看，显然二乘法的弘传者，他们如果否定了大乘以后，所卖的货就是假货；因为自称可以帮人家修证解脱道，可是实际上都不可能实修实证，个个都落在意识里面，不然就落在识阴里面，连自己都断不了我见，竟然说可以帮人家证解脱道、得阿罗汉果，那不就是公然说谎吗？

譬如说，我如果卖扳手，宣称我这一只扳手一定可以扳开螺丝，保证书开给你，你买回去以后，套到螺丝上，结果怎么扭也扭不开，为什么呢？因为那一只其实不是扳手。为什么不是扳手？因为那里面是圆形的，是要给你挂东西用的，却欺骗你说那是扳手，那就是骗子了。可怪的是，很多人很喜欢接受，回去怎么扭也扭不开，还说我这才是真的扳手："我师父卖给我的是真的扳手。"而我们这个可以使人扳开各种螺丝的扳手——可以使人实证的法，他们竟然成群否定说："你们正觉卖出来的不是真正的扳手。"这就是10年前佛教界的现象，这也叫作怪象之一。

所以，实际上十方诸佛佛土之中只有一乘法，因为诸佛不可能单单为了要教人家证声闻涅槃而亲自前来人间。想一想，都已经成佛了，会吝于教导佛法吗？当然不可能嘛！且不说成佛，我如今成佛都还早呢，可是我已经不吝法了；只要不是密意的部分，我能给的，都尽量给大家。你看，我那些书写了多少？我也没有说："我讲到这里就好，其他的部分，你们想要再深入修证的，另外再来找我。"什么时候来？等我告诉你："我已经开了后门，那时你再从后门进来。"没有这样吝法啊！对不对？我从来没有这样子，连我这个地步都不会吝法了，何况诸佛。所以，诸佛既然有法可以使人成就佛果，祂一定不会来到人间只教人家能成就阿罗汉果，不教导可以使人成佛的法，绝对不会这样。所以诸佛来人间，一定是为了一乘法，也就是为了教给大众成佛之道，所以没有声闻乘与缘觉乘等二乘可说，除非是因为众生对于这个深妙法实证的因缘还不成熟，所以施设方便为二乘三乘、二转三转来说，所以说"除佛方便说"。接着说：

"但以假名字，引导于众生；说佛智慧故，诸佛出于世。"真的，都纯粹是以假名施设的各种言语名字来引导众生；如果不是为了解说诸佛所得的智慧，诸佛是不会来人间出世的。譬如说，你身为一个大富长者，想一想说："我那远方的儿子贫穷孤露，但他现在心量大了，想要富有，不想再流浪了，我可以去帮助他变得富有了。"你特地跑那么远去看他，譬如说走了好几个月的远路才去到那里看他，那你是不是要把如意珠拿出来送给他呢？当然要送啊！不会只给他一二颗卖了只能稍稍改善生活的小珠子啊！那你这个受用不完的如意珠，为什么不给他呢？当他有了如意珠，就跟你一样富有，难道你去到那边还说："不要啦！我给他那么多干什么？"辛辛苦苦走了两三个月的路，难道只是给他一两颗小珍珠，然后就回来了？有这样的大富长者父亲吗？当然没有。

诸佛也是如此，所以先说二乘法的目的，都是"但以假名字，引导于众生"；其实本质上都是为了要解说诸佛所得智慧的缘故，才会来人间出生。以色究竟天宫报身佛的境界来看人间，是很令人厌恶的；且不说从色究竟天宫来看人间，单说从四王天来看人间就好了，就觉得人间好脏，真的好脏。然后来到人间，吃的是什么？穿的是什么？跟天界都没得比。在欲界天，大家说锦衣玉食，人间叫作草衣木食；欲界天跟人间就差那么多了，何况色究竟天的境界呢？所以诸佛来人间时，不是很欢喜来这边享受的；如果要享受，天界更好享受，何苦来人间？而且你想想：那时候 释迦牟尼佛来人间，都是泥巴路、石子路，而且只有一种车子，就是11路公交车。

你们现在可以开车子、搭地铁；可是有些人很奇怪，雨稍微大一点，他就不来上课了；天气热一点或者冷一点，也不来上课；如果有什么政治活动，也不来上课。我们有些亲教师就发现到这一点，感叹说："在禅净班，唉呀！为什么会这样？"我说："你们都别感叹，因为现在是末法时期，我们现在也是推广期，你们就安住着吧！"这表示什么？表示他们向道之心不够恳切。如果向道心切，再怎么样都要赶了来上课，一定排除一切万难。同样的道理，以诸佛的立场来看人间，这人间很可厌恶，不是可爱的地方，祂们愿意来人间；可是这么辛苦来到不可爱的人间一趟，难道只是为了给大众二乘小法吗？当然是要把所有的宝贝都给大家，给完了，才会走人嘛！如果没有全部给了，一定不会走。

所以你们可以看，那老爸如果这边也有财产，那边也有财产，突然间来了一个意外，当他不能讲话的时候，你看他临到要走人的时候，一定走不开。为什么呢？因为他想："我那么多财产，都还没有跟儿子交代。"要等到什么时候他才会安心走人呢？等儿子终于想通了:"老爸现在既不能写也不能讲,那不然,我想个方法来沟通好了。"就说:"老爸;你是不是有什么财产还没有告诉我们,所以不肯走?如果是的话,你就动一下手指吧!"他就动一下。噢!真的是哎!"请问是在什么地方?东西放在哪里?是二楼吗?"他不跟你动了。"在三楼吗?"他就跟你动一下。噢!终于想通了。就这样子很久才弄清楚以后,老爸第二天早上就走了,对不对?因为他牵挂着儿子未来的生活可能过得不如意,空有那些财产却无法受用啊!

诸佛来人间也是一样的道理,挂念着你们这一些人。你们不知道自己有多幸福!祂如果没有把所有的东西都送给你们的时候,一定不会离开,因为这叫作化缘未满。弘化的因缘还没有圆满完成的时候,诸佛都不会离开人间的。请问释迦牟尼佛已经走了没有?走了!已经在色究竟天宫,不在人间了。那么祂既然已经离开人间了,就表示成佛之法已经具足传给我们了。如果已经具足传给我们了,那我要请问那些主张大乘非佛说的法师们,由于他们只认定四阿含是佛说,请问:"四阿含里面有说明如何成佛吗?"没有!成佛之道的内涵及次第都没讲,只有说到如来藏。可是证如来藏就能成佛了吗?不是!证如来藏以后还是没办法成佛,还得要再解说菩萨道52个位阶所应修学的法、所应实证的果德,那些为什么在四阿含中都不讲?所以如果依四阿含诸经来说,表示世尊化缘未满,就应该继续来人间受生把佛法讲完……

"唯此一事实,余二则非真;终不以小乘,济度于众生。"是说只有唯一佛乘,才是诸佛来人间的目的,这才是事实。其他讲声闻乘与缘觉乘的事,并不是诸佛来人间之目的,这才是真相,因为诸佛终究不会单单以小乘法来救济度化于一切众生,而吝惜大乘法,不肯教给众生。接着说:

"佛自住大乘，如其所得法，定慧力庄严，以此度众生。"诸佛自己都是住于大乘法中，从来没有任何一尊佛是住于二乘法中。假使有人说："佛也是阿罗汉，所以阿罗汉们就是佛，只因为他们不入涅槃，一直利乐众生无数劫，福德广大所以叫作佛。"如果他这样讲，那就得问他："如果阿罗汉们也不入涅槃，那是不是就叫作佛？"如果他说是，这个基础建立了，再问他："那么不回心的阿罗汉们为什么不懂般若？阿罗汉们为什么也不懂一切种智？阿罗汉们为什么不知道禅宗祖师明心的智慧？"就问他这一点。他如果要说："有啊！阿罗汉懂啊！""好，那请你举证。"他可就死路一条了，因为除了回心大乘的阿罗汉们已成为菩萨的圣者，以外的不回心阿罗汉们都是不懂的。所以诸佛既然自己住于大乘法中，怎么可能来人间时只把小乘法传出来呢？当然是以自己所住佛地的大乘法智慧境界，依于自己这样的所得法，借着定力与慧力做庄严来度众生。

诸佛的定力、慧力是具足圆满的。定是很广泛的，可不要像某一些人乱讲话说："你得未到地定就是有定力，得初禅是有定力。"定力不是这么简单定义的，因为定有二种：一个叫作制心一处、心不散乱；另一个就是心得决定而制心一处。譬如说，你明心后如果心不得定，还有怀疑，那就是明心后没有定力，因为心不得决定。心不得决定就会退转，他在心得决定上面的力量还没有发起，所以虽然有定而不足，就没有定力。有定而无力，知道说现在这样应该是对了，可是心中尚未决定，不久之后便退转了；因为那个定只是刚刚摸到边，没有什么大作用的力量。

就算是心得决定，已有力量而不会退转，也不过是位不退的贤位菩萨。位不退的人，他的定力有没有圆满呢？还没有。为什么在般若上的定力没有圆满？因为慧力还没有圆满。慧力提升到多少，心得决定的定力就跟着提升到多少，定力与慧力是互相庄严的。当这种定力提升到这个部分的时候，慧力也会跟着上来；当慧力提升到更高的层次，这种定力也会跟着上来。如果心中不得决定，那表示他的智慧力量是完全不具足的。心不得决定而会退转，表示他的慧力还没有到达位不退的阶段，所以才会退转。那么，这样看来，会退转的人，也就是明心以后还会否定如来藏的人，他的慧力好不好呢？表示他的慧力很差；慧力很差就表示他没有定力，心不得决定才会退转。心不得决定的原因，却是因为智慧不够，所以无法判断、无法决断：我所悟的这个确实是真实心如来藏。

如果有人能够悟了以后很多年而又退转，经过这么多年悟后继续熏习正理还会退转，那表示他的慧力、定力非常差，是因为他没有决断力，择法觉分还没有生起，以致他对于所证的阿赖耶识是真或假，心中没有决断力，当然显示他的慧力很差。所以明心了就一定没问题吗？那可不见得。什么时候会退转？自己不要说得太满："我一定不会退转。"有一些人讲了以后还是会退转，屡见不鲜。有些人是根本不必说"我不会退转"，他始终是不退转，事实上是这样。而这种定力，又往往与他曾否实修五停心观，以及修了以后有没有生起未到地定的定力有关。所以定力与慧力的庄严，是不是已经圆满了，这很重要。每一个阶位应该有的慧力与定力都圆满了，才能够说这个阶位的庄严已经具足，然后才能进而迈向下一个阶位。诸佛自己住于大乘法中，一定是以祂自己所得的法，用祂具足圆满的定力与慧力做庄严来度众生，不可能放着更胜妙的大乘法不传给有缘人，只拿声闻、缘觉等一点点东西来骗小孩子。所以世尊接着说：

"自证无上道，大乘平等法；若以小乘化，乃至于一人，我则堕悭贪，此事为不可。"这就是说，既然自己所证的是无上菩提大道，

参问请法
机缘品
第六

自己所证的是大乘的平等法，结果竟然只用小乘法去化度众生，这样的行为就是悭贪，正是有法悭。如果诸佛有这样的行为，诸佛就不能叫作诸佛……①

又《法华经》中说：

寻念过去佛，所行方便力；我今所得道，亦应说三乘。
作是思维时，十方佛皆现，梵音慰喻我：善哉释迦文！
第一之导师，得是无上法，随诸一切佛，而用方便力；
我等亦皆得，最妙第一法，为诸众生类，分别说三乘。
少智乐小法，不自信作佛，是故以方便，分别说诸果；
虽复说三乘，但为教菩萨。

语译：

我释迦如来想到这个地方，随即又忆念起过去诸佛度化众生时所施行的种种方便善巧的力量；而今我释迦如来所得到的实相智慧及出离解脱之道，也应该如同诸佛如来一样，为众生宣说三乘菩提。

当我作这样的思维时，十方世界诸佛全都示现，以清净的音声来劝慰勉励我说：非常好啊！释迦文佛！

你是三界第一之导师，证得无上正等菩提妙法，如今也将随同诸佛一样，以方便善巧的力量来为众生说法；

我们十方世界一切诸佛也和你一样，证得最胜妙第一无上的佛菩提法，也都是为了所有不同根性的众生种类，而分别演说三乘菩提。

智慧少的人只会爱乐小法，没有办法相信自己将来可以成佛，由

---

① 萧平实：《法华经讲义》第三辑，台北：正智出版社，2015年版，第59-70页。

于这样的缘故要运用种种方便善巧，为众生详细分别演说声闻菩提及大乘菩提的种种果位；

虽然也都同样是说三乘菩提，但说法之目的其实都是为了要教化菩萨们。

平实菩萨释义说：

这里面当然还是有一些内容要加以分辨。释迦如来说当时想要入于涅槃的时候，随即又忆念过去诸佛是如何度化众生的，然后就观察到诸佛有一转法轮，有二转法轮，也有三转法轮的不同。如果不是纯一清净佛土的话，都不会是一转法轮。那么，诸位想一想说："在极乐世界的阿弥陀佛，是一转法轮还是三转法轮？"是三转法轮吗？诸位有没有详细读过《观无量寿佛经》？在《观无量寿佛经》里面有三辈九品：上辈都是大心善心的菩萨们所往生，下辈三品则是造作恶业的人，但是心性都有菩萨性，是这样的人往生。也就是说，下辈三品生的人也都是有菩萨性，但是他们造了恶业，而且那个恶业还不小，这样的人才会是下辈三品生的人。

所以如果有人告诉你说："我只要能够下品下生，就很满足了。"就表示他不懂《观经》，那你应该指点他一下："请问你有没有杀人、放火、诈欺、掳掠，有没有？"他如果说没有，你就告诉他："那你没有资格下品往生。"因为下品往生是五逆十恶那一些无恶不造的人，虽然那一些人仍然是有菩萨性的人。那他就只剩下中辈三品生了，中辈三品生的人是因为他们属于声闻种姓，所以往生到极乐世界去的时候，最高果位是阿罗汉，不像上辈三品生人有初地乃至诸地。中辈三品生人最高就只是阿罗汉果，没有证得佛菩提果的人；

可是你们有没有看到记载说,中辈三品往生到极乐世界的人,闻佛说法成为阿罗汉以后入了涅槃?一句也没有,这表示什么?这表示阿弥陀佛也是要为他们讲大乘法,要使他们转入大乘法中。

阿弥陀佛有没有直接为他们讲二乘菩提?当然是对中辈三品生人。有没有?你说有也行,说无也行。《佛说观无量寿佛经》不是讲了吗:那八功德水寻树上下,演说苦、空、无我、无常。然后还讲什么?讲六波罗蜜、三十七道品。那表示是合在一起讲的,不是单讲二乘菩提。那么这样子,极乐世界是唯一佛乘还是宣演三乘菩提?(有人答:唯一佛乘。)对嘛!因为如果是讲三乘菩提,那么生到那里成为阿罗汉(中辈三品往生到那里就会成为阿罗汉),马上就要入灭了;可是《阿弥陀经》里并没有说谁入无余涅槃啊!这就表示,那是纯一清净世界,才可以这样。

若是还没有离开莲苞,还住在莲花宫殿里面的中辈中生、中辈下生、上辈中生、上辈下生的人;因为那个宫殿莲苞里面,其实就是一个方圆500里的一座莲苞大宫殿;那里面很宽广,你不要说那个莲华那么小,那里面是方圆500里。由于他们的心性还不足以修学唯一佛乘,在这以前就让他们住在那里面享受,才能安住下来;因为方圆500里真的好广阔,里面应有尽有,让他们去享受。享受到他厌腻了就说:"我一天到晚在听苦、空、无我、无常,也在这边享受,好像没什么意思吧!"终于下定决心,想要好好努力学习了,当他们心得决定的时候莲华就开敷了,所以随即见到阿弥陀佛或者见到二位大菩萨,或者见到化佛、化菩萨,就可以开始修学唯一佛乘。

但如果是像我们这种五浊恶世,在十方虚空中有无量无边的世界,像我们这样的五浊恶世的世间非常多,全都必须要宣讲三乘菩提,次第"转法轮"以后众生才能相应于唯一佛乘。既是三乘菩提,就可以分为二转法轮或分为三转法轮的方式了。如果是二转法轮,那就先讲声闻、缘觉菩提,然后接着第二转法轮就讲般若与种智。如果是三转法轮,就像释迦牟尼佛这样,初转法轮讲二乘菩提让大众证得解脱果;然后大乘菩提分为二个阶段,帮大阿罗汉们证悟以及进入初地,也就是第二转法轮专讲般若;于是在初转法轮再转到第二转法轮的大阿罗汉们证悟后已经入地了,再来第三转法轮讲十度波罗蜜多。

在第三转法轮一开始时就有一些私底下的授记了:你们这些阿罗汉们,谁将来如何成佛,多少时间以后成佛,佛名是什么,佛世界名为什么,有多少声闻弟子,多少菩萨弟子,然后正法住世多久,像法多久,末法多久,就开始有一些授记了。因为只要一入地时就可以授记了,当他们有能力入地了,教导他们如何入地以后就可以授记了;这是因为不会再改变了,他们那个善业的势力、净业的势力都已经确定不会再被改变了,然后讲完一切种智等唯识增上慧学以后,再整合于《无量义经》之中,这就是《法华经》可以宣讲的缘起,所以诸佛都会讲《法华经》的。

因此初转法轮完了,释迦牟尼佛度得1250位大阿罗汉,这些大阿罗汉们除了定性声闻大约50位以外,全都是菩萨,那个时候就得回小向大,开始教导他们如何迈向成佛境界的次第。因此,三转法轮最后阶段,就讲《无量义经》。《无量义经》是说有一个法,而这一个法是具有无量义的,这就是《无量义经》的道理。大家听了有印象,然后心里面想:"像这样的法,我应该证啊!因为这个法具有无量义啊!"这一些大阿罗汉座下的许多阿罗汉们有这样的心了,当然得要开始讲《法华经》了。

这意思就是说,如果以唯一佛乘,也就是以在纯一清净世界弘法的方式,拿来在五浊恶世里面直接开讲,众生听了就想:"三大阿僧祇劫以后才能成佛，我一世不过就短短百年，我能相信吗？"就算是将来人寿长了，说可以有84000岁好了，人们也会想："我八万四千年是不可能成佛的，因为要三大阿僧祇劫；那么三大阿僧祇劫以后佛陀您在哪里，我不知道，而我这一世8万年一转眼就过去了，还是不能成佛，那我要如何相信您所说的呢？"所以，这就必须要让大家了解佛所说法是不诳语、如实语，那该怎么办？当然要先让众生可以解脱生死苦恼。因此，菩萨们固然要诃责自了汉，骂他们一天到晚只想要了生脱死、不愿乘愿再来人间。然而，假使你不能够让众生先证实解脱生死的事是确实可以达成的，那么众生要如何相信这个佛菩提三大阿僧祇劫才能成就的道理呢？众生当然无法信受。所以，看到过去诸佛以方便力所行的弘化之道，也观察了当时的五浊众生，当然就知道如今自己所证得的无上菩提是应该分为三乘法，来为众生广作分别、细加演说，所以说："我今所得道，亦应说三乘。"

那么，作了这样的思维时，十方佛当然就现前加以赞成。这就好像有十个兄弟，这老大、老二、老三，他们公司都已经在各地成立，营运很成功了，然后老四也在另一地开了一家公司，同样准备要大展宏图了。那请问：前面三位兄长该不该来庆贺？当然来呵！乃至老五一直到老幺终于也成长了，也出来建立一个事业了，那前面九个哥哥当然都要来庆贺，当然也要说："唉呀！你终于也有能力建立这么一家大企业了。你啊！应该像我们一样啊！我们也是按部就班来发展啊！所以你真的有智慧，跟我们一样准备要按部就班来进行了。"这是一样的道理嘛。

总不可能说公司一设立，同时在世界各国设立分公司，一定要依着顺序来。所以十方诸佛都现前，以清净音声来慰勉劝喻释迦如来说："非常好啊；释迦文佛！你是三界中至高无上的导师，得到这个无上菩提胜妙之法，也准备要随同一切诸佛一样，用方便善巧的力量；我们也都跟你释迦文佛一样，得到了最胜妙的第一无上佛菩提法，我们也都为不同种性根器的众生，详细分别演说了三乘菩提。然而智慧很少的人、智慧不广大的人，都是爱乐小法，无法承受胜妙广大之法，都不可能自己有能力相信未来一样可以做佛，所以我们也都因为这个缘故而以种种方便善巧，分别细说各种果位。"这当然就会牵涉二乘菩提的四向五果了，也就是说，有初果向、二果向、三果向与四果向，也有初果、二果、三果、四果加上辟支佛果，这就是四向五果。然而这只是二乘菩提的果位，还有佛菩提，也就是十信、十住、十行、十回向、十地，还加上等觉与妙觉，菩萨所证的是这52个果位。

诸佛又说："我们虽然也都同样是宣说三乘菩提之法，其实目的还是为了教化菩萨们。"这意思就是说，诸佛降生于世间弘法度众的目的，不是为了把声闻缘觉小法送给众生，而是为了要用最胜妙的佛菩提来教化众生，期望众生将来都和自己一样，可以获得无上胜妙的智慧，获得无边广大的功德，这才是诸佛示现于人间的目的。所以虽然讲三乘菩提，目的还是在教化菩萨，不是为了想要度人成阿罗汉而来人间的，当然都是唯一佛乘。①

关于三界火宅与三车教法的比喻，《法华经》中说：

尔时佛告舍利弗："我先不言'诸佛世尊以种种因缘、譬喻言辞方便说法，皆为阿耨多罗三藐三菩提耶'？是诸所说，皆为化菩萨

---
① 萧平实：《法华经讲义》第三辑，台北：正智出版社，2015年版，第236-242页。

故。然舍利弗！今当复以譬喻更明此义，诸有智者以譬喻得解。舍利弗！若国邑聚落有大长者，其年衰迈；财富无量，多有田宅及诸僮仆。其家广大，唯有一门；多诸人众，一百、二百乃至五百人止住其中。堂阁朽故，墙壁隤落，柱根腐败，梁栋倾危；周匝俱时飒然火起，焚烧舍宅；长者诸子若十、二十或至三十，在此宅中。长者见是大火从四面起，即大惊怖而作是念：'我虽能于此所烧之门安隐得出，而诸子等于火宅内乐着嬉戏，不觉不知、不惊不怖火来逼身苦痛切已，心不厌患，无求出意。'"

"舍利弗！是长者作是思维：'我虽身手有力，当以衣裓，若以机案，从舍出之。'复更思维：'是舍唯有一门，而复狭小；诸子幼稚，未有所识，恋着戏处；或当堕落，为火所烧。我当为说怖畏之事："此舍已烧，宜时疾出，无令为火之所烧害。"'作是念已，如所思维具告诸子：'汝等速出。'父虽怜愍，善言诱喻，而诸子等乐着嬉戏，不肯信受；不惊不畏，了无出心；亦复不知何者是火？何者为舍？云何为失？但东西走戏视父而已。"

"尔时长者即作是念：'此舍已为大火所烧，我及诸子若不时出，必为所焚。我今当设方便，令诸子等得免斯害。'父知诸子先心各有所好种种珍玩奇异之物，情必乐着，而告之言：'汝等所可玩好，希有难得，汝若不取，后必忧悔；如此种种羊车、鹿车、牛车，今在门外，可以游戏。汝等于此火宅、宜速出来，随汝所欲，皆当与汝。'尔时诸子闻父所说珍玩之物，适其愿故心各勇锐，互相推排竞共驰走，争出火宅。是时长者见诸子等安隐得出，皆于四衢道中露地而坐，无复障碍，其心泰然，欢喜踊跃。时诸子等各白父言：'父先所许玩好之具，羊车、鹿车、牛车，愿时赐与。'"

"舍利弗！尔时长者各赐诸子等一大车，其车高广众宝庄校，周匝栏楯四面悬铃；又于其上张设幰盖，亦以珍奇杂宝而严饰之，宝绳交络垂诸华缨，重敷绾綖，安置丹枕；驾以白牛，肤色充洁形体姝好，有大筋力，行步平正其疾如风；又多仆从而侍卫之，所以者何？是大长者财富无量，种种诸藏悉皆充溢，而作是念：'我财物无极，不应以下劣小车与诸子等。今此幼童，皆是吾子，爱无偏党；我有如是七宝大车，其数无量，应当等心各各与之，不宜差别。所以者何？以我此物，周给一国犹尚不匮，何况诸子？'是时诸子各乘大车，得未曾有，非本所望。"

语译：

佛陀听完了舍利弗的赞叹和请求，就告诉舍利弗说："我先前不是已经讲过'诸佛世尊是以种种因缘和譬喻、加上言辞的方便来演说佛菩提道'的吗？我先前不是讲过说'我所说的这一些法，全部都是无上正等正觉'吗？而我所说的种种法，都是为了度化菩萨的缘故。然而舍利弗！如今应当进一步以譬喻让大家更深入明白这里面的道理，一切有智慧的人都可以借着譬喻而能理解我所说的道理。舍利弗啊！如果一个国家或一个大城市中、乃至一个大聚落之中，假使住着一位大富的长者，他的年纪已经老大，色身衰老朽迈了；但是他财富无量，拥有非常多的田地以及住宅，并且宅中还有非常多的僮仆。他的家宅很广大，但是只有一个门可以出入；这家宅里面有非常多的眷属和佣人，总共有100人、200人乃至最多的有500人住于这个大家宅中。但因为他富有以来已经很久了，所以宅中的厅堂楼阁已经腐朽的缘故，以致墙壁也有一些荒颓而败落，乃至房屋支柱的根部也已经腐朽败坏了，屋顶的梁与栋也开始倾斜而有些危险了；不幸的是，这时候这家宅周围突然间同时有大火烧起来了，开始焚烧这一片广大的舍宅；而这大富长者有一些孩子，因为妻妾多了，所以可能有10个孩子、20个或30个孩子住在这个朽宅之中。这位大富长者已经看见大火从四个方面烧起来，快要烧到屋子里了，因此大富长者心中大大地惊慌恐怖，然后心里面这样想：'我虽然能够在这一个被大火所烧的大门之中安隐逃离出来，然而我这一些孩子们在这个火宅里面，竟因为火还没有烧到内里去，所以还在里面耽乐执着于各种嬉戏，不曾感觉也不知道、更不懂得惊慌和恐怖即将会有大火逼迫会烧到自己的身体，苦痛是非常切身而不可爱乐的；他们因为不知道大火已经烧起来，所以心中对屋内的享乐都不厌患，没有想要去寻求出离这个舍宅的意思。'"

"舍利弗！这位长者心中就这样思维：'虽然我的色身、我的手脚都很有力气，我应当用我这一件大衣服，或者我就用宅舍中的小桌子作为凭借，把这一些孩子们从这个火宅围墙之中救出来。'然后心中又思维说：'我这个房舍就只有这么一个门，而这个门也狭小，不是很大；我这一些孩子们年纪又小，而且心智很稚嫩，什么事都不懂，只是贪恋执着于他们游戏的那一些处所；有可能将会堕落而被大火所烧死。我应当为这些孩子们说明恐怖畏惧的事情：'这个房舍已经被大火所烧，你们应当要在这个时候迅速地出离到房舍之外，不要使你们被大火所烧而被火害死了。'他这样子思维了以后，就如同他所思维的一样，重新进入火宅之中，把一切火烧的具足景况告诉孩子们：'你们要赶快离开这个房子。'这位老父虽然这样怜愍，并且以善巧的言语劝诱教令他们，而这一些孩子们全都乐着于他们嬉戏的境界之中，都不肯信受老父所说房子外围已经被火所烧了；他们一点点惊恐怖畏都没有，完全没有想要离开这个房子之心；然后他们也听不懂什么叫作火？什么是房子？怎么会被烧掉烧坏？他们听到老父劝诫的时候，只是在老爸的东西两边跑过来跑过去，一面玩一面看着老爸而已。"

"这时候长者又这么想：'这个舍宅已经被大火所烧，我进来舍宅以后连同这一些孩子们，如果没有及时逃出去，一定会被大火所焚烧。我如今应当要施设方便，让这些孩子们可以免掉大火的灾害。'这位大富长者知道这些孩子们以前心中各有不同爱好的种种珍玩奇异之物，知道他们心中一定会对这一些有所爱乐和乐着，就告诉他们说：'你们所喜欢的各种游玩之物，确实很稀有难得，你们如果没有取得，后来一定会忧愁后悔；同理，犹如我所造作的种种羊车、鹿车、牛车，已经都放在门外了，你们都可以出去外面，搭着羊车、鹿车、牛车去玩。你们应该赶快从这个被大火所烧的舍宅之中逃出来，以后随着你们所喜欢的，要羊车我就给羊车，要鹿车就给鹿车，想要牛车我就给你们牛车。'这时孩子们听到老父说有许多珍玩之物也可以带出去，不必空手出去，他们心中就很欢喜；而且带出去以后，不但这些珍玩之物都还可以玩，而且还有三车让大家自己来挑选，所以心中都很踊跃，大家就奋力起来，争先恐后甚至互相推挤，全都急着要离开这个火宅。这时候长者等他们都跑出来了，都坐在十字街头，知道他们不会被火所烧了，所以心中就觉得很舒泰、很安然、很欢喜地说：'我这些孩子终于都逃离火宅了。'当然这时孩子没看见什么车子，就会向他要：'老爸！你先前讲的那一些好玩的东西，羊车、鹿车、牛车，我们都出来门外了，希望你给我们。'"

"舍利弗啊！这时长者就给他所有几十个孩子们，每一个人平等地同样都有一辆大车；这一辆大车既高而且又大，并且都以种种宝物来装饰得非常的齐整，而且每一辆大车四周都有围栏，四面都悬着铃铛；又在四面栏楯上方张设了覆盖烈阳的幰盖，而且一样用各种不同的珍奇宝物来做了许多装饰,并且有宝绳交织成为网络一样,还有美丽的如同花朵一般的流苏,这样一层又一层绾綖的布置下来;在里面也安置了丹枕——漂亮华丽的红色的枕头,可以在里面歇息;而每一辆大车都配有白色的牛,皮肤的色泽充满而清洁,并且牛的身形体态都非常美好,而且有很大的筋力,走起路来很平稳而且蛮快速的;然后每一辆大白牛车又有许多的仆人随从来护卫着。为什么大富长者要用这么好的、这么大的、这么庄严的大白牛车给每一个孩子呢?因为这位大长者的财富没有办法计算,金藏、银藏、珠宝之藏,各种的宝藏全部都充满于库房中,而且几乎要放不下了,所以这位大富长者这样想:'我的财物没有办法计算,所以我不应该以下劣的、小的车子来给我的孩子们。如今这一些年纪还在幼童阶段的孩子,都是我亲生的孩子,我对他们的爱护是没有偏心,也不会专爱其中的几个孩子;而我所有像这样装饰了七宝的大白牛车,数目非常之多而难以计算,所以我应当以平等心,每一个孩子都给他们同样的、最好的大白牛车,不应该有所差别。为什么我要这样做呢?因为如果以我这样的大白牛车来赠送给全国的每一个人,尚且都还送不完,何况是对我这几十个孩子?'那么大富长者这样想。这时孩子们也都各各得到了这样广大姝妙的白牛车,所以各自都坐上了大白牛车,都觉得好好玩,因为以前都不曾有过这么好、这么大的玩具,所以超过他们本来所期望的那个所谓的牛车,没想到是这么大、这么好。"

平实菩萨释义说:

世尊先作了这个提示,因为《法华》之前讲的是《无量义经》,《无量义经》之前是第二转法轮讲的般若以及唯识种智之学;这些全部都是无上正等正觉之法,并不是二乘小法,所以世尊这时又先作出这个提示:"我先前不是讲过了吗?'这些都是无上正等正觉'。"这就是说,舍利弗尊者是为了要让大众了解,为何世尊今天要说《法华》以及授记。然而世尊当然有祂的用意,所以就先提示说:"我先前不是说了吗?诸佛世尊在各种不同状况的因缘之中、种种的言辞随着众生不同的根性而运用许多的方便来说法,而我所说的无分别法其实都是在演说无上正等正觉。"这就是说,世尊宣讲二乘菩提的本意不在宣讲二乘菩提,本意就是将来要宣讲佛菩提,二乘菩提只是佛菩提中的一小部分;然而佛菩提难思、难议、难解、难证,必须要先摄受众生断除了我见乃至我执之后,继续修学久了而能实证,才容易理解佛菩提。如果我见具足存在而想要证悟佛菩提,根本就没机会;所以必须要先帮众生断除我见,假使能够再进断一分、二分我执,当然更好。

　　所以,不能一开始就帮助别人见性或者明心,一定会退转。假使有人不信,就以咱们的经验来说吧,我以前度人没有先要求断我见,一开始就是开悟。最早是这样,现在诸位还想不想这样?不想呵!因为知道有后遗症。那个时候,刚开始共修,连禅三也没有举办。在平常共修时是一个钟头礼佛作功夫,第二个钟头说法;于是我就在大家礼佛的时间,一个一个调过来,就把他们弄出来了。所以,有的人来共修三个月就知道如来藏了,可是知道如来藏以后究竟是要干吗?都不知道!智慧出生了没有?也没有!有解脱功德受用吗?都没有!后来我发觉这不是办法,就规定以后要先共修半年,先建立正知正见,然后再经由禅三才可以开悟。结果共修半年,去禅三悟了以后,还是没有用,因为正知正见与功夫都不够,还是会退转,怎么办?改为一年。后来又改为一年半,然后又改为共修二年半。

但是共修二年半以后，悟了就不退转吗？还照样会退！所以后来又改了：禅三一开始，先把大家的我见杀了再讲，一个个都要先杀死了才行。若不杀死，悟了还会退转，因为我见具在，所以悟后我见又活过来了；然后想："我到底要不要承认这个就是真实心呢？"或者想："也许我这个觉知心才是真实心呢？所以应该是离念的觉知心才是真实心。"就在那边拉扯，一会儿认为如来藏阿赖耶识是真心，一会儿又转过来认为离念灵知才是真心；所以今天如来藏赢了，明天觉知心赢了，就这样拉来拉去，我见死不掉。后来想想，祖师们讲的也真对，如果不把这个假我打死，法身慧命还真活不过来。所以，后来禅三才改为先杀了我见再说；如果有人不情愿被我把我见杀掉，他就永远都没有办法通过考验。

你看，光是一个明心，我们帮人证悟的过程就有这样的演变。因为我这一世没有度众的经验、没有师承，所以我就自己这样摸索过来，最后果然证实经中所说的都是如实语：必须要次第来，都必须先具足次法才行。所以做好无相念佛功夫了，接着先杀了我见，然后再来明心，退转的人就少之又少了。以前那一些看来很幸福的人，不必禅三就知道如来藏了，结果一个个都死光了，最后甚至连如来藏是什么也都弄不清楚了，因为没有证悟前应有的基本条件及参禅过程的完整体验。剩下来的，可就不晓得该叫作几朝元老了，那种几朝元老可就没有几位了。你想，光是明心都会如此了，如果要讲到佛地那么深远的境界去，当然更要把二乘菩提先具足宣说了，而且大家都有实证了，然后才能讲佛菩提。①

---

① 萧平实：《法华经讲义》第四辑，台北：正智出版社，2015年版，第217-219页。

所以，佛陀一世又一世在因地摄受众生，到最后一世成佛时，那三大阿僧祇劫所摄受的众生，就等于是祂的孩子一样，慈爱的老父哪有可能对自己的儿子说："我这么多财产，我都把它丢了，都不给你们，我只给你们一点点没价值的小东西就好。"没有这样的老爸吧？所以一定是把最好的全部都给孩子。所以，诸佛来人间给众生的一定都是最好的，就是佛菩提道；不会只演说二乘菩提，因为三界中没有吝法之佛，也没有不知佛菩提道的佛。

这样说明了，意思在表达什么呢？在表达说："我释迦牟尼来人间所说的一切法，不论是二乘菩提或大乘菩提，这一些法全部都是为了使人实证无上正等正觉而演说的，全部都是为了化导菩萨的缘故，不是为了化导定性声闻。"换句话说，那1250位大阿罗汉，其中的50位就是附带捡来的孩子，不是本来就想生的孩子，这样说明就比较明白。然后，这1200位大阿罗汉回心大乘实证之后，他们在弘法的过程里面，当然也同样会度一些徒众证得阿罗汉果或菩萨果。所以，这1200位大阿罗汉们，他们每一个人也都各有菩萨种姓眷属；他们的眷属之中，有人成为无学、有人还在有学位中，各不相同。

世尊这时候就是表明："我所说的一切法，虽然共有三乘菩提，然而都是为了化度菩萨们的缘故而说，不是为了化度声闻、缘觉而说的。可是这个道理，你舍利弗了解了，别人不一定了解啊！当然得要用譬喻重新把它说得更明白一些，那么有智慧的人即使还在凡夫位，听了也能理解。"所以佛陀才会讲出这个譬喻："舍利弗啊！如果有个国家、有个大城市或有个大聚落，这个大长者'其年衰迈'，但是'财富无量'，他的田地宅舍以及僮仆等佣人非常之多。"表示说，他的家宅非常广大，里面住着或者100人、或者200人，乃至或者住着500人。在这样的大宅院之中，因为已经住久而老旧了，所以有些衰

第六品　参问请法机缘

败；当木头衰败不坚实的时候，火要烧起来是很容易的，所以这时假使这个大宅院偏在外侧的房屋突然间同时出现了大火，开始往内焚烧，住在里面的10个、20个或者30个孩子们，由于宅院太大而不知不觉，所以依旧是乐着里面的境界而继续嬉戏。

　　这其实就是人间的写照啊！尤其是现代末法时代佛教界的写照，大家不都是这样吗？你想想看：一定是佛法大宅富丽堂皇，才能够有这么多的佛教大山头兴起，有的山头资财100亿元台币都不算啥；你看那些大山头，如果他盖了寺庙不上百亿元的，那规模都已经不算大了；所以中部那个世界最高的寺院其实并不够大，因为它还不满百亿。再看其他三个大山头，哪个不是二三百亿元以上的？但是，这一些资源从哪里来？正是从佛法中来的。如果不是因为佛陀的正法，那些大山头能够每年把巨款用到国外去吗？不可能！现在问题来了，那些大山头们，大家各都弄个一二百亿元或二三百亿元资财，心里都是好高兴，日子过得好畅快、好舒服，那真的是金銮宝殿、金碧辉煌，哪像咱们寒寒伧伧，黑瓦白墙看不到一丝金箔？对不对？

　　人家都是建得金碧辉煌，那就像什么？像一个佛法大宅院里面"多诸乐具"，对不对？什么是乐具？就是徒众一堆。"哎呀！你看，我收了那么多出家徒弟！"然后是："你看，我这个金銮殿多么美、金碧辉煌。你看我的名声多么大，你看我不论到哪里去，连政治人物都要来见我、求选票。"对不对？这就是佛门世俗法中的乐具。请问，那一些大山头的堂头和尚及心腹弟子们，是不是这一些孩子？而你们不是这一类的孩子呵！对啊！他们住在佛教大宅院中，从来不求出离，只懂得广受供养及扩大名声与徒众等"乐具"，他们有谁在求出离呢？都没有！连断我见都不想，更不要说开悟明心；如果谈眼见佛性，那就更甭提了。

他们全都不求断我见,所以到现在仍然继续坚持说:"意识却是常住的,意识却是不灭的。"有没有?有啊!他们哪个大山头曾经出来讲说:"我们现在要改变了,意识真是生灭法。"你们有没有看到谁这么讲?那些大山头们,且不说大山头,只说那些小山头好了,有没有呢?也都没有。然后都用佛法表相所获得的世间五欲在那边享受,这不正是火宅之中的孩子们吗?他们在那里面嬉戏,不知道五阴身心已经开始在毁朽了。都不知道啊!所以有的大法师已经七十几岁、八十几岁了,都还在说:"我觉知心常住不坏,意识常住不坏。"不然就说:"我清清楚楚明明白白的知觉性就是真如佛性。"那么既然主张意识常住不坏及觉知性常住不坏,就得要追求意识相应的境界了。与意识相应的是什么境界?是六尘五欲的境界。于是就在六尘五欲之中贪着嬉戏……

可是五阴身心已经有种种火烧燃着,他们竟都不知不觉。在六尘五欲中贪着的结果,一定会被这一些大火所烧,而他们仍然不知不觉。我们将近20年来（编案:这是2010年3月所说）不断写书告诉他们:"火烧来了!火烧来了!"他们都不听,是不是像长者这些孩子们一样?一样啊!你们诸位听了,就知道火已经烧起来了,所以赶快要断我见、赶快要明心,想要脱离火宅。脱离火宅以后还发愿:"我们如今有能力了,要赶快进入火宅,继续把众生拉拔出来。"这就是诸位。那么请问:你们是大人?或者他们是大人?噢!这就明白了。那么你说,佛陀讲这个譬喻讲得好不好?好啊!可是有多少人真的理解呢?纵使有人真的理解了,只怕也不敢公开讲啊!没有人敢像我这么讲啊!因为人家都是大山头的大法师,你怎么敢说他们是孩子?但我就说他们是孩子啊!因为他们都在六尘五欲中嬉戏游乐,不知道或不相信火之将至。好了,那么诸位当然就得要当这个长者了,诸位现

参问请法
机缘品
第六

在有资格当了。①

……我们再三说明：蕴处界虚妄，终归无常；但是有个法身无分别法，是常住、是清凉、是寂静、是涅槃，不生不灭、不来不去，这才是究竟安乐之处；五阴舍宅不过是堕于六情之中的生灭法，堕于六情之中就不离五欲；五欲就是大火，而五阴既有无常大火在外面烧着，在五阴之内也有欲火在里面烧着。我们不断地写书这样告诉他们，有没有用呢？显然没有用。只有对诸位有用，对他们全都没有用。我们写了，当然一定会有读者，读了以后就买了送给师父："师父！这一本写得不错，晚上读读看。"可是呢，这师父怎么说？"放着吧！"就没下文了，连读都不想读。也有好一点的，安板以后把房门关起来，好好去读，读了以后想："真的吗？五阴是假的吗？不！我觉知心这么真实，离念灵知应该不是识阴，怎么会是假的？我还可以处处作主，怎么会是假的？"你告诉他说："内有欲火，外有无常火。""火在哪里？我也没看见啊！"他们当大法师，除了名闻利养以外，甚至背地里有许多明妃，很快乐啊！你告诉了他们时，他一方面玩着这些世间法，一方面看着你，就是这样子。他们继续玩，不肯放舍，就像这一些孩子们一样。不管你如何善言诱喻都没有用……

所以，我已经不期待有哪一个大道场会公开宣示说："意识是生灭的，我们不再认意识为真心。"我已经不期待了，倒不如期待诸位，以及期待新学佛的人，或者期待即将出家、刚刚出家的僧人；我来期待这些人反而更快，期待那一些老孩子就没有希冀之处了。因此我们还是要尽量把这个道理讲出去，至于那一些老孩子们听不听，可

---

① 萧平实：《法华经讲义》第四辑，台北：正智出版社，2015年版，第222-227页。

就不管他们了，因为我们已经尽了我们该尽的义务。我们的所知，已经为他们说了；仁至义尽了，接着，要不要出离火宅？可就是他们自己的事。我们已经问心无愧，这就够了。

但是对于还没有听到我们所说的人，得要设法让他们也听到；听了不信的人就随缘，还没有听到的人，我们说了，他们可能会接受。他们信了，于是就懂得出离火宅。可是那一些已经听了十几年、二十几年的老孩子们听不进去，那就跟我们无关了；因为我们已经仁至义尽了，可以问心无愧。所以将来舍报的时候，世尊来接引，我可以欢欢喜喜跟诸位say good-bye，不必担心将来面见 世尊的时候会不会被责备，这就是我们这一世应该要作的事……①

……诸佛来人间度众生时，不能单说二乘菩提；你如果单说二乘菩提，大部分的众生都不会喜欢，因为大部分的众生尚且不肯断我见、我执，何况是断我所执呢？所以我如果出来弘法时只讲二乘菩提，我想正觉同修会现在大概只有1/10的人，不会有你们这么多人；但是因为我们正觉的法太多、太丰富了，各种珍宝珍玩之物都有，你要什么就有什么。例如在增上班我曾经讲过，说咱们正觉开的是黄金百货公司，不只是卖金块的金铺；所以你要买原形的金块也有，你要还没有提炼的夹有尘沙的矿金也有；你如果想要发簪、臂钏、项链、皇冠，也全都有，你想要买黄金打造的房屋或宫殿也有；正觉什么都有，看你要什么。事实上就应当要如此，如果不是如此，正觉这家黄金百货公司早就倒闭了，因为那原形的黄金，人家买了觉得没稀奇，买这么一块也就走了。可是咱们从 佛陀那边继承下来的很多宝贝，我

---

① 萧平实：《法华经讲义》第三辑，台北：正智出版社，2015年版，第230-232页。

就全部转手给诸位，我也不留下来做什么；因为这颗如意宝珠可以不断地生出许多宝珠，也不会减损什么，我又何必吝惜呢？大富长者现在也是这个状况……

……但是这些孩子们都不知道原来的大宅为什么被叫作火宅；对于火灾的可怕，他们并不知道，所以大富长者进入火宅中找他们时，他们只是看着慈祥的父亲，却继续游玩，并不想要离开已经被大火开始燃烧的大舍宅。那么这里有讲到火宅，牵涉到这一个名词应该先了解。什么叫作"火宅"？当然顾名思义就是说，这个宅舍已经被火焚烧着，只是还没有完全烧尽，所以叫作"火宅"。但是，诸位可能常常听到有一贯道的讲师们说"道降火宅"，有很多人听过。这"道降火宅"的说法到底对还是错？也不是三言两语就能说清楚。

一贯道的说法是：自从中国禅宗六祖以后，宗门之道就只传授于在家人之中，不再传给出家人了。这事得要从头说起，依照佛陀的年代以及百丈增设丛林清规之前，寺院里面是不生火的，都是要托钵受食的。自从中国禅宗百丈禅师设了丛林清规以后，才开始"一日不作，一日不食"，自己耕作，也在寺院里面有了伙房。但是在之前，有伙房生火煮饭菜，是在家人才有的，佛门出家人是没有自炊自食的事情；就只是三衣一钵，每天中午是要离开住所去村庄托钵，而且是过午不食。一贯道就以这个状况来说佛寺不是火宅，在家人的家里才是火宅。又因为只看见六祖惠能的得法表相，不看六祖后来也是出家了，就说六祖以后宗门之道已经传到在家人手里了，暗示说佛门出家人从那时开始没有真正的佛法可得了，所以叫作"道降火宅"；他们因此就说，佛法之道已经降于在家人的火宅之中，继续跟随佛教出家人是学不到真正佛法的。

从表面上看来，他们讲的好像对，但是现在哪个家庭能够说不是火宅？如今每家寺院里面也都有开伙……可怜的是因为明末、清朝乃至民国以来，如来藏妙法都没有机会弘传，一直都在被皇帝打压的状况之下，所以不管出家人、在家人，有道之士都没办法出来公开弘法；因为明知道出来弘法也是白忙一场，所以都是隐居着。那么不论是隐居在深山或者隐居在都市丛林里，算不算是火宅？也是火宅，所以一贯道说的"道降火宅"还真讲对了。但我的解释与他们不同，他们纵使嘴里不想同意，心中也得同意我的说法才是正确的。但是从真实义来说，"火宅"的意思其实是譬喻三界：三界无安，犹如火宅。这是说三界里面的诸天、人间、三恶道所有境界，并不是恒常可爱而能永远安住无事，犹如宅舍已经被大火在焚烧着，只是还没有全面被烧，还没有烧得很严重，所以说三界就是火宅，不是一贯道们说的家里有开伙的叫作火宅。

　　这两年来，天灾不是一直都在示现着吗？尤其最近地震，那里动完了换这里动，都因为众生好动，所以大地也得要动。这是说真话，不是开玩笑。你们有人以为我是开玩笑的说法，其实不然，正因为众生需要动，当然大地就得要动。人间一切都要动，不能静止；例如说，我们这个人间跟欲界天为什么会被大火所烧？因为人间需要火，大家需要熟食的缘故；再加上人类心中被欲火焚烧，所以欲界就会被火烧，因此便难免火劫之灾。例如初禅天、二禅天，在初禅天中都还会被火烧，为什么呢？是说初禅天虽然不直接被火烧，还是会被火烤；火虽然不会直接烧到初禅天中，可是初禅天正好是在欲界上方，所以火劫来的时候，人间及欲界天被烧的时候，热气往上熏，初禅天就被烤了。那么，二禅天就没有火劫之灾了，因为距离欲界很遥远了；在二禅天中最重要的事情就是修定，但因为定水滋润，所以二禅天有时就会被水淹；当水劫来临的时候淹不过二禅天，最多只淹到二禅天，三禅天就淹不到了。人间也会有水灾，欲界天也会有水灾，因为这是二禅天以下的境界，既然众生都需要水才能生活，所以就有水，有水时因为人心不能静止，有时就会生起水灾。那么到了三禅天都还会有风灾，四禅天就没有风灾，所以风劫来的时候大风只吹到三禅天，把三禅天的所有宫殿都吹坏了。请问，为什么三禅天会有大风灾？因为三禅天人还要呼吸，有呼吸就一定要有空气，有空气当然就会有时生起风灾；正因为人心不平，动而不止，所以就会有风灾。如果大家都不需要呼吸就能生存，也就不会有风灾，因为都没有空气了。所以我刚刚讲的都是如实语，这可不是开玩笑；都是因为大家好动，所以才会有地震、火灾、水灾、风灾等事情发生；如果人类与动物们的身心都不动了，就不会有地震、火灾、水灾、风灾了；换句话说，就是一切有情全部证得第四禅，大家都入定去了，也就不需要饮食、活动、繁殖等。所以我刚才说的是真话，大家刚开始可能都当作我在讲幽默话。其实不是！事实正是这样。

那么，三禅天、二禅天乃至欲界天、人间，为什么也有风灾？因为这些居住的处所必须具足一切：既要水、也要火、也要有空气，所以当然人间也会有风灾；但是人间的风灾规模，大家所知的比较小，都还能生存着；假使大风真的吹起来，从人间刮到三禅天的时候，就是风劫来了，就从人间一直吹到三禅天，不但人间全部被吹坏了，还把三禅天人的宫殿全部吹坏。至于四禅天可就安隐无忧了，因为四禅天的天人们都不呼吸，所以他们不需要空气；既不需要空气，生活在没有空气的地方，当然就没有风灾。有空气才会有风灾，你们想一想：如果人间没有空气，风要怎么吹？当然都没办法吹了。

也许有人想："这都是你编造的吧？"但是以我个人的体验，确实是如此啊！譬如说初禅，初禅天身里面都是如云如雾，没有五脏六腑；他们为什么会有快乐的觉受？因为皮肤有毛细孔，每个毛孔内外相通，当你在呼吸的时候空气出出入入（因为你不是完全不动），空气在全身皮肤毛孔出出入入时就会有快乐的触觉，表示初禅天人的境界还是要有空气。以我的体验来讲，二禅天人也还是要呼吸；即使入了等至位，还是要呼吸，不单是等持位时得要呼吸。由这一些体验，是可以把尚未实证的部分依于比量而加以认定的，所以这些都是真实语，我没有添加一点点自己编造的部分。

但是今天听了我这一些说法，你们在外面是听不到的。以前曾经有谁告诉你们说：为什么二禅会有水灾，三禅会有风灾？为什么四禅什么灾都没有？就是因为你在人间生活需要用火，需要温暖才能成熟万物；人间也需要水，需要风，所以就会有火灾、水灾、风灾，就只是如此。这是很直接的道理，但是外面的大师们对三灾的事情只能用死背的来告诉你。我们不必用死记的，因为我们知道那个原理。诸位今天听了，也一样知道这三灾的原理，以后就不用再死记说：糟糕！火灾是烧到哪一天？水灾淹到哪一天？风灾吹到哪一天？你就不用死背了。因为你知道四禅天人不用呼吸，既不用呼吸就没有空气存在，没空气时哪来的风灾？这道理就懂了。欲界呢？欲界一天到晚有欲火焚烧，也需要有火大来成熟万物及炊煮食物，自然就会有火灾。

那么这样看来，好像四禅天就很安稳了？因为三灾不及，火灾、水灾、风灾都没办法到达四禅天，就可以永生不死？不是呵！四禅天人还是有寿命的，寿命到了还是得死，依旧在生死轮回之中，也是无常。也就是被无常火所烧，但不是被火灾那个火所烧。所以四禅天人的境界，说来还是在三界火宅之内。第四禅天总共有四种天人：福生天、福爱天、广果天、无想天。在四禅天中还有五不还天的境界，但是所有四禅天人都看不见，无法住在那个境界里面；是证得第四禅的三果以上圣者，或者证得第四禅的入地菩萨才能住在那边。即使是五不还天的天众，如果不是圣者（我是说假设不是圣者，当然不可能是凡夫），生到了五不还天中，也还是火宅；但因为都是证得第四禅的三果以上或入地以上的圣者，所以那就不能叫作火宅；因为他们虽然仍是住在三界中，但是随时可以出离三界，就不说是火宅了。如果不懂这个道理，他从四禅天里面（因为他也看不见五不还天），就修四空定而在未来世生到四空天去了；在四空天，寿命最长的是非想非非想天，寿命八万大劫——如果不中天；生到非非想天，有的人一万大劫就寿命终了；命最长的天人，也就是他的非非想定是最坚固的，可以穷尽寿命八万大劫；但八万大劫过完了，还是要下来轮回，依旧是在人间甚至三恶道中，所以无色界天仍然有无常火，因此三界无一处非是火宅。佛陀这里所说的"为大火所烧"，讲的是说整个三界都是火宅，所以一贯道只说在家人有厨房，每天生火煮饭烧菜而说是火宅，只是一场误会。

佛陀作了这个譬喻："这时候大富长者心里面这样想：'我这个广大的舍宅被大火所烧，我和这一些孩子们如果不能够及时出离的话，一定会被这些大火所焚烧。我如今应当广设方便，令所有的孩子们可以免除被大火所害。'"这一些孩子们到底是指什么人？欲界里面三恶道的众生，以及人间、欲界六天、色界十八天、无色界四天，都是大富长者的孩子，大富长者就是诸佛。对一般人来讲，你对他说："你住在火宅里面，为什么不赶快求出离生死呢？"他们会质疑说："哪里有火？我每天过得好快乐。"他们尚且不会觉得人间是火宅，何况知道三界都是个火宅？

就像大富长者那些孩子一样，佛菩萨们一天到晚讲："三界无安犹如火宅，要赶快出离生死。"可是众生不想听。你如果说学佛，他们说："我日子活得好快乐，为什么要学佛？我活得很满足，学佛却那么辛苦，又要打坐，又要修行，又要受戒，又不能吃肉，那还得了！"那不然，你告诉他们说："那你这样好了，既然嫌辛苦，不然只念念佛就好了。""念佛呵？我又还没准备要死。"哎呀！你看一般人，你跟他们讲学佛或者念佛，全都很困难，所以真正想要出离三界生死的人是很少的。即使说他已经在学佛了，当你告诉他："要赶快求悟啊！"或者只告诉他："要赶快断身见、证初果啊！"他还是不想。所以佛门弟子中的绝大多数人，都是自以为学佛，其实只是在行善，并没有真的在学佛。

诸佛菩萨面对这些孩子们应该怎么办？当然得要巧设方便，所以先要判断说：这些孩子们在三界中——就是生活在这个火宅里面，"先心各有所好种种珍玩奇异之物，情必乐着"，所以佛菩萨有时候就说："你们来学佛，将来有成就了，就会有天眼通了。"众生心里想："天眼通好玩呵！那我来学好了。"有时候告诉他们说："你们都因为不知道人家在想什么，所以常常被骗，那你好好学佛了，将来会有他心通，就可以知道人家想什么，就不会再被骗了。"然后众生就很高兴地说："好，我来学。"但是有的人对这些没兴趣，你告诉他说："等你学佛以后，未来将会变得很有智慧呵！人家以前辩论都赢过你，当你证得佛法以后就会输给你。"他想："这个好，我可以出一口气了。"因此他也来学了。

有的人说："这些我都没兴趣，我不想学。"那就告诉他说："那不然，做圣人好不好？""圣人？"噢！眼睛亮起来了，因为他最喜欢在众人之上，不想要跟人家一样，他想："可以当圣人，好啊！那我来学。"然后就告诉他："学佛法，解脱道好好修，可以证初果、二果、三果、四果，就成为圣人了。""可以证果呵！"他就有兴趣了，于是就来了。有的人说："证果，我没兴趣。"可是你讲到开悟，喔！他就有兴趣了："开悟好，开悟好。"可是开悟是什么，他其实不懂，只是听到开悟两个字就很高兴，终于来学了。

他来学习以后，学到最后实证了，才知道被骗；原来还真没智慧才会被骗，骗到把他变成实证佛法而有智慧的人。可是这种实证的人，却很甘愿被骗，他们说："我虽然被骗了，但我很高兴，我还是宁可被骗。从头再来10次，我也愿意被骗10次。"就是这样啊！为什么呢？因为等到证果的时候，才知道什么果都没有，就只是把自己的我见舍掉，不然就是把我执舍一分、舍二分、舍三分，就这样次第舍。原来什么果都没有，原来证得阿罗汉果就是有能力把自己和所有贪着全部丢弃；不再生死轮回，什么都没得到。可是他却觉得烦恼消失了，心中非常轻安，所以被骗得很欢喜。

菩萨也是一样啊！"可以开悟？"噢！好高兴啊！好，就去学学看；学到后来，很辛苦完成整个过程以后终于真的开悟了，悟了以后说："老师！您也没有给我什么，我悟到无分别法这个心，还是我本来就有的啊！"可是后来想一想："也对啊！我本来就有的才珍贵啊；如果是人家给我的，那就是本无今有，就会是有生灭的东西，原来还是自己本有的最好。"所以被骗了以后还是很高兴，因为那《金刚经》终于真的懂了，《心经》不必再死背了，也终于懂了，终于知道自己以前所认为的懂，都是没有真懂，所以他被骗也是很欢喜。佛陀就是施设这一些名目给众生，因为知道众生心里面喜欢这一些东西，觉得很奇特，一般人都没有。众生想："我来人间，现在终于五子登科了，但我还要追求人家所没有的。"于是他就为了这些东西来学佛。这就是佛陀施设了种种奇特之事，教导众生说："有这么多好东西，你们要赶快来啊！"所以众生才终于来学习，就这样开始了学佛的过程。

这一些道理是说,佛陀就是这位大富长者,祂知道众生先前心里面都"各有所好",所以施设了这一些,然后也真的教导了这一些,把这一些给众生。例如有的人喜欢禅定,一般人如果看到人家一上座,三个钟头都没下座;哇!就羡慕得很:"哎呀!这个人禅定好厉害,人家每一支香过了都要下来走一走,他一上座就不动了。"可是不动是好事吗?如果要说能够不动表示禅定最好,那死人就是禅定最好的,因为死人可以永远都不动。但问题不是,这个不动只是个表相,真的只是表相啊!也许他只是为了表现,所以腿很痛的时候,他继续在那边熬着,只为了让人家恭敬他,其实他心里面每一刹那都在想:"今天是谁监香?到现在都还不敲引磬。"他心中哪有定?真正入定了,就会忘了这一些,所以看那个表相都不正确。有的人可以一上座就双盘,然后整整坐6个钟头;"哇!好厉害!"可是为什么他没有初禅?他的初禅永远都发不起来。你叫他谈一谈实证未到地定的内容,他也讲不出来;这表示他只是装模作样,脑袋瓜胡思乱想,一大堆的妄想,那有什么用?那还不如人家在外面随便走路干吗都行——直接住在初禅中走路、做事,那不是远远地胜过他吗?所以看表相都不准啦!

但是,佛陀也会对初机学人说:"禅定是很胜妙的,你来学佛就可以修证禅定。"众生想:"我很喜欢禅定。"于是他就来学。就这样,用各种的方便善巧来诱引大众;这些方便善巧所说的各种境界相,就譬如"种种珍玩奇异之物"。众生喜欢"种种珍玩奇异之物",佛陀就教导这一些,然后慢慢引诱他们来断三缚结,接着断我执、我所执,乃至回心大乘行菩萨道而证得实相;佛陀大富长者就是这样,因为知道众生"情必乐着"。这大富长者也是这样,就向孩子们说："你们已经在玩的各种游乐之具，确实也是稀有难得；那么如果还有更好的东西，你们也应该要；如果你们不要的话，未来知道还有那些更好的东西，而你们竟然放弃不取，一定会怀忧悔恨。"

然后长者又说："就像我现在为你们准备了许多种羊车、鹿车与牛车，如今正在门外可以让你们玩，比你们现在玩的都更好玩。"然后才告诉他们说："你们在这个舍宅里面，但是比较外围的房子已经开始在焚烧了，你们要赶快出来；只要能离开到这个宅舍之外，不管什么车，随着你们喜欢，我都会给你们。"这些孩子们听说还有"珍玩之物"比他们正在玩的那一些更殊胜、更好玩，他们很欢喜，因此一窝蜂就跑了出来，"互相推排"，大家都想要最先跑出去先得，恐怕后到的得不到，所以"互相推排竞共驰走"，争着要赶出那个火宅之外。

那就像什么呢？就像佛陀告诉众生了以后，众生就急着要实证三乘菩提了，大乘菩提不就是大白牛车吗？缘觉菩提就是鹿车，鹿车可以拉上二三个人。如果是声闻菩提，那就是羊车，最多只能拉他自己一个人；并且，所拉的那个人还不可以是个胖子，如果他胖到200公斤，那羊车也拉不动。所以大家"争出火宅"，就是大家都争着想要出离三界了。这时候，长者看见这些孩子们全部都离开火宅，来到"四衢道中"（就是十字路口）地上坐着；因为那宅舍很大，跑出来很辛苦，累了就"露地而坐"。这时候当然就没有障碍了，所以长者就很安心，非常欢喜地说："我这些孩子们都跑出来了。"孩子们跑出火宅来了，现在接着就是他的责任，孩子们就要求："父亲您刚才允诺给我们好玩的、胜妙的那些玩具，所谓的羊车、鹿车、牛车，希望父亲您现在可以给我们了。"

这就像佛陀告诉大家"世界悉檀"时，说世界的成住坏空。世界悉檀,就是从地狱讲到诸天,把整个三界境界都讲了,然后告诉大家:"三界无安犹如火宅,要赶快离开。"那么,大家就不会继续乐着于世间法,就愿意开始修学三乘菩提正法。开始学法之后,当然就会要求:"佛陀!请您为我说法,让我证得初果。"有的说:"佛陀啊!让我证得现法涅槃啊!"他要能够自己确定是解脱生死的。若是菩萨,就请求佛陀:"让我证得实相啊"等,就要求了。这也就是诸佛在人间弘化的实际状况,佛陀讲的这个大富长者比喻,就是我刚刚讲的那个意思。这三车交给孩子们,接着就是要教导他们如何驾御,这驾御的方法就是三乘菩提。……①

那么,这一段经文讲的正是这个道理:"今此幼童,皆是吾子。"是幼童啊!长者说这一些离开火宅的孩子们都是幼童。离开火宅就是已经出离三界了,出离三界的人就是阿罗汉;但阿罗汉还只是"幼童",连少年都还称不上,更别说什么年轻的成人了。佛陀的意思也清楚地表明:不管哪一个众生,只要愿意听我的话出离火宅,我都给他大白牛车。假使他一时嫌那个车子太高广、太大、太华丽,不想要,但是最后还是要给他这个大白牛车,目前先让他把羊车玩一玩,鹿车也玩一玩。当他玩惯了,他会觉得这个不好玩了,还是大白牛车好,那时就给他。本意就是要给他最好的那一些大白牛车,小车、中车并不是本意;因为长者财富无量,真的"种种诸藏悉皆充溢"。

你们想,以阿罗汉来比对诸佛的境界,阿罗汉证悟明心以后才只是第七住菩萨,就跟你们今天明心一样是第七住位的菩萨,想要到达

---

① 萧平实:《法华经讲义》第三辑,台北:正智出版社,2015年版,第234-258页。

佛地，还要学多少东西呢？将近三大阿僧祇劫，那要学很多！而这些都是佛陀想要给的，所以佛陀妙法无量无边，那当然就是"种种诸藏悉皆充溢"。每一个人都来跟佛陀要了以后，佛陀也没有减少，仍然是那么多，这就是如意轮宝珠。……

所以佛陀财富无量、法宝无边，阿罗汉回小向大证悟以后，要进到初地都得靠佛陀每天不断地为他说法；跟在佛陀身边就是有这么大的福报，成为大阿罗汉以后一世可以入地，这就是佛陀的智慧与福德加持。所以法华会上的大阿罗汉们蒙佛福荫，当然很清楚地知道自己距离佛地太遥远了。因此你看，佛陀入灭的时候，没有一个阿罗汉敢出来唱声说："我要绍继佛位。"都没有啊！因为即使是弥勒菩萨被授记当来下生成佛，已经是一生补处的妙觉菩萨了，所说的当来成佛，都还是5亿7600万年后的事；至于其他的菩萨们呢？个个智慧如海，大阿罗汉们都没办法对话；而那些大菩萨们，个个都不敢说要绍继佛位，大阿罗汉们敢吗？那些不回心的大阿罗汉"幼童"，对于佛法什么都不懂！还敢说要绍继佛位啊？可是这个道理，如今的佛教界有谁懂？没有啊！也都只能够依文解义。并且依文解义的时候，自己说的心中都不得决定，因为他们心中也怀疑："真的是这样吗？"他们不能相信。为什么不相信？因为他们不知道事实确实如此，也不知道为何如此。但是诸位来到正觉讲堂依照次第修学以后，你们这一些法熏习久了，内涵也知道了，自然就知道这一段经文讲的确实如此。①

世尊又说："是时诸子各乘大车，得未曾有，非本所望。"想一想，如果你是当时的大阿罗汉，本来想："能够出离火宅就很好了，

---

① 萧平实：《法华经讲义》第三辑，台北：正智出版社，2015年版，第258-260页。

得到羊车了;没想到佛陀除了给我羊车、鹿车以外,还给我那么大、那么庄严的大牛车,而且有几条大白牛帮我拉着,走得很平稳又很快。"哎呀!太好玩了,真的好玩,因为法乐无穷。所以菩萨在人间弘法时,虽然有许多的横逆,乃至有时不免杀身之祸而转去下一世,可是菩萨仍然觉得法乐无穷,因为菩萨对世间法并没有企图与追求。所以,像那些大山头们要金銮宝殿、要无量钱财或宝物,菩萨可都没有兴趣。不说那些大菩萨们,单单我就没有兴趣了。虽然我现在住在山上,可也是老房子;我也不想装修,就这样一天混一天;等到真的不能用了,那时候再说吧!因为每天在做事情的时候都觉得法乐无穷,有好多的胜妙法让我玩,还有什么需要起心动念去追求的?就不需要了,都是在菩萨道上所需要的才会去追求,如果跟菩萨道无关的那些世俗法,根本没兴趣。

　　所以,如果现在有什么好机会可以再赚上几亿元,我也没兴趣。如果突然间天上掉下一件龙袍来,我也不想穿,因为那都带不到未来世去。可是我们在法上所得的那些种子都会继续存在,让我可以一世一世次第成佛,这不就是大白牛车吗?但是刚刚学佛的时候何曾想望如此?从来不曾想象过说"我可以有这么多的财宝",不曾想象过。但是这一些财宝,如果有谁说要用世间法来买:"你这一个法宝卖给我,卖给我以后,你就没有这个法宝了。"就说每一样卖1000万元,我都不卖。如果真卖,可要卖得很多、很多亿元了,但是卖了以后得到的钱财,能带去未来世吗?都不行。可是我们这些法宝一世一世都在,就这样一世一世迈向佛地。

　　如果以大阿罗汉们当时的想法来说,本来的想法只是出离生死证得涅槃而已,却没想到成为大阿罗汉能入无余涅槃了,佛陀给的竟然远不只如此,竟然是那么高大的牛车,附带了几条大白牛来拉着,走起来四平八稳而又快速，还有一群随从。随从是什么呢？这很大、很庄严的牛车，就譬喻你的真如与佛性；大白牛车四面有很多的随从，譬喻禅定之乐、四无量心、五根、五力、七觉支、八正道、四无所畏、四无碍辩，十力、十八不共法等等，这就是大白牛车旁边的仆从，来侍卫着这个真如与佛性，就这样譬喻。那么你想，这些都等着要给你；你什么时候能得到，那就是你自己的事了。

　　所以说，像这样的法，我们当然要啊！大家要把心量扩大，不要老是想着说："我能证得阿罗汉果就很好了。"在以前是可以这样想，因为以前没有人能帮你去获得以及教你去驾驭大白牛车。以前连羊车都没有，因为以前人家给的那个羊车都是用纸糊的，你根本坐不上去。更多的是什么？弄个木板，一个板凳然后旁边画了羊车贴上去，大家坐在板凳上面大声呼叫："喝！喝！"但它就是不走，原来只是坐在画着羊车的板凳上，不是真的羊车，这就是以前的佛教界以声闻法当作佛法的时节——当时他们全部都把声闻法误解了。自从正觉弘法以后，既有真的羊车，也有大麋鹿拉着鹿车，可以坐上三四个人，大麋鹿也拉得动；然后也有这种很大的牛车，好几条大白牛帮你拉着，并且还有很多的侍卫。既然是这样，你要选哪一种，就看你自己的心量了。你如果心量广大了，就说："我要大白牛车，再也不要鹿车跟羊车了。"因为羊车走不了多远，鹿车虽然走远一点，也是不久就坏了，可是这个大白牛车可以让你坐上三大阿僧祇劫。三大阿僧祇劫以后还是永远不坏，你还可以继续坐下去，随你要坐多久。无穷无尽永远不坏而且四平八稳的庄严牛车，只有诸佛造得出来，咱们就要这样的车子……①

---

①　萧平实：《法华经讲义》第三辑，台北：正智出版社，2015年版，第264-267页。

【经】

僧智通，寿州安丰人，初看《楞伽经》，约千余遍，而不会三身四智，礼师求解其义。师曰："三身者，清净法身汝之性也，圆满报身汝之智也，千百亿化身汝之行也。若离本性别说三身，即名有身无智；若悟三身无有自性，即名四智菩提。听吾偈曰：

自性具三身，发明成四智。
不离见闻缘，超然登佛地。
吾今为汝说，谛信永无迷。
莫学驰求者，终日说菩提。"

通再启曰："四智之义，可得闻乎？"师曰："既会三身，便明四智，何更问耶！若离三身，别谈四智，此名有智无身，即此有智，还成无智。复说偈曰：

大圆镜智性清净，平等性智心无病；
妙观察智见非功，成所作智同圆镜。
五八六七果因转，但用名言无实性；
若今转处不留情，繁兴永处那伽定[1]。

如上转识为智也，教中云：转前五识为成所作智，转第六识为妙观察智，转第七识为平等性智，转第八识为大圆镜智，虽六七因中转，五八果上转，但转其名而不转其体也。"

通顿悟性智，遂呈偈曰：

> 三身元我体，四智本心明；
> 身智融无碍，应物任随形。
> 起修皆妄动，守住匪真精；
> 妙旨因师晓，终忘染污名。

【注】

  1."那伽定"：那伽是梵音，意思是大龙。这里是指真心大定、上定的意思。

【语译】

  有出家人名为智通，是寿州安丰人。最初习看《楞伽经》，约有千多遍，还是不懂三身四智的含义，因此来礼拜六祖，求解义理。六祖说："法报化三身的含义，清净法身指的是你的真心自性，圆满报身指的是你的真如智慧，千百亿化身指的是你的所作诸行。离开真心之外说有三身存在，那就成为无智的死身；如果有般若正智现观三身皆无自性，名为圆证佛地四智菩提。请听我说偈颂：

  真心自性具足三身，发现明白成就四智；

  不离见闻种种因缘，超越三界得登佛地。

  我今为你大概解说，谛实信受永离迷惑；

  莫学驰求外尘的人，只是终日口说菩提。"

  智通再请问说："四智的真实义，能请师父开示吗？"六祖答："既然明了三身法义，便能通晓四智的含义，不须更问！如果离开三身，另外说有四智存在，这就成为有智而无身的虚妄想象，就在这样的所谓有智慧之中，其实还是无智的妄想罢了！"六祖再说偈颂：

  大圆镜智的自性是清净的，平等性智的心中没有三界病；

妙观察智的所见不是有功用行，成所作智其实同于大圆镜智。

前五识与第八识的二种智慧、第六识与第七识的二种智慧，是分别在果地因地运转的，都只是以名言来区分而没有自己的真实性；

假使现在运转的处所都不残留情执，度众之事繁兴之时，心地也是常时住在大龙之定中，永远如如不动。

如上所说即是转八识为智慧之教义，教理中说：成佛时将前五识转为成所作智，转第六识为妙观察智，转第七识为平等性智，转第八识为大圆镜智，虽说第六识以及第七识相应的智慧是在修道因地中开始运转的，前五识与真心第八识相应的智慧是在成佛果地上运转的，然而都是运转其名而不转变八识的自体性也。"

志通顿悟自性智慧的含义，因此呈偈说：
三身本来都是我的真心体性，四智则是源于对本来真心的明证；
三身四智和合相融而无障碍，应于色法而任运随形。
所谓看净起修都是妄心扰动，守住一念不生始终不是真正的精明心。
甚深妙旨因师开示而晓了，终于真的忘却无明染污等名相。"

【解】
关于自性三身的法义，平实菩萨释义《楞伽经》卷一说：

"大慧！法佛者，离心自性相，自觉圣所缘境界建立施作。"法身佛即是佛地真如；真如不说法，悉依报化身而为众生说法。法身佛有自觉圣智所缘境界，依之建立三乘佛法及人天乘法；建立已，为诸有情施设五乘法，而有法施之作业。是故报化身佛之说法度众诸种事业，悉依法身佛之自觉圣智所缘境界建立而施作；此非等觉菩萨之真如所行境界，唯究竟佛地真如法身所行境界，佛地真如能与五别境及善十一心所法相应故，等觉菩萨以下之法身真如唯与五遍行相应，故真如无自觉圣智所缘境界，不起法身佛大用。

法身佛虽与二十一心所法相应，而不堕于觉知心性种种相中，依其自觉圣智所缘佛菩提境界，建立报化身佛之一切法施运作。

"大慧！化佛者，说施、戒、忍、精进、禅定及心智慧，离阴界入、解脱识相，分别观察建立；超外道见、无色见。"化身佛为佛子说布施、持戒、忍辱、精进、禅定及真实心之般若智；报身佛唯说唯识种智之智慧，不说六度。是故方广诸经中，属于唯识种智之般若，皆是报身佛所说；或有依于化身中而于人间说者，或有不依于化身而纯以报身说者，其义深妙，非未证悟者所能知之，是故一切凡夫及与二乘定性无学众人皆不能知，闻之茫然，不知何趣。

然而化佛为度众生，依法身佛自觉圣智所缘境界而次第开示菩萨六度，由布施植福乃至真心般若智慧，离五阴十八界六入而说真心般若，说解脱七转识之阿赖耶解脱相，不依阴界入之无常空而说解脱相，依此观察而建立菩萨六度修行次第相；超越一切外道见解，超越一切误计无色定境界为涅槃者之邪见；一切外道及一切未悟大乘之佛子等，悉不能知、不能摧坏。

以上说法报化佛，三身全体起用。有时应化身佛具足三身，有时唯是化身；譬如最后身菩萨于有缘世界降神受胎成长出家修道而成佛时，其法身真如住于后身菩萨之五蕴身中，有时化现庄严报身而为地上菩萨说法，非地球世间之一般佛子所能知见；是则此一应身佛具足三身于其五蕴。有时唯是化身者,譬如报身佛视察人间因缘成熟时,示现肉身之化身,或示现唯有影像之化身,则彼化身无有余二身。若是后身菩萨初成佛者,则于一五阴身中,有三身全体起用。

依于应化身而说人天乘法及二乘法,复于其后说般若空——真实心空性智慧之总相别相。复于第三阶段依报身佛之智慧而说般若种智——究竟之中观。大乘种智般若,乃是报身佛为诸恶取空、拨无一切法之中观学者而说,消弭彼等与二乘人之争端,圆摄一切佛法,是故宣说缘起自性,令离"兔无角"之邪见。①

关于自性四智的法义,平实菩萨释义说:

佛子皆知佛有四智,谓成所作智、妙观察智、平等性智、大圆镜智,此四智总名法界智、法界体性智。

妙观察智及平等性智,于初地或七住位明心便得,然仅是下品转识成智耳。七地入八地时中品转,成佛时上品转,方具足圆满。成佛时亦同时顿得成所作智及大圆镜智。

妙观察智由第六识成就,平等性智由意根——第七末那识成就,成所作智由佛地前五识成就,大圆镜智由佛地第八无垢识——真如成就。第八无垢识真如,于成佛前名为如来藏;如来藏名总括凡夫位及三乘有学位之阿赖耶识及三乘无学位之异熟识,成佛改名真如,皆同一第八识,于不同修证境界而有不同名称。

此四智之成就,名为转识成智。然非将识转化消除而变成智慧,乃是消除识心对三界诸法之执藏及错误分别,成就真实智慧。识转化

---

① 萧平实:《楞伽经详解》第三辑,台北:正智出版社,2010年初版六刷,第105-107页。

清净而生智慧，识乃其本体，智慧是清净识之作用，非离识体有其作用，故佛云："识智不相离，和合我常说。"

既有四智，则必有八识；若有八识，则必有如来藏真如，否则不能成就大圆镜智。前六识及眼耳鼻舌身意六种识心，佛子皆知，不必赘言。第七识即是意根；意根非是大脑，大脑乃五根之枢纽，是眼耳鼻舌身等五根胜义根之集合体。

意根末那识触此五胜义根之五尘境，便警觉如来藏，使意识之种子现行而有意识，故能分别或觉知。意识因末那作用而由如来藏出生，受末那指挥而作思维分别观照等心行。故意识不作主，思维分别观照之后，得到结论，再由意根末那识作主。以上之理，利智佛子方能知之，钝根菩萨及二乘人则不能知。①

【经】

僧智常，信州贵溪人，髫年[1]出家，志求见性。一日参礼，师问曰："汝从何来，欲求何事？"曰："学人近往洪州白峰山，礼大通和尚，蒙示见性成佛之义，未决狐疑，远来投礼，伏望和尚指示。"

师曰："彼有何言句，汝试举看。"曰："智常到彼，凡经三月，未蒙示诲。为法切故，一夕独入丈室[2]，请问如何是某甲本心本性？大通乃曰：'汝见虚空否？'对曰：'见。'彼曰：'汝见虚空有相貌否？'对曰：'虚空无形，有何相貌？'彼曰：'汝之本性犹如虚空，了无一物可见，是名正见；无一物可知，是名真知；无有青黄长短，但见本源清净，觉体圆明，即名

---

① 萧平实：《真实如来藏》，台北：正智出版社，2004年改版四刷，第67-68页。

见性成佛，亦名如来知见。'学人虽闻此说，犹未决了，乞和尚开示。"师曰："彼师所说，犹存见知故。今汝未了，吾今示汝一偈：

不见一法存无见，大似浮云遮日面；
不知一法守空知，还如太虚生闪电。
此之知见瞥然兴，错认何曾解方便？
汝当一念自知非，自己灵光常显现。"

常闻偈已，心意豁然，乃述偈曰：
无端起知见，着相求菩提；
情存一念悟，宁越昔时迷。
自性觉源体，随照枉迁流；
不入祖师室，茫然趣两头。

智常一日问师曰："佛说三乘法，又言最上乘，弟子未解，愿为教授。"师曰："汝观自本心，莫着外法相。法无四乘，人心自有等差。见闻转诵是小乘，悟法解义是中乘，依法修行是大乘；万法尽通，万法俱备，一切不染，离诸法相，一无所得，名最上乘。乘是行义，不在口争，汝须自修，莫问吾也，一切时中自性自如。"常礼谢执侍，终师之世。

【注】
1. "髫年"：约指8岁以下小儿。
2. "丈室"：即是住持居室的意思，约是一丈见方大小的空间，因此又名为方丈，是寺院里住持居室的称呼。

第六 机缘品

参问请法

【语译】

　　有出家人名为智常，是信州贵溪人。约在8岁时出家，立志要证悟实相亲见成佛之性。有一天去礼拜参问六祖，六祖问他："你从哪里来的？要求什么呢？"智常答："弟子近年来是住在洪州白峰山，礼拜大通和尚为师学法，虽然得蒙他开示证悟真心自性佛的法教，然而心中狐疑未解，因此远来投靠礼求和尚，至诚伏请指导开示。"

　　六祖问："白峰山那里都是怎么说的？你试着说说看。"智常答："智常在白峰山那里，前后经过三个月，不曾被教导什么。之后因为求法心切的缘故，有一天晚上独自去到方丈室，'请问如何是我智常的真心本性？'大通和尚这才说：'你看见虚空吗？'智常回答：'看见。'大通和尚又问：'你看见的虚空有相貌吗？'智常应对说：'虚空无形无色，哪有相貌？'那位大通和尚说：'你的本性就像虚空，其中没有任何一物可见，这就是正见；其中没有一物可以被了知，这就是真如；没有青黄长短等相貌，就只是看见本来的源头清净，能觉能知的体性湛然圆明，这样就是见性成佛，又名为证得如来的所知所见。'弟子虽然听到这样的教导，但还是疑惑未解，心中未能决定，乞请和尚为我开示。"六祖说："那个阿师所说的法教，还是落在见闻知觉性上，不离凡夫能知能见的缘故。如今你不能解了，我现在开示你一偈颂：

　　静坐到不见一法而在心中存着一切都无的见解，完全像是浮云飘来遮住了日头的脸面；

　　不知真心这一法而只守着空无一法的觉知，到头来还是犹如太虚空中有时生起的闪电那般无常。

　　这样的能知能见总是会不断地突然兴起，其实是错认成佛之性，何曾理解什么是方便法？

你智常应当一念省觉而自知这种见解的错误，让自己真心本性的灵光恒常显示而现前。"

智常听闻此偈以后，心意豁然了达，因此口说一偈：
没来由地生起了能知与能见，着于六识六尘的法相之中而求证菩提；
六情都还存在却想一念证悟，哪能超越以前旧有的迷惑。
真如自性本觉是诸法根源之体，随时观照众生迷枉而不断迁流；
不曾真的进入祖师的方丈室，只好茫然无知而趣向生灭或断常等两头。

智常有一天请问六祖说："佛陀教说有三乘法，又说有最上乘法，弟子对这个道理不懂，祈愿和尚教示。"六祖说："你现观察自己本来就有的真心，不要着于外尘相。佛法中无有四乘法教，是人心虚妄分别才有四等差别。住在能见能闻的觉知心境界而闻熏法教转而诵持的是小乘，自己悟得佛法而了解真义是中乘，依真实法而开始修行则是大乘；万法全部都已通达，万法全部都具备了，于一切法都不染着，远离种种法相，都无一法无所得，名为最上乘法。乘是悟后真正开始修行之义，不在口上相争，你必须自己真实修行，不必问我，于一切时中的自性都是自己如如。"智常顶礼感谢而对六祖执持弟子之礼，终于六祖在世时。

【解】
《坛经》的这一段记录中，谈到当时假善知识妄说虚空的事，被六祖指斥。今举禅宗关于虚空的公案如下：

抚州石巩慧藏禅师　本以弋猎为务，恶见沙门。因逐鹿，从马祖庵前过；马祖逆之，说法度入。师住山后，常以弓箭接机。一日，师问西堂："汝还解捉得虚空么？"西堂云："捉得。"师云："作么生捉？"西堂以手撮虚空，师云："作么生？恁么捉虚空？"西堂却问："师兄作么生捉？"师把西堂鼻孔猛拽，西堂忍痛作声云："大杀拽人鼻孔，直得脱去。"师云："直须恁么捉虚空始得。"

　　有僧问："如何免得生死？"师云："用免作什么？"僧云："如何免得？"师云："遮底不生死。"

平实菩萨释义说：

　　一日，石巩慧藏禅师问其师弟西堂智藏禅师："你懂不懂捉住虚空？"西堂答云："我能捉住虚空。"石巩欲待验他，便问："你怎么捉虚空？"西堂便以手向虚空中撮；石巩不满意，向他道："你做什么？像这般捉虚空？"弄个陷阱放在西堂面前，明知西堂眼昏不明，必定堕入；西堂果然一脚踏入，问道："师兄怎么样捉虚空？"正堕石巩机境中；石巩便把西堂智藏鼻孔猛拽，西堂不解石巩意在何处，忍痛作声云："怎么这样用力拽人家鼻孔，简直就要掉下来了。"正是眼见如盲，耳闻如聋，犹自痛在；石巩却云："就是要这么捉虚空，才能捉得到。"

　　……虚空是什么物事？云何捉得住？西堂以手撮虚空，云何石巩不肯他？却捏西堂鼻子猛拽？更道虚空须得恁么捉，且看是个什么道理？

有僧问:"如何可以免去生死轮回?"这僧……欲以醒觉的心来除烦恼、了生死。石巩慧藏禅师却不教他了生死:"你想要免生死做什么?"当知真如藏识本来无生死,都因为我们自己不肯灭却自己,害怕这觉知辨物之心断灭不现,所以害他真如藏识于身死之后又去投胎住胎,所以有生死;此僧……复问:"如何才能免生死?"石巩禅师便向他道:"这个从来都不生死。"

石巩向此僧道:"这底不生死。"却较云门"花药栏"老婆些许,只是难会;怪不得此僧愚卤……

只如石巩道:"这个不生死。"却是阿哪个?若道他未说,汝是未悟凡夫;若道他已说,且道说在何处?①

六祖指斥的"存无见、守空知"等错会佛法修行路者,则可见于《景德传灯录》中:

益州保唐寺无住禅师 初得法于无相大师,乃居南阳白崖山,专务宴寂。经累岁,学者渐至,勤请不已,自此垂诲:虽广演言教而唯以无念为宗。唐相国杜鸿渐出抚坤维,闻师名,思一瞻礼;大历元年九月,遣使到山延请。时节度使崔宁,亦命诸寺僧徒远出迎引;十月一日至空慧寺,时杜公与戎帅,召三学硕德俱会寺中,致礼讫,公问曰:"顷闻师尝驻锡于此,而后何往耶?"曰:"无住性好疏野,多泊山间;自贺兰五台周游胜境,闻先师居贵封大慈寺说最上乘,遂远来抠衣,欲悉函丈。后栖迟白崖,已逾多载。今幸相公见召,敢不从命?"公曰:"弟子闻金和尚说'无忆、无念、莫妄'三句法门,是否?"曰然,公曰:"此三句是一?是三?"曰:"无忆名戒,无念名定,莫妄名慧;一心不生,具戒定慧,非一非三也。"公曰:

---
① 萧平实:《宗门血脉》,台北:正智出版社,2000年版,第193-194页。

第六品 机缘品 参问请法

"后句忘字莫是从心之忘乎?"曰:"从女者是也。"公曰:"有据否?"曰:"法句经云:若起精进心,是妄非精进;若能心不妄,精进无有涯。"公闻,凝情荡焉。又问:"师还以三句示人否?"曰:"对初心学人,还令息念,澄停识浪;水清影现,悟无体念,寂灭现前,无念亦不立也。"于时庭树鸦鸣,公问:"师闻否?"曰:"闻!"公曰:"鸦雀无声,云何言闻?"师乃普告大众:"佛世难值,正法难闻,各各谛听:闻无有闻,非关闻性;本来不生,何曾有灭?有声之时是声尘自生,无声之时是声尘自灭;而此闻性不随声生,不随声灭,悟此闻性,则免声尘之所转;当知闻无生灭,闻无去来。"公与僚属大众稽首。

又问:"何名第一义?第一义者从何次第得入?"师曰:"第一义者无有次第,亦无出入;世谛一切有,第一义即无。诸法无性性,说名第一义。佛言:有法名俗谛,无性第一义。"公曰:"如师开示实不可思议……"公又问:"云何不生?云何不灭?如何得解脱?"师曰:"见境心不起,名不生;不生即不灭,既无生灭,即不被前尘所缚,当处解脱。不生名无念,无念即无灭,无念即无缚,无念即无脱。举要而言:识心即离念,见性即解脱。离识心见性外。更有法门证无上菩提者,无有是处。"

平实菩萨释义说:

保唐无住禅师以觉知心不起语言妄想,观察妄想无有实体,心住无念,处于寂照而不攀缘之状态中,以此认为已证寂灭境界,复将无念境界之觉知心自行安住,不观有无妄念,如是名为"无忆、无念、莫妄",以之搭配戒定慧三门,谓为佛法……与常见外道无异。

相国杜鸿渐读过《楞严经》，便将所读底、取来问保唐无住禅师，保唐便借题发挥，更道闻性见性不生不灭。然而《楞严经》中却说见性闻性之常存者，非因缘性，非自然性，乃是如来藏性；亦说眼识乃至意识意根皆非因缘性，非自然性，是如来藏性——精明本体、识精圆明之如来藏所生体性。五阴亦复如是，皆非因缘，非自然，是如来藏体性。此诸体性夜夜断已，复能朝朝再起，皆依如来藏而现，非无因有，《楞严经》中具说分明……

如来藏虽与五阴同处，而无量劫来不堕五阴境界之中，不于六尘起于觉知，何况修而后得之定境法尘？保唐禅师不知此理……尚且不知二乘五蕴缘起性空之理，执识阴之意识觉知为恒不生灭者，如何能入大乘见道位？①

保唐无住禅师开示云："第一义者无有次第，亦无出入；"若无次第，则应般若中观是第一义，唯识种智非第一义；或应唯识种智是第一义，般若中观非第一义。然实二者俱是第一义——二转法轮之般若中观唯说真实心之空性、无执着性、离见闻觉知性等总相智别相智，三转法轮则说真实心之别相智内所含种智；二者皆是第一义，而浅深有别，粗细有异，非可谓无次第也。

佛法学人有凡夫贤圣差别，以诸人有无见道修道功德而致不同；既凡夫未能入道，贤圣能入道，因何说无出入？若第一义谛无有出入，应一切凡夫不必修行，已成究竟佛，无出入故。若第一义谛无有次第，应一切七住菩萨得大乘真见道功德时已成究竟佛，云何尚非初地通达圣人？

然真见道者却可以说："第一义谛无有次第，亦无出入。"如实

---

① 萧平实：《宗门血脉》，台北：正智出版社，2000年版，第51-52页。

证知第一义谛唯是真心法性故，真心法性于一切时地皆无变异，悟前悟后并无不同——皆是空无形质性，皆是无执着之不作主性，皆是离见闻觉知之本来清净性——性既不变，因何说有次第及与出入？复可主张有次第出入，如前所述智证修断浅深有别故；否则即应一切凡夫一悟即至究竟佛地。

保唐禅师复言："世谛一切有，第一义即无"，又堕有无二边，成断常见。佛说二乘空，为断常见有；复说般若空，遮除断见无；学人不悟心，拨无一切法，谓第一义无，悉堕无因论。若第一义是无，则自心藏识应无；若各有情皆无自心藏识，则应一切法皆悉无因自起，无因自灭；则应一切法同时顿起，亦应一切法同时顿灭，不应互起前后差别；然今现见诸法互起前后差别，故知必有根本之因——一切有情各自有其真心如来藏，各依所藏业种差别，是故祸福起灭互异。既有真实心之体性，即不可谓之无，是一切证悟之人可以触证检验故，证验领受之体性皆如一故，是故第一义谛非有非无，不可谓无。

"无性第一义"者，谓藏识虽生俗谛有法，然于俗谛有法中，本身不具俗谛有法诸性——离见闻觉知、不作主、不执着、无动作、无去来、无生灭；故名无性——无世俗性；非谓空无之无性也。

今保唐禅师以觉知心之我，于诸境界中"见境心不起，名不生；不生即不灭，即不被前尘所缚，当处解脱。"则同仁波切以觉知心不执着境界为涅槃解脱，欲以觉知心证入解脱境界，则同常见外道之知见；故又结言："举要而言：识心即离念，见性即解脱"，以觉知心离念状态认作真如心，以觉知心住于空明境界，不灭此心之觉知，安住此境界中即谓解脱，未来死时欲以此心而入涅槃，此名外道涅槃邪见——常见外道知见也。佛云涅槃之中无有十八界五阴，今者保唐禅师所述无念之觉知心正是识阴,乃是意识;住于空明觉知之境,正是想阴;定境法尘相续而入,法入不断,未离六入之法;云何阴界入不断而谓为解脱?无有斯理也。……①

由此证知古今一贯,都有假善知识伴随真善知识同存人间,说法异于真善知识而混淆学人知见,真善知识为救学人而不得不检其谬误之处加以辨正,是故六祖之指斥白峰山大通和尚,亦属不得不然。

【经】

僧志道,广州南海人也。请益曰:"学人自出家,览《涅槃经》,十载有余,未明大意,愿和尚垂诲。"师曰:"汝何处未明?"曰:"诸行无常,是生灭法,生灭灭已,寂灭为乐,于此疑惑。"

师曰:"汝作么生疑?"曰:"一切众生当有二身,谓色身、法身也。色身无常,有生有灭;法身有常,无知无觉。经云生灭灭已,寂灭为乐者,不审何身寂灭?何身受乐?若色身者,色身灭时,四大分散,全然是苦,苦不可言乐。若法身寂灭,即同草木瓦石,谁当受乐?又法性是生灭之体,五蕴是生灭之用,一体五用;生灭是常,生则从体起用,灭则摄用归体。若听更生,即有情之类不断不灭;若不听更生,则永归寂灭,同于无情之物。如是则一切诸法被涅槃之所禁伏,尚不得生,何乐之有?"

师曰:"汝是释子,何习外道断常邪见,而议最上乘法¹?据汝所说,即色身外别有法身,离生灭求于寂灭;又推涅槃常

---

① 萧平实:《宗门血脉》,台北:正智出版社,2000年版,第56-58页。

乐,言有身受用;斯乃执吝生死,耽着世乐。汝今当知,佛为一切迷人认五蕴和合为自体相、分别一切法,为外尘相好生恶死、念念迁流,不知梦幻虚假,枉受轮回;以常乐涅槃翻为苦相,终日驰求。佛愍此故,乃示涅槃真乐:刹那无有生相,刹那无有灭相,更无生灭可灭,是则寂灭现前。当现前时,亦无现前之量,乃谓常乐。此乐无有受者,亦无不受者,岂有一体五用之名?何况更言涅槃禁伏诸法,令永不生?斯乃谤佛毁法。听吾偈曰:

无上大涅槃,圆明常寂照;
凡愚谓之死,外道执为断。
诸求二乘人,目以为无作;
尽属情所计,六十二见本[2]。
妄立虚假名,何为真实义;
惟有过量人,通达无取舍。
以知五蕴法,及以蕴中我,
外现众色像,一一音声相,
平等如梦幻;不起凡圣见,
不作涅槃解,二边三际断[3]。
常应诸根用,而不起用想;
分别一切法,不起分别想。
劫火烧海底,风鼓山相击,
真常寂灭乐,涅槃相如是。
吾今强言说,令汝舍邪见,
汝勿随言解,许汝知少分。"

志道闻偈大悟,踊跃作礼而退。

【注】

1. "最上乘法"：指成佛之道的法教，意指真心法教的含义。

2. "六十二见"：指依于常见或是断见，而衍生出来的六十二种不如实理的妄想见解。

3. "二边三际"：二边是指有、无或断、常或生、灭等二边。三际指过去、现在、未来三时，或指外、内、中间三处。

【语译】

有出家人名为志道，是广州南海人。请法于六祖说："弟子自从出家以来，读诵《大般涅槃经》，已经超过10年了，不明白经中的意义，祈愿和尚开示教诲。"六祖说："你甚么地方不懂呢？"志道答："一切身口意等诸行都是无常，是生灭法，当一切诸法的生灭现象都消灭之后，以寂灭作为究竟乐，弟子在这里有疑惑。"

六祖问："何处有疑惑呢？"志道答："一切众生应当都有二个身，所谓色身与法身。色身是无常，有生有灭；法身是实有而常住，对六尘无知无觉。经中所说'生灭灭已，寂灭为乐'，不知道是哪一个身寂灭？哪一个身受乐？以色身来说，色身灭的时候，四大分离，全都是苦，由于是苦就不可说是乐。如果是说法身存在而寂灭的话，法身无觉无知那跟草木瓦石是一样的，那又有谁在受乐呢？又说法身之性是生灭诸法的本体，而五蕴是生灭法的起用，是以法性一法为体而有五蕴等功用存在；五蕴生灭法是常住的，出生时则是从体起用，坏灭以后则是把功用摄归体中。可是，五蕴生灭法消灭以后如果可以说是继续有生，那么有情等类就成为不断不灭了；如果五蕴生灭法灭了以后不许再有出生，那有情就永远归于寂灭的状态，就像是木石等无情之物一样了。如果情况真的是这样，那么一切诸法就都被涅槃寂灭法性给禁锢而潜伏不起了，五蕴尚且不能再出生，又哪有寂灭之乐存在呢？"

六祖说："你是出家的佛弟子，为何去学这种外道断见与常见的邪见思想，而用来议论佛教的最上乘法教呢？依你所说，意指色身之外另有法身，而且想要离开生灭法五蕴来求证寂灭的法身；又用意识去思维推断说涅槃是常与乐，而认为应当要有一个身相的存在能够受用寂灭之乐（这是执着与贪恋生死，沉醉世间享乐的想法）。你应当要知道，佛陀现世乃是因为一切凡夫迷人错误地认为五蕴假合的我有自相实体、以觉知心分别真心外的一切六尘法相，为了外六尘中的种种法相而贪生怕死、念念执着六尘境界而迁流不息，不知六尘中的一切万法都是梦幻虚假，因此在六道中枉受轮回；这都是将寂灭无生的常住真心与寂灭为乐的涅槃不生不死境界，反过来错认为是苦相的缘故，而整天不停地追逐六尘外境。佛陀怜悯这些众生的缘故，所以开示涅槃真乐的法教：真心涅槃的境界是每一刹那都没有出生之相，每一刹那都没有坏灭相，更没有生灭法相可以灭失，这样便是寂灭的境界现前了。正当真心寂灭的涅槃境界现前时，也没有现前的现量可说，这样才可以说是真心的常与乐。这个常住之乐并没有受此乐的人，也没有不受此乐的人，哪里会有你说的有众生色蕴等五蕴功用等名称呢？何况能有你后面说的涅槃寂灭法性禁锢一切诸法，使得诸法永不生起？这样的说法乃是诽谤佛陀与毁坏佛法的言论。且听我以偈解说：

无上乘的大般涅槃境界，圆满光明恒常寂灭而照耀诸法；

凡夫与愚人无知就说涅槃是死亡，外道错误认知而执着为断灭空。

诸多追求寂灭的二乘人，却又当作是无所作为；

全都是依六尘中的六情所作的错误计着，同样以外道六十二见为根据。

妄自建立虚假的寂灭与涅槃等名目，何曾有真实的义趣；

唯有超过世间现量的人，才能通达寂灭与涅槃而没有取舍。

由于如实了知五蕴法的全部内涵，以及五蕴中同时同处的真我如来藏；

于外显现的种种色尘众像，一一音声中的各种不同法相，全都是平等而犹如梦幻一样；

于其中不再生起凡夫或圣人的见解，也不作出这是涅槃的见解，离于凡圣或生死涅槃二边而使过去现在未来等三际也跟着断除了。

但寂灭涅槃之法却是恒常随应诸根的作用，而不会生起作用之想；

善能分别一切诸法，于中却是不曾生起分别之想。

劫火来时能烧干海底，风劫来时鼓动诸山互撞击而轰然大响；

然而真实常住的寂灭之乐，这个不生不灭的涅槃相依旧像是这样不变。

我如今为你强作言说，使你舍离外道的邪见，你若不是随我言句表相而理解，我承认你已知道寂灭与涅槃的少分。"

志道听闻六祖的偈语之后大悟了，心中高兴到踊跃的地步，作礼而退。

【解】

如何是六祖说的"无上大涅槃，圆明常寂照"，平实菩萨举公案说：

温州瑞鹿寺　上方遇安禅师　破句读《楞严经》曰："知见立，知即无明本；知见无，见斯即涅槃。"忽然顿省。人曰："和尚道'破句'也！"安曰："是吾悟处。"竟不改。

平实菩萨释义说：

这是原文，我把它解释一下：古时候温州瑞鹿寺有一位上方遇安禅师，人家读《楞严经》是四个字一句这样读，可是他用破句的方式读，本来经中说的是："知见立知，即无明本；知见无见，斯即涅槃无漏真净。"他就破句来读，他说："知见建立了，把能知与能见建立起来，这样的知就是无明的根本。能知、能见都否定而不存在了，看见这个没有能知、能见的，那就是证得涅槃。"他把随后的"无漏真净"四字省略了，也把原文破句来读。他这样破句而读，竟然就开悟了。

一般是说："把能知、能见里面的某一些法中，建立出一个能知的心，当作是常住不坏的自己；那个其实是无明的根本，能知的心是假有的，不是本住法，当然不是常住不坏的涅槃心。若是在能知与能见之中找到一个没有见的，是有一个没有知也不会看见的；看到了这个无知而没看见的心，那就是证得涅槃了，就是无漏而真实的清净。"结果他说的是："若是把能知与能见建立起来，那么这个能知就是无明的根本；当能知与能见没有了——否定了能知与能见的心以后，又看见了这个没有能知、能见的心，那就是证得涅槃。"他是这样破句而读的，结果所悟却是一样的，他就这样悟了。诸位悟了没？我同时也破句读给你们听了，并且还解释了。他忽然就这样省悟了，有人就跟他说："和尚你所讲的是'破句'，这样不对！"他却说："这就是我的悟处！"所以他一生就不改这个"破句"，每逢有人来问《楞严》时,他就这样破句而说。这还真是他的悟处,那到底在告诉你什么呢?所以这个人不简单哦!

其实这个道理,《维摩诘经》也早就讲过了:"不会是菩提,诸入不会故。"或者正式翻译说:"不观是菩提,离诸缘故。"就是这个道理,你看到了那个不会六入的,那就是证得佛菩提了。有一天瑞鹿禅师上堂开示,他怎么说呢?诸位把耳朵拉长了、仔细听:"晨朝起来洗手面,盥漱了,吃茶;吃茶了,佛前礼拜;佛前礼拜了,和尚、主事处问讯;和尚、主事处问讯了,僧堂里行益;僧堂里行益了,上堂吃粥;上堂吃粥了,归下处打睡;归下处打睡了,起来洗手面、盥漱;起来洗手面盥漱了,吃茶;吃茶了,东事西事;东事西事了,斋时僧堂里行益;斋时僧堂里行益了,上堂吃饭;上堂吃饭了,盥漱;盥漱了,吃茶;吃茶了,东事西事;东事西事了,黄昏唱礼;黄昏唱礼了,僧堂前喝参;僧堂前喝参了,主事处喝参;主事处喝参了,和尚处问讯;和尚处问讯了,初夜唱礼:初夜唱礼了,僧堂前喝珍重;僧堂前喝珍重了,和尚处问讯,和尚处问讯了,礼拜、行道、诵经、念佛。如此之外,或往庄上、或入郡中,或归俗家、或到市肆。既有如是等运为,且作么生说个'勿转动相'底道理?且作么生说个'那伽常在定、无有不定体'底道理?还说得么?若也说得,一任说取。珍重!"就下座了!

什么跟什么嘛!这样也可以当禅师?你可别说你不信,但我告诉你,禅师就是这样当的。所以,我真的好羡慕、好羡慕当禅师;可惜现在没办法了。我既要说法当法师,又要辨正法义写论而当论师,然后又要主持禅三当禅师;并且我这个禅师不像他这种禅师,每次禅三都要有人开悟,晚上既要普说,白天要为大家小参去黏解缚,也得要指示入处,三餐过堂时还得一一给机锋,这种禅师当得很辛苦!然

第六 机缘品

参问请法

后，除此以外还要传戒当律师，真的累死人！当禅师最好，每天晚间上了法堂吟一首诗、唱一首偈，就可以下座了！太棒了！而且四事供养照收。但我还不收供养，打从出道弘法以来，还不曾收过任何人的钱财宝物或身色供养。所以我真的很羡慕禅师的日子过得轻松愉快。可是我告诉你，其实不用羡慕，因为当禅师，他们进步不如我，我进步比他们快很多倍。辛苦是有代价的，俗话说："佛祖疼憨儿。"只要是最肯吃亏的，佛就最爱这个儿子。若是每天都要拣轻松的，上堂把抚尺一拍就下座，佛祖不会很疼他的……

那么，这样讲解过了，诸位到底听出什么味道来没有？《金刚经》《放光品》的要义就在这里！不然的话，再来跟诸位讲："学禅不要怕喧求静。"好多人学禅都很怕吵闹，都希望有一个很安静的环境可以让他用功；所以一旦说到学禅、修禅，就一定要去山上弄个茅屋住，说那边最清静。可是在山上盖个茅屋住下来了，他要怎么学禅、修禅呢？就只是打坐求一念不生。可是一念不生他又做不到，老是想着："我离开家里三个月了，我儿子不晓得乖不乖？"都这样想着世俗事啊！你们说说看：到底是心里面吵闹？还是外面比较吵闹？其实心里面的吵闹远比外面还要吵，只是他自己不曾觉察而已。但是能怪他吗？不行！都要怪善知识。因为近代的善知识都说："修禅就是要求一念不生：如果一念不生可以维持一个钟头，就是小悟；如果可以半天一念不生，就是中悟；如果可以好多天一念不生，就是大悟彻底。"哪个出版社出版的？台湾商务印书馆出版的书，是马来西亚一位自认为开悟的法师讲的。所以，不管去到哪个地方打禅七，都教你："上座以后要一念不生。"终于能够一念不生了，心里就很高兴："我终于可以一念不生了！"心花朵朵开，就恭喜你，说你见性了！这个真的不能怪学人们，都要怪那些假善知识。表相善知识乱教,所以学的人就乱学;乱教乱学几十年以后,就变成现在的台湾佛教界这个模样——以定为禅……

不过,现在有好多在山上茅棚用功的法师们注意到这一点了,所以有些山上在茅棚里用功的法师们,特地下山来买我们的书。这表示他们有注意到:为什么很精进在山上20年修禅的结果,对于萧平实写出来的法义竟然读不懂,依经据理来找萧平实书中的毛病又找不到,这原因又是什么呢?大家已经注意到了!所以说,避喧求静是佛菩提病。可是,说到佛菩提病、禅病,佛菩提有病吗?禅有病吗?都没有啦!病的都是当事人自己,结果却怪给佛菩提与禅,说佛菩提有病,说禅有病。原来推究到最后,病是善知识给的,是善知识有病而传染出来的,不是禅病、佛菩提病,也不是学禅的人们有病。

所以不要怕喧求静,参禅时不要想离开喧闹的地方,也不必恐惧说:"我每天上班、下班,好多的事情要处理,都是世间法,一堆的烦恼,怎能开悟?"六祖大师不是说了吗:"离世觅菩提,恰如求兔角。"你想要离开世间法去找菩提,就恰好是要找兔子头上的角一样,永远也找不到。躲到山上去,永远也悟不了佛菩提呀!反而不如下山来正觉讲堂作义工,悟得还更快。我说的是真话,不打诳语。《维摩诘经》在卷二里面也说:"譬如高原陆地不生莲华,卑湿淤泥乃生此华。如是,见无为法入正位者,终不复能生于佛法,烦恼泥中乃有众生起佛法耳。"所以想要去求清净法的人,一天到晚打坐求一念不生,希望什么烦恼都不会干扰到他,这样的人是悟不了的。莲花那么漂亮、那么清净,却是从污泥中长出来的;你若是弄个很清净的泥土种它,反而种不起来,枯死了,或者长不好,佛菩提就是要在烦恼中成长、发现。所以讲到这里,这个《法会因由分》也该作个结束了,就跟诸位讲一点:想要通达《金刚经》所说的般若,千万不要求

参问请法
机缘品
第六

一念不生，千万不要求可以坐入定境中，应当在一切烦恼事相中去寻求。①

【经】

行思禅师，生吉州¹安城刘氏，闻曹溪法席盛化，径来参礼。遂问曰："当何所务，即不落阶级？"师曰："汝曾作什么来？"曰："圣谛亦不为。"师曰："落何阶级²？"曰："圣谛尚不为，何阶级之有？"师深器之，令思首众。一日师谓曰："汝当分化一方，无令断绝。"思既得法，遂回吉州青原山，弘法绍化，谥号弘济禅师。

【注】

1. "吉州"：约今江西省境。
2. "阶级"：即是层次高低的意思。

【语译】

行思禅师，生在吉州安城刘氏家，听闻曹溪六祖法席兴盛广化，因此直接前来参礼。请问六祖说："应当要如何修行，便可以不落阶级中？"六祖说："你曾经做过什么修行？"行思回说："即使是圣谛我也不做。"六祖说："那你认为自己落在哪个阶级？"行思说："即使是圣谛我也不做，哪有阶级可说？"六祖于是对行思深为器重，命令行思当大众中的首座。有一天六祖对行思说："你应当将佛法大意分化于另一方，不应让佛法大意断绝。"行思既得法令，就回

① 萧平实：《金刚经宗通》第一辑，台北：正智出版社，2012年版，第53-60页。

到吉州青原山，弘法教化，谥号弘济禅师。

【解】

"圣谛不为"，即是无所得，亦是"无智亦无得"，所以证悟以后即使是圣谛，也没有什么作为可说。《心经》说：

是故空中无色，无受想行识，无眼耳鼻舌身意，无色声香味触法，无眼界乃至无意识界，无无明亦无无明尽，乃至无老死，亦无老死尽，无苦集灭道，无智亦无得。

平实菩萨释义说：

刚开始修学佛法，还不懂佛法的人，读到这一段经文时，心里面会想："唷！到最后什么都空掉了，都没有了，变成断灭了。吓死人了！"那真的是错会了！如果是单从真心来看，不理会其余的七识心的时候，单看真心的时候，别的一切法都没有了、都是无常空啊！都是缘起性空啊！当这些法都不执着，而在舍寿时灭尽了，十八界都不生起、都不存在了，只剩下真心如来藏这个空性心的时候，这是什么样的境界呢？这就是无余涅槃啊！

在无余涅槃之中的时候，有色法吗？没有色身了，没有"色声香味触"了，也没有"眼耳鼻舌身"五根了。这时候，也没有"眼耳鼻舌身意"六识了，意根也自我消灭了，都不存在了，所以六根统统都没有了。六根、六尘、六识都灭失了，这时候还有"眼识界"的能见功能吗？还有"耳识界"的能听功能吗？乃至还有"意识界"的了知功能吗？全部都没有了！十八界及六识界的功能，也就是见性、闻性、嗅性、尝性、触觉性、了知性，当这些法性都消失了的时候，统统不存在的时候，哪里还会有"无明"存在？所有的人类，只有在十八界法都还存在的时候,才会有"无明"啊!

所以,在无余涅槃里面没有无明、无余涅槃里面只有那个第八识真实心,而祂是一向都离见闻觉知的,一向都不起知觉性的,这时候怎么还可以说有无明存在呢?所以,在无余涅槃之中,一切的无明都不存在了。既然一切的无明都不存在了,又怎么会有无明可尽呢?所以说"无无明尽",只剩下一个第八识真实心。而真实心离见闻觉知,从来不会起思量作主的心行,祂也从来不起念,也不会忆念任何的法。

到了这个时节,你认为还有"老死"可说吗?当然也没有了;因为老死只是在十八界虚妄法上才会有啊!既然到了这个地步已经没有老死,那还会有老死可尽吗?所以说"亦无老死尽"。"老死尽"都没有了,怎么还有"苦集灭道"可说呢?怎么还会有四圣谛的智慧、八正道的智慧、十二因缘的智慧、佛菩提的智慧可说呢?所以说:什么智慧都不存在啦!入了无余涅槃时,就全部都免除掉了,这个就是"是诸法'空'相"的密意所在。

诸法都是空相,所有的佛菩提,所有的解脱道,都是依如来藏为体,而从我们的五阴、十八界的现行,来说佛菩提智,来说解脱道的知见;当你入了无余涅槃的时候,只剩下这个第八识真实心,什么都不存在了,所以也就"无智亦无得",苦集灭道也就统统不存在了,苦集灭道的智慧也全部都不存在了。所以说:"是故空中无色,无受想行识,无眼耳鼻舌身意,无色声香味触法,无眼界,乃至无意识界,无无明亦无无明尽,乃至无老死,亦无老死尽,无苦集灭道,无智亦无得",上面这一段经文中,所显示出来的真正义理,就是"是诸法空相"这一句经文的密意。[①]

---

① 萧平实:《心经密意》,台北:正智出版社,2012年二版二十一刷,第254-256

"以无所得故,菩提萨埵,依般若波罗蜜多故,心无罣碍",这一句经文中所说的"菩萨心无罣碍"是什么道理?这是因为:菩萨经由证得这个常住不坏的真实心,所以他能现证解脱果与佛菩提。当菩萨证得解脱果的时候,他就不怕生死轮回了,因为他已经知道解脱生死的道理了,而且已经亲证了。当他证得佛菩提的时候,他就不害怕堕入断见、常见,不怕堕入断灭边,也不怕像常见外道那样轮回;因为这个缘故,他也不害怕胎昧,所以他敢在未离胎昧的阶段就发愿再来人间受生,再来自利利他,这就是菩萨在未离胎昧之前,便敢发愿再来人间受生而住持佛法的缘故。

因为他知道自己本来就是不生不灭的,虽然三世的十八界都是无我,但是有一个常住不坏的自心如来、自性弥陀,可以常住不灭而世世重复的生出见闻知觉性,让他可以在出生成长以后,再继续进修佛法,延续上一世的佛道而往上进修,绝不会堕于断灭见之中,此世所修习的一切智慧,也都会集藏在第八识自心如来之内,来世一定会遇缘而起,不会唐捐其功,也不必畏惧隔阴之迷,所以菩萨由于这个智慧,而不畏惧生死,所以就能心无罣碍。

另外,菩萨从他所证得的般若智慧来观察:三界中的一切法,都是七识心的所得;自己的如来藏,根本就不领受一切法,所以根本就无所得,因为如来藏一向都离六尘中的见闻知觉性,都不领受六尘万法的觉受。菩萨又从七识心来观察所领受的六尘万法,都是无常而终归于空,所以七识心在六尘万法之中,其实终究也是无所得;又从色身来观察,色身其实也无所得,因为一切法的领受,都是七识心在领受,与色身其实无关,所以并无所得。

页。

菩萨不但从法界的实相心来观察无所得,他又这样从十八界等法的一一法而观察,证实十八界我确实于一切法都无所得,都是无常故空、变易故空。既然都无所得,菩萨何必怕失去什么呢?菩萨又何必怕死呢?菩萨对世间的法还有什么可以执着的呢?所以菩萨为了护持正法,当他觉得自己有能力去做的时候,他就可以自任中流砥柱,可以成为众矢之的,可以任由庞大的邪法势力压迫而与之对抗,心中无所畏惧。因为既然已经现观一切法都无所得,那还有什么可失的呢?所以菩萨只求正法久住,只求众生得救,只求众生可以远离邪见,其余就都是在所不计的了。

所以《心经》就跟你说:"以无所得故,菩提萨埵,依般若波罗蜜多故,心无罣碍;无罣碍故,无有恐怖。"如果没有悟得这个真实心,落到常见的一边,那你就是以见闻觉知心的知觉性,也就是常见外道所认定的那个知觉心,作为真实心、作为佛性;这一认定了,就一定要轮回,因为你舍不掉祂了,所以我执、我见就断不掉了,却又自以为"觉知心不执着自己,就是断了我见与我执",却不知道说:认定觉知心常住不坏的见解,就是我见;这样认定不改的人,就是落入我执之中的人。

因为没有现观知觉性虚妄,就会畏惧轮回;因为知觉性一定会与苦受相应,一定会世世断灭,一定会与轮回的现象相应,所以心中就一定会畏惧轮回;不管你心中是否自认为不怕轮回,其实你自己是畏惧轮回的,其实你自己是害怕知觉性消失掉的。你如果畏惧轮回的话,如果畏惧知觉性消失的话,那就有恐怖了,临死之时一定会有恐怖的;因为知觉性是与六尘法相应的,不离六尘法的所得故,临死时就会害怕失去亲属财产,所以未死时就会怕死。这些落在常见外道见中的人,认定知觉性为常住的如来藏本体,所以不能亲证无所得的境界,想到即将命终时,想到终将失去一切,当然心中会有恐怖。

　　菩萨不落入常见这一边,所以知道自己不会轮回,菩萨如是现前观察:当我重新接受轮回时,那是发愿要度众生、要成佛,不是被业力所牵而去轮回的;所以菩萨虽然在轮回之中,心中却无恐怖,所以临死的时候,死得很泰然;临走的时候,走的很清爽,没有罣碍。因为这一生所应做的事情都已经做了,这一世所应修的都已经修了,也可以心安无愧地面见 释迦世尊的接引了。①

　　所谓的"不落阶级",正是无位真人。
　　镇州临济院 义玄禅师　一日上堂曰:"汝等诸人!赤肉团上有一无位真人,常向汝诸人面门出入,未证据者看看。"时有僧问:"如何是无位真人?"师下禅床把住云:"道!道!"僧拟议,师托开云:"无位真人是什么干屎橛?"便归方丈。

　　平实菩萨释义说:
　　镇州临济院义玄禅师住持临济院后,一日上堂开示曰:"汝等诸人!赤肉团上有一无位真人,常向汝诸人面门出入,未亲证引据者,自己小心看看。"当时有一僧出众请问:"如何是无位真人?"临济禅师闻言,不答他所问,却下禅床把住那僧,逼问云:"道!道!"那僧准备开口论议,临济禅师却忽然将那僧托开,又云:"无位真人是什么干掉了的大便?"说完便归方丈室去。
　　临济义玄禅师初至临济院,请镇州普化禅师师兄弟二人让出临济院,欲弘黄檗宗旨;初时开示,依旧是真妄不分,令人歇却念念驰求

---

① 萧平实:《心经密意》,台北:正智出版社,2012年二版二十一刷,第256-260页。

之心，教人返本还源：认取见闻觉知心为真……后来曾有多位真悟禅师不肯伊，拈提于世，临济方知错悟，重新自我检点参究；随后开示便得合辙，乃至成为一派之师，世称临济宗。

　　临济之师黄檗希运禅师曾开示云："学道人勿疑：四大为身，四大无我，我亦无主，故知此身无我亦无主；五阴无我亦无主，故知此心无我亦无主。六根六尘六识和合生灭亦复如是，十八界既空，一切皆空，唯有本心荡然清净（《景德传灯录》卷九）。"则是明说六识心与六根中之意根心等七识之外，别有清净本心同时存在，符合诸经佛说八识心王同时并行运作之理，亦与平实《邪见与佛法》书中所言涅槃之理完全相符。

　　是故临济初出道时，开示言见闻觉知之心为真实心者，真是误会佛法一场，招来当时许多真悟之师闲言闲语。1000余年后，错误之法师们，便引临济禅师初出道时错误之开示为证据，振振有词以证其错悟为真悟；平实不得已，再将临济初出道时之错误开示加以拈出，读者若欲知之，请阅拙著公案拈提第三辑《宗门道眼》即可知也，此处略表而不述之。

　　由如是正理，呼吁一切学人：当依正法而修、而行，莫依错悟之师似是而非之言，莫依证悟祖师于证悟前所说言语而修；万勿依人不依法而走向常见外道见中……①

　　只如赤肉团上有个无位真人，常在大众面门上出入；未悟之人何妨于此看看：究竟阿哪个是赤肉团上之无位真人？岂但常在诸人面门上出入，简直是遍十八界都不曾隐藏，遍十八界中不断出入，浑身皆是！大众且细心于此言下探究之。临济禅师道得此一句后，便有一僧出众而问，不料临济却不答伊所问，反而下得禅床便将那僧一把抓

---

① 萧平实：《宗门正义》，台北：正智出版社，2002年版，第508-509页。

住,逼问那僧速道。那僧拟议,临济禅师却将那僧一把托开云:"无位真人是什么干屎橛?"便舍下那僧与大众,迳归方丈室去。

临济禅师这回,已非初出道时之吴下阿蒙,非比寻常;此回真如猛虎出柙,猛龙出水,真可谓惊天地而泣鬼神也;机锋之凌厉迅捷,迥异初出道时之颟顸也,真可谓千古难有继者。

只如临济出得一语,那僧出问,临济未曾有什么开示,云何便抓住那僧逼问?且道:那僧过在什么处?……

那僧拟议,早是机迟,何曾知得临济迅雷心行?如是辈人,救得有什么用处?所以临济当时一把托开云:"无位真人是什么干屎橛?"便归方丈。留下这个千古公案,今时大师犹自狐疑,悉皆透不过临济手里,个个死于句下。或有个禅和子,来觅平实,平实只教伊来会中共修,且不与伊说破,亦不与伊机锋,与之亦无用也。待至禅净双修班期满,知见已足时,至禅三精进共修时若再问余,平实只是一把将伊推倒,令伊便得会去。

只如临济一把托开那僧云:"无位真人是什么干屎橛?"竟是何意?未审今时还有眼尖之人么?复如临济话毕便回方丈,将那僧放下,又是何意?上座莫道临济是钝置伊,临济且不是这个心行也!
颂曰:
　　赤肉团上本无位,真人非人,常住不知累;
　　尔内我外不相知,啐啄同时无比类。
　　面门出入多迷醉,无量劫来,君王曾未寐;
　　臣民在外仗王力,会得莫泄君王讳。(调寄蝶恋花)①

---
① 萧平实:《宗门正义》,台北:正智出版社,2002年版,第509-511页。

第六品 机缘品 参问请法

【经】

怀让禅师,金州杜氏子也,初谒嵩山安国师,安发之曹溪参扣。让至礼拜,师曰:"甚处来?"曰:"嵩山。"师曰:"什么物恁么来?"曰:"说似一物即不中。"师曰:"还可修证否?"曰:"修证即不无,污染即不得。"师曰:"即此不污染,诸佛之所护念。汝既如是,吾亦如是。"让豁然契会,遂执侍左右一十五载,日臻[1]玄奥。后往南岳,大阐禅宗,敕谥大慧禅师。

【注】

1. "臻":达到的意思。

【语译】

怀让禅师,生为金州杜氏子,最初参访于嵩山老安国师,老安启发他前往曹溪参扣六祖。怀让到了曹溪礼拜六祖,六祖问:"什么地方来的?"怀让答:"嵩山。"六祖问:"什么东西这么来?"怀让答:"若说像什么东西可就全都讲不到。"六祖又问:"这还可以修证得来吗?"怀让答:"修证的事就不能说没有,污染却是都不可得。"六祖说:"就这个不污染的,是诸佛之所护念。你既然如是,我也如是。"怀让于是承当自己所证真心而豁然契会,因此执侍六祖左右15年,在六祖座下深入观行,日日对于深妙真心自性有所增益体解。后来前往南岳开山,大阐佛法禅宗意旨,死时由皇帝下令尊称为大慧禅师。

【解】

关于此则公案，平实菩萨释义说：

南岳怀让禅师早岁出俗。一日自叹曰："出家之目的，其实是为了无为法，何处可以求得？"彼时同学佛法之坦然法师，知悉怀让法师志气高超豪迈，不屑斤斤于教相之上，风闻嵩岳慧安国师得法于五祖弘忍大师，乃与怀让法师相约往诣；嵩岳国师启发之，坦然法师当时契会，遂住焉；怀让法师因缘不在彼处，未能相应，乃依安国师指示，前往曹溪参礼六祖惠能大师。

六祖甫见便问："你从什么地方来？"怀让法师答："从嵩山来！"六祖曰："什么东西？恁么来！"六祖满腔热血倾盆而下，漏逗不少；只为等他多年，望穿秋水，直至如今方才盼到，所以不辞泥水，和衣为他。怀让法师闻言契会，笃信不疑。便道："若要说祂像个什么东西，其实都说不清楚，无法形容祂。"不枉他远从嵩山千里迢迢来到岭南，方知是别人帮他跋山涉水。六祖为要验他是否、虚实，便探问曰："这个东西还能不能依靠修证得来？"老狐狸相探鸡舍，不怀好意，欲明怀让是否已证法界体性智也。怀让法师便答："若说依修证而得，也不见得就不必修证。"若不修学思索，焉得证知祂？故曰"修证即不无"。又云："污染即不得。"此心不论因地果地、悟前悟后，体性悉皆清净无染，于六尘三界万法从来不曾贪染，何处能有一法令祂起诸杂染心行？六祖闻已，知他已亲领受藏识空性本体，遂为他印证："只这不污染底心，正是诸佛之所护念心；你如今既已如是，我亦如是。西天般若多罗大师，已曾预记：在你座下将会出现一匹千里驹，踏杀天下人；这件事，你且同时放在心中，不须太早说出去。"怀让法师于此一席话下，成为千古闻名之法师。后来果然度得千里驹——马祖道一禅师——令天下人丧身舍命，不认五阴十八界身，转依藏识。怀让禅师悟后，为增益差别智，又执侍者务，随侍六祖15年，方出而弘法。①

【经】

永嘉玄觉禅师，温州戴氏子。少习经论，精天台止观法门，因看《维摩经》，发明心地。偶师弟子玄策相访，与其剧谈¹，出言暗合诸祖。策云："仁者得法、师谁？"曰："我听《方等》经论，各有师承。后于《维摩经》，悟佛心宗，未有证明者。"策云："威音王已前即得，威音王已后，无师自悟，尽是天然外道。"云："愿仁者为我证据。"策云："我言轻，曹溪有六祖大师，四方云集，并是受法者；若去，则与偕行。"

觉遂同策来参，绕师三匝²，振锡而立。师曰："夫沙门者，具三千威仪，八万细行，大德³自何方而来，生大我慢？"觉曰："生死事大，无常迅速。"师曰："何不体取无生，了无速乎？"曰："体即无生，了本无速。"师曰："如是如是。"玄觉方具戒仪礼拜。

须臾告辞，师曰："返太速乎！"曰："本自非动，岂有速耶？"师曰："谁知非动？"曰："仁者自生分别。"师曰："汝甚得无生之意。"曰："无生岂有意耶？"师曰："无意，谁当分别？"曰："分别亦非意。"师曰："善哉！少留一宿。"时谓一宿觉。

后著《证道歌》，盛行于世。谥曰无相大师，称为真觉焉。

【注】

① 萧平实：《宗门血脉》，台北：正智出版社，2000年版，第61-62页。

1. "剧谈"：不假思索的畅谈。
2. "绕师三匝"：右绕三匝，为佛门中的礼敬礼节。
3. "大德"：佛门中，对有德性有智慧的佛弟子的称呼。

【语译】

永嘉玄觉禅师，温州戴氏子。年轻时就开始学习经论，精通天台止观法门，因为看《维摩诘经》而发明智慧证悟了心地。有一天，六祖大师的弟子玄策来拜访，玄策跟他不假思索地快速对谈，发现玄觉所说与禅宗诸多证悟祖师的说法一致。玄策说："仁者您得法了，师承于谁？"玄觉说："我听人演说《方等》经论，各有不同的师承。我是后来读诵《维摩诘经》时，顿悟佛心宗旨，因此没有可以为我证明的人。"玄策说："威音王佛之前可以有自悟成佛的人，威音王佛以后，无师而能自悟成佛，那都是天然外道。"玄觉说："那么，祈愿仁者为我证明。"玄策说："我人微言轻，曹溪有六祖大师，四方禅和云集到他那里学法，那么多人同时是领受六祖正法的人；如果你要去，我跟你一起去。"

玄觉于是跟玄策一起来参六祖。玄觉一见六祖，就在六祖面前绕行三匝，然后站着振声手中的锡杖而站立不动。六祖见了就说："凡是修道的人，应该具备三千威仪，八万细行（而礼拜善知识），大德你是从哪里来的人，生起这样的大我慢？"玄觉说："生死事大，无常迅速（因此必须先弄清楚是否真善知识才能礼拜，不能随便礼拜）。"六祖说："那为何不体取无生，了却快速的无常呢？"玄觉说："自体本来无生，了达本心即无有无常的快速。"六祖说："如是，如是。"玄觉于是整具威仪重新礼拜六祖。

不久之后玄觉就想要离去，六祖说："这么快就要回去了！"

参问请法机缘品第六

玄觉说:"本来就不曾动过,哪有快不快呢?"六祖说:"是谁知道不动?"玄觉说:"仁者您自生分别。"六祖说:"你很了知无生的意旨。"玄觉回说:"无生哪有意旨?"六祖说:"无意旨的话,谁能了知佛法大意?"玄觉说:"分别心也不是无生的意旨。"六祖就说:"善哉!稍留一宿再走吧。" 当时众人就称玄觉为一宿觉。后著有《证道歌》,盛行于世,谥曰无相大师,称为真觉。

【解】
关于此则公案,平实菩萨释义说:

初至曹溪谒六祖时,永嘉玄觉唯振锡杖,绕行三匝而不礼拜;六祖诃云:"夫沙门者,具三千威仪、八万细行,今者大德自何方来?生大我慢!"不知永嘉已有体悟,已然本来面目相见,已自机迟也。永嘉便云:"生死事大,无常迅速。"抛出个纸盒子来,欲看六祖如何舀水;六祖名震四方,得他五祖衣钵传承,身手不凡,便下探竿:"何不体取无生之心?了却无常迅速乎?"这一句正中永嘉下怀,便呈见地:"若能体会到自心本体,那就无生了;了却这个根本,也就没有无常迅速之苦。"六祖闻言,知他已悟得根本,便为他印证道:"如是!如是!"向来只有因六祖开示而悟者,不曾有过自己悟了来者,彼时大众出于意表,咸皆愕然;方知菩萨再来,非必因师而悟。

永嘉既受印证,乃具威仪重新参礼六祖;须臾告辞欲归,六祖欲留他共话无生,乃曰:"汝返乡太迅速了!"永嘉却云:"藏识真心本自非动,无来无往,岂有迅速可言耶?"句句不离本行,正是行家本色;然六祖欲提示他修道之理不可灭却妄心觉知,乃问曰:"是谁知道祂不动不转?"永嘉一闻即知是妄心、分别心,乃曰:"六祖您自己心生分别。"意谓我所悟得者乃是无分别心也。六祖便赞云："你很清楚地证得无生之意了。"永嘉依旧以真心空性之观点而答："无生之空性岂会起无生之意耶？"六祖索性再次勘验一次："若无无生之意者，是谁能分别无生之意？"永嘉仍旧执定无分别之真心而答曰："能分别之心亦非无生之意。"六祖乃叹曰："善哉！善哉！稍留一夜吧！"于是时人乃谓永嘉玄觉禅师为"一宿觉"。①

【经】

禅者智隍，初参五祖，自谓已得正受，庵居长坐，积二十年。师弟子玄策，游方至河朔，闻隍之名，造庵问云："汝在此作什么？"隍曰："入定。"策云："汝云入定，为有心入耶？无心入耶？若无心入者，一切无情草木瓦石应合得定，若有心入者一切有情含识之流亦应得定。"隍曰："我正入定时，不见有有无之心。"策云："不见有有无之心，即是常定，何有出入？若有出入，即非大定。"隍无对。

良久问曰："师嗣谁耶？"策云："我师曹溪六祖。"隍云："六祖以何为禅定？"策云："我师所说，妙湛圆寂，体用如如；五阴本空，六尘非有；不出不入，不定不乱；禅性无住，离住禅寂；禅性无生，离生禅想；心如虚空，亦无虚空之量。"

隍闻是说，径来[1]谒师。

师问云："仁者何来？"隍具述前缘。师云："诚如所言。"师愍[2]其远来，遂垂开决，隍于是大悟；二十年所得心，都无影响。其夜河北士庶，闻空中有声云："隍禅师今日得

---

① 萧平实：《宗门血脉》，台北：正智出版社，2000年版，第77-78页。

道。"隍后礼辞，复归河北，开化四众。

【注】

1. "径来"：直接前来的意思。
2. "愍"，又作"悯"：怜悯的意思。

【语译】

智隍禅师，最初参访五祖时，自认为已证得佛法大意正受，于是离开五祖之后，在庵中长坐，达20年。六祖的弟子玄策禅师，游方到河朔时，听闻智隍的名声，于是就到他的庵中去问他："你在这里做什么？"智隍说："入定。"玄策说："你倒说说看，入定是有心入呢？还是无心入呢？如果是无心入，那么一切无情草木瓦石应该也都得定才对，如果是有心而入，那一切有情与含识傍生也应该都得定了才对。"智隍分辩说："我正入定的时候，那是不知道有有无的心。"玄策说："不知道有有无的心，那是常定的境界，哪里会有出入定的时候？如果有出定入定的不同，那就不是从来都没有出入的法界真心大定。"智隍不能回答。

良久之后问说："谁是你的师父？"玄策回答："我的师父是曹溪六祖。"智隍问："六祖是教什么禅定法门？"玄策答："我师父所说法门，微妙湛然圆寂，真实体性妙用如如；五阴镜相本来自空，外境六尘非有真实；不出不入，不定不乱；禅性本来无住，离开意识所住禅寂；禅性本来无生，离开意识所生坐禅想；心如虚空，亦无虚空之量。"智隍听闻此法，便直接赶来拜见六祖。

六祖问："仁者您为何来到这里？"智隍于是将之前的事迹因缘告诉六祖。六祖说："我所说法确实犹如玄策所说。"六祖悲愍智隍远道而来，因此为智隍开示佛法大意，智隍因而大悟，顿时明了20年有所得的意识定心境界，都与真心实性了无关系。当夜河北士民们，都听闻到空中有声音说："隍禅法师今日得道。"

智隍之后礼辞六祖，返归河北，开法化导四方众生。

【解】

关于"有心无心、了不了知"的公案：

潭州神鼎洪諲禅师　师一日上堂云："贪瞋痴，实无知，十二时中任从伊；行即往，坐即随，分付心王拟何为？无量劫来元解脱，何须更问知不知。"

平实菩萨释义说：

神鼎洪諲禅师一日上堂时云："贪瞋痴本身并不自知，皆因七转识——灵知作主之心——而有。在每天十二个时辰之中，都莫管祂，由着祂生起落谢。当我们行走时，真如便与我们同往；当我们坐下来时，真如也随我们之意而坐；祂从来无所求、不作主、不分别六尘境，你何须再吩咐真如离三毒、学佛法？这个真如心从无量劫以来，本就是解脱的，祂从来不曾有生死与三毒，你何须再问祂懂不懂这个道理呢！"

灵知之心日日间断——熟眠、闷绝、入无心定时断而不起；唯存在一生，此心于中阴灭后永不复起，不至未来世；但是灵知之我攀缘六尘，不停造业，成就业种，所以使得如来藏由于灵知心所造之业种势力而于死后不能安住涅槃，便又出生中阴身；在中阴身时又因错误之认知，以自己为不生灭心，不肯死却自己，故不能安住涅槃，便又投胎受生，轮回之链相续不断。来世缘熟出生，又是另一个灵知心，继续重复错误知见而复轮回。

　　唯有觅着不知贪瞋痴的如来藏，才能确认灵知心自己是假，才能确知涅槃之实相，方知是灵知心拖累如来藏不能安住涅槃。若我们能确立正知正见，知道灵知之我虚幻，断除了"我"的执着，如来藏便可不再轮回生死——不再出生未来世的灵知心。当我们证悟而如实确认这个道理时，便可满证或分证解脱果，而如来藏本身是不理会这些道理的，您何须问祂知不知呢？……①

【经】

　　一僧问师云："黄梅意旨¹，什么人得？"师云："会佛法人得。"僧云："和尚还得否？"师云："我不会佛法。"

【注】

　　1."黄梅意旨"：指五祖所传的佛法大意旨要的意思。

【语译】

　　有一位僧人来向六祖问法："黄梅五祖的法门意旨，什么人能证得？"六祖说："会佛法的人得。"僧人问："和尚证得吗？"六祖说："我不会佛法。"

【解】

① 萧平实：《宗门道眼》，台北：正智出版社，1999年版，第135-136页。

关于"不会佛法"的公案：

潭州道吾山　圆智禅师　师下山到五峰，五峰问："还识药山老宿否？"师曰："不识！"五峰曰："为甚么不识？"师曰："不识！不识！"

平实菩萨释义说：

道吾禅师一日下山到五峰禅师处相见，五峰问云："还识得药山老宿否？"那药山惟俨禅师明明是道吾之师父，是道吾法身慧命之父母，然而道吾却回曰："不认识！"这不识之理，平实解说已多，今时广有多人知其道理。五峰禅师明知故问："为什么不识？"道吾禅师却答："不认识！不认识！"

只如药山老宿明明是道吾之法身慧命父母，为何却道不认识？或有大师来言："道吾禅师之意，乃是在说明药山禅师之法身无形无色，故不可认识。"平实便当头一棒，赶出门去。或有大师来言："道吾之意，乃是在说：自己的法身如来藏，离见闻觉知，所以不识药山。"平实亦是一棒打出门去，如是之人，皆是错会临济佛法之人，于临济禅门家风，有什么关系？

或有个缘熟之人前来，举此公案而问道，平实只是向伊道："不识！不识！"如是四字之下，且要教伊会去，此后便得出世住持正法，播扬大教去！且道：此中关键在什么处？会得此中关键，便知道吾答道"不识"之意。[1]

---

[1] 萧平实：《普门自在》，台北：正智出版社，2010年改版一刷，第66-67页。

参问请法机缘品第六

【经】

师一日欲濯所授之衣,而无美泉,因至寺后五里许,见山林郁茂,瑞气盘旋,师振锡卓地[1],泉应手而出,积以为池,乃跪膝浣衣石上。

有蜀僧方辩谒师,师曰:"上人攻何事乐?"曰:"善塑[2]。"师正色,曰:"汝试塑看。"辩罔措[3]。

过数日,塑就真相,可高七寸,曲尽其妙。师笑曰:"汝善塑性,不解佛性。"即为摩顶授记,永与人天为福田。

【注】

1. "卓地":即是用力下插于地然后拔起的意思。
2. "善塑":精于塑造佛像的意思。
3. "罔措":不知所措的意思。

【语译】

六祖有一天想要清洗五祖传授的法衣,附近却没有美泉,因此来到寺院后方5里多的地方,看见山林郁茂,祥瑞之气盘旋山间。于是六祖振扬锡杖下击于地,拔起锡杖之后,泉水就应手而出,渐渐积成一池。于是就跪膝在水泉石边上清洗祖衣。

有一位从四川来的僧人名为方辩,专程来拜谒六祖。六祖问:"法师你平常专精于什么事业?"方辩说:"我很会塑造佛像。"六祖于是端正容貌然后说:"你试着塑看看。"方辩听了之后,不知所措。

隔了几天,方辩塑造出一尊七寸高的六祖像,惟妙惟肖塑得非常好。六祖看了笑说:"你确实善于塑造的体性,然而却不曾解了真心的自性。"六祖于是伸手抚摸方辩的头顶,为他授记说:"你可以永远作为人天的修福时的福田?"

【解】

六祖当时正色说"汝试塑看",是以宗门之旨开示方辩法身真性的道理。真心无形无相,没有形相怎么塑得出来?方辩不了,只见色相,错会六祖的意思,所以真的塑出个六祖像来。

关于塑像的公案:

幽州盘山宝积禅师 师将顺世,告众曰:"有人邈得吾真否?"众将写真呈,皆不契师意。普化出曰:"某甲邈得。"师曰:"何不呈似老僧?"化乃打筋斗而出,师曰:"这汉向后风狂接人去在!"师乃奄然而化,敕谥凝寂大师真际之塔。

平实菩萨释义说:

盘山之悟,各个关节皆由自己独力打通,辛苦倍人;然亦深知:此一参究之艰苦过程,能令禅子见地透彻,永不退转,得大受用;是故,于幽州盘山住山以后,皆令学人自参自悟,少施机锋。偶施机锋亦极高峻平淡,不似平实于禅三期间之机锋极为老婆苦切;虽然盘山因此得悟弟子较少,然而一旦悟入,智慧受用皆极宏伟。乃至一代大师临济义玄初出道时之野狐颟顸,少人知之,而盘山之入室弟子普化禅师早已洞烛,诃责临济当时之过,此皆自参自悟之功也。

盘山禅师年老,即将顺世,告大众曰:"有人能画得出我的真容否?"大众退下,竞相描摹图写盘山面容,一一呈上写真,皆不契合盘山之意。弟子普化却不描摹,最后出众白言:"弟子普化能画得出师尊形容。"盘山便索讨:"何不呈给老僧瞧瞧!"普化却翻跟斗而出方丈室，盘山乃云："这个汉子！以后将会以如疯似狂的方式接引人去喽！"说完即奄然坐化，以知佛法传承无虑故。①

普化禅师自道能写得师真，及至盘山相索，他却不画不呈，只顾自己翻跟斗而出，却是何意？究竟普化可不可盘山意？若道可，他明明未呈写真；若道不可，盘山却又印可他"向后风狂接人去在"？且道盘山可他？不可？平实即不然，但取纸笔于盘山前画个圈儿，但道"写真已讫"；盘山若要，却持向他眼前撕却，揉团投与师兄，茶房吃茶去！……②

【经】

有僧举卧轮禅师偈曰：

卧轮有伎俩，能断百思想；
对境心不起，菩提日日长。

师闻之曰："此偈未明心地，若依而行之，是加系缚。"因示一偈曰：
惠能没伎俩[1]，不断百思想；
对境心数起，菩提作么长。

【注】

1. "伎俩"：技能的意思。

---

① 萧平实：《宗门血脉》，台北：正智出版社，2000年版，第240-241页。
② 萧平实：《宗门血脉》，台北：正智出版社，2000年版，第241页。

【语译】

有一位僧人把卧轮禅师的偈告诉六祖：

我卧轮禅师有伎俩，能断除百般思想。

面对六尘境界心不起动，菩提就这么日日增长。

六祖听闻之后，说："这个偈是没有证悟真心的人讲的，如果依照这个方法去修行，是给自己增加系缚。"六祖于是开示一首偈说：

我惠能没什么伎俩，也不断除百般的思想。

面对六尘境界时心中常常起念，菩提就这么日日增长。

【解】

如何是正确用心呢？有公案云：

淄州水陆和尚　有僧问："如何是学人用心处？"师曰："用心即错。"僧曰："不起一念时如何？"师曰："勿用处汉！"问："此事如何保任？"师曰："切忌！"

问："如何是最初一句？"师便喝。

问："狭路相逢时如何？"师便拦胸托一托。

平实菩萨释义说：

罗汉桂琛禅师在世时，常如是开示："若论佛法，一切现成。"换句话说：若论真正佛法，于一切时、一切境、一切地、一切识、一切界……中，悉皆现成可见，不待觉知心无念时方有佛法也。此谓觉知心正起杂念妄想时，佛法亦是现成可证……

当知二乘菩提及与大乘菩提，皆是现成，非是修来、非不修来。

参问请法机缘品 第六

非不修而得者，谓佛法要须善知识提携指导方向与知见，然后现成可证，故不修则不得证。言非因修行而得者，谓证后现前观察此一真实深妙之佛法，确实非因修行而得之，乃是本自有之，唯是行人不具正知正见，为我见我执烦恼之所遮障，故不能证，故说非因修得。是知佛法于一切时中皆是现成可得者，皆是于一切时中皆分明现成者……如是修证，方是真修实证者。

……"有念时即非佛法，无念时复成佛法"，则非是一切时中现成可见、现成可得者；必须无念离念时方见、方得故。然我六祖大师于《六祖坛经》中早作是言："慧能无伎俩，不断百思想；对境心数起，菩提恁么长。"已经明言：禅门宗旨非是修行无念离念之法也，乃是在意识觉知心正起念时，亦有一心同时并行运作而从来不曾起念者；意识心正作"百思想"时、意识觉知心对境而导致"心数起"时，真实之菩提心却仍秉无始劫来之不起种种思想体性，对境时尚且不曾稍起一念，何况妄念纷纷？真菩提心，于觉知心无念及有念之一切时中，悉皆如是从来无念，故证悟之人不必入于无念离念之境中，亦可同时明了照见真菩提心之本来无念、之运行无碍，不必如××法师之必须入于觉知心无念境中方见，如是方符六祖禅偈之旨也，有智之人何妨细思平实此言？当观平实是言合不合六祖之旨？当观平实之言合不合三转法轮诸经佛旨？……

若有行人欲求真实佛慧者，当以禅宗真悟祖师开示，作为修证准的，莫效俗人之唯观世俗名声、道场广大、学徒众多等表相，便认彼诸凡夫为证悟之圣人也。苟能如是，方是真求佛法者，非是盲目迷信名声等表相者。为如是信受平实言者，故举淄州一念公案，同尔大众共话无生：

有僧请问淄州水陆和尚："如何是学人用心处？"缁州和尚答

曰："用心就错了。"那僧又问曰："当我心中不起一念时如何？"缁州和尚答曰："证得这个境界，还是没用处的汉子！"那僧又问："这件事情应当如何保任？"缁州和尚答曰："切忌保任！"

只如那僧问如何用心？缁州和尚云何教伊不可用心？一般学人堕在觉知心上用功，以为觉知心不起一念时，便是变成常住真心，所以成日里只管打坐，诸事不管；或者努力行善，以为觉知心不起贪瞋，便是佛法正修行；都不肯建立正知正见，亦不寻觅真心如来藏，以静坐修习无念境界而欲置功，以行善修除贪瞋而欲置功。古时亦复如今，多诸瞎眼阿师，同以此理，作为禅门宗旨之正修行法门，悉皆教人在此无念离念及无贪离瞋上用心。

殊不知佛法从来不是这个道理，所以那僧问用心之处时，缁州和尚便教导伊："用心即错。"那僧闻已，仍然未解缁州和尚之意，犹问："心中不起一念时如何？"以为觉知心中不起一念贪瞋时，便已是真正之菩提心，故向缁州和尚作此一问，便遭缁州和尚责为"没用处的汉子"；所以者何？若人以无念之觉知心作为禅宗正修之标的，正当命终时，觉知心不久即灭，无觉无知；尚不能起丝毫觉知，何况能得明白清楚？如是焉能抵得生死？必须是从无始劫来不曾刹那暂断之心，方可敌他生死也！一切真学禅宗者，应当于此深切体认之！

既知如是，则知禅宗之修证者，绝非以觉知心之无念离念作为正修，故说不需用心，用心即错；无知见之人，必以觉知心修行无念离念之法故。当知禅宗之禅，乃是以常起妄想杂念之意识觉知心，觅取另一与觉知心同在之从来不曾起念之第八识如来藏。既如是，则所欲修证之如来藏心即非是曾经起念者，第八识实相心既从无始劫来不曾起念，今亦如是绝不起念，则吾人保任第六识觉知心令不起念者，复

有何义？而言欲保任之？是故缁州和尚教示彼僧："切忌保任！"保任便错，必堕觉知心意识境界故……①

　　复有僧来问："如何是最初一句？"缁州和尚闻已便喝。最初一句者，谓佛初悟时所言者，亦谓一切真悟祖师初悟时所言者也，即谓所悟之初心也；不知者，便谓觉知初起时不起妄念之介尔初心也。禅门之中，每有世智聪辩之人，自己不思下心参究，欲从他人口中套得实义，将为己证；或借世利，夤缘善知识，求其明言。待得闻知密意已，毫无功德受用，方知平实之言真实，然已悔之莫及矣。

　　不特明心一关如是，第二关之眼见佛性更是如是，缘未熟时（定力、慧力、福德未具足时）强求善知识明说，导致当时不能眼见，此世即再无机会可以眼见也！如是错失一念之间证得世界如幻观之十住菩萨现观功德，真乃愚人也！

　　平实于讲经说法时，为护诸人，故如是一再提示，而彼等自作聪明之人一再犯之，愚不可及！是故一切学人当以此为鉴，莫重蹈前人覆辙，莫再求人明言，当以自参自悟为要，当以禅三精进共修时之借和尚机锋而悟为要，方有体验之机会，方能迅速发起深妙之般若慧。莫求和尚明言，莫求他人明言。只如彼僧方问最初一句，缁州和尚云何便与一喝？或有学人来问，平实亦只是一喝，无汝下手处。

　　复有僧问："若与真如法身狭路相逢时，究竟如何？"缁州和尚便向胸前以手托一托。只如今时诸方大师多有称悟者，且断看：缁州和尚向胸前托一托，和"与真如法身狭路相逢"，有什么相干？还有道得者么？若道不得，何妨向晚浴僧时节，在浴房中效法缁州和尚向胸前托一托？若还不会，大殿中、架房里、菜园梗、观堂时、知客

---

① 萧平实：《宗门正义》，台北：正智出版社，2002年版，第476-479页。

处……何妨常常向胸前托一托？托上30年去，不信不悟！尔等法鼓山四众弟子，何妨于此托一托？30年后若犹未会，来见平实，平实但教尔："尔且闪身，我要过去。"待尔闪身时，平实自去，更无多语。颂曰：

  最难将息求悟时，用心即错；

  不起一念，坐断双腿何处撮？

  更道保任离念心，切忌默默；

  拦胸一托，最初一句狭路蹉。（调寄采桑子）①

---

① 萧平实：《宗门正义》，台北：正智出版社，2002年版，第480-481页。

〈南顿北渐品〉第七

【经】

时祖师居曹溪宝林，神秀大师在荆南玉泉寺。于时两宗盛化，人皆称南能北秀，故有南北二宗顿渐之分，而学者莫知宗趣。师谓众曰："法本一宗，人有南北；法即一种，见有迟疾[1]，何名顿渐？法无顿渐，人有利钝，故名顿渐。"然秀之徒众，往往讥南宗祖师："不识一字，有何所长？"

秀曰："他得无师之智，深悟上乘，吾不如也！且吾师五祖亲传衣法，岂徒然哉？吾恨不能远去亲近，虚受国恩，汝等诸人毋滞于此，可往曹溪参决。"一日命门人志诚曰："汝聪明多智，可为吾到曹溪听法，若有所闻，尽心记取，还为吾说。"

志诚禀命至曹溪，随众参请，不言来处。时祖师告众曰："今有盗法之人，潜在此会。"志诚即出礼拜，具陈其事。师曰："汝从玉泉来，应是细作。"对曰："不是。"师曰："何得不是？"对曰："未说即是，说了不是。"

师曰："汝师若为示众？"对曰："常指诲大众：住心观净，长坐不卧。"师曰："住心观净，是病非禅；长坐拘身，于理何益？听吾偈曰：

生来坐不卧，死去卧不坐；

元是臭骨头，何为立功过？"

志诚再拜曰："弟子在秀大师处学道九年，不得契悟，今闻和尚一说，便契本心。弟子生死事大，和尚大慈，更为教示。"师曰："吾闻汝师教示学人戒定慧法，未审汝师说戒定慧，行相如何？与吾说看。"诚曰："秀大师说：'诸恶莫作名为戒，诸善奉行名为慧，自净其意名为定'，彼说如此，未审和尚以何法诲人？"师曰："吾若言有法与人，即为诳汝。但且随方解缚，假名三昧。如汝师所说戒定慧，实不可思议，吾所见戒定慧又别。"

志诚曰："戒定慧只合一种，如何更别？"师曰："汝师戒定慧接大乘人，吾戒定慧接最上乘人。悟解不同，见有迟疾。汝听吾说，与彼同否？吾所说法，不离自性；离体说法，名为相说，自性常迷。须知一切万法皆从自性起用，是真戒定慧法，听吾偈曰：

心地无非自性戒，心地无痴自性慧，

心地无乱自性定，不增不减自金刚，

身去身来本三昧。"

诚闻偈悔谢,乃呈一偈:

五蕴幻身,幻何究竟?

回趣真如,法还不净。

师然之,复语诚曰:"汝师戒定慧,劝小根智人。吾戒定慧,劝大根智人。若悟自性,亦不立菩提涅槃,亦不立解脱知见,无法可得,方能建立万法。若解此意,亦名菩提涅槃,亦名解脱知见。见性之人,立亦得,不立亦得;去来自由,无滞无碍,应用随作,应语随答;普见化身,不离自性,即得自在神通,游戏三昧,是名见性。"

志诚再启师曰:"如何是不立义?"师曰:"自性无非、无痴无乱。念念般若观照,常离法相,自由自在,纵横尽得,有何可立?自性自悟,顿悟顿修,亦无渐次,所以不立一切法。诸法寂灭,有何次第?"志诚礼拜,愿为执侍,朝夕不懈。诚吉州太和人也。

一僧志彻,江西人。本姓张,名行昌,少任侠。自南北分化,二宗主虽亡彼我,而徒侣竞起爱憎。时北宗门人,自立秀师为第六祖,而忌祖师传衣为天下闻,乃嘱行昌来刺师。师心通,预知其事,即置金十两于座间。时夜暮,行昌入祖室,将欲加害。师舒颈就之,行昌挥刀者三,悉无所损。

师曰:"正剑不邪,邪剑不正,只负汝金,不负汝命[2]。"行昌惊仆,久而方苏,求哀悔过,即愿出家。师遂与金,言:"汝且去,恐徒众翻害于汝。汝可他日易形而来,吾当摄受。"行昌禀旨宵遁,后投僧出家。一日忆师之言,远来礼觐。师曰:

"吾久念汝，汝来何晚？"曰："昔蒙和尚舍罪，今虽出家苦行，终难报德，其惟传法度生乎？弟子常览《涅槃经》，未晓常无常义，乞和尚慈悲，略为解说。"

师曰："无常者，即佛性也，有常者，即一切善恶诸法分别心也。"曰："和尚所说，大违经文。"师曰："吾传佛心印，安敢违于佛经。"曰："经说佛性是常，和尚却言无常。善恶诸法，乃至菩提心皆是无常，和尚却言是常。此即相违，令学人转加疑惑。"师曰："《涅槃经》吾昔听尼无尽藏读诵一遍，便为讲说，无一字一义不合经文，乃至为汝，终无二说。"曰："学人识量浅昧，愿和尚委曲开示。"师曰："汝知否？佛性若常，更说什么善恶诸法乃至穷劫无有一人发菩提心者？故吾说无常，正是佛说真常之道也！又一切诸法若无常者，即物物皆有自性，容受生死，而真常性有不遍之处，故吾说常者，正是佛说真无常义。佛比为凡夫外道执于邪常，诸二乘人于常计无常，共成八倒，故于《涅槃》了义教中破彼偏见，而显说真常真乐真我真净。汝今依言背义，以断灭无常及确定死常，而错解佛之圆妙最后微言，纵览千遍有何所益？"行昌忽然大悟，说偈云：

因守无常心，佛说有常性。

不知方便者，犹春池拾砾。

我今不施功，佛性而现前。

非师相授与，我亦无所得。

师曰："汝今彻也，宜名志彻。"彻礼谢而退。

师见诸宗难问，咸起恶心；多集座下，愍而谓曰："学道之人，一切善念恶念应当尽除。无名可名，名于自性；无二之性，是名实性。于实性上建立一切教门，言下便须自见。"诸人闻说，总皆作礼，请事为师。

【注】

1. "见有迟疾"：指见法开悟之事，有的人慢，有的人快。
2. "只负汝金，不负汝命"：只欠你黄金，不欠你性命。

【语译】

　　当时六祖惠能是居住在曹溪山宝林寺中，神秀大师居住在荆南玉泉寺中。当时南北两处宗派的法席都很兴盛，时人称为南能北秀，由此而后来渐渐有南北二宗顿悟渐悟的分别，而学者不能分别其中的佛法宗义道理。六祖因此向大众开示说："佛法本是一宗，是由于人的住居不同而有南北的分法；成佛之道妙法从来只有一种，悟见真心的时间有慢与快的不同，怎能因此名为顿悟、渐悟？佛法本无顿与渐，是因为学人有利根钝根的差别，所以名为顿渐。"然而神秀的徒众，往往还是讥嘲南宗祖师六祖："既然不识一字，哪能有什么擅长？"神秀说："他惠能得无师之智，深悟上乘法义，我不如他呀！况且我师五祖亲传衣法给他，难道是没理由而传给他的？我恨不能远去南方亲近，只能住在皇宫里虚受国恩，你们众人不要停留在这里，可以前往曹溪参学决择。"有一天下令门人志诚说："你聪明多智，可以为我到曹溪去听法，如果有所听闻，尽心把法教记住，然后回来讲给我听。"

　　志诚领取师命前往曹溪，随着大众参学请法，而不说明自己的来历。当时六祖告诉众人说："现在有盗法之人，潜藏在此聚会之中。"志诚听后就出众礼拜六祖，将这件事情全部公开说明。六祖大师曰:"你是从玉泉神秀那里来的人,应该是来探听密意的细作。"志诚说:"不是。"六祖说:"怎么可以说不是?"志诚答:"我之前没有说可以算是细作,如今说了就不算是。"

六祖说:"你的师父如何为大众开示佛法?"志诚回答说:"时常指导教诲大众:住心观净,长坐不卧。"六祖说:"住心观净,这是病法而不是禅法;长时间打坐只是拘束了色身,对于菩提智慧有何利益?你听我的偈颂所说:

有生以来多是坐而不卧,死去以后就卧倒而不能坐;
色身本来就只是臭骨头,为何在它身上建立功与过?

志诚听闻之后,再次礼拜六祖说:"弟子在神秀大师那里学道九年,没法子证悟,如今听闻和尚一说,便契合我本来想证道的心思。弟子的生死事大,和尚大慈,请再为我教导开示。"六祖说:"我听闻你师父教示学人戒定慧之法,不知道你师父说的戒定慧,修行过程的法相如何?为我说说看。"志诚说:"神秀大师是说:'诸恶莫作名为戒,诸善奉行名为慧,自净其意名为定',他说的就是如此,不知道和尚以什么佛法教诲学人?"六祖说:"我如果有佛法给人,那就是骗你。就只是随着学人的根性给予方法解开他的系缚,假立名称说是三昧。如同你师父说的戒定慧法义,实在是不可思议,而我所见的戒定慧又有不同。"

志诚问说:"戒定慧只应该有一种,怎么会还有差别?"六祖说:"你师父说的戒定慧法义能接引大乘的初机学人,我教的戒定慧法义是接引最上乘人。这是因为对佛法大意的悟解不同,所以才出现证见真心有快有慢的现象。你听我所说的法义,跟你师父说的有相同吗?我所说的法,都不离真心的自性;离开真心自体而演说佛法,名为只在法相上的说法,对于真心的自性是永远迷惑的。必须知道一切万法皆从真心的自性生起而有作用，这才是真正的戒定慧法，你听我的偈颂所说吧：

真心的境界没有过失即是自性戒，真心的境界没有愚痴即是自性慧；

真心的境界没有散乱便是自性定，不增也不减的就是自己的金刚体，这时色身的来与去本身就是三昧。

志诚听闻偈颂后再次悔谢，因此呈上一偈：
五蕴是虚幻之身，幻化怎会是究竟？
回身趣向真如时，这法还是不清净。

六祖认可志诚的知见，又告诉志诚说："你师父教的戒定慧，能够劝引小根智人进入佛法。我教的戒定慧，是劝接大根智人顿入宗门。如果顿悟自性了，也不建立菩提涅槃，也不建立解脱知见，真心的境界中没有一法可得，方能建立三界万法。如果证解此意，也就名为证得菩提与涅槃，也可以名为解脱的知见。证见真心自性的人，建立万法也可以，不建立万法也可以；离去与再来时都是自由的，于一切法中无滞留也无障碍，应机而用随意而作，应时而语随机而答；于一切时中普皆可见化身，不离真心的自性，如此即得自在神通，游戏于真如三昧，这样名为亲见真心自性。"

志诚再启问六祖说："什么是不立的道理？"六祖大师曰："真心的自性没有过失、没有愚痴没有散乱。悟后念念以般若观照诸法时，永远离于诸法行相，自由自在，纵说横说全都可以，有什么可以建立的？真心的自性要自己参悟，开悟的事情是顿悟顿修的，也没有渐修的次第，所以不建立一切法。当诸法摄归真心中的时候是本自寂灭的,有何次第可说?"志诚礼拜,愿为六祖弟子,执弟子之礼侍奉六祖,从早至晚都不懈怠。志诚,是吉州太和人也。

有一僧人名为志彻,是江西人。出家之前本来姓张,名为行昌,年少时任意行于游侠之道。自从禅门渐渐形成南北分化的现象时,六祖与神秀二位教化宗主虽然没有彼我之见,然而二宗门下弟子互相竞起爱憎。当时北宗神秀的门人,自立神秀师父为禅宗第六祖,而忌讳六祖得传法衣的事情已被天下人普闻,因此嘱咐张行昌前来行刺六祖。六祖有他心通,已经预知其事,于是在座位里放置黄金10两。当时已经夜晚,张行昌进入六祖方丈室,要将六祖加害。六祖把脖子伸出来让张行昌动手,张行昌挥舞刀子3次,都没有砍伤六祖。(挥刀3次砍下之时心中犹豫,都只轻触六祖而不敢真的砍下)

六祖此时说:"正剑是不邪的体性,邪剑乃是不正的体性,我只欠你黄金,不曾亏欠你性命。"张行昌此时惊吓过度而晕倒,过了很久才苏醒过来,于是向六祖求哀悔过,愿意跟随六祖出家。六祖于是给张行昌10两黄金并且跟他说:"你现在暂时离开,因为我的弟子们得知此事恐怕会伤害你。你可以改天换了装扮再来,那时我将会摄受你。"张行昌于是领命逃遁而去,后来归投一位僧人出家修行。有一天想起了六祖的吩咐,于是远来礼拜朝觐。六祖说:"我想念你很久了,你却这么晚才来。"回答说:"昔日承蒙和尚舍免了我的罪,如今虽已出家而修苦行,终究难以回报和尚的恩德,将来大约只能以传法度生来赎罪吧?弟子时常览读《大般涅槃经》,未曾晓了常与无常的正义,乞请和尚慈悲,大略为弟子解说。"

六祖说:"无常,指佛性;说之为常的,是指能了知一切善恶法的意识分别心。"回应说:"和尚您的说法,大大违反于佛经所说。"六祖说："我传授的是佛的心印妙法，怎么敢违背佛经的意旨。"回答说："可是佛经说佛性是常，和尚您却说是无常。善恶诸法乃至菩提心，在佛经都说是无常，和尚您却说是常。您这样说即是违反佛说，这让弟子变得更加疑惑不懂。"六祖说："《涅槃经》我以前曾经听无尽藏尼师读诵过一遍，当时我有为她讲说大意，无一字一义不符合经文，即使今天为你讲解，法义也始终没有不同的说法。"回答说："弟子识知之量太过浅薄而愚昧，祈愿和尚为我详细开示经中含义。"六祖说："你知道吗？佛性如果是常，那还说什么'善恶诸法乃至于穷尽一劫时间也没有一个人发起菩提心'？因此我说佛性是无常，这正是佛陀所说真常的法道啊！又，如果说一切诸法是无常的话，那么物物都该有常住的自性，容许和真心一样常受生死，而真实常住的真心自性就有了不遍一切法的缺失，所以我说诸法是常的说法，正是佛陀所说真正无常的正义。佛陀以前为凡夫外道执着于邪常恶见，以及诸二乘人于五蕴中的真如常住误计为无常，总共成就八倒之邪见，所以在《涅槃》了义经教之中破斥他们的偏见，而清楚地解说真常真乐真我真净的真心自性胜妙法门。你如今依于经中文字言说而背弃真实法义，以断灭无常以及确定死亡为常，而错解佛陀圆满胜妙的最后最胜微妙言教，纵然你已经览诵千遍又有什么益处？张行昌闻后忽然大悟，说了这首偈：

因为众生错守无常心，佛陀说另有真常法性。

不知如来方便说法者，犹如在春池拾取砾石。

我如今不必施加功行，成佛之性而今已现前。

此非祖师递相授受我，我悟后也无一法所得。

六祖说："你如今已经彻悟了，应该名为志彻。"志彻礼谢而退。

六祖看见诸宗提出题目来难问，所有人都对禅宗生起恶心；因此广集座下弟子，生起怜悯心而开示说："学道的人，一切善念恶念都应当全部灭除。没有名称可以称呼的，名之为真如的自性；纯一无二的自性，这个名之为真实性。于真实性上面建立一切教导的法门，学人听闻之下就必须自己看见。"众人听闻六祖的说法，全部都向六祖礼拜，请求奉事六祖为师父。

【解】

《景德传灯录》卷四记载有关神秀的事迹：

北宗神秀禅师 开封尉氏人也，俗姓李。少亲儒业，博综多闻。俄舍爱出家，寻师访道。至蕲州双峰东山寺，遇五祖忍大师以坐禅为务，乃叹伏曰："此真吾师也。"誓心苦节，以樵汲自役而求其道。忍默识之，深加器重，谓之曰："吾度人多矣！至于悟解，无及汝者。"忍既示灭，秀遂住江陵当阳山。唐武后闻之，召至都下，于内道场供养，特加钦礼。命于旧山置度门寺，以旌其德。时王公士庶皆望尘拜伏。暨申宗即位，尤加礼重。大臣张说，尝问法要，执弟子之礼。师有偈示众曰：

一切佛法，自心本有；将心外求，舍父逃走。

神龙二年于东都天宫寺入灭，赐谥大通禅师，羽仪法物，迭殡于龙门。帝送至桥，王公士庶皆至葬所；张说及征士卢鸿一各为碑诔。

平实菩萨释义说：

神秀大师逢遇禅宗五祖弘忍大师极早，复亲依之修学，奉之为师，樵汲自役以奉师焉；苦节自励，其信其诚不可谓之不笃，弘忍大师默识其诚，亦深器重，尝面赞之："吾度人多矣，至于悟解，无及汝者。"

虽然如是称赞神秀，然终未能传法与他；虽然六祖先受预记当来受法传承衣钵，然法不必一定单传，犹如四祖傍出一支——牛头宗第四世法持禅师得法于弘忍大师。是故神秀不能得五祖传法者，必有其因，非因六祖之已预受记故也。

今观神秀皈依五祖典故，乃因先见五祖以坐禅为务，心叹服之，所以皈命；然诸学人若有好乐定境，以之为禅者，必堕定心意识，将来设或悟入藏识，必不信受，恐将谤法，是故五祖宁可傍传牛头宗第四世法持禅师，而不传予神秀大师。余亦如是，若见未悟道者喜乐坐禅，未至二地满心，便求禅定神通者，必定缓其见道，俟其正知正见确立以后，方才给予见道之方便。

神秀大师虽受则天皇帝召入都城，亲加礼拜供养，诸王大臣一切士庶望尘拜伏，然实未曾得入七住见道功德；一生所说，未能及于第一义谛。然犹有德，能知推崇六祖惠能，不因身受武后皈依而生我慢；乃竟徒众不体其心，于其殁后强争六祖法位，导致荷泽神会禅师北上一番作为，正法方才不受混淆。[①]

关于真如佛性常或无常、有无变易的问题：

越州大珠慧海禅师 有三藏法师问："真如有变易否？"师曰："有变易。"三藏曰："禅师错也！"师却问三藏："有真如否？"三藏曰有，师曰："若无变易，决定是凡僧也。岂不闻：善知识者能

---

① 萧平实：《宗门血脉》，台北：正智出版社，2000年版，第29-30页。

回三毒为三聚净戒,回六识为六神通,回烦恼作菩提,回无明为大智真如。若无变易,三藏真是自然外道也。"三藏曰:"若尔者,真如即有变易。"师曰:"若执真如有变易,亦是外道。"三藏曰:"禅师适来说真如有变易,如今又道不变易,如何即是的当?"师曰:"若了了见性者,如摩尼珠现色,说变亦得,说不变亦得;若不见性人,闻说真如变,便作变解;闻说不变,便作不变解。"三藏曰:"故知南宗实不可测。"

平实菩萨释义说:

有法师精通三藏,欲与南宗一较短长,来觅大珠慧海禅师,问云:"真如有没有变易?"大珠禅师答云:"有变易。"三藏法师便责道:"禅师!你错了!"大珠禅师却问:"有没有真如?"三藏说有,大珠便云:"如果说真如没有变易,这个人决定是凡夫僧。难道没有听过:真正的善知识能转易三毒为三聚净戒,能转六识生六神通,能转变烦恼生起菩提智,能转易无明为大智真如。如果说真如心是不可变易的,那么三藏法师您真是自然外道也。"

《华严经》云:"譬如真如,无有变易。"此乃说佛境界——唯带纯净无漏法种,不受新熏——犹如金矿淘炼成金已,不复变为金矿。然此第八识金刚心,于因地时俱含无漏有漏法种,非唯无漏,故在因地必须可变易,方能借见道后之修道而转易有漏种为无漏种,方能渐至佛地,所以彼经随后又云:"譬如真如,非是可修,非不可修。"此理已于拙著《正法眼藏》中详述,此处从略。

三藏法师不知此理,便道大珠禅师错会;犹如古今错悟之师误解佛意,执因地真如为永不变易者,便谤《大乘起信论》为伪论,复因未有真悟之人悟后修证道种智,故无如实能摧邪说之人据理破斥,令

《起信论》沉冤莫白，亦令正法难以显扬。

三藏法师闻大珠禅师恁道，知自己错会，遂修正真如不变易之念，却又堕于有变易之中，便向大珠云："如果是这样的话，真如即是有变易。"大珠便云："如果执着真如有变易，也是外道见解。"三藏法师不解真如非有变易非无变易之理，恒堕有无二边，便反问道："禅师方才说真如有变易，如今又说是不变易，如何才是正确的呢？"

大珠开示云："若是了了分明看见真如之体性者，犹如摩尼宝珠遇缘现色——忽现红色，忽现黄色，而珠体本身之色不变；如实观见的人，说此宝珠变色亦可，说不变亦可；若未亲见真如本性之人，闻说真如有变，便作真如有变之体解；闻说真如不变，便作真如不变之体解。"三藏法师闻言，自知理穷，乃赞叹曰："由此可知六祖所传南宗之法，实在无法测量。"①

关于会与不会的问题：

《宏智禅师广录》卷三云：

天童宏智正觉禅师 举经云："若见'诸相非相，即见如来'"法眼云："若见诸相非相，即不见如来。"师云："世尊说如来禅，法眼说祖师禅；会得甚奇特，不会也相许。"

平实菩萨释义说：

你说禅门奇怪不奇怪？世尊这一段经中明明说："若见诸相非相，即见如来。"法眼清凉禅师却说："若见诸相非相，即不见如来。"刚好跟世尊说的相反。然后天童禅师却是另一种说法："世尊

---

① 萧平实：《宗门血脉》，台北：正智出版社，2000年版，第174—176页。

是讲如来禅，法眼禅师则是说祖师禅；如果你能够体会到这里面的真实道理，那你真的是很奇特；可是你如果不会这里面的道理，我还是相许的。"意思是说，我还是认可你。这到底是怎么说法的呢？真的好奇怪！可是等你悟了，根本都不奇怪；因为"若见诸相非相，即见如来"，其实就是法眼说的"若见诸相非相，即不见如来"，我告诉你，是同一个东西。

天童禅师说："世尊讲的是如来禅，而法眼讲的是祖师禅；你如果能够体会出来，那你真是很奇特的人，真的不简单；可是你如果无法体会，我说你无法体会也是对的。"因为你如果懂得体会、能体会，那你就错了；你如果不能体会，不知道怎么体会，也不会体会，那你却是对的。所以你看，三个人有三种说法，佛的说法与两尊菩萨的说法，各不相同。可是在我看来都相同，而我也借他们的说法，已经把不同的说法告诉你，让你知道其实是同一种说法，那就要看你怎么听了。

也许你心里想："你只是在笼罩我啦！你们讲禅的惯会笼罩人啦！"可是我告诉你，我没有笼罩你，而且我真的已经把密意告诉你了。所以"如理实见"的人应当要这样见，应当要这样说，这样来度众生，才符合《金刚经》的真义，这才是真正见道的人。所以大乘法中的见道不容易，人间只要有一个人在大乘法中见道，声闻诸天，立刻就会传上天界诸天去；只要人间见道的人越多，诸天就越安乐；因为修罗会越来越少，诸天天众将会越来越增广。所以，你们自己不会说自己悟了有多么了不得，可是只要你悟了立刻声闻诸天就高兴了。现在诸天最高兴时是什么时候？是我们办禅三的时候，这一个人悟了，就传上去说某某人开悟了，一天又一天传上去；然后过了5分钟、10分钟又有一个人开悟了又传上去（大众笑……）。你不要以为我们在讲笑话，这是真的。所以针对上面说的这些密意，我简单地做个颂："会得此中意，方解金刚旨；如理实见分：真实示月指。""如理实见"的正理，我已经把道理告诉你了，你有没有看见那个明月，就看你了。可是明月究竟在何处？如果你找到了那个明月，你也就证真如了。明月譬喻如来藏，真如譬喻明月的真实存在皎洁不染，这样证才是"如理实见"如来的人。

天童禅师讲得好："会得甚奇特，不会也相许。"还记得吗？有人问禅师："如何是佛法大意？"禅师随便跟他讲了一句话，这个请问的人回答说："我不会。"因为禅师讲完随即问他："你会么？"他说："不会。"可是禅师却说："不会最亲切。"还记得吗？所以你如果会了，你真的奇特；可是如果不会，不会也是对的。因此，天童禅师才会说："你如果不会，我还是相许。"那你又该怎么办？无计可施！既然无计可施，你就去找你自己那个不会的。所以你如果找不到，下周来了，问我："我找不到咧！"我一定问你："你为什么找不到？"你如果说："我就不会找呀！"我就指点你说："我也不会呀！"（大众笑……）所以要记住了："不会也相许。"到这个地步，你如果通透了"会得甚奇特，不会也相许"，到这个地步，说见也可以，说不见也可以，随你怎么说；你说有见也可以，说没有见也可以。但是如果对学人，他们说见，你就不许他；他说不见，你也不许他；你倒说说看，这个蹊跷在什么地方？这个蹊跷在哪里呢？我告诉你吧——在你的睫毛上！①

---

① 萧平实：《金刚经宗通》第一辑，台北：正智出版社，2012年版，第238-241页。

【经文】

　　有一童子，名神会，襄阳高氏子。年十三，自玉泉来参礼。师曰："知识远来艰辛，还将得本来否？若有本，则合识主，试说看。"会曰："以无住为本，见即是主。"师曰："这沙弥！争合取次语？"会乃问曰："和尚坐禅，还见不见？"师以拄杖打三下，云："吾打汝，是痛、不痛？"对曰："亦痛亦不痛。"师曰："吾亦见亦不见。"

　　神会问："如何是亦见亦不见？"师云："吾之所见，常见自心过愆，不见他人是非好恶，是以亦见亦不见。汝言亦痛亦不痛如何？汝如不痛，同其木石；若痛则同凡夫，即起恚根。汝向前见、不见，是二边；痛、不痛，是生灭；汝自性且不见，敢尔弄人！"神会礼拜悔谢。

　　师又曰："汝若心迷不见，问善知识觅路；汝若心悟，即自见性，依法修行。汝自迷，不见自心，却来问吾见与不见。吾见自知，岂待汝迷？汝若自见，亦不待吾迷。何不自知自见，乃问吾见与不见？"神会再礼百余拜，求谢过愆，服勤给侍，不离左右。

　　一日师告众曰："吾有一物，无头无尾，无名无字，无背无面，诸人还识否？"神会出曰："是诸佛之本源，神会之佛性。"师曰："向汝道无名无字，汝便唤作本源佛性。汝向去，有把茆盖头[1]，也只成个知解宗徒。"祖师灭后，会入京洛，大弘曹溪顿教，著《显宗记》盛行于世，是谓荷泽禅师。

【注】

1. "有把茆盖头"：有一把茅草能够盖住头顶，指将来会有茅蓬修行住处，发展成寺院的意思。

【语译】

　　有一个专修童子行的人，名字叫作神会，是襄阳高氏子。年十三，自己就到玉泉来参访礼拜六祖。六祖说："你这位学禅的知识从远地来此真是艰辛，有没有带来本来就有的真心呢？若是有所本，则应该已经识得五蕴背后真正的主人，试着说说看吧。"神会答："以无所住为根本，能见的就是真主。"六祖说："你这个沙弥！怎么可以拾取第二头的话呢？"神会于是问六祖说："和尚坐禅时，究竟看见或看不见呢？"六祖用拄杖打神会三下，说："我打你，是痛、还是不痛？"神会说："也是痛、也是不痛。"六祖说："我也有看见、也没有看见。"

　　神会问："如何是也看见也没有看见的意思？"六祖说："我所看见的，是常见自心的过愆，不见他人的是非好恶，因此也有见也没有见。你说的亦痛亦不痛是什么道理？你假如不痛，那就跟木石一样了；如果痛则同于凡夫，就会生起瞋恚的恶根。你先前说的见亦不见，是落在二边；痛亦不痛，则是生灭法；你对自己的真心自性尚且还不曾看见，竟敢如此欺弄别人！"神会听后礼拜悔谢。

　　六祖又说："你如果心迷不见真心，应当要跟善知识问法寻找修证的方法；你如果心中已经了悟真心，是自己看见了真心的体性，那么依法修行就是。但你自己迷惑而不见自己的真心，却来问我见还是不见。我所看见的自己当然知道，哪还要等待你这个迷惑不知的人来说明呢？你如果自己已经得见，也不需等待我这个迷惑不知的人来说明。为何你不想要自己了知、自己亲见？却来问我已见还是不见？"神会闻后再礼百余拜，求谢过愆，从此服侍六祖而供给生活上的所需,不离六祖左右。

有一天,六祖对大众开示说:"我有一物,无头无尾,也没有名字,无背亦无面,大众还认识吗?"神会出列而说:"是诸佛的本源,也是我神会的佛性。"六祖说:"就跟你说过无名无字,你却把祂称作本源佛性。你将来会有茅蓬(寺院)可以住持佛法,但也只能成为一个知解经句的佛弟子而已。"六祖往生之后,神会进入京城洛阳,大弘曹溪顿教法门,著有《显宗记》盛行于世,后人称神会为荷泽禅师。

【解】

《景德传灯录》卷四记载有关神会禅师的事迹:

西京荷泽神会禅师 一日乡信至,报二亲俱亡,师入堂白槌曰:"父母俱丧,请大众念摩诃般若。"众才集,师便打槌曰:"劳烦大众。"便休去。

平实菩萨释义说:

荷泽神会禅师,时年十四,尚是沙弥,初谒六祖参礼;六祖曰:"你从远处来此,路途大是艰辛;带得本心来了没?若有带来本心,则应当认识真正之主人翁,试着说说看。"六祖乃是大修行人,因甚见了荷泽却婆婆妈妈,还道远来艰辛?正是:婆心捧出无上宝,恐尔昧却复叮咛。荷泽彼时因缘未具,堕于明觉心中,便以所知答云:"以明觉心不执着一切法为根本,能见之心即是主人翁。"

六祖闻他如是说,知犹无主,堕于意识境界,便责云:"这沙弥！怎么说这第二句（不能直接叙述真如）！"便以手杖打去。荷泽挨杖已，虽然痛楚，却懂得思维："大善知识极少，往往经历多劫仍难遇；今既得遇，岂可贪惜色身性命？"从此便于六祖座下任侍者，供给奉侍日常所需。

后有一日，六祖告诉大众曰："吾有一物，无头无尾，无名无字，无背无面，你们众人还识得这物否？"无风起浪，忽然扮起神头鬼脸，欲觅个不受人瞒的人。荷泽闻言乃出众云："是诸佛之本原，我神会成佛之性也。"出得头来，说这一句，好却是好，无奈已落言诠。六祖斥云："方才向汝道：无名无字。你如今却道佛之本原、成佛之性。"悲心大发，推彼荷泽向言前住；荷泽当时领解，便向六祖前礼拜，拜已便退，却较些子。

六祖灭后20年间，北宗神秀一脉以得皇帝扶持故，大为兴盛，南宗曹溪相形失色，渐有以北宗为正统之势；荷泽神会遂入京，为禅宗定宗旨，多年苦辛，方使禅宗回归宗门正旨，乃著《显宗记》盛行于世。

一日，故乡有口信至，报言双亲俱亡，荷泽禅师难得逢遇这个大好因缘，便入法堂击槌，告白曰："父母俱丧，劳请大众同念摩诃般若。"大众方才集定，荷泽禅师便又击槌，向大众白曰："劳烦大众。"便自个儿下去。

只如大众方才集定，未曾开得口，荷泽因什么道理却谢大众？便又休去？……大众究竟已念摩诃般若？未念摩诃般若？若道已念，何处是已念？若道未念，却又谢众，荷泽机关在什么处？……若来相问，平实且教：礼拜着！

大德莫问平实是什么意，平实不知不见，大德拜已，只管休去！①

---

① 萧平实：《宗门血脉》，台北：正智出版社，2000年版，第131-133页。

〈征绍辞谢韶奖品〉第八

【经】

神龙元年上元日,则天中宗诏云:"朕请安、秀二师,宫中供养,万几之暇,每究一乘。"二师推让云:"南方有能禅师,密授忍大师衣法,传佛心印,可请彼问。"今遣内侍薛简,驰诏迎请,愿师慈念,速赴上京。师上表辞疾[1],愿终林麓。

薛简曰:"京城禅德皆云:'欲得会道,必须坐禅习定,若不因禅定而得解脱者,未之有也。'未审师所说法如何?"师曰:"道由心悟,岂在坐也?经云:'若言如来若坐若卧,是行邪道。'何故?无所从来,亦无所去。无生无灭,是如来清净禅;诸法空寂,是如来清净坐;究竟无证,岂况坐耶?"

简曰："弟子回京，主上必问。愿师慈悲，指示心要，传奏两宫及京城学道者。譬如一灯，然百千灯，冥者皆明，明明无尽。"师云："道无明暗，明暗是代谢之义。明明无尽，亦是有尽，相待立名；故《净名经》云：'法无有比，无相待故。'"

简曰："明喻智慧，暗喻烦恼。修道之人倘不以智慧照破烦恼，无始生死凭何出离？"师曰："烦恼即是菩提，无二无别。若以智慧照破烦恼者，此是二乘见解，羊鹿等机。上智大根，悉不如是。"简曰："如何是大乘见解？"师曰："明与无明，凡夫见二，智者了达其性无二，无二之性即是实性。实性者，处凡愚而不减，在贤圣而不增，住烦恼而不乱，居禅定而不寂；不断不常，不来不去，不在中间及其内外，不生不灭性相如如，常住不迁，名之曰道。"

简曰："师曰不生不灭，何异外道？"师曰："外道所说不生不灭者，将灭止生，以生显灭；灭犹不灭，生说不生。我说不生不灭者，本自无生，今亦不灭，所以不同外道。汝若欲知心要，但一切善恶都莫思量，自然得入清净心体：湛然常寂，妙用恒沙。"

简蒙指教，始知法要。礼辞归阙，表奏师语。其年九月三日，有诏奖谕师曰："师辞老疾，为朕修道，国之福田。师若净名托疾毗耶，阐扬大乘，传诸佛心，谈不二法。薛简传师指授如来知见，朕积善余庆，宿种善根，值师出世，顿悟上乘。感荷师恩，顶戴无已，拜奉磨纳袈裟及水晶钵。"敕韶州刺史修饰寺宇，赐师旧居为国恩寺。

【注】

1. "辞疾"：以病由辞谢上京的意思。

【语译】

神龙元年农历正月十五日，武则天与唐中宗诏旨："朕请老安、神秀二法师，到宫中供养，日理万几有余暇时，每每探究唯一佛乘的教理。二位法师推让而说：'南方有惠能禅师，因秘密传授而得弘忍大师衣钵与法衣，如今正在传佛心印，可以恭请他来请问佛法大意。'如今派遣内侍薛简，驰马送达皇诏迎请大师，祈愿大师慈念，能够速赴征途上京面见。"六祖上表以病为由辞谢，愿能终老于林野之中。

薛简说："京城里的禅门大德都说：'想要得道，必须坐禅修得禅定，如果不是因为练得禅定而得证悟解脱，这种事情是不存在的。'不知大师您所说的修道方法是什么？"六祖说："佛道之实证要由心地来悟入，重点不是在打坐。佛经有说：'如果有人说如来或者有坐或者有躺卧，这是行于邪道。'什么道理这样说呢？如来既没有来的处所，也没有所去之处。无生亦无灭，是如来清净禅；一切诸法寂灭空寂，是如来清净坐；究竟无一法可证，更何况有打坐这回事呢？"

薛简说："弟子回京后，主上必定会询问。祈愿禅师慈悲，指示心地法要，让我能够传奏两宫以及京城内的学道诸人。譬如有一盏灯，而能转点百千灯，使暗冥之处全部光明起来（让没有智慧的人都能获得智慧），此明彼明而使光明无穷无尽（将佛法智慧相传不尽）。"六祖说："无生之道没有明与暗，明与暗是生与灭互相代谢的道理。灯灯传点而明明无尽，其实最后还是有尽，因为是世间法上的互相对待而建立的名相；所以《维摩诘经》才开示说：'真实

第八品 征诏辞谢

义的妙法无有任何一法可以相提并论，没有一法能与此法互相对待的缘故。"

薛简说："明是比喻智慧，暗是比喻烦恼。修道之人假如不是以智慧来照破烦恼，无始劫来的无边生死要靠什么而得出离？"六祖说："烦恼即是菩提，无二无别。如果是以智慧来照破烦恼，这是二乘法门的见解，所度的是羊车、鹿车等根机。上智大根器的人，都不是这样的见解。"薛简说："那，什么是大乘法的见解？"六祖说："明与无明，凡夫所见是二个法，大乘智者了达明与无明的体性无二，这个无二之性即是真如实性。此真如实性，处在凡夫与愚人之中都不减少，处在贤圣之中也不增加，住于烦恼之中而不散乱，居于禅定境界中而不寂灭；不断也不常，不来也不去，不在中间及其内外，不生不灭而性相始终如如，常住而不变迁，名之为佛道。"

薛简说："禅师您所说的不生不灭，那跟外道所说有什么不同呢？"六祖说："外道所说的不生不灭，是用消灭之法来让烦恼不生起，是以已生之法来显示灭坏；这样的灭其实还是不灭，是以已经出生的生而妄说成不生。我所说的不生不灭之理，是本来自己就是无生，如今也是不灭，所以不同于外道错误的不生不灭。你如果想要了知这个心要，只需一切善恶都不思量，自然得以悟入清净心体：所谓湛然不动而恒常寂灭，无量妙用犹如恒河沙。"

薛简得蒙六祖指教开示，始知法要。礼谢告辞返归京阙，上表奏明六祖的法语。同一年的九月三日，有诏书奖谕六祖说："禅师以老疾为由辞谢上京，留在岭南为朕修道，作为国家的福田。禅师就像维摩诘大士在毗耶离城假托病疾而说法一样，是在阐扬大乘佛法，传授诸佛教导的真实心，跟维摩诘一样都在谈不二法。薛简上传禅师所指导教授的如来所知所见，朕因积善而有余庆，又在往世以来常种善根，因此能够值遇禅师出世弘法，如今顿悟无上乘。感荷禅师恩惠，顶戴而且心中踊跃不能止息，礼拜供奉禅师磨纳袈裟以及水晶钵。"随后又敕令韶州刺史修建装饰惠能禅师在新州的寺院，并且颁赐禅师以前所住的寺院为国恩寺。"

【解】

什么才是真正常住不坏的能生蕴处界的真实因？外道所说的能生万法的因，为什么不如理？《楞伽阿跋多罗宝经》卷一所云，可以证实六祖的说法正确无误：

尔时大慧菩萨摩诃萨白佛言："世尊！世尊所说常及不思议自觉圣趣境界、及第一义境界，世尊！非诸外道所说常不思议因缘耶？"佛告大慧："非诸外道因缘得常不思议，所以者何？诸外道常不思议，不因自相成；若常不思议不因自相成者，何因显现常不思议？复次大慧！不思议若因自相成者，彼则应常。由作者因相，故常不思议不成。大慧！我第一义常不思议，第一义因相成；离性非性，得自觉相故有相；第一义智因，故有因，离性非性故；譬如无作虚空、涅槃，灭尽故常；如是大慧！不同外道常不思议论。如是大慧！此常不思议，诸如来自觉圣智所得，是故常不思议自觉圣智所得，应当修学。

"复次大慧！外道常不思议，无常性，异相因故，非自作因相力故常。复次大慧！诸外道常不思议，于所作性非性无常，见已思量计常。大慧！我亦以如是因缘所作者性非性无常，见已，自觉圣境界，说彼常无因。大慧！若复诸外道因相，成常不思议，因自相性非性，同于兔角；此常不思议，但言说妄想，诸外道辈有如是过。所以者何？谓但言说妄想，同于兔角，自因相非分。大慧！我常不思议，因

自觉得相故，离所作性非性，故常；非外性非性无常，思量计常。大慧！若复外性非性无常，思量计常不思议常，而彼不知常不思议自因之相，去得自觉圣智境界相远，彼不应说。"

语译：

尔时大慧菩萨摩诃萨白佛言："世尊！世尊所说自觉自证圣智境界及第一义境界，不正是诸外道所说常不思议之因缘吗？"佛告诉大慧："不是那些外道所说之因缘能够常不思议，为什么呢？因为那些外道所说的常不思议，不是由于自身的因相所成就；如果常不思议，不是由自身的因相所成就的话，有何正因能显现他们所说的常不思议？复次大慧！不思议境界若是由于自相因成就者，那个不思议境界就应该是常。由一个能作的外因相所成就，所以常不思议不能成就。大慧！我所说的第一义常不思议，第一义因相成立；离有法无法，而可以证得自觉自悟圣智相，所以有相；有第一义智慧为因，所以有因，离有法无法及作者相故；譬如无所作为的虚空及涅槃境界，由于毕竟灭尽，所以是常；如是！大慧！我所说的常不思议，不同于外道的常不思议说法。如是！大慧！我所说此常不思议，是十方如来自觉圣智所证真理，所以常不思议之自觉圣智所得智慧境界，应当修学。

"复次大慧！诸外道所说的常与不可思议，没有常性，是将自相以外之异因当作正因的缘故；不是以自作因相之力量而说它是常。复次大慧！诸外道辈所说之常及不可思议，是依于所作之法无真实法之无常性，见到诸所作法之无常性已，起虚妄想，思量兔角法为常不思议者。大慧！我亦以如是因缘，见所作者无常相，见已知其无常，复自觉悟圣智境界，证得常住不可思议境界，而说一切外道所说之常为无因论。大慧！如果另外有各种外道所主张之因相，可以成立为常不思议者，他们所说因之自相法不是真实有，和兔子头上的角一般；这种常不思议之议论，只是言说妄想而已；诸外道们有这样的过失。什么缘故呢？这就是说：他们所说的常与不可思议，都只是言说虚妄想象，和兔角一样——非有真实之法，所说的自因相是不存在的。大慧！我所说的常与不可思议，是以证得自心为觉悟得道之相，远离所作法之虚妄性，所以是常；非如外道因看见心外诸法无真实性之无常，而于自心起诸思量，想象及建立有某法为常。大慧！如果是依心外诸法之无常变坏，而思量有一不可思议之常，然而他们却不知道常而不可思议之自心因相——如来藏，那么，他们距离'证得自觉觉圣智境界相'仍很遥远，他们不应该说法。"

平实菩萨释义说：

由此段开始，世尊为佛子开示大乘第一义谛——圆成实性，并同时摧邪显正——借摧伏邪说而显示正义。若单说正义，唯说佛法之常不思议，则佛子不易真实证解，往往与诸外道常见论者所说常不思议心，混为一谈，鲁鱼不分；是故世尊说法时，常将外道所说混淆佛法之处，举示解析，令诸当代后世佛子知其分际，显示正义与外道之差异。

玄奘菩萨云："若不摧邪，无以显正。"今者诸宗诸派大师以常见外道法说为佛法常不思议之真心……悉认觉知心为不生灭者；如是不思议常，非真不思议常，而悉说彼等不思议常与佛法不思议常无异，混淆佛子修学佛法知见，误导修证方向；故应于宣示佛法常不思议第一义谛时，同时举示外道之常不思议之邪谬，令诸闻者能如实解知二者差异所在，方有希望进入真见道位；并可因为此一举示，令诸佛子见道后，能简佛道与常见外道差别，此后不再被古今大师所迷、所笼罩，而免退失正道。由此缘故，大慧菩萨故意举常见外道所说常不思议问佛；佛即以此问为由，开示佛道第一义常与外道不思义常之差异；无上甚深微妙正义于焉开展，正示佛子：

"非诸外道因缘得常不思议，所以者何？诸外道常不思议，不因自相成；若常不思议不因自相成者，何因显现常不思议？"世尊开示云：诸外道所说的常不思议之理不能成立，因为诸外道所说常不思议之理，是心外之法，不是以自心为因相而成立；如是常不思议之理，不是以自心为因相而成立者，以什么为根本因？而显现其常不思议之理？

有诸外道执一能造万物之神为常，谓天地及一切众生皆彼所造，如一神教之神，亦如中国神话之盘古开天辟地等；执彼心外之法为常、为不思议。亦有外道执宇宙中有一胜性，或一能量，能生天地万物及与众生，谓彼为常，谓其性不可思议。更多之外道（含佛门内之外道）执自己之觉知心为常，为不可思议，能生蕴处界万法。亦有外道说大梵天创造世界及众生，谓大梵天为常、不思议。亦有外道说时节、因缘创造世界及诸有情，故时节、因缘常，不可思议。亦有外道说由大种成就世界及诸有情，世界及有情形处有坏有灭，大种永不坏灭，故大种为常，不可思议。亦有外道说一切皆是自然生、自然坏，万物及有情有生住异灭，自然性无生住异灭，是常、不思议。复有外道说有不可知之冥性，辗转能生万法，万法有生灭，冥性无生灭，常、不思议。

彼诸外道所说常、不生灭、不可思议之法，皆非以自因为相；以非自因为相，则非正因，名为非因计因。若非以自因为常不思议之成就相者，有何正因可以显现常不思议？所以者何？此诸外因皆非可以现证其常不思议之因性故；或者其因是变异无常之法，如上帝、盘古、大梵天、觉知心，皆非恒住不坏之法；或者其因是人之虚妄想而有，如宇宙之能量、时节、自然、冥性等，非可实证，是兔无角法。是故不能真实显现常不思议。

"复次大慧！不思议若因自相成者，彼则应常。由作者因相，故常不思议不成。"不可思议之法若是因于自相而成立者，彼不可思议法就应是常住法；自相因者非所作而成，乃亘古以来本自存在，方可名之常。常住之法必定贯通三际——前际无量世、今际现在世、后际无量世；若是由他法之造作而有者，则能作之因独立于所作我及我所之外，作已与我无关，则非我此生命之本源实相，异我故；所作之我与我所复是本无今有，则非常住法；本无今有之法乃是有生，有生之法必定有灭，则非是常；能作之法必有变异，是故上帝、大梵天、盘古等必有变异，变异之法便是无常；若上帝等是无变异，无变异法不应能生世间及诸有情，无变异法无作用故；是故能作之神与所作之有情皆非是常，是可思议法。由斯故说："由作者因相，故常不思议不成。"

复次，由作者因相而言能作所作是常及不思议者，则应所作永常不异，则应男人恒是男人，历无量劫而不改易；然今现见有诸修行者于定中观见往世或为女人，或为天人，或为畜生，种种差别，是故作者因相常不思议之旨不能成立。若无自心常不思议，由作者故有我我所，以作者为常不思议者，则应一切有情悉无往昔世所作业种；然今现见有诸修行智者或以宿命通、或于定境中，亲见有往世所造诸业，今世受果。是故作者因相常不思议不成。

"大慧！我第一义常不思议，第一义因相成；离性非性，得自觉相故有相；第一义智因故有因，离性非性故；譬如无作虚空、涅槃，灭尽故常；如是大慧！不同外道常不思议论。"我释迦牟尼所说常住不可思议之法——如来藏，是由第一义因相成就；第一义者，于此之前无有一切法可起，故名此法为第一义，谓此法无始无终，本有，非所作；不灭，非能坏，故名第一义。

此法——如来藏——无始无终，本有不坏，众生不能知之，唯有大乘菩萨真见道者能领受之，故名不可思议。因为此法之常及不思议，第一义因相方能成就；此如来藏非空非有，证悟菩萨依五蕴身证此般若，故有身智自证觉悟相，故有相；以如来藏第一义般若智为因，所以有因——非以想象虚无之时节自然冥性等为因，故离无因论；非以想象之作者为因，故离作者有因论，是名"离性非性"。

如来藏法譬如虚空无为无作——一切有为有作之法及执着六尘之法，皆是蕴处界所作故。譬如涅槃无为无作——离见闻觉知亦不作主故。如来藏法离见闻觉知，无为无作，诸法灭尽，是故名常。如是大慧！我所说之常不思议正理，不同于外道之常不思议之议论。

"如是大慧！此常不思议，诸如来自觉圣智所得；是故常不思议自觉圣智所得，应当修学。"此第八识之常及不可思议，是一切如来自觉自证圣智之正理，所以常不思议自觉自证圣智所得般若慧，菩萨们应当修学。①

"外道常不思议，无常性，异相因故，非自作因相力故常。"外道们所说的常不思议，有很多种的说法，但其实都是没有常性，都不是自心第八识之法相；与自心阿赖耶识之"法相因"有异故，非依

---

① 萧平实：《楞伽经详解》第三辑，台北：正智出版社，2010年初版六刷，第126-131页。

"自心能作因"为法相力而说为常不坏灭。如前所举诸外道见,皆于自心阿赖耶之外,而作错误之思维与推论,建立为常不思议之法相;而彼等所说常不思议之法相,既非自相因,可知绝非真实之常不思议法。

"复次大慧!诸外道常不思议,于所作性非性无常,见已思量计常。大慧!我亦以如是因缘所作者性非性无常,见已,自觉圣境界,说彼常无因。"前段佛语开示,说诸外道不观察自身蕴界处无常,而作虚妄想,思维推论:于蕴处界外别有能生吾人蕴处界之常不思议法。此段佛语则开示:有诸外道则是观察所作(蕴处界)无真实不坏性,是无常法,有已后坏;观察已,思量计度有一恒常不坏之法,能生所作之法(蕴处界),计以为常。

佛亦如是观察蕴处界法无真实不坏体性,是无常性,是所作法;观察即知必有另一能作蕴处界之法,周遍观察已,寻知即是自心第八识,此第八识方是真实能作蕴处界者,非是上帝、安拉,亦非大梵天,亦非冥性、极微、形处、自然、时节等虚妄想象之无常变易法;亦非无常断灭之觉知心断灭已,复能无因自现。以如实观察已,依自觉圣智境界,说彼诸外道皆没有证得恒常不坏之因,乃是无因论者。因为他们所说能作蕴处界之因,都不是正因,唯有如来所亲证之第八识,方是能作(能生)蕴处界及万法之正因,故说彼诸外道虽然口说常不思议因,其实皆是非因计因,本质上是无因论者。

"大慧!若复诸外道因相,成常不思议,因自相性非性,同于兔角;此常不思议,但言说妄想,诸外道辈有如是过。所以者何?谓但言说妄想,同于兔角,自因相非分。"如果诸外道们说,他们也有因相,可以成就常不思议,但是他们所说的因相自性并非有真实法性,与兔子头上的角一样(只是想象之法);这一种常不思议的法,只是言语和虚妄想而已,并没有真实能作蕴处界的法性,那些外道们有这样的过失。也就是说:他们所说的都只是言语和虚妄想象罢了!和兔子头上的角一般虚妄,因为他们所说的自因相是非分的——不如实有,依虚妄想而自心施设推断为有。但佛所说的自因相阿赖耶心是可以实证领受的。

自因相者,谓一切有情蕴处界生起现行之因,若由自心所现起,名为自因相,譬如自心阿赖耶;若由蕴处界外所现者,名为他因相,譬如大梵天造人、上帝造人等。此段佛语谓佛教之外,无有任何外道实有常不思议法,皆非自因相故;即使他们口说有常不思议之自因相,其自因相亦皆非分,是故一切外道无有常不思议法。

"大慧!我常不思议,因自觉得相故,离所作性非性,故常;非外性非性无常,思量计常。"世尊所说的常不思议法,是根源于觉悟自心为证得自因相的缘故,远离所作法性之非真实性,所以是常;非如造物主、大种、时节、因缘、自然等外道所说无真实体性之无常法,而错误地思维推论为常不坏法。

"大慧!若复外性非性无常,思量计常不思议常,而彼不知常不思议自因之相,去得自觉圣智境界相远,彼不应说。"如果有人以蕴处界外、不相干之外法——这种法是"非法",也是无常的;而心里思维推论误以为是常,他不知道常不思议的自因相——第八识阿赖耶,这个人距离自觉圣智境界相,仍很遥远,这个人不应该说法。①

如来的主张是:没有实证真正的常、不思议、自相因的佛弟子与外道们,都不应该擅自演说常住而不可思议的万法本源。否则一定

---

① 萧平实:《楞伽经详解》第三辑,台北:正智出版社,2010年初版六刷,第133-136页。

会误导众生，害众生成就大妄语业，故说："彼不知常不思议自因之相，去得自觉圣智境界相远，彼不应说。"

〈教授法门对示品〉第九

【经】

师一日唤门人法海、志诚、法达、神会、智常、普光、智通、志彻、志道、法珍、法如等曰：

"汝等不同余人，吾灭度后，各为一方师，吾今教汝说法，不失本宗[1]。先须举三科法门，动用三十六对，出没即离两边，说一切法莫离自性。忽有人问汝法，出语尽双，皆取对法；来去相因究竟，二法尽除，更无去处。三科法门者，阴界入也。阴是五阴，色受想行识是也。入是十二入：外六尘，色声香味触法；内六门，眼耳鼻舌身意是也。界是十八界：六尘、六门、六识是也。自性能含万法，名含藏识，若起思量即是转识。生六识，出六门，见六尘；如是一十八界皆

从自性起用。自性若邪，起十八邪；自性若正，起十八正；含恶用即众生用，善用即佛用。

用由何等？由自性有对法：外境无情五对，天与地对，日与月对，明与暗对，阴与阳对，水与火对，此是五对也。法相语言十二对：语与法对，有与无对，有色与无色对，有相与无相对，有漏与无漏对，色与空对，动与静对，清与浊对，凡与圣对，僧与俗对，老与少对，大与小对，此是十二对也。自性起用十九对：长与短对，邪与正对，痴与慧对，愚与智对，乱与定对，慈与毒对，戒与非对，直与曲对，实与虚对，险与平对，烦恼与菩提对，常与无常对，悲与害对，喜与瞋对，舍与悭对，进与退对，生与灭对，法身与色身对，化身与报身对，此是十九对也。"

师言："此三十六对法，若解用，即道贯一切经法，出入即离两边；自性动用，共人言语，外于相离相，内于空离空。若全着相，即长邪见；若全执空，即长无明。执空之人有谤经，直言'不用文字'；既云不用文字，人亦不合语言；只此语言，便是文字之相。又云'直道不立文字'，即此'不立'两字亦是文字；见人所说，便即谤他，'言著文字'，汝等须知：自迷犹可，又谤佛经。不要谤经，罪障无数；若着相于外而作法求真，或广立道场说有无之过患，如是之人累劫不可见性。但听依法修行，又莫百物不思而于道性窒碍；若听说不修，令人反生邪念。但依法修行，无住相法施。汝等若悟，依此说，依此用，依此行，依此作，即不失本宗。

若有人问汝义，问有，将无对；问无，将有对；问凡，以圣对；问圣，以凡对。二道相因，生中道义。汝一问一对，余问一

第九 对示 教授法门

依此作,即不失理也。设有人问:"何名为暗?"答云:"明是因,暗是缘,明没则暗。"以明显暗,以暗显明,来去相因,成中道义。余问悉皆如此。汝等于后传法,依此转相教授,勿失宗旨。"

【注】
1. "不失本宗":没有失去自己所归禅门法教的意思。

【语译】
六祖大师有一天叫唤门人法海、志诚、法达、神会、智常、普光、智通、志彻、志道、法珍、法如等来集而说:

"你们跟其他人不同,在我灭度以后,将各自成为一方的老师,我现在教你们要怎样说法,才不失本宗顿教的宗旨。首先需要举出三科法门、动用三十六对、出没于即与离等两边,演说一切佛法时都不可离开真心自性而说。如果忽然有人问你们法义时,说出的话要成双,都取一对相立的法相,也就是来与去互相为因才能究竟,落入二边的法都能除去,除了自性以外再也没有别的去处。三科法门的意思,是指五阴、十八界、十二入。阴是五阴,色阴、受阴、想阴、行阴、识阴是也。入是十二入:外六尘,色声香味触法;内六门,眼耳鼻舌身意是也。界是十八界:六尘、六根门、六识是也。真心自性能含摄万法,因此又名含藏识,如果是能生起思量分别的心即是指意识等转识。真心出生六识,六识出入六根门头,以见闻觉知分别六尘;如是一十八界都是从真心的自性中生起作用。因此自性中如果含有邪种子,就生起十八界的邪相;自性所含种子如果正净,就生起十八界的正净法相;含藏恶种子而生起的十八界作用就是凡夫众生作用,生起善用时就是清净佛法的起用。"

"这36对的起用是源于什么呢？是由于自性才会有各种互相对立之法：例如外境无情物有5对，所谓天与地相对；日与月相对；明与暗相对；阴与阳相对；水与火相对；如此是5对也。在法相语言上面可以分为12对：语与法相对；有与无相对；有色与无色相对；有相与无相互对；有漏与无漏相对；色与空相对；动与静相对；清与浊相对；凡与圣相对；僧与俗相对；老与少相对；大与小相对；如此是12对也。在自性起用上面可以分为19对：长与短相对；邪与正相对；痴与慧相对；愚与智相对；乱与定相对；慈与毒相对；戒与非相对；直与曲相对；实与虚相对；险与平相对；烦恼与菩提相对；常与无常相对；悲与害相对；喜与瞋相对；舍与悭相对；进与退相对；生与灭相对；法身与色身相对；化身与报身相对；如此是19对也。"

六祖教导说："这个36对法，如果理解如何运用，那就是所证的道已经贯通一切经法了，于接引人时所说诸法或出或入都可以即两边而离两边；依自性而动用这36对，与学人说话的时候，显示于外的是处于诸相中而离诸相，于内而言则是处于空而离于空。如果全都着于诸相，就会增长邪见；如果全都执着于空，就会增长无明。"

"执空之人有谤经的现象出见，直接说言'禅宗不使用文字'；他们既然说'不用文字'，那么人们也就不该开口说话；单就他们讲出来的'不用文字'这话，便是文字之相。他们又说'禅宗直接告诉我们说不立文字'，单就他们讲的这个'不立'两字同样也是文字；他们看见别人所说的佛法，就随即诽谤他人，说他人是执着文字，你们要知道：自己迷昧佛法那还情有可原，如今又错解佛法自以为是而诽谤到佛经了。千万不要诽谤佛经中的意旨，所引生的罪障无法数得清的；如果是执着法相而在六尘等外境上修作诸法以求真心，或是广立道场而数说别人在佛法上有无开悟等过失，这一类人将是经过很多劫还不可能看见真心性。只要听我所说而依照真实法义去修行，并且千万不要百物不思而在修道悟性上窒碍了自己；如果只是听闻佛法而不实际修行，会使人反而生出邪念自以为了解佛法。大众只要依正法修行，不住于一切相而去作法施就对了。你们如果证悟之后，就依我此说，依我这36对起用，依这个道理而修行，依这个开示去做佛事，就不会失去本宗顿教的宗旨。"

"如果以后有人问你们佛法的真实义，问有时，以无对答；问无时，以有对答；问凡时，以圣对答；问圣时，以凡应对。以两边相对待的二道互相为因，令学人出生中道的义理。你们对于每一问都只要给予一对，其余所有发问也都依照这方法而作，就不会失去宗门的正理。譬如有人来问：'什么叫作暗？'就答说：'明亮是因，黑暗是缘，明亮消失了就是黑暗。'这是用明显示黑暗，以暗来显示明，一来一去二法互相为因，即可成就中道之义。其他的问答都是这个道理。你们以后传法之时，要依这个道理转相教授，不要失去宗门旨意。"

【解】

六祖此品所开示的三十六对法义，在整个佛菩提道的圆满修证法教中，是属于比较浅显的般若法教，于一切种智之中，属于真见道位的智慧；真见道之后还有相见道位及通达位，见道的通达位之后才进入初地的修行过程，要开始修学十度波罗蜜多，才能次第到达佛地。完整佛菩提道法教的简介，在《楞伽阿跋多罗宝经》卷一中，佛陀有一精要的开示：

复次大慧！如来说法，离如是四句：谓一异、俱不俱、有无非有非无、常无常。离于有无、建立、诽谤、分别。结集真谛、缘起、道灭、解脱，如来说法，以是为首。非性、非自在、非无因、非微尘、非时、非自性相续，而为说法。复次大慧！为净烦恼尔焰障故，譬如商主，次第建立百八句无所有：善分别诸乘及诸地相。

【语译】：

复次大慧！如来说法时远离这四句：也就是一异、俱不俱、有无非有非无、常无常。远离有无、建立、诽谤、分别。结集第一义真谛、缘起性空俗谛、修道证灭之法、证得四种涅槃解脱，如来说法，以结集这四种法门为首要。不是数论外道所说不真实法、不是大自在天创造一切、不是无因而自然生、非是四大微尘成诸有情、非由时节因缘形成有情、非是觉知之性相续不断，离如是过失而为众生说法。复次大慧！为令佛子清净烦恼及无明障的缘故，譬如商主巧设方便一样，如来次第建立一百八句无所有法；善于分别三乘诸法差别，及分别十地差别相。

平实菩萨释义说：

"复次大慧！如来说法，离如是四句：谓一异、俱不俱，有无非有非无、常无常"：如来说法皆以实相涅槃而说，实相涅槃者即是自心藏识；依自心藏识而显实相涅槃，若离自心藏识而言实相及涅槃者，皆成戏论，非真实相、亦非涅槃故，唯是言语故。是故一切未曾证悟自心藏识之二乘无学所说涅槃，非是究竟涅槃，与实相不相应故；是故一切尚未证悟藏识自心之大乘法师居士，彼等依于一异、俱不俱、有无非有非无、常无常等句而说实相者，悉皆言不及义……否定自心藏识者，亦皆戏论，所说悉堕名相，有名无实，未能触及第一义心，所说八不中道悉成戏论。如来所说，远离四句，于三转法轮中，唯说自心藏识——一切唯心造，心即法界性。于二转法轮经中所说八不中道，亦依实相涅槃心而说，非如印顺法师以一切皆灭之灭相不灭为八不中道也。

"离于有无、建立、诽谤、分别"：有无者谓众生愚痴无明所障，执有过未现在三世、执无过未现在三世，执有不生灭心与蕴是一是异，执有不生灭心与蕴俱或不俱，执有不生灭心是常或非常，名为执有无者；佛说自心离于有无非有非无，自心藏识与见不相应故。

建立者，谓……执"不起妄念之觉知心"为涅槃实相妙心，将此念念变异、夜夜间断而不能来往三世之断灭心，建立为涅槃实相妙心，名为建立见，常见外道法是也。佛说法时远离此见，谓佛已于初转法轮四部阿含一切经中，广破建立见之常见外道法，故不堕此见中。

诽谤者，谓诸断见论者……谤无七八识者。以依三转法轮唯识诸经寻觅如来藏阿赖耶识，而觅之不得。遂谤为无，名为诽谤见者。

分别者，谓诸三乘学人，外于自心藏识而分别三乘佛法、为人说法，是名分别者。佛于初转法轮四阿含中，开示三乘法时，虽然偏显二乘空相诸法，然于处处隐含空性藏识密意，依如来藏而说四圣谛、八正道、十二因缘之缘起性空；异于凡夫之否定自心如来藏而广分别二乘缘起性空等法，是故不堕分别论中。佛世之二乘无学虽然多有未证第八识者，然亦多有无学圣人知有第八识阿赖耶、知是涅槃实际者，故彼声闻无学所说二乘缘起性空诸法，亦能不堕分别论中。

"结集真谛、缘起、道灭、解脱，如来说法，以是为首"：

结集真谛者，谓结集第一义谛诸经。第一义谛乃说法界之真实体性——第八识如来藏；《华严经》云："若人欲了知，三世一切法，当观法界性，一切唯心造。"一切法界之真实体性即是自心藏识；三世一切法，一切有为无为法界，莫非自心藏识所生所显，故说唯心；此自心藏识既是一切法界之根源，当知此心即是第一义之法源也，唯此藏识所显真理是究竟真理，余者皆是相对真理，故名第一义谛。结集一切阐释藏识之真实义理经法，名为结集真谛。

结集缘起者，谓结集缘觉法之一切正理。缘觉法者，谓依蕴处界而现前观察十二因缘，以现观故除断我见我执，成辟支佛。缘起亦谓缘生，乃顺观十二因缘也；缘灭亦谓性空，乃逆观十二因缘还灭法也。然顺观者，亦得为还灭之法，亦名缘灭。

此有故彼有，是即缘起法；以有无明故有行，乃至生有故有老死；缘起之法，必归于灭，其性必空，故五蕴十二处十八界性空，是名缘起性空，或名缘生性空。此灭故彼灭，是即还灭法；以无无明故无行，乃至无生故无老死；一一有支皆是缘起之法，依缘而起者必可依缘而灭，其性是空，故名缘起性空；十二有支之无明灭已，一一有支随灭不起，故得解脱。结集一切缘起性空之相对真理经法，名为结集缘起。

结集道灭者，谓结集四谛八正之法义。四谛八正乃是声闻之道，以苦集灭道四圣谛法之真实理，令佛子解知；以八正道为修行之法门，现前观察五蕴十二处十八界之无常空相：无常故苦，苦故无我；无常故空，空故无我，由是如实现观，除断我见我执，我执灭故，成阿罗汉。结集声闻法解脱之道及灭苦正理之一切经法，名为结集道灭。

缘起道灭乃二乘法，是相对于五蕴十二处十八界法而建立之解脱法，故为相对真理，于大乘法中说为俗谛，蕴处界是三界有为俗法故，依蕴处界俗法而演示出三界正理故，名为俗谛。

结集解脱者，谓结集一切叙述四种涅槃之经法。四种涅槃为：本来自性清净涅槃、有余依涅槃、无余依涅槃、无住处涅槃。四义已于前三辑中演述，勿烦再举。

如来说法，以结集第一义谛、缘起性空俗谛、苦集灭道俗谛及四种涅槃为首要……

"非性、非自在、非无因、非微尘、非时、非自性相续，而为说法"：如来说法以结集真谛、缘起、道灭、解脱四法为首，不以数论、大自在天、自然、微尘、时节、自性相续等外道法而说。

"性"谓数论外道所说冥性也。彼等以冥性为万有之生因，以二十五谛建立其宗义；四大类外道之一也，于卷四经文中当说，今不先举示。

"自在"谓似如今一神教徒之类，认为一切有情及与世界，皆是由一全知全能之大自在天或梵天所造，名为自在外道。

"无因"者谓无因论也。谓有一类外道不知自心藏识能生一切法，不知有情蕴处界由自心藏识所生；觅求蕴处界生之因不可得，便计蕴等诸法依父母缘自然而生，无自心藏识之因，名为自然外道无因论者……

"微尘"者谓：有一类外道误计蕴等诸法皆依四大极微元素合成，觉知心亦依四大微尘所成色蕴而有；犹如锋利依刃而有，觉知心依色蕴而有；色蕴坏已，觉知心永断，归于断灭，无有能去至后世者，此即唯物论之断见也。

"时"者谓：有一类外道误计时节为蕴等一切法之根源；时至则生，时过则坏，悉依时节而成住坏空；时节因缘成就蕴等一切法，时节因缘灭坏蕴等一切法。

"自性相续"者谓：如今南传佛法诸师，多有主张意识觉知心可以其自性之相续不断而连结三世因果者，名为自性相续外道——自性见者。亦如印顺法师及其徒众，主张意识之细心可因自性相续不断，而由往世来至此世，复能去至来世，亦是自性相续之自性见……以"清清楚楚明明白白"之觉知心为恒不坏心，认为不须别依藏识而能于眠熟断已，次日自性相续而起，错认意识觉知心为真如，亦是自性相续之自性见者。余如拙著公案拈提诸书所拈诸师，多属自性相续见者。

如来说法，以结集真谛、缘起、道灭、解脱等四门为主，不说数论、大自在天、无因论、四大极微、时节、自性见等外道论。

"为净烦恼尔焰障故，譬如商主，次第建立百八句无所有；善分别诸乘，及诸地相"：烦恼障谓见惑与思惑障碍修行者，使之不能脱离生死轮回；于大乘法中说为一念无明之四种住地烦恼：见一处住地无明（我见）、欲界爱住地无明、色界爱住地无明、无色界爱（有爱）住地无明。尔焰障谓无始无明——无始以来法尔存在而不曾与觉知心相应之无明住地，直至欲明法界实相时方才相应，而犹未与无始无明之"上烦恼"相应。如是无始无明又名所知障，于法界实相心之空性及有性不知不证，是故成障，障佛菩提。

佛为清净诸佛子之烦恼障及所知障故，譬如大商主施设化城，渐渐引领商众而至安隐大城，是故次第建立百八句法界空性与蕴处界等诸法空相诸无所有法，善于分别及宣说三乘同异，及宣说十地境相差别，令大乘佛子通达佛法渐入诸地，双证解脱果与菩提果。[1]

---

[1] 萧平实：《楞伽经详解》第四辑，台北：正智出版社，2000年版，第133-140页。

〈说偈付嘱流通品〉第十

【经】

　　师于太极元年壬子，延和七月，命门人往新州国恩寺建塔。仍令促工，次年夏末落成。七月一日，集徒众曰："吾至八月，欲离世间，汝等有疑，早须相问；为汝破疑，令汝迷尽。吾若去后，无人教汝。"法海等闻，悉皆涕泣，惟有神会神情不动，亦无涕泣。

　　师云："神会小师，却得善不善等毁誉不动，哀乐不生；余者不得，数年山中，竟修何道？汝今悲泣，为忧阿谁[1]？若忧吾不知去处，吾自知去处；若吾不知去处，终不预报于汝。汝等悲泣，盖为不知吾去处；若知吾去处，即不合悲泣。法性本无生灭去来，汝等尽坐，吾与汝说一偈，名曰《真假动静

偈》。汝等诵取此偈，与吾意同；依此修行，不失宗旨。"众僧作礼，请师作偈。偈曰：

一切无有真，不以见于真；
若见于真者，是见尽非真。
若能自有真，离假即心真；
自心不离假，无真何处真。
有情即解动，无情即不动；
若修不动行，同无情不动。
若觅真不动，动上有不动；
不动是不动，无情无佛种。
能善分别相，第一义不动；
但作如此见，即是真如用。
报诸学道人，努力须用意；
莫于大乘门，却执生死智。
若言下相应，即共论佛义；
若实不相应，合掌令欢喜。
此宗本无诤，诤即失道意；
执逆诤法门，自性入生死。

时徒众闻说偈已，普皆作礼，并体师意，各各摄心，依法修行，更不敢诤，乃知大师不久住世。

法海上座再拜问曰："和尚入灭之后，衣法当付何人？"师曰："吾于大梵寺说法，以至于今抄录流行。汝等守护，递相传授，度诸群生。但依此说，是名正法。今为汝等说法，不付其衣，盖为汝等信根淳熟，决定无疑，堪任大事。然据先祖达摩大师付授偈意，衣不合传。"偈曰：

吾本来兹土，传法救迷情。
一花开五叶，结果自然成。

师复曰："汝等若欲成就种智[2]，须达一相三昧、一行三昧。若于一切处而不住相，于彼相中不生憎爱，亦无取舍，不念利益成坏等事，安闲恬静，虚融澹泊，此名一相三昧。若于一切处，行住坐卧纯一直心，不动道场，真成净土，此名一行三昧。若人具二三昧，如地有种，含藏长养，成熟其实，一相一行亦复如是。我今说法，犹如时雨普润大地，汝等佛性譬诸种子，遇兹沾洽，悉皆发生。承吾旨者，决获菩提；依吾行者，定证妙果。"听吾偈曰：

心地含诸种，普雨悉皆萌。
顿悟花情已，菩提果自成。

师说偈已，曰："其法无二，其心亦然；其道清净，亦无诸相。汝等慎勿观静及空其心，此心本净，无可取拾，各自努力，随缘好去。"尔时徒众作礼而退。

大师七月八日忽谓门人曰："吾欲归新州，汝等速理舟楫。"大众哀留甚坚，师曰："诸佛出现，犹示涅槃；有来必去，理亦常然。吾此形骸归必有所。"众曰："师从此去，早晚可回？"师曰："叶落归根，来时无口。"又问曰："正法眼藏，传付何人？"师曰："有道者得，无心者通。"曰："未知从上佛祖应现已来，传授几代？愿垂开示。"

师云："古佛应世已无数量，不可计也。今以七佛为始，过去庄严劫毗婆尸佛、尸弃佛、毗舍浮佛，今贤劫拘留孙佛、拘那含牟尼佛、迦叶佛、释迦文佛，是为七佛。释迦文佛首传摩诃迦叶尊者，第二阿难尊者，第三商那和修尊者，第四优婆趜多尊者，第五提多迦尊者，第六弥遮迦尊者，第七婆须蜜多尊者，第八佛驮难提尊者，第九伏驮蜜多尊者，第十胁尊者，十一富那夜奢尊者，十二马鸣大士，十三迦毗摩罗尊者，十四龙树大士，十五迦那提婆尊者，十六罗侯罗多尊者，十七僧迦难提尊者，十八迦耶舍多尊者，十九鸠摩罗多尊者，二十阇耶多尊者，二十一婆修盘头尊者，二十二摩拏罗尊者，二十三鹤勒那尊者，二十四师子尊者，二十五婆舍斯多尊者，二十六不如蜜多尊者，二十七般若多罗尊者，二十八菩提达摩尊者，二十九慧可大师，三十僧璨大师，三十一道信大师，三十二弘忍大师，惠能是为三十三祖。从上诸祖各有禀承，汝等向后递代流传，毋令乖误。"

又问："此后无有难否？"师曰："吾灭后五六年，当有一人欲取吾首，听吾偈曰：

头上养亲，口里须餐³。遇满之难，杨柳为官。⁴"

又云："吾去七十年，有二菩萨从东方来，一出家一在家，同时兴化，建立吾宗，缔缉伽蓝，昌隆法嗣。"

大师先天二年癸丑岁，八月初三日，是年十二月改元开元，于国恩寺斋罢，谓诸徒众曰："汝等各依位坐，吾与汝别。"法海白言："和尚留何教法，令后代迷人得见佛性？"师言："汝等谛听。后代迷人若识，众生即是佛性；若不识众生，万劫觅佛难逢。吾今教汝识自心众生，见自心佛性。欲求见佛，但识众生；只为众生迷佛，非是佛迷众生；自性若悟，众生是佛；自性若迷，佛是众生。自性平等，众生是佛；自性邪险，佛是众生。汝等心若险曲，即佛在众生中；一念平直，即是众生成佛。我心自有佛，自佛是真佛；自若无佛心，何处求真佛？汝等自心是佛，更莫狐疑，外无一物而能建立，皆是本心生万种法，故经云：'心生种种法生，心灭种种法灭。'吾今留一偈，与汝等别，名《自性真佛偈》。后代之人识此偈意，自见本心，自成佛道。"偈曰：

真如自性是真佛，邪见三毒是魔王；
邪迷之时魔在舍，正见之时佛在堂。
性中邪见三毒生，即是魔王来住舍；
正见自除三毒心，魔变成佛真无假。
法身报身及化身，三身本来是一身；
若向性中能自见，即是成佛菩提因。
本从化身生净性，净性常在化身中；
性使化身行正道，当来圆满真无穷。
淫性本是净性因，除淫即是净性身；
性中各自离五欲，见性刹那即是真。
今生若遇顿教门，忽悟自性见世尊；
若欲修行觅作佛，不知何处拟求真。
若能心中自见真，有真即是成佛因；
不见自性外觅佛，起心总是大痴人。
顿教法门今已留，救度世人须自修；
报汝当来学道者，不作此见大悠悠。

师说偈已，告曰："汝等好住，吾灭度后，莫作世情悲泣雨泪，受人吊问，身着孝服；非吾弟子，亦非正法。但识自本心，见自本性无动无静、无生无灭、无去无来、无是无非、无住无往。恐汝等心迷，不会吾意，今再嘱汝，令汝见性，吾灭度后依此修行，如吾在日；若违吾教，纵吾在世亦有无益。"复说偈曰：

兀兀不修善，腾腾不造恶；
寂寂断见闻，荡荡心无着。

师说偈已，端坐至三更，忽谓门人曰："吾行矣。"奄然迁化，于时异香满岩，白虹属地，林木变白，禽兽哀鸣。十一月，广韶新三郡官僚、洎门人僧俗争迎真身，莫决所之。乃焚香祷曰："香烟指处，师所归焉。"时香烟直贯曹溪。十一月十三日迁神龛，并所传衣钵而回。次年七月二十五日出龛，弟子方辩以香泥上之。门人忆念取首之记，遂先以铁叶漆布固护师颈入塔，忽于塔内白光出现，直上冲天，三日始散。韶州奏闻，奉敕立碑，纪师道行。师春秋七十有六，年二十四传衣，三十九祝发；说法利生三十七载，得旨嗣法者四十三人，悟道超凡者莫知其数。达摩所传信衣，中宗赐磨衲宝钵，及方辩塑师真相，并道具等，主塔侍者尸之，永镇宝林道场。流传《坛经》，以显宗旨，兴隆三宝，普利众生者。

【注】

1. "为忧阿谁？"：为谁忧虑？
2. "种智"：种智全名为一切种智，谓如来藏中所含藏一切种子之智慧，具足此智者名为一切种智，位在佛地；未具足者，名为道种智，位在诸

第十　说偈付嘱
　　流通品
　　流通

地。证悟真心如来藏而通达非安立谛三品心者，名为通达位菩萨，甫入初地，尚无种智；于初地之住地心中开始修学八识心王百法明门而得现观者，方始初发一切种智，由未具足故，名为道种智；地地进修乃至妙觉位，此智皆名道种智，唯佛地具足圆满时方名一切种智。此是悟后所应进修者，故六祖吩咐大众悟后应该修学。

　　3．"头上养亲，口里须餐"：有人想要拿六祖的首级回去供养，因此付钱给他人当作吃饭钱，请他从事这件工作。

　　4．"遇满之难，杨柳为官"：指六祖金身会遇到张净满这个人来取的劫难，当时的县官一人姓杨、一人姓柳。最后也是他们两人指挥，逮捕张净满到案。

【语译】

　　六祖在太极元年壬子，延和七月，指示门人前往家乡新州国恩寺建塔。又指示加紧赶工完成，于是在第二年的夏末落成。七月一日，聚集了徒众说："我到今年八月时，要离开世间了；你们如果有疑问，要趁早来问；我为你们解开疑惑，让你们没有迷昧。我如果离开之后，没有人能教你们了。"法海等弟子听闻到这里，全都痛哭流涕，只有神会神情不动，也不哭泣。

　　六祖说："神会这个小师父，倒能做到于善法不善法等境界中可以毁誉都不动心，悲哀与快乐都不生起；其他的人却做不到，这几年在山中，究竟是在修什么道？你们现在哭成这样，到底是为谁在担忧？如果是担忧我不知自己将往生到哪里去，我却是自己知道死后去哪里；如果我自己都不知道去处，也就不能事先预知说给大家准备了。你们悲哀哭泣，实在是因为不知道我的去处；如果知道了我的去处，就不应该悲泣。真心的法性本无生灭去来，你们全都坐好，我跟你们说一首偈,名叫《真假动静偈》。你们好好诵读记取这首偈,就跟我刚才说的意旨相同;依照这个偈子的道理去修行,就能不失禅门宗旨。"于是众僧向六祖作礼,请大师作偈。偈中这么说:

一切诸法都没有有真实不坏的,不该以五蕴诸法视为真实的自己;

若将五蕴等诸法视为真实法,是诸所见全部都不是真实法。

若能自己证知本有的真实法,远离虚假五蕴时的那个即是心地真实法;

但自己本有的真心却不曾离开五蕴等假法,若无真心时何处还有真心。

有情是生来便懂得运动,无情可就从来不能运动;

如果错修了不动心的愚行,却同于无情始终不动心。

若要寻觅真正的不动者,当知运动之上有个不动者;

不动的就是不动的,无情没有佛种。

若果能善于分别动相与不动相,住于第一义谛中就能不动心;

只要能作这样的所见,就是真如心的功用。

我报知诸位学道的人,修禅努力时必须要运用这样的作意;

切莫于大乘门中修禅时,却执着五蕴等诸法而落入有生有死的世间智中。

若能于我惠能言下相应,我就与你共论佛法的真义;

若是于我所说妙法真的不能相应,就合掌而令大众都欢喜吧。

禅宗门下的正义本来无有诤论,生起诤论的人即是失去道意而误会者;

执着五蕴等生死法相而互逆诤论各种法门,真心自性就不免继续

说偈付嘱流通品第十

入于生死。

此时徒众听闻六祖说完偈颂,全都礼拜,并且体会六祖的心意,各各摄心,依法修行,更不敢起诤,这时方才知道六祖大师真的不会再久住世间。法海上座于是再度礼拜请问六祖说:"和尚入灭之后,祖衣与法脉将会交付给谁?"六祖大师说:"我最初在大梵寺说法,到现今所说法义已经抄录流行四方。你们要守护的是法,将法教递相传授下去,广度诸群众生。只要依此而说,就是正法。如今为你们解说妙法,不再传付祖师所留传下来的法衣,这是因为你们信根已经淳厚而成熟了,决定信受正法而无怀疑,堪能受任弘法大事。然而根据先祖达摩大师所吩咐传授下来的偈意,祖师的法衣物不应该再传递下去。"我的偈便这么说:

我的本怀是来到这个国土,传授正法救护学人已被迷惑的道情。

这个无生妙花绽开了五瓣,禅宗成为五个宗派的结果自然成就。

六祖大师又说:"你们悟后如果想要修行成就一切种智,必须证达一相三昧、一行三昧。如果能于一切处中都不住于相中,于彼彼相中都不生起憎恨或是贪爱,也不取不舍诸法,不忆念自己的利益成坏等事,心中安闲恬静,虚无融通而澹泊自处,如是修证名为一相三昧。如果在一切处所上,行住坐卧时都纯一直心而依真如住心,便是不动的道场而真正成就净土,这个名为一行三昧。如果有人能具有这二种三昧,就象是地里有种子,含藏长养之下,能够成熟其果实,修证一相三昧、一行三昧也是这个道理。我现今说法,犹如及时之雨普润于大地,你们的成佛之性就譬如是诸多种子,遇到这个法雨沾湿滋

润,都能发生果实。禀承我这个旨意的人,决定能够证获菩提;依照我所教导而修行的人,一定得证妙果。"再听我偈说:

真心的境界中含藏诸多种子,普遍下雨之后全部都会萌芽。
顿悟了妙花的情况之后,菩提妙果自然便能成就。

六祖大师又说:"佛法本来没有二种,真实心也同样是这个道理;这样的法道是清净的,也没有种种法相。你们千万不要修观静法门以及空掉自己觉知心中的种种念,这个真心是本来清净而存在着,无法向外取得或拾回,你们各人要自己努力,如今便随着各人的因缘好好归去吧。"随后门徒众人作礼而退。

六祖大师在七月八日忽然告诉门人说:"我要返归新州去,你们尽快为我安排舟车。"大众很坚定地哀求六祖留下来,六祖说:"诸佛出现世间,最后都还要示现入涅槃;凡是有来的就必定会有去,这是不变的常理。我这一世的形骸必定要有所归宿的。"大众说:"请师父从此地离去以后,多少时节可以回来?"六祖说:"叶子落下终将回归树根,再来的时候是没有嘴巴的。"大众又请问说:"正法眼藏佛法大意,大师是传付给谁呢?"六祖说:"有道的人得法,没有世间心的人能通。"大众又请问:"不知从最初佛祖应现世间以来,已经传授了几代?祈愿师父慈悲开示。"

六祖说:"往劫以来诸多古佛应世已经没有数量,没有办法计算的。如今只以最近的七佛作为开始来说,过去庄严劫时有毗婆尸佛、尸弃佛、毗舍浮佛出世,如今贤劫已经有拘留孙佛、拘那含牟尼佛、迦叶佛、释迦文佛出世,是为七佛。释迦文佛首传佛法大意给摩诃迦

说偈付嘱 流通品第十

叶尊者，递传第二代祖师阿难尊者，第三为商那和修尊者，第四优婆趜多尊者，第五提多迦尊者，第六弥遮迦尊者，第七婆须蜜多尊者，第八佛驮难提尊者，第九伏驮蜜多尊者，第十胁尊者，十一富那夜奢尊者，十二马鸣大士，十三迦毗摩罗尊者，十四龙树大士，十五迦那提婆尊者，十六罗侯罗多尊者，十七僧迦难提尊者，十八迦耶舍多尊者，十九鸠摩罗多尊者，二十阇耶多尊者，二十一婆修盘头尊者，二十二摩拏罗尊者，二十三鹤勒那尊者，二十四师子尊者，二十五婆舍斯多尊者，二十六不如蜜多尊者，二十七般若多罗尊者，二十八菩提达摩尊者，二十九慧可大师，三十僧璨大师，三十一道信大师，三十二弘忍大师，惠能是为三十三祖。从上以来诸祖都各有所禀而继承，你们今后也是要这样递代流传下去，不应有误。"

大众又问："师父走后会有灾难吗？"六祖说："我入灭后五六年，将会有一人来想要拿走我的头，听我说偈：

想要我的头拿回去供养，故给人吃饭的金钱雇人行事；

遇到名字中有'满'字的人发难之时，正是杨、柳二人为县官之时。

六祖又说："吾辞世70年后，有两位菩萨从东方来，一位是出家人、一位是在家人，同时在世兴化佛法，建立我们禅宗于不败之地，建设修饰禅宗寺院，把禅宗的法脉继承不绝。"

六祖在先天二年癸丑岁，八月初三日，当年十二月国号改为开元，在家乡的国恩寺用完斋饭，跟徒众们说："你们各人依位坐好，我要跟你们道别了。"法海请问："和尚您要留下什么教法，让后代迷人得能证见成佛之性？"六祖说："你们仔细听好，后代迷人如果真能认识，众生也就是佛性；如果不能识得众生的本质，那就万劫想要找到自性佛也难。我今天教你们认识自心众生，得见自己的真心佛性；想要求见自性佛，只需要识得众生。只因为众生迷昧于自性佛，不是自性佛迷惑于众生；真心的自性若是悟了，所见到的众生就是自性佛；对自性佛若是有迷惑，则会认为所见的佛也是众生。证悟真心之后看到自性佛是平等的，这时所见的众生正是佛；所见的自性若是偏邪阴险时，那样的佛其实只是众生。你们如果心性险曲，那就是自性佛处在众生中；如果一念犹如真心一样平直，就是众生成就了自性佛。要了知我们真心中本自有佛，自性佛才是真佛；自己身中如果没有自性佛心，要到哪里去求证真心自性佛呢？你们本来自有的真心就是佛，再也不要狐疑了，六尘外法没有一物能够建立为真实我，都是依于本来自有的真心来出生万种诸法，因此经说：'心生起作用时种种法便出生，心灭了作用时种种法便跟着消灭。'我今天留下一首偈，与大家道别，名为《自性真佛偈》。后代的人能够认识此偈的含义，就能自己看见本有的真心，自己成就佛道。"偈说：

真如心显示出来的自性就是真佛，邪见相应的三毒则是魔王；
偏邪迷惑之时魔王在蕴舍宅中，正确亲见之时则是自性佛在五蕴大堂中。
自性中的邪见与三毒出生时，就是魔王来住于五蕴舍宅中；
证悟而生起正见时自然能除掉三毒心，魔王转变成自性佛是真实而不假。
法身报身以及化身，这三身本来就只是一身；
若是向自性之中能够亲自看见，即是将来成就佛的菩提因。
本来是从化身生起清净性，这个清净性时常都在化身中；
清净性使化身行于正道以后，未来圆满时真是无穷尽。

第十品 说偈付嘱 流通

贪淫之性本来是清净性的助因，除掉了贪淫后的自性即是净性身；

于所显现的贪淫、清净自性中各自远离五欲，看见真如自性一刹那即是真心。

今生如果遇见了这个顿教门，忽然悟得自性便是亲见世尊；

如果想要修行而寻觅其他的来作佛，不知道何处可以求得真实佛。

若是能在自己真心中自己看见真实法，有真实的法即是成佛的正因；

没有看见真心自性而向外寻觅佛陀，起心修行全部都是大痴人。

顿教的法门今天已留给你们，救度世人时还需自己有实修；

报给你们当来学道的人，不能作此正见就会大大的晃晃悠悠。

六祖大师说完此偈，告诉大众说："你们好好留在人间，我灭度后，不要作出世间情状而悲泣雨泪，受人吊唁慰问，或是身着孝服；这样做就不是我的弟子，也不是佛教正法应该有的样子；只要你们认识自己的本来真心，亲见自己真心的本性无动无静、无生无灭、无去无来、无是无非、无住无往等胜妙体性。恐怕你们心中迷于正法，不懂我的意思，如今再嘱咐你们，让你们能够亲见自性，我灭度之后依此修行，就像是我还在世教导你们；如果违背我的教导，纵使我还在世对大家也是没有益处。"又说一偈：

真心好似无情不动而不修善法，分明地经常运作而不造作恶事；

寂静又寂静而没有能见与能闻，坦荡分明无隐而心中没有执着。

六祖说完此偈，端身正坐至三更时，忽然召请门人说："我该走了。"身体不动而迁化了,此时异香满室,白光从天上亮到地上,林木被映照得变成白色,诸禽兽都在哀鸣。到了十一月,广州、韶关、新州等三郡的官僚,以及六祖的门人不论是出家人或是在家人,都争着迎请六祖真身要回去各自供奉,无法决定要供奉到哪个地方去。于是大众焚香祷告说:"香烟所指向的地方,就是师父所应该归奉之处。"此时香烟笔直地贯向曹溪方向。于是在十一月十三日搬迁神龛,连同祖衣佛钵一起回到曹溪。隔年的七月二十五日请六祖真身出龛,弟子中最会朔造佛像的方辩再用香泥涂补干燥消瘦后的真身。门人忆念着六祖往昔所说的恶人将来夺取首级的预记,于是事先用铁片和漆布固定保护好六祖的颈脖再放入塔中,此时忽然塔内有白光出现,直上冲天,经过3天才逐渐散去。韶州官署奏闻皇帝此事,于是奉敕建立碑石,记载六祖一生的修道行状。六祖得寿76岁,24岁时得传法衣,39岁剃发出家;弘法利生37年,得到他的意旨而继承法脉的弟子有43人,悟得佛道而超越凡夫的人不知其数。达摩所传的信衣,中宗皇帝所赐的磨衲袈裟及水晶宝钵,以及方辩所塑造的六祖真身,以及其他修道的用具等,都永远由主管宝塔的侍者安奉不动,永远镇守宝林道场。弟子们开始流传《坛经》,以显六祖所说的禅门宗旨,以此来兴盛崇隆三宝,用作普遍利益众生的法宝。

【解】

　　六祖最后的开示,仍然是显现菩萨救度众生的大悲精神,就是要学人:"如理实见"如来所知所见的真心法义。如来说要如何"如理实见"呢?平实菩萨开示说:

　　……如理而且实见,这是很困难的;不但现在末法时代很困难,其实自古以来就很困难。希望你所悟得的那个标的是如理的,而且你

所看见的那个法是真实的,这是非常困难的。如理,意思是说,如果所悟的标的称为常、称为真、称为如,结果这个标的物或者说标的心,却不能合乎自己所主张的常、真、如,那就是不如理。譬如,古时候圭峰宗密禅师非常有名,写了一大部的《禅源诸铨集》,可是为什么内容都不见了,只剩下一篇序文?因为他落在离念灵知中,离念灵知是不如理也不如实的(笔者注:后来弟子们知道以后就不敢再全部流通而失传了)。怎么说是不如理呢?离念灵知不但具有五个遍行心所法,并且还有五个别境心所法,所以能了知六尘,能分别诸法。既能了知诸法,能分别六尘,就能知道冷热痛痒苦乐,就会与烦恼相应。与烦恼相应的心,怎么可能如呢?又如何永远都是如呢?所以祂绝对不如。只有离六尘的,才能永远都是如:古今一如,前后一如,苦乐一如,永远都是如;只有永远都如的心,才能说祂是自性清净。可是离念灵知不如:前后不如,古今不如,苦乐也不是一如;因为往世也许当转轮圣王,好高兴哦!可是有时候当乞丐,有时候去当妓女,都不如。男众可不要说:"妓女不是我当的。"你怎么知道你往世都是当男子呢?每一个人都当过男生与女生,都当过的,所以离念灵知不能前后一如。单说这一世就好了,受苦的时候起烦恼,受乐的时候起贪着,可见离念灵知的心行并不是前后一样,当然不是一如,所以祂不是如。

　　离念灵知是不是常?离念灵知不能说之为常;必须要有如来藏在后面支持着,为祂执持种子,把祂摄归如来藏时,祂才能够说常;要有如来藏在离念灵知不断的生灭中维持祂的存在,否则今天晚上睡着了,明天就没有离念灵知意识存在了。可是意识离念灵知睡着了,不见了以后,明天早上祂为什么能生起?因为有如来藏帮祂执持种子。意识本身既然已经灭了,灭了就是无,无不可能生有,没办法无中生有的,当然离念灵知不可能是无中生有而在明天早上自己出生了自己,因为自己已经眠熟而不存在了。也许很多人喜欢无中生有……譬如他们如果说自己的功德不够时,那该怎么办?就多观想。若是福德不够啦,也是多观想,认为观想出来以后就有福德了。所以他们怎么供养诸佛菩萨呢?也是可以用观想的:观想一大堆的米、一大堆的金银珠宝,观想出来供养佛菩萨。这就是无中生有的妄想。

这个观想如果是真实……既然是真实的,我昨天晚上观想供养一卡车的黄金给你,你有没有收到?事实上显然没有收到。所以观想的是假的,那叫作无中生有;无中生有的道理是不可能成立的……同样的道理,意识今晚睡着灭了,灭了以后变成无了,既然无,怎么能生有?无是不可能生有的,如果无能生有,有一句成语就必须取消——巧妇难为无米之炊;因为如果无可以生有,无米之炊也可以生出饭来,应该这样嘛!那么这一句无米之炊的成语就要取消掉了,所以实质上无不可能生有。当前一晚眠熟时意识断灭而不存在了,怎么能从不在之中自己出生呢?他连出生的意志都不在了,连心体自己都不在了,哪还有意志能出生自己?所以离念灵知心意识要靠别人执持祂的种子,第二天才能再度出生。所以离念灵知意识心显然非常,非常当然就不如理;因为佛法中的般若说的常住法,是实相法界而不是虚相法界。必须是从来不间断的、是等无间的法才可以叫作常,常才是如理,断灭法、生灭法不如理,所以离念灵知不如理。

常而且如以外,还有一个真,是在讲什么?离念灵知心,祂是要借许多法才能存在:要借五色根、要借意根的作意,还要借如来藏执持种子,并且必须五色根没有疲累,五色根正常,离念灵知才能在人间存在;所以祂是被生的法,被生的法当然不能称为实,不实就是不真。必须是不借诸缘而能自己存在的法,才是真,才是实;而自己能单独存在的法,一定是万法的根源,祂才能称为真。所以常、真而如,那不是离念灵知的事,那是如来藏的境界;因此,般若智慧的出生,必须要依真实理如实亲见,这样才能称为"如理实见"。前面两品说无住,无住之中同时无相,又在无相的情形下说无住而布施。无相而布施,这看来好像有些矛盾;既是无住无相又说布施的法相,而布施的时候明明是有住、有相、有人我,却同时要说不住相布施,那不是很奇怪吗?正因为有这样的奇怪,众生不能理解,所以必须再说金刚心的真实理让众生了解,因此要说《如理实见分》。

这也就是说,既是无相无住,然后又要不住相布施,要以妙行来布施,这表示理与事本来就互相融合的,理与事本来就不能分开的;如果理与事是要分开的,是被切割成二法的,那就不叫般若。譬如说,离念灵知心正在布施的时候,都不牵挂布施,也不去分别所布施的对象,只是布施;然后他自以为这样就叫作无住布施、无相布施,其实还是有住有相的,因为他一定会了知被布施的人,也一定已经了知正在布施,并且也了知自己用什么在布施,这怎能叫作无相与无住?怎能叫作无分别?显然讲不通。可是他们自以为那样就叫作无相无住,我们就权且当他作无相无住好了;正在布施的时候,他都不想什么,就是单纯地布施,权且当作是真的无相无住布施,我们就来检视一下究竟对不对。当他布施的时候和颜悦色布施,自以为是离相无住的布施,稍后却听到人家传来一句话说:"接受布施的人嫌你今天钱送太少了。"这一下子,离念灵知又不爽快了:"早知道,就不要布施给他了。"这到底是有住还是无住?这是同一个离念灵知,前后并无不同,证明离念灵知意识心是不如而有所住的,所以那显然不是理与事相融的。

说一句老实话,如果是真的不住相布施;他应该没有看见对方,也没有了知自己正在布施，更不了知所布施的是什么，这样才是真的无住相布施。可是也许有人问："那这样的话，我要怎么布施？难道我要蒙起眼睛吗？难道我要把触觉给除掉吗？难道我要故意装白痴说，我不知道我布施了这一万元给他吗？"不是这个道理啦！不是这样的，而是说你同时也具足了知，否则你悟了岂不变成白痴了吗？谁愿意当白痴？般若是智慧，悟了反而当白痴，那不是颠倒吗？所以这意思在告诉我们：当我们在布施时，我们意识可以是离念的、不执着的，但是照样能分别对方是谁，知道自己在做什么，知道自己布施出去的是什么，这些有相的分别照样都有；可是同时还有另一个既不知道对方是谁，也不知道自己是谁，也不知道正在布施，更不知道布施的是什么财物，同时有这个无住的心，与你能知道的有所住心同时同处；可是祂跟你同时在布施，而你知道布施的人是自己，知道谁被你布施，也知道所布施的财物；然而知道布施等事的你，转依了不知道布施等事的祂，所以称为不住相的布施，这样才叫作理事相融。

　　所以，许多大师一天到晚讲理事圆融，问题是他们真的懂理事圆融吗？都不懂啦！然后自以为懂。所以应当要怎么样去理事相融？你一定要去找出你自己身中那个真如心，祂是真、是如、是实、是常、是自性清净，祂就是涅槃；你把祂找出来了，确认自己是生灭而虚妄的，笃定地否定了自己；你转依了祂，不再以自己为真实法。你转依祂以后，因此每次才刚布施完了随即就忘了，不再去记挂谁欠了你的情，也不再去记挂自己未来世能得多少福德；这样事上有布施、有布施者、有受施者、有布施的财物，可是理上全都没有这一些，都无一法可得，也无一法可施，理与事都具足圆满在一件布施行之中，这样就叫作理事圆融，因为理与事都具足而圆融无碍了。

　　假使理与事，你仍然有所不足，那叫作理事不圆融。所以不应该

第十　流通品

说偈付嘱

要把离念灵知意识心变成理事圆融，永远都不可能成功，即使有一天从天上下了红雨时也还是不可能的；因为事上的永远是事上的，理上的永远是理上的，不能互相转变取代的。事上的是意识心、是五阴，理上的是如来藏、是法界的真实相，两者要具足才能称为理事圆融，而不是以事上的来转变成为理上的。如果欠缺其一，那就不能谈到理了，他必然只会落在事相上面。假使没有理而只落在事相上面，不但无法理事圆融，甚至于连事上都不圆融；因为没有转依真实理，所以听到人家嫌他布施的钱太少了，他这个离念灵知就会生气。你如果找到了理，转依了理，那么听了就不需要生气，因为你的如来藏既没有所施也没有所得，管人家说什么，跟你都不相干；就在这种不相干之中来积集自己成佛的资粮，这才叫作理事圆融。所以如果有事而无理的时候，不但理不圆融，事也不会圆融，因为落在人间善法里面了；所以必须要"如理实见"才能无相无住地布施，这样无相无住的布施，福德可就是无量无边的广大。当你能够到达这个境界，你布施1万元财物给一条癞痢狗，都胜过没有找到如来藏的人布施100亿元给那些持戒清净的人，因为你的功德、福德都不可思议，所以必须要再从"如理实见"上面来说。

至于"如理实见"在事相上是怎么说的？佛说："须菩提！你的意思怎么样呢？可以用身相来见到如来吗？"须菩提答复说："不可以的！世尊！不可以用身相来见到如来，用身相是看不见真实如来的。为什么这么说呢？因为如来所说的身相其实不是在讲身相。"佛告诉须菩提说："不管是什么样的法相，只要是有相的，都是虚妄法；如果能在诸相当中看见那个没有相的，那才是真正的看见了如来。"

这样讲好像也是很抽象，如果用有些人的语词，也许他们会说

"这个太过于意象"。佛在人间示现，当然必须跟人类一样有五蕴；经中说人们看见了佛，是依人们不同的福德来见的。这个听起来好像很抽象，其实都不抽象。譬如说，人类的寿命如果是100岁，以现在来讲，人类的岁数大约100岁，少出多减，出过100岁的人很少，大部分的人是减于100岁的。佛来人间示现或者菩萨乘愿再来，当然会跟人们一样。当人寿百岁，少出多减时，菩萨或佛来人间示现时也会与人类一样，寿命百岁而少出多减。这不必讲得太复杂说："这是诸佛菩萨为了示现，所以才跟人类一样的岁数。"不必讲得这么复杂。因为人类这个年代的基因，必须要有的岁数大多百岁之内；佛菩萨既然来人间取得这个基因，当然也是在百岁之内。就这么简单，不用解释得太复杂。那些大师们讲了一大堆："这个都是佛菩萨慈悲示现。"鬼扯！如果人类的寿算是2万岁时，佛菩萨来人间取得那个基因就是2万岁的基因，当然就示现2万岁。这个不必讲什么慈悲方便，只需要说因为众生因缘成熟了，所以佛菩萨不辞辛劳来人间示现，这个就是大慈大悲，跟岁数无关。若是要说慈悲，应该说佛菩萨是不畏惧短命的人类有多么辛苦，仍然愿意在这个五浊短寿的时节来人间受生，为众生如此辛苦。

同样的道理，佛来人间当然也是要有五蕴；假使没有五蕴，人们如何依止、奉侍、修学呢？假使没有五蕴，或者不说没有五蕴，改说仍然有五蕴好了；但是祂取得的是天人的五蕴，请问：身为人类的你们，大家要怎么随佛修学？是不是都要去练天眼通、神足通，等到练好了再来随佛修学？可是佛法就得要在人间，因为对众生而言，在人间度众最方便：不但人类可以依止而随学，天人也可以来人间学法，鬼道众生也可以到人间来学法；畜生如果懂得语言，牠们也可以来学法；色界、无色界天人，也可以化现来人间学法。可是如果在色界天出现，欲界天人就无法学了，人类更无法学了。可是众生会导致生天或下堕恶道的事业，都是在人间完成的；人间既是导致上升的处所，也是导致下堕的处所，所以人间是五趣六道的枢纽；若是在人间示现，可以接触到诸道众生，所以佛当然要借人类的五蕴在人间示现。①

……觉知心不在了，是不是断灭相？那又变成断灭空，那就不叫"实见"，不符合本经这一品的"如理实见"；这应该叫作无见，不是实见。所以真正的无相很不容易了解。有些人又说："我只要打坐入定，什么都不分别时就是无相。"如果这样可以叫作无相，这一个觉知心是不是入定了？是。等一下要不要出定？要。有没有入定相与出定相？有。若是在入定时可以叫作无相，出定时又叫作有相，那这个无相不是常存不变的，就是生灭法了！又有问题了。所以不能够用意识心来揣摩实相的无相，一定要去亲证。只要在意识境界中都是有相的，只是自己不知道那是相而已，便误以为是无相。

所以真正的无相，只有第八识如来藏金刚心才是真正的无相；但这个真正的无相不能离相而得，也就是说你必须在有相法中去寻找，不能离相而得。有些人误以为说："我要证无相，那就入定去。"可是入定了，就找不到祂，必须要在有相法中才能找到无相法；这个无相法叫作金刚心如来藏，祂是常恒不变的，是真实，是如如而不变异的，所以祂才是真实理；只有见到了这个如来藏的无相，才会真的懂实相，才不会落入缘生性空的虚相中，才能说是"实见"。如果像一般大师说的"看见了诸相都是缘起性空，这样叫作见如来"，那就变成把断灭相的虚见当作是"实见"。可是断灭相不能称为实，因为将

---

① 萧平实：《金刚经宗通》第一辑，台北：正智出版社，2012年版，第203-213页。

来五阴自己也要断灭，不管是现在所见的断灭相，或者将来灭后的断灭相，那都叫作虚见，不能叫作"实见"。若是虚见就不如理，那样的说法写成文字时，这一品应该叫作《不如理虚见分》；所以真实法必须要见真如相，才能说是"如理"的"实见"；把这样的所见写成文字时，这一品才能命名为《如理实见分》。

可是真如究竟是什么？在般若经中，真如就是指第八识；在禅宗，真如也是指第八识。在第三转法轮诸经中的唯识增上慧学，则说真如是第八识金刚心之所显性；意思是说第八识如来藏，这个金刚心在诸相当中、在万法当中显现出祂是真实存在的，显现出祂有能生万法的真实性，也显现出祂于诸法中运作时一向都是如；把这个金刚心的真实性与如如性合起来就称为真如，所以在第二转法轮时期的般若诸经中往往说这个金刚心叫作真如。但是到了第三转法轮，为诸地菩萨演说唯识增上慧学时，却说真如其实只是第八识心体所显示出来的行相；是因为祂有真实性、如如性，由这个第八识金刚心借着万法显示出来，所以说"真如亦是识之实性"——真如也是第八阿赖耶识的真实法性。当你找到了如来藏时，你就看到真如了！当你看到金刚心如来藏是真实与如如的，这叫作证真如；除此以外，别无真如可证。你亲自证实第八识的真实与如如就是证真如了，就看见佛菩提道实证的正道了，这个时候就称为真见道；这时看见了真如这个真实理，是如理的真实看见了，才能够说是"如理实见"。①

这意思就是说，其实"若见诸相非相，即见如来"，如来不可以身相见，就是说如来所说身相即非相，这个是在显示般若的真实体。

---

① 萧平实：《金刚经宗通》第一辑，台北：正智出版社，2012年版，第217-220页。

也就是说，般若的真实体到底是什么，你要去弄清楚，你要在"诸相非相"之中去寻找。在法相、非法相中你都得要好好地找，在诸相之中去找到一个没有相的、非相的，这样你终究有一天会去找到一个无相的、非相的真实心，祂就叫作如来藏。当你找到这个金刚心如来藏了，你就可以现前观察祂的真实性、如如性，这时候你就称为证真如。证真如了以后，你就可以住在大乘本来解脱的智慧境界中了。①

所以，般若经的真实义都是意在弦外，般若经不会明白显示那个月亮在哪里；般若经只是一个指月的手指头，你要借着它所讲的方向去找到那个月亮。这就像画国画，人家说烘云托月；画国画时，在画那个月亮的时候都有画云，否则就得把天空画得很黑暗；你找不到一幅国画说画月亮是没有云的，找不到一幅画月亮的国画中天空是纯白明亮的；若没有云或黑暗的天空，就显示不出那个月亮。画月亮，你什么时候看过说国画所画的月亮是画一个圆圈？没有！都是把旁边的乌云画上去，然后空出一个圆形的空白处，那就烘托出一个月亮了。乌云是不美的，可是由不美的乌云显示出那个美的月亮出来。同样的，你要证如来藏，不要嫌弃种种烦恼；烦恼法是不美的，五阴也是不美的，可是不美的烦恼与五阴能够烘云托月一般，就把如来藏和祂的真如法性显示出来了。

所以，有智慧的人讲烘云托月，跟没智慧的人讲烘云托月，会是不一样的讲法。没智慧的人会说："我要把一切烦恼丢掉，当烦恼丢掉以后，我的真心就显示出来了。"错了。反而应该住在烦恼之中，你才找得到如来藏。不懂佛法而强以为懂，他就会开示说："我们要把五阴灭掉，灭掉五阴以后剩下的就是如来藏。"问题是你五阴灭掉

---

① 萧平实：《金刚经宗通》第一辑，台北：正智出版社，2012年版，第226页。

了，你自己不存在了，又有谁能去找到你的如来藏？结果是像阿罗汉一样，把自己灭掉以后还是不知道如来藏在哪里，这个就叫作邪师说法误导众生。因此你要真实找到这个金刚心如来藏，实证金刚法性而到达无生无死的解脱彼岸，得要借着不美的法、不善的法，也就是借着烦恼与五阴来找到你的如来藏，才能证得金刚法，不能想要灭掉五阴进入无余涅槃中去找到剩下的如来藏金刚心。

过来人知道这个道理，把种种正确的知见教导给你，而般若诸经讲的就是这个道理，禅宗祖师们讲的也是这个道理；就是在借着种种烦恼法，教你不可以舍弃烦恼法，要留着这些烦恼法，借这些烦恼法来找到如来藏金刚心；这些五阴十八界等等烦恼就像那些乌云，如来藏就像那个明月。有过来人指导，找如来藏其实是很简单的，所以他可以巧设种种无量无边的现代公案，随手拈来都可以帮助你。这就像现代立体的三D佛像，不懂的人再怎么看，都是一些破破碎碎的佛像；可是已经看见的人，他可以教导你用什么方法去看，只要把这个方法为你教导了，你努力去实行，想要看见画中的立体佛像就不需要很久。有的人很快，我教导他以后不到1分钟，他就看见了；可是有的人这方面的智慧比较差，得要看很久，看到半个钟头时才终于看出来；可是有的人总是看不出来，永远没有办法看见，老是说："在哪里？我怎么看不见，那立体的佛像在哪里？"这就是他看见的因缘还没有成熟。同理，证悟的因缘如果成熟了，给你一块胡饼，你就悟了。如果是利根人、上上根人，都不必给你胡饼，只告诉他"胡饼"两个字就够了，他连胡饼都还没看见、还没接到就开悟了。所以真正要求悟，你得要先分辨真假善知识。真禅师、假禅师，一般人都看不出来。真禅师上座，拂子才刚刚一举起来，又放下走了；而假禅师也来这一招，你要怎么分辨他有悟或没悟？真正的禅师假使座下有弟子

第十 流通品 说偈付嘱

真正悟了，是在外面悟了，也就是在外面参访的远行途中悟了回来，这弟子会表现他悟在何处，禅师一眼就看出来了：我这弟子真的开悟了。这里面当然有蹊跷，到底那蹊跷在哪里？那就只有家里人才会知道。①

---

① 萧平实：《金刚经宗通》第一辑，台北：正智出版社，2012年版，第227-230页。

所以，明心见性才是步入大乘佛法殿堂的转折点和起步点。《六祖坛经》就是揭示了每个人的体中都有一个本自具足的真如自性（如来藏）。六祖不识字，可是他找到自己的自性后就能够讲经说法。就证实了"何期自性本自具足，何期自性能生万法"的自性功能的万般神用！《六祖坛经》，把艰涩难懂的佛法语义，以直截、简单、易懂的老百姓语言，浓缩，归纳表达了成佛之道的条件与修行方法。把繁琐的宗教形式用讲故事的方式推向社会，得到了社会大众的接受欢迎并推广。六祖的伟大就是把佛法禅宗的宝贵精华明心见性禅学法门在中国大地上生根、开花、发展和壮大。奠定了禅宗文化在中国的基础，乃至世界的影响。《六祖坛经》讲的自性如来藏，找到他就有了成佛的根本。明心见性是佛法皇冠上的明珠。佛法离开禅宗的明心见性，就是一个空壳，一个表相。所以说，禅宗的明心见性是佛法的专利，这就是佛法与其他宗教的根本区别。为挽救中华文明，有识之士纷纷加入拯救中国禅宗文化的行列中，从各个角度担任起复兴中国佛教的使命！然而佛法是微妙、甚深、难学、难懂之法，从古至今都只有少数人才能够理解佛法的真实义。

当今时空，数以千计的是六祖文化研究会、研究院，六祖讲堂、六祖禅修中心等机构如雨后春笋，遍布全国各地。讲授《六祖坛经》禅宗文化的能人学者也不下数千，其中不乏龙蛇混杂的各路精灵神祇也纷纷粉墨登场，江湖中残疾盲人也大显神通登台献技，开口堪称当代六祖、东方圣人！讲经论禅的思潮铺天盖地，掀起了当今社会的人潮与钱潮。各行业都要用"禅"字来包装打造自己的品牌。禅诗、禅画、禅曲、禅医，禅书法、禅茶、禅花、禅鸟、禅石头、禅工、禅农、禅武、禅养生…甚至有人讲《六祖坛经》能用到社会各个领域，可解决人际关系、社会矛盾、家庭纠纷、企业管理、作人规范等各个领域，把《六祖坛经》说成当今社会无所不能威力无比的神器！

　　本人修学佛法40余年，前20几年拜过许多的名师，空度光阴而找不到禅宗的无门之门。幸庆17年前得遇禅门真善知识著作教导，近年又蒙传授，方得六祖禅宗真旨。今以禅宗修行者的立场来宣扬《六祖坛经》的真义。以向世人展示《六祖坛经》的真义内涵。

　　　　　　　　　　　　　　佛弟子　释惟护　敬序
　　　　　　　　　　　　　　丙申年立秋

图书在版编目(CIP)数据

《坛经》注解/释惟护著.——上海：上海社会科学院出版社,2017
ISBN 978-7-5520-2036-6

Ⅰ.①坛… Ⅱ.①释… Ⅲ.①禅宗-佛经-中国-唐代②《六祖坛经》-注释 Ⅳ.①B946.5

中国版本图书馆 CIP 数据核字(2017)第160417号

《坛经》注解

著　　者：	释惟护
责任编辑：	路征远
封面设计：	法　然
出版发行：	上海社会科学院出版社
	上海顺昌路622号　邮编200025
	电话总机 021-63315900　销售热线 021-53063735
	http://www.sassp.org.cn　E-mail:sassp@sass.org.cn
印　　刷：	上海市崇明裕安印刷厂
开　　本：	710×1010毫米　1/16开
印　　张：	30.25
插　　页：	2
字　　数：	358千字
版　　次：	2017年9月第1版　2018年5月第3次印刷

ISBN 978-7-5520-2036-6/B·223　　　　定价：98.00元

版权所有　翻印必究

跋

　　禅宗是佛法的精髓，禅宗是佛法的灵魂。佛法三藏十二部浩如烟海，最终都归结直指人的真心本性。因此说："千经万论直指方寸"，方寸就是你的真心自性，把能生万法的真心自性中的潜能开发出来为我所用。找到自性就是找到各自身中的宝藏自性佛。它的功能和体性与诸佛无二无别。千般功德，万般神用尽在其中（何期自性本自具足）。诸佛都是在因地修行时找到了真心自性，才能够发起般若智慧，才能跨入大乘佛菩提道的贤圣位中，然后修学无生法忍地地增上直至成佛。所以说般若自性是一切诸佛成佛之母。找到真心开悟明心后，从此才能够算是进入大乘佛法的殿堂。修学佛道者，哪怕过去世已修学百千万劫，若不悟本心就是（心外求法）外道！所以五祖才说："**不识本心，学法无益**"！

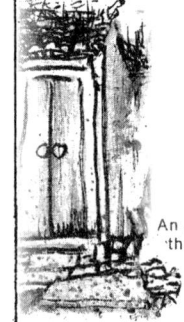